김진 지음

구원 이후의 여정은…

생명의말씀사

구원 이후의 여정은…

ⓒ 생명의말씀사 2010

2010년 5월 5일 1판 1쇄 발행
2023년 6월 20일   6쇄 발행

펴낸이 | 김창영
펴낸곳 | 생명의말씀사

등록 | 1962. 1. 10. No.300-1962-1
주소 | 서울시 종로구 경희궁1길 6 (03176)
전화 | 02)738-6555(본사) · 02)3159-7979(영업)
팩스 | 02)739-3824(본사) · 080-022-8585(영업)

지은이 | 김진

기획편집 | 김정옥, 이은정
디자인 | 박소정, 박인선, 김정은
인쇄 | 주손디앤피
제본 | 주손디앤피

ISBN 978-89-04-09047-1 (03180)

저작권자의 허락없이 이 책의 일부 또는 전체를
무단 복제, 전재, 발췌하면 저작권법에 의해 처벌을 받습니다.

부족함투성이의 현재적 모습에도 불구하고
우리를 받아주시며, 온전한 구원으로서의
성화의 모습에 더 가까워지기를
기대하시는 하나님께!

두 분 할머님과 부모님을 비롯하여
부족한 제가 있도록
사랑과 은혜를 베풀어주신 모든 분들께,
나의 평생에 행하는 모든 것이
바로 그 분들의 삶과 일체이며
바로 이 책이 그 분들의 것임을 다시 고백하며!

개정판을 내며

　　초판을 낼 때는 나름대로 최선을 다했다고 생각이 들었으나, 시간이 지나고 나서 살펴보니 부실한 면들이 많아 보였습니다. 특히, '지향성'에 대한 부분이 너무 약해서 전체적으로 과정성을 강조하기 위한 책으로 보일 정도였다고 할 수 있겠습니다. 사실 그리스도인의 본질은 지향성에 있는 데 말입니다. 그래서 시간이 되면 지향성 부분을 좀더 다루려고 기다려 왔습니다. 개정판에서는 '과정성' 부분도 어느 정도 수정, 첨가했지만, 주로 '지향성' 부분을 많이 손질하고 첨가했습니다. 이제야 초판에 비해 어느 정도 균형을 이룬 것 같습니다.

　사실 '과정성과 지향성'을 엄밀하게 나눈다는 것은 부적절합니다. 나누어 다룬 것에는 다소 인위적인 측면이 있음을 인정합니다. 이 둘은 나누어지기보다는 연결되어 있고 함께 고려되어야 하기 때문입니다. 그럼에도 나누어 다룬 것은, 글로 전달하는 데에는 부득이 나눌 수밖에 없는 측면이 있고 또 나누어 다루는 것이 각각을 이해하는 데 일면 도움이 되는 측면이 있기 때문입니다. 책에서는 나누어 다루지만 이는 하나의 전체 안에서 연결되어 있는 개념임을 잊지 않으시기 바랍니다.

　이 책에서 다루게 되는 '과정성과 지향성'은 영적 거듭남-중생-이 확실한 그리스도인에 대한 것이지, 중생 없이 교회출석만 하는 자칭 그리스도인에게는 해당되지 않음을 뒤늦게나마 강조하고 싶습니다.

초판을 읽은 독자의 글이나 책을 가지고 공부했던 분들의 글들을, 거의 원자료 그대로 몇 개 실었습니다. 독자들에게, 이 책에서 다루는 내용들이 자신만의 문제가 아니라 많은 사람들이 함께 고민하는 것임을 알면 좀더 친근하게 느끼며 공감하는 데 도움이 되고, 목회자들에게는 성도들의 내면의 마음을 이해하는 데 부분적으로 도움이 될 것이라 생각했습니다.

'닫힌의식'이라는 용어를 종종 마주치게 될 텐데, 이는 무의식과 거의 같은 의미로 제가 사용하는 용어입니다. 이에 대해 저의 졸저 『마음의 구리거울』과 『그리스도인은 인간을 어떻게 이해해야 하는가』(특히 제2장)를 참조하면 도움이 될 것입니다.

강의나 책에 대한 반응들 중, "제 생각을 잘 정리해준 것 같습니다.", "저만 그런 물음과 생각을 가진 것이 아니라, 다른 사람도 그렇다는 것을 알게 되니 마음이 한결 편해집니다.", "의식하지 못했었는데, 선생님의 말씀을 듣고 억압되었던 저의 생각들이 생각났는데, 그런 생각을 해도 괜찮다는 것에 큰 격려를 받습니다." 등등의 말을 들을 때가 가장 기쁩니다. 한 사람이라도 책을 통해 그렇게 교감할 수 있다면 책을 쓴 보람을 느낄 것입니다. 그런 분들을 많이 만나고, 그런 분들이 많이 드러나는 데 기여하는 책이 되었으면 하는 바람을 가져 봅니다.

신앙의 세계는 초이성적인 부분과 이성적인 부분이 있는데, 초이성인 부분을 바르게 접근할 수 있으려면 우선 이성적인 부분에서 훈련을 잘 받는 것이 필요합니다. 특히, 본격적인 인생의 시작을 앞둔 젊은 그리스도인들이 많은 도움을 받았으면 하는 마음 간절합니다. 또한 지나치게 열정적인 감정적 태도가 적절하게 균형 잡히는 데 기여할 수 있으면 좋겠습니다.

마지막으로, 안식년으로 집을 비운 시기에 기꺼이 집을 사용할 수 있도록 허락해 주셔서 개정판을 완성하도록 도와주신, 미국 보스턴의 케임브리지 연합장로교회의 김영호, 황영옥 담임목사 내외분께 깊은 감사를 드립니다.

(성경 인용은 개역개정판을 인용할 때는 밝히지 않고, 좀더 나은 이해를 위해 다른 번역본을 인용할 때는 이름을 밝혔습니다.)

교조적인 남의 신앙이 아니라,
하나님을 참으로 만나가
살아있는 자기 신앙을 갖는 데
조그마한 도움이 되기를!

김진

머 리 말

        이 세상에는 수많은 직업이 있습니다. 각각의 직업마다 독특함이 있습니다. 그 중에서 사람을 대상으로 하는 직업들이 있으나, 전인격적인 존재로서 사람을 대하는 직업은 아주 소수에 지나지 않습니다. 그 중에서도 정신과의사라는 직업은 사람의 내밀한 정신세계를 다루어 가는 데 그 독특성이 있다고 할 수 있습니다. 특히 자기의 문제를 해결하기 위한 만남이기 때문에 대부분의 내담자들은 자기의 세계를 있는 그대로 열어 보이는 데 비교적 적극적인 자세를 취한다고 할 수 있습니다. 그렇기 때문에 종교인 못지 않은 기밀보호에 대한 책임의식과 함께 인간의 적나라하고 정직한 모습을 경험하게 되는 특권(?)을 갖게 된다고 할 수 있습니다.

  특히 기독 정신과의사로서, 신앙인의 보이는 모습 또는 보이려 하는 모습이 아니라, 그 이면의 모습을 보게 된다는 면에서 신앙인의 가식없는 모습을 접할 수 있는 아주 특별한 경험을 하게 됩니다. 그러한 경험을 하는 가운데 그리스도인들과 나누고 싶고 나누어야 한다고 생각되는 유익한 내용들이 마음속에 쌓이게 됨을 느낍니다. 다행히 저는 교회나 기독교 단체에서 저의 경험을 통해 깨달은 것을 정리하여 나눌 수 있는 기회들을 갖게 됨을 감사하고 있습니다.

  특강과 세미나를 할 때 다루는 여러 내용들 중, '그리스도인은 과정적이고 지향적인 존재이다.'라는 제목으로 강의했을 때 특히 청중들로부터 '그리스도인됨'을 이해하는 데 실제적인 도움을 많이 받았다는 얘기를 들었습니다. 바로 자기에 대해 얘기하는 것 같았다는 사람들도 적지 않았습니다. 그런 반응들을 접하면서, 제 강의를 듣지 못하는 그리스도인들에게도 전달이 되었으면 하는 바람과 짧은 강의시간 때문에 세밀한 부분까지 다루지 못함에 대한 아쉬운 마음이 있어서 언젠가는 책으로 다루게 되기를 기다려왔는데 이제 그 기회를 얻게 되었습니다.

저의 졸저인 『그리스도인은 인간을 어떻게 이해해야 하는가』의 머리말에서 정신의학을 전공한 그리스도인으로서 다른 그리스도인들과 나누고 싶은 주요 내용 두 가지가 있다고 했습니다. 하나는 세 번째 책에서 다룬 '닫힌의식의 세계'에 대한 것이었고, 나머지 하나가 바로 이 책에서 다루고자 하는 '과정적이고 지향적인 존재인 그리스도인'에 대한 것입니다. 사실 이 내용은 '그리스도인과 함께 나누고 싶은 이야기'에서 간단하게 다루었는데, 이제는 충분하게 다룰 시점이 된 것 같습니다.

저는 기독 정신과의사로서 많은 그리스도인들을 정신치료하고 상담해 왔습니다. 경험을 더해 가면서 그리스도인들에게 비교적으로 공통적으로 경험하는 문제점이라고 할 수 있는 것들을 정리하게 되었습니다. 그것은 꼭 상담과 정신치료라는 형식을 통해 만나게 되는 그리스도인들의 문제만은 아닙니다. 저는 소위 모태신앙인으로서 어려서부터 만나 온 수많은 그리스도인들과의 경험이 있습니다. 아니 무엇보다도 저 자신에게서도 발견되는 문제였습니다.

모두는 아니지만 대부분의 그리스도인들이 경험하는 문제에 있어서, 앞서 경험한 사람들이 자기의 경험을 통한 깨달음을 뒤에 오는 자들에게 전달할 수 있다면 아주 좋은 열매들이 맺힐 수 있을 것입니다. 물론 문제를 경험해도 깨달음에 이른 사람들이 많지 않은 것 같고 깨닫더라도, 자신의 깨달음을 의식화하여 다른 사람과 나눌 수 있게 정리하는 것은 쉬운 일이 아닌 것 같습니다. 그렇기 때문에 그러한 작업은 전문가들이 담당해야 하는 책임이라 생각합니다.

그렇습니다. 중생 이후를 사는 그리스도인들이 '그리스도인은 과정적이고 지향적인 존재이다.' 라는 점을 적절하게 깨닫지 못한 데서, 비교적 공통적으로 겪는 심각한 문제가 있는데, 제가 알기에는 아직 이 문제를 정식으로 다룬 글은 없는 것 같습니다. 그래서 저는 이 문제를 우선 '문제화' 시켜야 한다는 생각을 하게 되었습니다. 그리고 문제 해결을 위해 필요한 의식들이 필요한데 그것들을 많은 사람들에게 알려야겠다는 책임의식을 느끼게 되었습니다.

다룰 첫 번째 내용은, '그리스도인은 과정적이다.' 또는 '그리스도인은 과정적인 존재이다.' 라는 것입니다. 우리는 교회에서 구원에 대해 얘기를 많이 듣습니다. 그 다음으로는 성화, 즉 '그리스도인은 어떤 사람이 되어야 하는가?'에 대해 많이 듣습니다. 이 둘에 대해 말해지는 시간과 횟수는 압도적이라 할 수 있습니다. 그런데 구원과 온전한 성화 사이의 '과정'에 대해서 얘기하는 그리스도인들-교역자 포함-은 그리 많지 않은 것 같습니다. 개인적으로 그런 분 몇 분을 알고 있는데, 참으로 귀한 분들입니다. 그 분들에게서, 복음에 대한 이해가 전체적이고 또 복음의 핵심을 잘 꿰뚫고 있다는 인상을 받습니다. 그러나 대부분은 그렇지 않은 것이 안타깝습니다.

그리스도인들은 사실 구원에 대해서는 많이 들을 필요가 없습니다. 구원에 대한 하나님의 은혜와 예수님의 사랑에 대해 감사의 마음을 되새겨 보기 위해서 간헐적으로 듣는 것은 몰라도 말입니다. 왜냐하면, 그리스도인들은 이미 구원을 받은 자들이기 때문입니다. 그리스도인들이 정말 많이 들어야 하는 것은, '성화를 향해 나아가는 "과정의 삶"을 어떻게 풀어야 할 것인가?'에 대한 것이어야 합니다. 그리스도인은 모두 구원과 (최종적) 성화 사이의 과정에 있는 존재이기 때문입니다. 제가 알기로 이 과정을 풀어가는 데 '실제적인 도움'이 되도록 '구체적인 내용'을 다룬 신학자나 교역자들이 많지 않은 것 같습니다.

한 번은 어느 교회의 저녁 예배에서 설교를 하게 되었습니다. '인간이해'에 대한 설교였습니다. 설교가 끝난 다음에, 한 집사님이 "목사님 설교도 좋지만, 정신과의사가 하는 이런 설교도 일 년에 몇 차례는 꼭 들을 수 있으면 좋겠습니다."라는 바람을 교역자에게 말하는 것을 들었습니다. 교역자들의 설교를 통해서 '기도를 하라.', '성경을 읽어라.', '예배에 참석하라.' 라는 내용을 듣고 행하고, '원수를 사랑하라.', '오른쪽 뺨을 때리면 왼쪽 뺨을 내밀어라.' 등등의 좋은 말씀을 많이 듣는 데 비해, 자신의 삶을 실제적으로 풀어가는 데 있어서 구체적으로 무엇을 어떻게 해야 하는지에 대해서는 듣는 것이 별로 없다는 것입니다. 심하게 표현하는 분은 구름 잡는 애기 말고 뭔가 손에 잡히는 애기도 들을 수 있으면 좋겠다고 합니다.

사실 '무엇을-어떻게'(what-how)에 대한 구체적인 내용에 대해 목말라 하는 그리스도인들이 참으로 많습니다. 그런데 그 집사님의 말에 의하면, 저는 바로 우리의 삶의 현장에서 일어나는 구체적인 것을 가지고 그리스도인의 삶을 풀어가는 접근을 하기 때문에 실제적으로 도움을 받게 된다는 것이었습니다. 자신이 구체적으로 무엇을 어떻게 해야 하는가에 대해 일말의 깨달음을 갖게 되었다고 했습니다. 아마도 저는 정신과의사로서 사람들을 구체적으로 만나 구체적인 문제를 다루어 가는—경험론적이고 귀납적인 접근을 하는 전문인이기 때문에 그런 인상을 주는 것이 어느 정도 사실일 것입니다.

물론 복음에 대한 경험론적이고 귀납적인 접근이 복음 전체를 다 보여 줄 수 있지는 않습니다. 그런 접근 역시 제한적인 것임을 분명히 하여야 할 것입니다. 그렇지만, 현재 한국 기독교계에서는 그러한 접근이 상대적으로 부족하기 때문에 저 같은 영역의 전문인들이 감당해야 하는 영역들이 있는 것 같습니다. 이런 책임의식에서, 한국 그리스도인들의 복음의 이해와 그리스도인 됨의 이해가 전체적으로 되는 데 자그마한 도움이 되기를 바라는 마음에서 이 책을 쓰게 되었습니다.

두 번째로 다루는 내용은, '그리스도인은 지향적이다.' 또는 '그리스도인은 지향적인 존재이다.' 입니다. 진화에 의해 존재하게 되어 아무런 목적 없이 존재하게 되었다고 생각하는 진화론자들은 인간은 '어떻게 되어야 한다.' 는 지향성을 갖는다고 생각하지 않습니다. 즉, 지향적인 인간상이 없습니다. 그러나 그들과는 달리, 그리스도인은 창조주의 뜻에 따라 존재하게 되었다고 믿습니다. 그런데 인간은 죄로 인해 창조주 하나님께서 본래 의도하신 모습을 발전시키지 못했고 그리하여 예수 그리스도를 통해 중생하게 된 그리스도인은, 하나님께서 인간에게 기대하시는 온전한 모습을 회복해 가는 영적 지향성을 갖게 되었다고 할 수 있습니다.

우리는 이 지향적 목표를 통해 자신의 존재성에 대해 귀한 깨달음을 갖게 됩니다. 인간은 아무렇게나 태어나서 아무렇게나 살다 가는 그런 하찮은 존재가 결코 아니라는 것입니다. 하나님의 형상대로 지음받은 존재입니다. 창조주 하나님께서 남다른 뜻을 두시고 창조하신 존재입니다. 그런 존재로 지음받았다는 것이 얼마나 감사한지요! 물론 하나님께서 인간에게 두신 그 온전한 모습의 씨앗을 완전히 꽃 피울 사람은 아무도 없을 것입니다. 아니, 거기까지에는 너무나 먼 거리에 있는 사람들이 대부분일 것입니다. 그러나 중생하여 갖게 된 영적 생명이 우리로 하여금 온전한 모습을 향해 나아가는 지향적 발걸음을 내딛게 할 것입니다. 그리스도인은 지향적 목표를 향해 끊임없이 변화해가는 존재입니다. 생명이 있는 존재는 결코 정체되어 있을 수 없는 것입니다. 변화하되, 하나님께서 원하시는 그 모습을 향해 나아가게 될 것입니다. 바로 이 지향성이 그리스도인됨의 표지 중 하나라 할 수 있습니다.

'그리스도인은 과정적이고 지향적인 존재이다.'라는 개념을 통해 '그리스도인 됨' 또는 '그리스도인의 정체성'에 대해 새로운 이해의 지평이 열리기를 바라는 마음 간절합니다. 물론 그것이 결코 전부라 주장하는 것이 아닙니다. 다만, 한국의 적지 않은 그리스도인들에게 결여되어 있는 부분이기 때문에 이런 이해가 보충이 된다면 중생 이후의 삶을 풀어가는 데 긴요한 도움이 될 것이라 기대합니다.

이전에는 구원으로만 관심이 향했던 선교 1세기를 넘어, 선교 2세기에 들어서면서 점차 '구원(중생) 이후의 삶'에 대한 관심이 깊어지는 것에 대해 바람직한 현상으로 감사하고 있습니다. 우리의 관심이 한 쪽으로만 치우쳐서는 안 될 것입니다. 특히, 성화의 과정을 돕는 인간이해와 상담에 대해 관심을 가지는 분들이 많이 나오고 있다는 것이 참 고무적입니다.

구원에 대한 것과는 달리 '중생 이후의 삶'을 잘 살아가도록 돕는 것은, 각 사람마다 그 수준이 다 달라 개인적인 돌봄이 필요하기 때문입니다.

이 과제는 대중을 대상으로 하는 설교를 통해 다루어질 수 없습니다. 교역자 몇 분이 감당할 수 있는 일이 아니라는 것이지요. 앞으로의 교회 공동체는 상담의 영역에서 전문적으로 준비된 사람들을 얼마나 많이 두느냐에 그 건강성을 크게 의존하게 될 것이라 생각합니다. 이런 영역에서 쓰임받기 원하는 사람들에게 이 책은 중요한 내용을 나눌 수 있을 것이라 생각합니다.

또 좋은 인도자를 두지 못하고 혼자서 씨름하면서 신앙생활을 하는 가운데 '그리스도인의 정체성'에 혼란스러움을 겪고 있는 분들에게 꼭 필요한 내용을 적지 않게 담고 있다고 생각합니다. 그리고 젊었을 때 신앙적 열심을 내었으나, 이 세상을 살아가면서 자기에게서 다른 모습을 발견하면서 회의적인 생각에 신앙생활이 소원해진 사람들에게도 도움이 되리라 기대합니다. 특히, 그리스도인으로서 살아가는 것이 자유스럽거나 즐겁지 못하고 도리어 짐스럽고 힘들게만 느껴지는 분들에게, 필요한 이해를 통한 적절한 자유, 평안 그리고 감사를 회복하는 데 큰 도움이 될 것입니다.

한국, 이 땅에
하나님의 복음의 더 깊은 내용들이
정직한 이들에 의해 길어져 이 땅에서
하나님께서 더욱 온전하게 영광을 받으시며
하나님의 사람들이 진리 안에서 더욱 자유하기를 바라며!

김진

CONTENTS

- 개정판을 내며 _ 5
- 머리말 _ 8

들어가는 말 | 20

Chapter 1 ::
'지향적 목표'에 빨리 노출되는 그리스도인이 겪는 부작용 | 27
'지향적 목표'를 '현재적 목표'로 오해하는 데서 오는 부작용

1. 외식과 위선 : 감정의 병듦, 정직의 희생 | 31
2. 자기, 타인 그리고 하나님으로부터의 소외 | 38
3. 과정 속의 인간을 존재화고착화시킨다 | 47
4. '부적절한' 죄책감을 갖게 된다 | 48
   : '부적절한 죄책감'
5. 복음의 핵심에 대한 오해 | 60
6. 지시적 경향 | 61
7. 인간의 책임영역을 보지 못하여 책임적 존재임을 포기하고 쉽게 하나님만을 바라보게 된다 | 63

Chapter 2 ::
그리스도인은 과정적점진적, 도상의 존재이다 | 68

1. 성경의 증거 본문 | 68
   - 히브리서 5:12-6:2
   - 빌립보서 2:12
   - 베드로전서 2:2
   - 빌립보서 3:12-14
   - 빌립보서 3:16

2. 과정적 존재성의 실제적 적용 | 74
  1. '아직은' 또는 '지금은', '현재는' | 74
  2. 사랑의 감정의 색깔은 하나가 아니다 | 78
  3. 정직한 현재적 자기로 자유하자 | 81
      : 시험에는 다른 두 가지 의미가 있다
      : 분별해야 하는 자기 개념: '전체적 자기'와 '부분적 자기'
      : 부분적 자기: 예수님의 사랑에 반응하는 자기
      : 행위보다 사람을 보시는 하나님
  4. 부분적, 실제적 자기를 편입시켜 살아갑시다 | 96
  5. 판단의 관점으로 끝내는 것이 아니라, 치유의 관점에서 살려야 한다 | 101
  6. 정직한 물음을 살리자 | 109
  7. '해야 한다' should, must의 일방성을 극복하자 | 119
  8. 지금 아닌 것을 '(지금은) 아닙니다.'라고 하자 | 122
      : 성숙한 사랑은 '적절한 No'를 말한다
      : 분수에 대하여
      : 적절한 No는 전체적 관점에선 Yes이다: '강적' 이야기
      : 비교하는 마음에 대해

3. 과정적 존재성과 관련된 주요 내용들 | 157
  1. 그리스도인 안의 '옛 사람과 새 사람' | 157
  2. 환원의 오류의 경향에 대한 성찰 | 164
      1) 심리적 환원의 오류
      (1) '신체적 차원 ⇒ 심리적 차원'으로 환원하는 오류
      (2) '영적 차원 ⇒ 심리적 차원'으로 환원하는 오류
      2) 신체적 환원의 오류
      '심리적이고 영적인 차원 ⇒ 신체적 차원'으로 환원하는 오류

3) 영적 환원의 오류
  (1) '신체적 차원 ⇒ 영적 차원'으로 환원하는 오류
  (2) '심리적 차원 ⇒ 영적 차원'으로 환원하는 오류
   : 자기 여행
   : 세상 여행

Chapter 8 ::
그리스도인은 지향적 존재이다 | 193

1. 성경의 증거 본문 | 195
   - 히브리서 6:1-2
   - 빌립보서 2:12
   - 베드로전서 1:14-16
   - 베드로후서 1:4
   - 마태복음 5:48
   - 베드로후서 1:5-7
   - 에베소서 4:13, 15, 요한일서 3:2
   : 개인적 지향성

2. 그리스도인의 지향성의 실제적 적용 | 199
   1. 기독교 복음을 통한 지향성의 획득 | 199
   2. 지향성은 영적 건강성의 지표인 영적 긴장을 낳는다 | 211
   3. 이중 국적자인 그리스도인이 가지는 양가적 세계 | 219
   4. 지향적일 수 있는 근원적 힘은 '하나님 되심'에 있다 | 228
   5. 지향성은, 자기와 사회 안에 실재하는 선과 악 또는 목표와 실제 사이의 긴장을 견디어내는 지혜와 능력의 배양을 요청한다 | 237
   6. 세속적 복 지향에서 인격 지향으로! : 한국 기독교가 극복해야 할 가장 시급한 과제 | 242

: 복에 대한 구약 읽기와 신약 읽기의 다른 점
: '신나는 사건'을 일으키는 개인적 믿음?
: 개인적 신념과 기독교 믿음
7. 지향성은 책임적 주체로서의 그리스도인관이 전제되어 있다 | 276
: 인격의 변화와 성령님의 간섭

Capter 4

과정적이고 지향적인 그리스도인관을 기초로 하는 권면 | 284

1. 지향적 목표를 사람을 대하는 실제적인 원리로 삼지 마십시오 | 284
2. 지향적 목표와 현재적 또는 실제적 목표를 잘 분별하여 현재적 목표를 설정한다 | 288
   : '현재적 목표'와 관련하여 '실제'reality를 강조하고자
3. 교회 공동체에 개인별 돌봄 Individual care이 요청된다 | 294

결 어 | 298

덧붙이는 글

성화를 위해 정신세계를 다루는 전문인으로부터 오는 소리 | 301
성화를 위한 정신세계의 지평 넓히기

1. 예수님께서 촉구하시는 자기성찰 | 301
2. 순수한 신앙을 위한 투사投射적 신앙의 극복 | 309

■ 후 기 | 322

들어가는 말

　지금은 목사가 된 한 형제는 얼굴에 늘 미소를 띠고 다니는 사람이었습니다. 가능하면 교회에서 하는 모든 활동에 적극적으로 참여했습니다. 그는 누구의 요청을 받으면 "아닙니다."라고 하면서 거절하는 경우가 거의 없었습니다. 사람들은 웬만큼 어려운 부탁쯤은 믿음이 깊어서 사랑으로 충분히 받아줄 수 있는 사람으로 생각하여, 부탁들을 참 많이 했습니다. 제가 확인한 바에 의하면 그에 대한 사람들의 평판은 너무 좋았습니다. 저도 그를 좋은 사람으로 알고 있었습니다.

　그러나 한편으로는 20대 초반에서 중반으로 넘어가는 젊은 그에게 벌써 그러한 성숙한 모습이 찾아왔다는 것이 다소 궁금하기도 했습니다. 그런 모습은 크게 나누어, 인격의 깊은 성숙에 이른 사람에게서 나타날 수 있지만, '내면적 자기'와 '외면적 자기' 사이에 깊은 괴리가 있는 억압이 심한 사람 그리고 위선적인 사람에게서도 보여질 수 있기 때문입니다. 그래서 '너무 좋은 사람'으로 나타나는 그의 외면의 모습에, 자연스럽지 않은 어떤 인위적인 힘이 개입해 있을지도 모른다고 생각했습니다. 아마도 그런 노력은 본인도 의식하지 못하는 닫힌의식(무의식)에서 나오는 것일 가능성이 높습니다. 그런 경우라면 제가 도와줄 수 있는 여지가 있을 것이라 생각했습니다. 자주 만났던 사람은 아니지만, 편하게 애기할 수 있는 비교적 좋은 신뢰의 관계를 가지고 있었기 때문에 적절한 기회가 오기를 기다렸습니다.

그런데 우연치 않게 기회가 찾아왔습니다. 밝고 활달했던 평소와는 달리 다소 침울한 표정을 하고 있는 형제를 보게 되었습니다. 무엇인가 고민이 있는 듯하여 '혹시 내가 도울 수 있는 무엇이 있지는 않을까?' 하는 마음으로 말을 건넸습니다. 그런데 뜻밖에도 자기에 대해 상당히 부정적으로 평가하는 말을 듣게 되었습니다. 그래서 위로와 격려를 하고자 하는 가운데 다음과 같은 대화가 이어지게 되었습니다.

"○○, 사람들이 자네를 어떻게 평가하는지 알아?"
(다소 냉소적인 말투로) "뭐, 바보라고들 하겠지요. 줏대도 없는 바보요. 아니면 손해만 보는 사람이라고요."
(저는 그가, 진짜 바보라는 평가를 받고 있는 사람처럼 너무 진지하게 얘기하는 그의 모습에 다소 놀랐습니다.)
"아냐, 모두들 '착한 사람', '좋은 사람' 또는 '무엇이든 안심하고 맡길 수 있는 사람'으로 평가하고 있던데. 무슨 일을 하면 제일 같이 하고 싶은 사람이 ○○이라고 하던데."
(의외라는 그러나 좋아하는 표정을 지으며) "그래요?"
"그럼, 내가 여러 사람들에게서 들었다구. 그런데 왜 본인은 사람들이 자기를 바보로 여길 것이라고 생각하는 거지?"
"저는 'No'를 못하니까요."

"'No'를 못하다니?"

"저는 'No'를 못하겠어요. 그래서 사람들에게는, 부탁하는 것을 다 들어주는 사람으로 보이는 것이지요. 교회에서 무슨 일을 해야 하는데, 아무도 나서지 않을 때, 하기는 싫지만 남에게 피해 또는 손해를 주지 않기 위해 제가 자청하는 경우가 많으니까, 사람들은 그렇게 생각할지 모르겠어요. 그런데 속으로는 바보라고 생각할 것 같아요. 자기 것은 하나도 챙기지 못하는 사람이니까요. 다른 사람들의 청을 거절하지 못하는 가운데 저의 삶에는 충실하지 못했던 적이 많았어요."

그는 사람들로부터는 '남들은 피하는 것을 마다하지 않고 희생적으로 하는 사람', '무엇이든지 맡기면 되는 사람', '마지막으로 의지할 수 있는 사람' 등등의 아주 좋은 평판을 받고 있었습니다. 그러나 물론 전부는 아니겠지만, 그의 내면에는 지나치게 자기를 희생하면서 남들의 청을 들어주다 보니 자기의 삶이 상당히 침해당하는 것에 대해 다소간의 불만스러움이 있다고 하겠습니다. 즉 내면의 갈등이 전혀 없이, 의연하게 또는 성숙되게 남의 청을 받아주면서 지내왔던 것은 아니었던 것이었습니다.

물론 그의 그런 경향에는 그의 가족관계—가족의 역사—에서 오는 요인이 강하게 자리잡고 있었습니다. 특히, 아버지로부터 영향을 많이 받았는데, 교회에서 주요 직책을 맡아오셨던 아버지 역시 'No'를 못하시는 분이셨다고 합니다.

그러나 아버지를 닮은 것과 함께 강력한 요인으로 작용했던 것에는, '그리스도인은 거절을 해서는 안 된다.'는 의식이 자리하고 있었음을 대화하면서 어렵지 않게 발견할 수 있었습니다. 그리스도인은 '원수까지 사랑하고, 겉옷을 달라 하면 속옷까지 벗어주고……5리를 가자고 하면 10리를 가야 하는 사람'이 바로 '지금 그리고 여기서'(Here and Now) 되어야 한다는 의식 말입니다. 그에게는, 다른 사람의 청을 거절하는 것은 마치 예수님의 말씀을 따르는 것을 거부하는 것, 곧 자신이 그리스도인이라는 것을 부정하는 것과 같이 느껴졌던 것이었습니다.

그러나 그에게는 예수님의 그런 말씀을 현재적으로 항상 지킬 수 있는 인격적 성숙이 실제로 자리잡고 있지 않았습니다. 그래서 자기의 인격의 힘으로는 안 되기 때문에 내면적인 자기(내면의 의, 욕구, 필요, 소원 등등)를 억압하는 가운데 외면적으로 말씀을 지키는 것 같은 사람의 모습을 띠게 되었던 것입니다. 그런 과정이 계속 진행되는 가운데 그의 외면의 모습과 내면의 모습 사이에 괴리가 점차 벌어지게 되었다고 할 수 있습니다.

같은 문제로 생각되는데, 다음과 같이 재미나는 얘기를 들려준 분이 있었습니다. 자기는 네모꼴의 사람인데, 기독교를 믿은 후에 교회를 가서 설교를 들으면 원꼴이 되라고 하고 성경을 읽어봐도 원꼴이 되라고 하는 것 같아서, 원꼴이 되려고 노력했다고 합니다. 그렇게 오랫동안 지내게 되었는데, 어느 순간 자기를 보니 원래의 자기인 네모꼴도 아니고, 되려고 애썼던 원꼴도 아닌 세모꼴이 되어 있어서 무척 놀랐다고 합니다. 세모꼴의 자신이 낯설게 느껴졌다는 것입니다. 그러면서 '나는 누구인가?'라는 정체성의 위기를 겪었다고 합니다. 비유적으로 묘사한 것이지만, 상당히 중요한 의미를 내포하고 있는 내용이라 하겠습니다.

여러분들은 어떠한지요? 예수 그리스도를 믿어 중생된 이후, 신앙생활을 하면서 내면의 자기와 외면의 자기가 얼마나 일치된 삶을 살아가고 있는지요? 혹 둘 사이에 어느 정도 괴리가 있는 삶을 살고 있지는 않은지요? 그렇지 않기를 바라는 마음이지만, 적지 않은 그리스도인들이 이런 종류의 문제로 어려움을 겪고 있는 것 같습니다. 저는 이 같은 문제로 고민하고 혹은 고통을 당하는 많은 그리스도인들을 상담하고 정신치료를 하는 사람으로서, 이 문제는 다소 차이는 있지만 거의 대부분의 그리스도인들이 '공통적으로 겪는 문제'라 평가하면서, 언젠가 지면에서 함께 치유적으로 나눌 수 있는 기회가 오기를 기다려 왔습니다.

이제 다수의 그리스도인들이 공통적으로 겪는 '지향적 목표에 조기에 노출되는 문제'를 먼저 생각해 봄으로써 이야기를 전개하고자 합니다.

'지향적 목표'에 빨리 노출되는 그리스도인이 겪는 부작용

'지향적 목표'를 '현재적 목표'로
오해하는 데서 오는 부작용

그리스도인들 중에 성경에서 가르치는 내용을 완벽하게 행하면서 사는 사람은 아무도 없을 것입니다. 예를 들어, 원수를 '항상' 사랑한다든지, 오른쪽 뺨을 맞으면 '항상' 왼쪽 뺨을 내민다든지, 5리를 가자고 하면 '항상' 10리를 가는 인격적 수준에 이른 사람은 아무도 없을 것입니다. 소위 모태 신앙인으로 살아온 저는 지금까지 그런 사람을 본 적이 없고, 수많은 사람 중 그런 사람을 보았다는 사람은 아무도 없었습니다. 상당히 성숙한 사람이라 할지라도, 간헐적으로 그럴 수는 있겠지만, '항상' 그럴 수 있지는 못할 것입니다.

이해를 돕기 위해 거리에 대한 말씀을 가지고 생각해보겠습니다.

누가 와서 5리를 억지로 같이 가 달라고 할 때 여러분은 평균적으로 몇 리 가는 성숙의 수준에 있다고 생각하십니까? 한 번 생각해 보시기 바랍니다. 제 강의나 세미나에 참석한 수천 명에게 물어보았습니다. 가장 먼

거리를 간다고 한 분은 몇 리를 간다고 했을 것 같습니까? 여러분의 대답과 비교해 보십시오. 어느 한 분이 7리 간다고 했습니다. 아무튼, 겸손해서 그렇기도 했겠지만, 5리 이상을 간다고 하는 분들은 많지 않았습니다. 대부분 2리, 3리였습니다. 교역자들을 대상으로 강의한 경우도 많았는데, 그 분들 역시 그리 차이있는 대답을 하지는 않았습니다. 여러분은 어떻습니까?

(두 사람이 10리 간다고 대답했는데, 한 사람은 제가 보기에 다소 정신병적 장애가 있다고 판단되어 정상적인 경우라 할 수 없기에 뺐고, 다른 한 사람은 "10리를 가기는 하는데 돌아올 때 씩씩거리게 된다."고 했습니다. 이 경우는 예수님께서 의도하신 마음으로 10리를 간 것은 아니기 때문에 진정한 의미로 10리를 갔다고 할 수 없기에 역시 뺐습니다. 그 자신도 예수님께서 바라시는 마음으로 간 것이 아님에 동의했습니다.)

그럼, 아무도 10리를 가지 못한다는 것이고, 예수님께서 5리를 가자고 하면 10리를 가라고 하신 말씀을 항상 지키는 사람은 없다는 것인데, 그러면 예수님의 말씀을 지키지 못한 것이니 죄를 짓는 것이 되는 것일까요? 이에 대해서도 물어보았습니다. 여러분은 어떻게 생각하십니까? 죄라고 한 사람들도 있었지만, 훨씬 더 많은 사람들이, 설명을 제대로 하지는 못했지만, 죄는 아닌 것 같다는 대답을 하였습니다.

"누구든지 너로 억지로 오 리를 가게 하거든 그 사람과 십 리를 동행하고"(마 5:41)와 같은 유의 말씀은, '살인하지 말라.', '도적질하지 말라.'는 말씀과는 다른 영역에 있다고 할 수 있습니다. 후자의 말씀은 어느 누구나 지금 당장 지켜야 하는 말씀으로 주시는 것이지만, '원수를 사랑하라.', '······왼쪽 뺨을 내밀어라.', '······10리를 가라.'는 말씀은 지금 당장 그리해야 하는 말씀으로서가 아니라, 그러면 더할 나위 없겠지만, 그런 수준을 목표로 하여 나아가야 한다는 의미로 주신 말씀이라 생각합니다. 저는 그런 의미에서 그런 말씀들을 '지향적 목표'라 부르고 있습니다.

성경 말씀은, 다 같은 수준의 내용이 아니라, 어떤 말씀은 신앙이 아주 어린 사람도 지켜야 하고 지킬 수 있는 것이지만, 어떤 말씀은 상당한 수준에 이른 사람만이 깨닫고 지킬 수 있는 내용을 가지고 있습니다. 즉 성경의 내용은, 높이가 서로 다른 계곡과 봉우리로 이루어진 산맥과 같습니다. 그렇기 때문에 더 성숙한 수준의 사람들은 그렇지 못한 사람들을 바르게 인도해주어야 하는 책임을 지니고 있다고 할 수 있습니다. 예를 들어, 사도 바울의 고백들이 그러합니다. 그 분의 고백들 중 어떤 것은 감히 우리의 고백으로 삼을 수 없는 수준에 있는 말씀들이 많습니다. 그런데 내용이 좋다고 너무 쉽게 자기의 고백으로 삼는 우를 범하는 사람들이 적지 않은 것 같습니다.

저의 예를 들어보면, 갈라디아서 2장 20절-"내가 그리스도와 함께 십자가에 못박혔나니 그런즉 이제는 내가 사는 것이 아니요 오직 내 안에 그리스도께서 사시는 것이라 이제 내가 육체 가운데 사는 것은 나를 사랑하사 나를 위하여 자기 자신을 버리신 하나님의 아들을 믿는 믿음 안에서 사는 것이라."-을 가사로 하는 복음송가를 대학생 때 신나게 큰 소리로 참 많이 애송했습니다. 그런데 언젠가부터 '신나게 큰 소리로' 부르는 것이 불편해지기 시작하면서 우선 소리가 작아졌고 '신나게' 부르는 것이 일체 사라졌습니다. 부르는 횟수가 급격히 줄어들더니, 결국 함부로(?) 부르지 못하는 곡이 되었습니다. 간혹 부르더라도 조심스럽게 무거운 마음으로 부르게 되었습니다.

물론 본문 말씀은 꼭 실제적인 선언이라기보다는 (하나님 나라의) 법적인 선언의 의미가 크다고 할 수 있지만, 저의 삶을 돌이켜 볼 때 제가 십자가에 못박혀 죽고 내 안에 예수 그리스도께서 사시는 것이 아니라, 저는 아직도 펄펄 살아있고, 부분적으로 예수님을 위해 사는 삶도 있지만 여전히 나를 위해 사는 삶이 훨씬 더 크게 자리잡고 있음을 깨달았을 때, 그 복음송을 함부로 부르기가 어렵게 된 것이었습니다. 저는 그 가사에 훨씬 미치지 못하는 수준에 있음을 깨달았기 때문입니다. 갈라디아서를 쓸 때의 사도 바울에게는 그 본문이 자신의 실제적 모습에 상당히 적절한 내용이었을는지 모르겠습니다. 그러나 저의 실제 모습은 거기에 크게 미치지 못하였던 것입니다. 그때보다는 나아졌지만, 지금도 그러합니다. 그래서 그 복음송을 부를 때, '주님, 이 가사를 언젠가 진정 저의 자연스러운 고백으로 삼을 수 있게 되도록 노력하겠습니다. 그런 저의 노력 위에 은혜로 함께 하여 주시옵소서.' 라는 마음으로 비교적 애절하게 부르게 됩니다.

그렇듯이 그리스도인은 자기의 분수를 의식하는 가운데 성경의 본문이 지금 당장 지켜야 하는 것인지, 점차 그렇게 되도록 나아가야 함을 지시해 주는 지향적인 내용인지 잘 분별할 수 있어야 합니다. 지향적 목표를 지금 당장 지켜야 하고 지킬 수 있는 현재적 목표로 알게 되면 많은 부작용들이 발생하게 되어 있습니다. 이는 대부분의 그리스도인들이 겪게 되는 공통적인 문제일 것입니다. 아마도 목숨까지 내놓으신 성자 예수님의 사랑과 독생자를 십자가에 못박혀 죽게까지 하신 성부 하나님의 사랑에 감격하는 첫 사랑의 시기에는 그럴 수 있을 것 같은 느낌이 든 분들도 적지 않을 것입니다. 당장 원수도 사랑할 수 있을 것같이 느껴질 수 있습니다. 그런 연장선에서 지향적 목표를 현재적 목표로 오해하는 것은 어쩌면 자연스러운 현상이라 할 수 있을 것입니다. 첫 사랑의 분위기가 지향적 목표를 현재적 목표로 알게 하는 데 적지 않은 영향을 주기도 하는 것 같습니다. 특히, 어려서부터 신앙생활을 해온 분들보다는 나이 들어 결정적인 계기를 통해 믿게 된 분들 중에 그런 분들이 많은 인상을 받습니다. 그러나 분명한 사실은 영적으로 다시 태어나는 중생으로 인해 인격까지

180도 달라지는 분은 아무도 없다는 것입니다. 물론 다른 사람에 비해 비교적 많이 변한 분이 있을 수는 있습니다. 그러나 전격적으로 다른 인격의 소유자가 되는 비약을 맞이하는 사람은 없습니다. (그렇게 이제 막 중생한 영적 아이가, 이 땅에서는 완전한 성화의 수준에 이른 사람도 없겠지만 아무튼 그런 사람만이 지킬 수 있는 내용들에 조기에 노출됨으로써 야기될 수 있는 문제를, '지향적 목표에 빨리 노출되는 문제'라 일컬었던 것입니다.)

　시간이 지나면서 첫 사랑의 감정적 분위기가 걷히게 되면, 자기 인격의 실력이 드러나기 시작합니다. 원수까지 사랑하는 것이 아니라, 때때로 가장 가까운 배우자, 부모, 자녀, 형제도 미워하는 그 원래의 실력 말입니다. 그런데 말씀대로 온전히 살지 못하는 자기의 실력을 정직하게 인정한다는 것이 그리 쉽지 않습니다. 그런 자기를 부끄럽게 여겨 무의식적으로 회피하고 부인하고자 하는 유혹을 받게 되기 때문입니다. 유혹에 지게 되면, 내면의 자기와 겉으로 남에게 그럴 듯하게 보이는 생활을 하는 외면의 자기 사이에 거리가 벌어지게 됩니다. 그러면서 여러 부작용이 일어나게 됩니다. 자 그럼, 어떤 부작용들이 있는지 살펴보도록 하겠습니다.

1. 외식과 위선 감정의 병듦, 정직의 희생

　그렇습니다. 이 땅을 살아가는 그리스도인들 중에, 성경에서 말하는 지향적 목표를 온전히 이룰 수 있는 사람은 아무도 없을 것입니다. 그리스도인이라면 누구나 지향적 목표에 미달되는 생활을 한다고 하겠습니다. 그렇기 때문에 그 미달되는 자기를 어떻게 대하느냐 하는 것이 그리스도인에게 실제적으로 중요한 과제가 된다고 하겠습니다. 여러분은 미달되는 자신을 어떻게 대해 오셨습니까? 특히, 지향적 목표를 지금 당장 지켜

내야 하는 현재적 목표로 알고 있는 사람들은, 목표에 미달되는 자기를 정직히 대하는 데 상당한 어려움을 겪을 것입니다. 예를 들어, 자기는 원수까지 사랑해야 하는 사람이 되어 있어야 한다는 의식이 강한데 부모, 배우자, 형제자매 등을 미워하는 자기를 얼마나 정직하게 들여다 볼 수 있을까요? 의식적으로도(열린의식의 세계에서도) 그러하지만 무의식적으로는(닫힌의식의 세계에서는) 더 더욱 그러한 부족한 자기를 보지 않으려고 '억압'하여 '회피하거나 부정'하려는 무의식적 노력을 아주 강하게 시도하게 될 가능성이 아주 높습니다.

그렇기 때문에 지향적 목표를 현재적 목표로 오해할 때 가장 심하게 침해받는 영역이 감정영역이라 할 수 있습니다. 현재적으로 누구를 미워하거나 싫어하는 (자기의) 감정을 우선 억압하여 보지 않으려 하는 유혹에 넘어가기 쉽습니다. 그러한 모습의 자기를 정직히 대면하기가 힘든 것이지요. 현재적 목표로 알고 있는 지향적 목표에 훨씬 미달되는 모습이기 때문입니다. 그렇기 때문에 누구를 미워하게 되면, 그 미움의 감정이 어디서부터 시작되었는지 잘 분석하여 반성하는 가운데, 의사소통에 문제가 있으면 풀고 용서를 구할 것에 대해 용서를 구하고 용서를 해야 할 것을 용서하는 등의 과정, 즉 미움이라는 문제를 해결하기 위한 치유적 과정을 제대로 밟아가기가 어렵게 됩니다. 문제를 풀려면, 우선 미워하는 자기를 보고 인정할 수 있어야 하는데, 그 첫 단계를 밟아가지 못하기 때문에 피할 수 없는 결과입니다.

그리스도인의 감정영역에 부정적 영향을 주는 것을 생각할 때 생각나는 것이 있습니다. 우리는 교회에서 형제자매들을 만날 때 거의 대다수가 웃는 얼굴로 인사를 나눕니다. 물론 가능하면 웃는 얼굴로 만날 수 있었으면 좋겠다고 생각합니다. 그런데 사실 내면적으로는 힘들고 고통스럽고 분노에 차있고 슬프고 아프고 부끄럽고 심지어 애통하고 있는 경우에도, 겉으로는 화사한 웃음을 띠며 인사하는 사람들이 적지 않다는 데 문제가 있습니다. 왜 이런 일들이 일어날까요? 그 유발요인들이 다양하지만, 그리스도인은 성경의 영향을 많이 받으니, 성경말씀을 가지고 생각해 보도록 하겠습니다.

여러분, 그리스도인의 감정세계에 영향을 많이 주는 성경말씀에는 어떤 것들이 있을까요? 여러 말씀들이 있을 텐데, 앞 순위에 드는 구절 중 하나가 데살로니가전서 5장 16절의 "항상 기뻐하라"는 말씀일 것입니다. 여기서 '항상'이라는 것을 시간적이고 상황적 의미로 생각하는 것입니다. (이는 결국 문자적 해석인 셈인데요.) 하루 24시간 내내 그리고 어떤 상황을 당하든 기뻐해야 하는 것으로 아는 것이지요. 장례식에 가서도 그래야 할까요? 자녀가 병에 걸려 슬픈 부모와 같이 있는 상황에서도 기뻐해야 하나요? 부모와 사별하게 되었는데도 그래야 할까요? 상식적으로 그렇지 않다는 것을 느낍니다. 또 '기뻐하라.'는 말씀을 '얼굴에 웃음을 띠는 것'으로 암암리에 받아들이는 측면이 있는 것 같습니다. 그렇기 때문에 그 어떤 상황에서도 얼굴에 화사한 웃음을 띠어야 하는 것으로 알게 되는 사람들이 있다고 하겠습니다. 그런데 어찌 항상 웃을 수 있는 상황만이 지속될 수 있겠습니까? 교회에서든 어디서든 형제자매를 만나 내면의 얘기를 나누게 되면, 사람들을 만나 인사하고 일상적인 얘기를 나눌 때의 웃음 띤 얼굴에서 다른 모습의 얼굴로 변하는 것을 그리 드물지 않게 경험하실 것입니다. (물론 내면의 나눔이 없는 만남에서는 경험하지 못할 것입니다.)

"항상 기뻐하라"의 원래 의미는 그 말씀이 어느 상황에서 주어졌는지를 살펴보면 정확히 알 수 있습니다. 사도 바울이 전도할 때의 초대교회는, 다른 종교인들로부터도 받았지만, 특히 로마 황제를 신격화하는 로마 제국으로부터 엄청난 핍박을 받았습니다. 사회적 지위를 박탈당하고 심지어는 콜로세움에서 사자의 밥이 되는 일까지 일어났습니다. 데살로니가 지역 역시 초기에는 복음에 대해 적대적인 분위기가 훨씬 우세했습니다. 그러면서 복음을 막 받아들인 초신자 형제자매들이 유형무형의 이러저러한 박해를 받았습니다. 그렇게 고난당하는 성도들을 볼 때 바울 사도는 마음이 퍽이나 아팠을 것입니다. 마음이 아팠으나, 주님을 따르는 것은 좁은 문을 통과하여 가는 것이라는 것을 잘 알고 자기 스스로 주님의 뜻을 따르는 가운데 모진 고난을 겪었고 겪고 있는 그는, '이제 곧 주님께서 은혜로 함께 하셔서 여러분들을 고난에서 해방시켜주시고 세상의 좋은 것들을 공급해주시는 등 좋은 일들이 일어날 것이니 조금만 더 참아내시기를 바랍니다.' 라는 식으로 세속적인 보상을 약속하면서 위로와 격려를 하지 않았습니다.

세속적인 보상에 대해서는 전혀 언급하지 않고 예수 그리스도를 보내셔서 우리를 구원하신 하나님의 사랑의 은혜를 생각하는 가운데서, 신앙의 삶으로 인해 맞이하는 역경의 상황에도 불구하고 하나님과 하나님의 나라에 대한 믿음과 소망으로 항상 기뻐할 수 있기를 권했던 것입니다. 결국 그 말씀은, 눈에 보이는 이 세상을 대하여 사는 것이 아니라 보이지 않는 영적 세계를 살아가는 그리스도인들이 가지는 영적이고 내면적인 태도를 의미한다는 것을 알 수 있습니다. 그것은 단순히 겉으로 화사한 미소를 짓는 것과는 전혀 다른 것입니다. 이러저러한 고난을 당할 때, 마음이 아프고 슬플 것입니다. 마음 아파하고 슬퍼해야지요. 그러나 이 땅에서 당하는 것으로 아프고 슬픈 것이 실제이지만, 영적으로는 세상 그 무엇으로도 변개할 수 없는 구원과 영원한 하나님의 나라의 시민권으로 인해 감사할 수 있다는 것입니다. 결국 "항상 기뻐하라"는 말씀은, 믿음대로 살아갈 때 맞이하게 되는 그 어떤 세상적인 일로 슬프고 아프고 고통스럽더라도, 자기에게 임했고 임할 하나님의 영적인 복을 기뻐하는 내적 태도를 가리킴을 분명히 해야겠습니다.

(데살로니가전서 5:16-18에 덧붙여 "항상 기뻐하라 쉬지 말고 기도하라 범사에 감사하라"는 말씀은, 세상적으로 좋은 것들이 일어나기 때문에 기뻐하고 기도하고 감사하는 '세속적인 것에 대한 태도'가 아니라, 보이지 않으나 믿음으로 보는 '하나님의 나라와 하나님에 대한 태도'에 대한 것임을 잘 드러내 준다고 할 수 있습니다. 그리스도인의 삶의 차별성을 역력히 보여주는 내용인 것입니다. 믿음의 삶으로 인해 이 땅에서 다양한 어려움을 겪을 수 있으나, 그리스도인은 이 땅의 모습으로 기뻐하고 슬퍼하고 만족하고 불만족하는 것이 아니라, 발은 이 땅을 딛고 있지만 이 땅의 모습과는 관계없는 영적인 세계를 살아가는 존재임을 가르쳐 주는 것입니다. 한마디로 말해 그리스도인은 '하나님을 대하여' 그리고 '하나님의 나라 안에서' 살아가는 이 땅의 나그네임을 밝히고 있는 것입니다.

기뻐하고 기도하고 감사하는 대상은 모두 하나님이십니다. 하나님 안에서 그리고 하나님께 하는 것입니다. 그렇게 그리스도인은 철저히 하나님과의 관계 안에서 살아가는 존재입니다. 그렇기 때문에 이 땅의 삶과 그리스도인으로서의 삶을 분별하는 가운데, 이 땅에서는 현실적으로 노력해야 하는 것을 노력하되 이 땅의 삶의 모습으로 그리스도인으로의 삶을 잊어버리거나 잃어버려서는 안 될 것입니다.)

그런 의미임을 알게 되면, 예를 들어, 풍성한 재물을 가졌는데 가까이 있는 어려운 이웃과 전혀 나누지 않고 자기중심적으로(또는 자기가족 중심적으로) 이기적인 소비생활을 한다거나, 자기에게 잘못이 있는데 인정하지 않고 부모, 자녀 그리고 배우자를 비난하며 미워한다거나, 상대방의 입장에서가 아니라 자기중심적인 사랑의 폭력을 행하는 등, 그 어떤 모습을 하고 있든지 자기-혈연, 지연, 학연 등으로 맺어진 '작은 우리'를 포함-만을 위하면서 자기를 스스로 높이는 사람들은 "항상 기뻐하라"는 말씀을 받을 자격이 없다는 것에 동의하게 될 것입니다. 만약 그런 사람들에게 사도 바울이 편지를 썼다면, "항상 기뻐하라"가 아니라 '슬피 울며 애통하라.'는 질책의 글을 보냈을 것입니다. 사실상 아무나 이 말씀을 받을 수 있는 것이 아닌 것이지요.

가급적이면 웃는 얼굴로 만나야겠지만, 우리의 내면의 모습과 상당히 괴리가 있는 웃는 얼굴보다는, 쉽지 않겠지만 정직한 얼굴로 만나는 자유로움과 진실함이 그리스도인 공동체에 가득했으면 하는 바람입니다. 그렇습니다. 우리가 말씀을 잘못 알면 알수록 그만큼 정도에서 벗어나게 됩니다. 말씀에 대한 오해들이, 자신의 진정한 내면의 세계, 특히 감정의 세계를 정직하게 보고 다루고자 하는 자세를 취하는 데 어려움을 주지는 않았는지요? 그러면서 (왜곡된 것이지만) '그리스도인으로서 남으로부터 기대받고 있거나 자기가 자신에게 기대하는 외적 의관'을 입고자 하는 유혹에 빠지게 되고 있지는 않은지요? 만약 이러한 흐름을 방치하게 된다면 자기 자신과 타인에게, '있는 그대로의 자기'로 정직하지 못하게 되고 나아가 하나님에게조차 위선적인 모습으로 서게 될 것입니다. '실제적(현재적) 자기'는 눈에 보이지 않는 닫힌의식의 세계로 밀어 넣고, 마치 지향적 목표를 달성한 듯하게 보이는 '허구적 자기'를 내보이게 되는 것이지요.

그런 식으로 지향적 목표를 현재적 목표로 알게 되면, 지향적 목표에 이를 수 없는 현재적 자기는 억압되어 닫힌의식으로 밀려들어갈 수밖에 없고, 경우에 따라서는 그러한 전체적 자기가 의식이 되면서 자기를 '겉과 속이 다른 사람'으로 여겨—주로 무의식적으로—부적절한 죄책감을 갖게 되는 또 다른 부작용을 낳게 됩니다. 이는 다시 부정적인 자기상을 만들어 내면서 쉽게 빠져나오기 어려운 악순환으로 진입하게 되기도 합니다. 참으로 안타까운 일이 아닐 수 없습니다.

대부분의 경우 의도도 지 않은 가운데서 무의식적으로 형성되는, 그리스도인에게서 나타날 수 있는 다소간 외식적이고 위선적이라 불릴 수 있는 모습은 비그리스도인들에 의해 정확히 지적되고 있지 않는지요? 말썽이! 전부는 아니지만 적지 않은 그리스도인들이 받는 부끄러운 용어가 아닌가요? 좋은 말을 참 잘하고 겉모습은 그럴 듯한데, 그에 걸맞는 인격과 삶은 잘 보이지 않는 데서 받게 되는 부정적인 평가라 하겠습니다.

아주 순전하고 맑은 눈을 가진 분으로 제가 좋아하는 목사님이 계십니다. 그 분에게서, "나도 할 수 없고 성도들도 하지 못할 내용임을 뻔히 알면서 설교해야 하는 것이 정말 괴롭다. 정직하고 열린 목회를 하고 싶다."라는 말을 들은 적이 있습니다. "원수를 사랑해야지요. 오른쪽 뺨을 맞으면 왼쪽 뺨을 내밀어야지요……."라는 식으로 정답만을 일변도로 듣는 것이 아니라, 그 분의 고백과 같이 마음속에 있는 부끄러울 수 있기도 하지만 진정 살아있는 내용을 나눌 수 있는 교제가 그립습니다. 외식적이고 위선적인 그래서 인위적이고 죽어있는 모습이 아니라, 있는 그대로의 정직하고 자연스럽게 살아있는 모습으로 서로 만나는 교제가 우리 가운데 있었으면 참으로 좋겠습니다. 외식과 위선으로부터 감정과 정직을 회복하는 일들이 있어져야 할 것입니다.

:: 독자의 반응

"제가 경험한 어떤 여집사님은 과거에 모 선교단체 간사였다고 합니다. 그 분의 얼굴엔 대개 화사한 미소가 담겨 있었습니다. 그런데 그 분의 미소 짓는 표정이 상당히 불편해 보였습니다. 억지로 짓는 듯한 모습으로 여겨졌습니다. 평소 교회 안에서는 웃음 띤 얼굴을 보이는데, 나중에 성도 간에 첨예한 문제가 발생했을 때 세상 사람들과 별로 다르지 않은 반응이 나오는 것을 보고 무척 실망스러웠습니다. 자기 수준만큼의 솔직함이 필요한 것 같습니다. 일상생활에서 하던 대로 교회 안에서 행동하지 않고, 주일에만 특별히 미소를 띠며 웃고 친한 척하며 악수를 청하는 것을 보면 마치 가면무도회를 하는 듯한 느낌을 받습니다."

"……구역모임에 가면 다른 곳에서 말 못하는 나의 내면의 얘기를 편안하게 하고 싶은데, 다들 '은혜스러운' 말만 하니 나는 얘기할 기회를 얻기가 어렵다. 모두들 이러저러하게 하나님께서 은혜를 주셔서 이러저러한 좋은 일이 일어났다는 얘기를 주로 하는 분위기여서, 하는 일이 잘 안 되고 이러저러한 일들로 어려움을 겪고 있다는 얘기를 하는 것이 '은혜스러운' 분위기를 망치는 것 같아서 나의 얘기를 할 수가 없었다." (물론, 구역모임이 다 그렇지는 않을 것입니다. 이런 경우도 있다는 것이지요.)

"그동안 남으로부터 기대받고 있다거나 내가 나 자신에게 기대하고 있는 외적 의관을 입고 살았던 적이 많았다. 아직도 해결되지 못하고 있는 점이다. 정직한 얼굴로 만나는 자유로움과 진실함이 있었으면 좋겠다. 사람들을 만나면 웃음을 먼저 머금는 것을 고치고 싶다. 진실한 자기의 모습은 닫힌의식의 세계로 밀어 넣고, 마치 지향적 목표에 도달한 듯하게 보이는 '허구적 자기'를 더 이상 내보일 필요가 있을까?"

2. 자기, 타인 그리고 하나님으로부터의 소외

앞에서 다룬 외식과 위선의 문제와 필연적으로 연결되어 있는 것이 있는데, 다름 아닌 소외 현상입니다. 지향적 목표를 당장 이루어야 하는 현재적 목표로 알기 때문에 그 목표에 미달한 자기를 정직하게 직면하여 인정하지 못하고 꺼리며 멀리하며 결국은 보지 않게 됩니다. 현실적 또는 실제적 자기가 자기로부터 소외를 당하는 것이지요. 이는 주로 닫힌의식

세계에서 일어납니다. 자기소외 현상은 당연히 타인 그리고 하나님과의 관계에서 소외현상을 야기하게 되어 있습니다.

먼저 '자기소외'에 대해 살펴보겠습니다. 사람들을 훈련시킬 때 자기가 어떤 사람인가를 생각하게 하는 백 가지 이상의 질문항목을 주어 자기에 대해 생각하고 기술하여 발표하게 합니다. 수백 명이 되는 분들이 발표하는 것을 들으면서, '그리스도인들은 실제적 자기가 아니라 지향적인 자기를 자기로 알고 살아가는 경향이 강하구나.'라는 것을 느끼게 됩니다. 간단하게 예를 들어, '자신은 얼마나 사랑하는 사람입니까?'라는 항목에 대해, '나는 때로는 아버지(또는 어머니)가 밉기도 합니다.' '어떤 때는 아내(또는 남편)가 많이 싫어지기도 합니다.'라는 내용보다 '원수까지 사랑해야 한다고 생각합니다.'라는 식으로 답하는 사람들이 적지 않았습니다. 질문은 현재 자기의 모습에 대해 말하라는 것인데, 마치 '정답'을 얘기해야 하는 식의 질문으로 받아 답을 하는 셈입니다. 현재적 자기에 대해 마음을 많이 기울이지 못하고, 되어야 하는 자기에 대해 압도적으로 마음이 가 있기 때문에 일어나는 측면이 강합니다. 현재적 자기는 소외를 당하는 것이지요.

발표한 어떤 분의 소감을 소개하면 다음과 같습니다.

"당위와 현실이 잘 구분이 안 된다는 생각이 들었다. 내가 되어야 한다고 생각하는 모습, 되기를 바라는 모습, 바람직하다고 생각하는 모습, 혹은 내가 늘 그렇다고 생각해왔던 모습들이 나의 자기 이미지에 많이 투영되어 있어서 내가 실제로 어떠한지 나도 잘 모르겠다는 생각이 든다. 그리고 생각보다 나의 말이나 행동, 감정 등에 대해서 별로 생각하지 않고 살았던 것 같다."

지향적인 목표에 이르게 그리고 많이 노출되는 그리스도인은, 이 땅을 딛고 살아가는, 있는 그대로의 현실적인 자기가 아니라, 성경을 통해 나름대로 생각하는 것, 설교와 주위 믿는 사람들을 통해 들은 것 그리고 자기 나름대로 직간접적으로 경험한 것 등등을 통해 '되어야 하는 자기' 또는 '해야 하는 자기'를 자기라 여길 수 있는 가능성이 비그리스도인에 비해 훨씬 많을 수밖에 없습니다. 그런데 아무리 성숙한 그리스도인이라 할지라도 그의 실제적이고 현실적인 자기는 지향적인 자기에 미달할 수밖에 없는 것이 엄연한 현실입니다. 그 '지향적인 목표에 미달되는 자기'를 어떻게 대하느냐 하는 것이 참으로 중요합니다. 이는 거의 의식적으로가 아니라 무의식적으로 이루어집니다. 여러분들은 미달되는 자기를 자기도 모르게 어떻게 대해 오셨던 것 같습니까?

보통의 경우, 지향적인 자기를 자기로 여기는 경향이 강한 사람일수록 그 엄연한 현실적인 자기는 억압하여 닫힌의식 속으로 밀어 넣고 지향적인 자기를 실제적 자기인 양 보이려 하게 될 것입니다. 구체적으로 예를 든다면, 원수를 사랑하는 자기가 되어야 한다고 생각하는 가운데 때로는 부모, 자녀, 형제, 친구 등을 미워하는 실제적이고 현실적인 자기를 보지 않고 드러나지 않게 하려고 (대개는 무의식적으로) 억압하여 닫힌의식 속으로 밀어 넣고, 자기와 타인이 보기에 '원수를 사랑하는 사람인 지향적인 자기'를 자기로 내세우게 되는 경향이 있다는 것입니다. 그러나 지향적인 자기는 결코 현실의 자기는 아닙니다. 실제적인 측면에서 지향적인 자기는 진정한 의미의 (실제적) 자기라 할 수 없습니다. 일종의 비실제적 자기 그래서 허구의 자기인 것입니다. 여러분들은 얼마나 현실적이고 실제적인 자기 그리고 얼마나 허구적인 자기로 살아가고 있는지요? 두 자기의 비율이 어떠한지요?

실제적 자기의 억압—닫힌의식에 밀어 넣는 것—이 깊어지면 깊어질수록 외식의 문제가 깊어지고, 결국 외면의 자기(열린의식의 자기)와 내면의 자기(닫힌의식의 자기)와의 단절이 그만큼 심화될 것입니다. 점차 외면의 자기만이 자기의 전부인 줄 알게 될 것입니다. 외식의 문제가 심각한 사람에게서는, 실제적 자기는 내면의 자기에 있을 가능성이 높습니다. (성숙해지면 성숙해질수록 내면의 자기와 외면의 자기의 일치도가 높아지기 때문에 이 둘의 자기들 사이의 거리가 점차 줄어든다고 할 수 있습니다.) 왜냐하면 실제적 자기가 있는 그대로 드러나지 못하게 억압을 하는 가운데, 그럴 듯하게 보여지기를 바라는 허구적 자기를 외면적 자기로 발전시키기 때문입니다. 그렇기 때문에 외식이 깊어지면 깊어질수록 실제적 자기와 단절이 되는 자기소외 현상이 그만큼 강하게 일어나게 된다고 하겠습니다. 즉 심각할 정도로 실제적 자기에 대해 모르는 가운데 살아갈 수 있습니다. 자기를 잘 모르면서도 얼마든지 삶을 살아갈 수 있는 것이 인간 존재라 할 수 있습니다. 결국 삶을 살아가더라도 실제적 자기와는 무관한 어처구니 없는 삶을 살아가는 참으로 불행한 일들이 일어납니다. 참 안타깝습니다. 본인들은 물질적이고 정신적인 측면에서 외적으로 한껏 화려하게 치장한 자기를 자기로 알고 살아가는데, 제 눈에는 그 화려함 뒤에서 신음하는 진정한 자기가 소외되어 있는 것이 보이기 때문입니다. 구체적으로 이해하는 데 다음의 예가 도움이 될 것입니다.

"······나는 수용을 받아 누렸다기보다는 수용되기 위해 노력하는 아이로 성장해온 것 같다. 말 잘 듣는 착한 아이가 되려고 노력했었고, 자동적으로 부모님으로부터 오는 인정과 칭찬을 들을 수 있는 행동을 하려 했다. 있는 그대로의 나 자신을 수용하는 것이 어떤 것인지도 몰랐다. 아니 알았다 해도 가만히 있지 않았을 것 같다.

"특히 그리스도인으로 모태신앙인으로 살아가면서 자신의 욕구는 절제하기 위해 있는 것인 양 나는 욕구와 싸우기 시작했고 기도라는 것으로 더욱 채찍질을 가했다. 즐거운 일은 가능한 유보하면서 생산적인 일을 하고 어른에게 칭찬 들을 만한 실제적인 일을 하기를 추구했다. 내 삶과 나 자신은 어딘가에 던져둔 채 말이다(억압).

"그러다가 내 삶과 나 자신을 찾게 해 준 물음이 있었다. '넌 힘들면 누구한테 이야기하니?' 하는 사람들의 물음이었다. 그 때 나는 나 자신이 있는 그대로 나를 드러내기를 어려워하면서 그 누구에게도 이야기해 오지 못했다는 사실을 알게 되었고, 나 스스로도 나를 편안하게 받아들이지 못하고 있다는 것을 알게 되었다. 편히 쉬지 못하고, 나를 알아가고 이해하며 나를 찾아가는 삶을 살고 있기보다는 부모님이나 어른들이 희망하는 사람으로 자신을 인위적으로 만들어가려 했던 것을 알았다. 내가 좋아하는 것, 내가 하고 싶어하는 것, 내가 힘들어하는 것, 내가 아파하는 것 등 내가 느끼고 판단하는 것을 받아들이지도 표현해보지도 못했던 것이다.

"이것을 깨닫게 된 날 나는 얼마나 오랫동안 울었는지 모른다. 아주 오랫동안 나는 나를 슬퍼해주었다. 나는 나로 인해 눈물을 흘리며 조용히 나를 들여다보기 시작했다. 그 때부터 아픔은 더 크게 다가왔다. 내가 얼마나 희생하고 애를 쓰며 살아왔는지, 얼마나 편안하지 못했는지 안쓰러운 마음이 한없이 들었다……."

정신치료를 하다 보면, "선생님, 저는 제가 무엇을 또는 어떤 사람을 좋아하는지 모르겠습니다."라고 말하는 사람들을 많이 경험합니다. 어려서부터 억압을 많이 하며 자랐기 때문에 일어날 수밖에 없는 현상입니다. 심지어는 "선생님, 저는 제가 누구인지 잘 모르겠습니다."라고 말하는 사람들도 가끔 있습니다.

그렇게 자기소외 현상이 심하게 일어난 사람은, 주로 허구적 자기로 타인을 대하고 하나님을 대하기 때문에 실제적 자기는 타인과 하나님으로부터도 소외를 당하고 있다고 할 수 있습니다.

그런 소외현상이 발생하고 있는 한, 인간관계에서 두 사람의 진정한 자기들이 만나는 참 만남은 일어날 수가 없습니다. 참 만남은 한 쪽의 진정한 자기만으론 일어날 수 없기 때문입니다. 당연히 관계의 발전이 있을 수 없습니다. 왜냐하면 실제적 자기가 결여된 채 허구적 자기로만 구성되어 있는 자기란, 인공적으로 만들어진 가공의 자기로 생명이 없기 때문입니다. 생명이 없기 때문에 자라지 못하고 항상 한 가지 모습만을 갖게 됩니다. 혹 진정한 마음을 가지고 교제에 나선 사람이 있다 해도, 항상 같은 모습을 보이는 생명력이 없는 만들어진 사람—사실은 죽은 사람—과의 관계는 시간이 꽤 흐른다 하더라도 발전이 일어나지 않기 때문에, 결국은 돌아서게 됩니다.

하나님과의 관계에서도 똑같은 현상이 일어납니다. 구약에 다음과 같은 내용이 나옵니다.

"여호와께서 말씀하시되 너희의 무수한 제물이 내게 무엇이 유익하뇨 나는 숫양의 번제와 살진 짐승의 기름에 배불렀고 나는 수송아지나 어린 양이나 숫염소의 피를 기뻐하지 아니하노라 너희가 내 앞에 보이러 오니 이것을 누가 너희에게 요구하였느냐 내 마당만 밟을 뿐이니라 헛된 제물을 다시 가져오지 말라 분향은 내가 가증히 여기는 바요 월삭과 안식일과 대회로 모이는 것도 그러하니 성회와 아울러 악을 행하는 것을 내가 견디지 못하겠노라 내 마음이 너희의 월삭과 정한 절기를 싫어하나니 그것이 내게 무거운 짐이라 내가 지기에 곤비하였느니라 너희가 손을 펼 때에 내가 내 눈을 너희에게서 가리고 너희가 많이 기도할지라도 내가 듣지 아니하리니 이는 너희의 손에 피가 가득함이라 너희는 스스로 씻으며 스스로 깨끗하게 하여 내 목전에서 너희 악한 행실을 버리며 악행을 그치고 선행을 배우며

정의를 구하며 학대받는 자를 도와주며 고아를 위하여 신원하며 과부를 위하여 변호하라 하셨느니라"(사 1:11-17).

이 말씀은 어떤 상황에서 나왔겠습니까? 먼저 여기서 언급되고 있는 유대인들은 자기 스스로에 대해 어떻다는 인식을 가지고 있을까요? 아마도 많은 제물로 제사를 드리고 성회를 잘 지키는 독실한 신자들이라는 자기인식을 가지고 있었을 가능성이 높을 것입니다. 그에 비해 하나님은 그들에 대해 어떤 인식을 가지고 계신지요? '악을 행하고······피를 흘리며 선행과 공의를 행치 아니하고 고아와 과부들을 포함한 어려운 이웃을 (적극적으로) 사랑하지 않는 자들'이라는 것입니다. 왜 이런 차이가 있는 것일까요?

사람은 자기가 의식하는 열린의식의 자기(외면적 자기)와 자기가 의식하지 못하는 닫힌의식적 자기(내면적 자기)로 구성되어 있기 때문입니다. 본문에서 언급되는 유대인들은 열심히 제사를 드리고 날짜를 지키는 열린의식의 자기를 자기로 알았지만, 하나님께서는 그들이 마주하고 싶지 않아 억압하여 회피한 닫힌의식의 자기를 정확하게 읽고 계시고 있는 것입니다. 사람들이 감춰 모른다 하여 어떻게 하나님을 속일 수 있겠습니까? 사실적으로 존재하는 모습을 하나님께서 보실 수 없으실까요? 그렇게 실제적 자기로 하나님께 나아가지 못하고, 그럴 듯하게 보이는 자기를 만들어 나아가는 가운데 하나님과의 관계에서도 실제적 자기가 외면받는 자기소외가 일어나게 되는 것입니다.

다음의 호세아 6장 6절의 말씀도 동일한 말씀입니다. "나는 인애를 원하고 제사를 원하지 아니하며 번제보다 하나님을 아는 것을 원하노라." 유대인들에게 이런 외식의 문제가 얼마나 심각했으면, 반복하여 말씀을 주실까요?

하나 더 생각해보겠습니다.

"대저 이는 패역한 백성이요 거짓말하는 자식들이요 여호와의 법을 듣기 싫어하는 자식들이라 그들이 선견자들에게 이르기를 선견하지 말라 선지자들에게 이르기를 우리에게 바른 것을 보이지 말라 우리에게 부드러운 말을 하라 거짓된 것을 보이라"(사 30:9-10).

같은 류의 질문인데, 본문에서 언급되는 유대인들의 자기인식은 어떠했을까요? 자기들이 패역하고 거짓말하고 있다는 것을 의식하고 있을까요? '아, 나는 여호와의 법이 정말 듣기 싫다.' 라고 생각하고 있다고 의식할까요? 정말로 선견자에게 선견하지 말라고 하고, 선지자에게 바른 것을 보이지 말고 부드러운 말을 하고 좀 거짓된 것을 보이라고 했을까요? 아마도 그런 의식을 가지고 있지 못했을 것이고, 실제적으로 그런 말들을 하지는 않았을 것입니다. 자신들은 신앙생활을 잘 하고 있고, 선견자와 선지자의 말을 잘 듣고 있다고 생각하고 있었을 것입니다. 그들은 외면적인 모습을 가지고 자기가 그런 사람이라고 생각했을 것입니다. 그러나 역시 사람 마음의 중심을 꿰뚫는 하나님은 그들이 모르는 또는 의식하지 못하는 그들의 내면적 모습을 정확히 찌르시는 것입니다. 사람은 자기가 아는 자기 마음을 가지고 하나님께 나아간다고 생각하겠지만, 하나님은 그들이 모르는 그들의 마음의 중심을 훤히 아시는 것이지요.

하나님께서 원하시는 것은 외면적 모습이 아니라, 진정한 내면적 자기, 즉 마음 또는 마음의 중심을 원하십니다.

"사무엘이 이르되 여호와께서 번제와 다른 제사를 그의 목소리를 청종하는 것을 좋아하심같이 좋아하시겠나이까 순종이 제사보다 낫고 듣는 것이 숫양의 기름보다 나으니"(삼상 15:22).

"여호와께서 사무엘에게 이르시되 그의 용모와 키를 보지 말라 내가 이미 그를 버렸노라 내가 보는 것은 사람과 같지 아니하니 사람은 외모를 보거니와 나 여호와는 중심을 보느니라 하시더라"(삼상 16:7).

하나님께서 사람에게 원하시는 것은 내면의 자기를 포함한 실제적이고 현실적인 자기입니다. 그런데 외식의 사람에게서 실제적 자기는 이미 소외되어 있고 결국 하나님과의 관계에서도 소외되기 때문에, 진정한 실제적 자기와 하나님의 만남은 이루어지기가 어렵습니다. 외식적 자기로는 하나님과의 만남이 일어날 수 없는 것입니다. 만남이 없는데, 어떻게 신앙이 가능할 수 있으며 신앙생활과 신앙의 성숙이 있을 수 있겠습니까? 예수님께서 이 땅에서 하신 중요한 일들 중 하나가, 그 외식적 자기를 깨뜨리고 진정한 실제적 자기가 깨어나게 하신 것이 아닌가요? 이 땅에 오셔서 가장 치열하게 싸우신 대상이 외식적 종교인들이지 않았습니까? 그렇기 때문에 외식적 자기가 가지는 신앙은 진정한 의미에서 기독교 신앙과는 거리가 멀다고 하겠습니다.

이렇듯 지향적 목표를 당장에 이루어야 하는 것으로 알게 되는 것은, 자기와 타인과의 관계의 왜곡뿐 아니라, 하나님과의 관계에서 이처럼 돌이킬 수 없는 왜곡을 낳을 수 있음을 잊지 않아야 하겠습니다.

물론 신앙이 성숙해가면 갈수록 점진적으로 목표에 미달되는 부끄러운 실제적 자기를 정직히 들여다보며 인정하게 될 것입니다. 그리고 그런 부족한 자기를 깊이 의식하는 가운데 자기를 높이려는 자기 마음의 세력에 적절하게 대항하여, 인간에게 적절한 그래서 인간다운, 낮아진 마음을 바르게 세우고 잘 견지하게 될 것입니다. 그렇게 정직하게 현실적인 자기를 수용하는 가운데, 하나님께서 주신 지향적인 자기를 바라는 자기를 살려 목표를 향해 지향적인 발걸음을 내딛게 될 것입니다.

여러분은 얼마나 실제적인 현실의 자기를 있는 그대로 보고 인정하여 그 자기를 잘 받아들여 그 자기가 적절하게 통합된 전체 자기로 살아가고 있는지요?

3. 과정 속의 인간을 존재화(고착화)시킨다

우리 중 어느 누구도 항상 지향적 목표대로 살아가는 사람은 아무도 없습니다. 다만 그 목표를 향해 가는 도상의 존재인 셈입니다. 그런데 지향적 목표를 당장 이루어야 하는 것으로 오해하게 되면, 목표에 미달하는 자기를 그 수준에서 존재화시키는 오류를 범할 가능성이 높습니다. 예를 들면, 어떤 형제에 대한 미움을 가지고 있을 때, '아, 나는 원수는커녕 형제도 사랑하지 못하는 사람이구나.'라고 단정지어버리는 것입니다.

이렇게 일어난 부적절한 존재화는 자신에게 항상 맞는 판단으로 확인되어 강화되는 측면이 있습니다. 예를 들어, '원수를 사랑하라.'는 말씀을 지키려고 노력하다 실패합니다. 언젠가 또다시 시도합니다. 어떤 때는 좀 될 듯하지만 결국 실패합니다. 그러면 '그러면 그렇지……' 하면서 자기 마음 속에 들어와 있는 존재화를 확인, 강화시키는 길을 가게 됩니다. 처음부터 현재적으로는 이룰 수 없는 목표를 이루려 하니 실패할 수밖에 없는데, 그것을 가지고 자기가 어떤 사람인가 하는 것을 판단하려 하니 그 결과는 자명할 수밖에 없는 것이지요. 그런 식의 존재화에 의한 고착화는, 자기에게 적용한 기준이 잘못되어 있음을 깨닫기 전에는 빠져나오기가 쉽지 않습니다.

이는 '과정적인 자기'를 담을 수 있는 마음의 공간을 가지지 못하는 데에서 일어날 수밖에 없는 부작용이라 하겠습니다. 부족한 현재적 모습을 그런 존재로 규정해버리는 것이지요. 안타까운 것은 자기뿐 아니라 타인에 대해서도 똑같은 판단을 하게 됩니다. 그렇게 되면 자기와 타인이 자라도록 기다려 주는 마음의 여지를 갖기가 어렵게 됩니다. 이런 사람들에게는 그리스도인의 삶이란 늘상 짐스럽게 느껴지게 되고 기쁨이 사라지게 될 것입니다. 현재적으로 결코 달성할 수 없는 목표를 달성해야 한다고 생각하고 애쓰는 사람들에게는 낙심과 좌절만이 찾아들지 않겠습니까? 또 타인을 그렇게 만들지요. 판단적이고 율법적인 모습이 더욱 우세하게 되어질 것입니다.

:: **독자의 반응**

"평소 나의 고민 가운데 하나는, '나는 왜 다른 사람들처럼 거룩한 믿음을 소유하지 못할까? 더욱이 나는 사모인데……예수님과 같은 삶을 살아야 하는데……' 라는 식이었다. ……○○○ 여집사님이 무척이나 슬프고 괴로운 표정으로 교회 현관에 앉아 있었다. 이유는 예수님이 원하시는 삶을 살아드리지 못하기 때문이라고 했다. '예수님처럼 살아야 되는데……' 하면서 고통스러워했다. ……사실 나는 사도 바울을 생각할 때마다 두려움과 함께 한없는 나의 나약함을 느끼곤 했다. 모진 고통을 겪으며 기쁨으로 하나님의 복음을 전하는 것을 볼 때, 과연 나라면……. 어떻게 그렇게……. 하지만 그런 삶을 살아야 될 것만 같은……."

4. '부적절한' 죄책감을 갖게 된다

제가 아는 한 분은 『그리스도를 본받아』(토마스 아 켐피스 지음)라는 책을 제일 좋아한다고 합니다. 기독교 고전으로 아주 주옥 같은 내용들로 채워져 있다고 하겠습니다. 그런데 그 책을 좋아하기는 하지만, 읽을 때마다 깊은 죄책감을 느낀다고 했습니다. 왜냐하면 그 책은 상당히 성숙한 그리스도인이 묵상한 것으로 수준 높은 내용들로 구성되어 있어서 좋아할 수는 있는데, 삶 속에서 실제로 행하기는 만만하지 않기 때문입니다. 그 분은 복음을 받아들인 지 오래 되지 않은, 제 판단으로는 신앙이 어린 수준에 있었다고 하겠습니다. 그렇기 때문에 아주 성숙한 수준에 있는 사람의 삶의 내용을 자기 삶 속에 담아내기에는 상당히 버거웠을 것입니다. 당장 책의 내용과 같이 살아가기를 바라고, 그렇게 해보려 하는데 안 되는 것입니다. 그러면서 죄책감이 찾아왔고, 죄책감은 우울을 낳기에 이르렀습니다. 어떤 그리스도인이라 할지라도 지향적 목표 앞에서는 늘 미달되게 되어 있습니다. 만약 그것을 지금 당장 이루어야 하는 것으로 안다면, 미달되는 자기 모습을 보고 죄책감을 갖게 되기 쉽습니다. 그런데 그렇게 해서 갖게 되는 죄책감은 적절한 죄책감이 아니라 '부적절한 죄책감'이라 하겠습니다. (앞에서도 살펴보았지만, 주님께서 지향적 목표로 10리를 가라 하셨는데 3리를 가는 것은 '10리를 못 가는 죄'를 짓는 것이 아닙니다. 아직은 3리를 가는 영적 성숙의 수준에 있다는 것을 나타내 주는 것이라 하겠습니다. 그런데 만약 죄를 짓는 것으로 판단하여 죄책감을 갖는다면 부적절한 죄책감을 가졌다고 하겠습니다.)

　사실 적절한 죄책감은 하나님께서 인간에게 주신 아주 귀한 선물이라 할 수 있고, 그렇기 때문에 인간이 그만큼 귀한 존재라 할 수 있을 것입니다. 죄를 지었을 때 아무런 것도 느껴지지 않는다면 죄를 반복하여 지을 가능성이 높습니다. 결국 죄 속에 빠져 살아가게 될 것입니다. 그러나 하나님께서는 인간을 죄 중에 살아가도록 그대로 내버려 두시지 않으셨습니다. 죄책감을 두시어, 죄를 범했을 때 우리 마음이 불편하도록 하셨습니다. 다른 사람들은 모른다 해도 본인은 편안하지 않습니다. 그러면서 자기 죄를 보게 됩니다. 이때 바른 사람은 죄책감의 움직임을 통해 하나님께 죄를 회개하고 용서받아 하나님과의 관계를 다시 회복하게 됩니다. 그렇기 때문에 죄책감이란 하나님과의 관계 회복을 위해 없어서는 안 되는 중요한 것이라 하겠습니다. 무한한 자유가 아니라, 제한적 자유를 받고 태어난 존재인 인간에게 하나님께서 두신 최종적 안전장치요, 선물이라고까지 할 수 있을 것입니다. 그러기에 적절한 죄책감은, 피조물 중 인간만이 가지는 가장 인간다운 것들 중 하나라 할 수 있겠습니다.

그렇게 '적절한 그래서 건강한 죄책감'은, 죄를 지은 뒤 그로 인해 완전한 절망 가운데에 빠지지 않고, 인간으로 하여금 다시 일어나 새로운 출발을 할 수 있게 이끌어 주는 역할을 감당하는 반면, 앞에서 소개한 자매님이 가지게 된 '부적절한 그래서 병든 죄책감'은 인간에게 짙은, 아주 짙은 어두움을 드리우게 된다고 하겠습니다. 현재적으로는 이룰 수 없는 비실제적인 목표를 현재적으로 이루려 하니 좌절과 절망밖에 찾아들지 않을 것이기 때문입니다. 그러면서 심하면 죽음에까지 이르게 할 수 있는 우울을 맞이하게 되기도 합니다.

그러한 부적절한 죄책감으로 가득한 사람에게 감사가 찾아들 수 있겠습니까? 또 아무리 기도하고 집회에 열심히 참석해도, 현재적으로 도달해야 한다고 생각하는 (지향적) 목표에는 이르지 못하기 때문에 자기의 미래에 대한 소망을 갖기가 어려울 것입니다. 결국 자기에 대한 소망을 잃게 되어 성숙으로 향하는 노력을 포기하기에 이르게 될 것입니다. 하나님과의 관계에서는, 하나님께서 주신 말씀을 이루지 못하여 하나님께 벌을 받을 것이라고 생각하게 됨으로써, 두려움을 가지고 하나님을 대할 가능성이 높습니다. '두려움의 하나님'을 섬기게 되는 것이지요. (이 '두려움의 하나님'은 실제적으로 존재하는 것이 아니라, 부적절한 죄책감을 가지는 사람의 마음이 만들어낸 투사물이라 하겠습니다.) 극단적인 경우로는, 복음이라는 것은 실제적인 것이 아니라 동화 속의 가공의 이야기로 느껴져 복음의 진리성 자체에 대해 회의하게 되면서 신앙에서 떠나게 되기까지 이를 수 있습니다. 물론 이는 복음이 잘못된 것이 아니라, 복음을 잘못 이해한 데서 나오는 것이지만요.

:: 독자의 반응

"처음 신앙생활을 시작하면서 느꼈던 이중적인 나의 모습. 가정에서 남편과의 사이는 지옥 같았으나 교회에서는 밝은 얼굴로 기쁘고 즐겁게 힘을 다해 봉사하고 성경 공부를 했었다. 교회 안에서는 그에 따른 인정과 대우가 있었고 난 그로 인해 더욱 열심을 내었고 한편으론 기뻤으나 내 내면은 갈수록 허했다. 이제 생각하니 당연한 결과였다. 신앙 연륜이 쌓이면서 말씀에 대한 지식적인 앎은 많아지고 교회에서도 위치가 높아지면서(?) 여러 직분과 책임이 돌아왔는데, 나름으로는 열심히 노력했으나 만족이나 기쁨이 별로 없었고 갈수록 내가 아는 말씀의 요구와 실제 나의 삶의 괴리로 인해 어깨가 무겁고 죄책감이 심했었다. 상황이나 감정에 따라 강약의 정도는 있었으나 근본적인 힘겨움은 여전했다.

"'원인이 어디에 있을까?' 도 생각해보았지만 대부분이 나의 믿음의 부족함에서 온 것 같았다. 점차 목사님의 '묵은 닭' 소리가 내게도 해당된다는 생각에 부끄러웠고 자신의 의지로 극복해보려고 했다. 남편과 하나 되지 못한 관계가 모두 나의 자아가 죽지 못해서 생긴 결과로 여겨져서 외로웠고 부끄러웠다. '내가 믿는 복음의 내용도 바르고, 그 복음은 모든 것을 넉넉히 이기는 능력도 있으며, 다니는 교회도 바른데 어째서 나는 복음으로 인한 기쁨이 부족한가?' 하면서 끝없는 자괴감에 빠지기도 했었다. 그러다가 상담을 받았는데 거기에서도 이 문제는 해답을 찾지 못했다. 그저 자신에 대한 죄책감에서 어느 정도 벗어나게 했을 뿐이다. 그런 내게 여기에서의 공부는 비로소 자유함을 안겨주었다. 두루뭉술한 위로나 도색함이 아닌, 성경에 기초한 체계적인 이해로 내 안의 오랜 숙제가 해결되었다."

"완벽주의 성향을 가진 지도자인 경우, 성도들의 분수를 고려하지 않고 지향적 목표를 요구할 때 성도들로 하여금 죄책감을 느끼게 하며 결국 신앙 성장을 멈추게 한다."

"전 이렇게 생각했었어요. 예수님을 믿고 성화(이 분의 표현이 정확하지 않은데, 정확히는 중생 또는 구원이라 해야 할 것입니다)된 후에는 말씀을 다 지켜야 한다고. 최선을 다해서 순종해야 한다고. 그래야 하나님께서 기뻐하실 거라고 생각했고, 그렇게 하지 못하면 하나님께서 마음 아파하실거라 생각했죠. (또한 나 때문에 하나님께서 마음 아파 하신다면, 그건 죄라고 생각했구요.)

"원수조차 사랑하며 기도해 주라고 하셨으므로 남이 내게 화를 내고 잘못했는데도 무조건 꾹 참았어요. 하지만, 그러면서도 부모님께 쉽게 화를 내고, 친한 친구를 위해 쉽게 기도하지 못하는 제 자신을 보며 '가장 가까운 사람도 사랑하지 못하는데 어떻게 원수를 사랑할 수 있나?'라며 자책했죠.

"매일 경건의 시간(QT)을 가지지 못하는 것, 다른 이를 위해(그리고 제 자신을 위해) 온전히 기도하지 못하는 것, 5리를 가라 하면 10리를 가주라고 하셨는데, 오른쪽 뺨을 때리면 왼쪽 뺨을 돌려대라고 하셨는데, 겉옷을 원하면 속옷도 내주라고 하셨는데, 어느 것 하나 지키는 게 없었지요.

"게다가 늘 이런 생각이 저를 지배했어요. '니가 좀더 노력하면 되잖아!! 예수님께선 널 위해 목숨까지 내어주실 정도였는데 게다가 넌 그 사랑을 알고 있잖아? 근데 왜 못하는 거야!! 왜 노력하지 않는 거야!! 늘 찬양하잖아? 모든 걸 드리겠다고 말간 그렇게 하며, 실제로는 말씀에 따르지 못하는 게 위선적이지 않니? 니가 그렇게 싫어하는 '위선' 말이야.' 여러 죄책감이 늘 저를 괴롭혔었어요.

"하지만, 이 책을 읽으며 하나님께서 정말 원하시는 건 말씀에 무조건 순종하는 게 아니란 걸 알게 되었어요. 하나님께서 정말 원하시는 건 말씀에 전적으로 순종할 수 있을 만큼 제가 자라는 것이죠. 그러기 위해 훈련받아야 하는 거였구요.

"그래서 요즘은 마음이 많이 편하답니다~ 제 능력 이상의 모습으로 신앙생활을 하는 게 아니라 제 자신의 상태에 대해 정직하게 인정하고, 이에 맞는 훈련 방법을 택해 지내고 있으니까요."

'부적절한 죄책감'

이는 많은 그리스도인들을 괴롭히는 중요한 문제이기 때문에 잠시 지면을 할애하여 조금 더 다루어보도록 하겠습니다.

앞에서 언급한 부적절한 죄책감은, '처음부터 죄책감을 가질 필요가 없는 것에 대해 가지는 죄책감'이라 할 수 있습니다. 앞에서 언급한 종류의 부적절한 죄책감과는 좀 다른 종류로 한국의 그리스도인들에게 많은 경우 하나를 특별히 언급하고 싶습니다. 그것은 성과 성욕에 대한 것이라 하겠습니다. 지금은 성에 대한 교육이 많이 행해져 성과 성욕에 대해 부적절하게 부정적인 태도를 가지는 그리스도인들이 많이 줄어들고 있어 다행입니다. 그러나 아직도 잘못된 관점으로 어려움을 당하는 사람들이 있는데, 이는 심각한 결과를 초래하기 때문에 설명을 첨가하고자 합니다.

성경에는 인간의 타락을, 성의 타락의 예를 통해 설명하는 부분이 많은데 이를 통해 성경이 성 자체를 부정적으로 기술하는 것으로 받아들여 생식적인 기능 이외의 성적 욕구에 대해 부정적으로 보는 경향을 지니는 그리스도인들이 적지 않습니다. 또 특히, 신약에서는 '육' 또는 '육적인 것'의 용어가 아주 나쁜 것을 의미하는 경우로 사용된 경우가, 전부는 아니지만, 대부분입니다. 그런데 우리나라에서는 '육'이라는 한자어는 신체를 가리키기 때문에 신체적인 것과 관련된 것을 죄악시하는 경향이 강하게 자리잡고 있습니다. 그러면서 성적인 것은 신체적인 것이기 때문에,

성적인 것을 죄악시하는 경향으로 이어지는 측면이 있는 것입니다.

그러나 우리나라 성경에 나타나는 '육적인 것'은 서로 다른 두 가지 의미로 사용되고 있습니다. 그 하나는 '하나님의 뜻을 거스르는 인간의 부패한 성품'을, 다른 하나는 순수히 '신체적인 것' 자체를 의미합니다. 물론 신체적인 의미로 사용된 경우에는 결코 부정적인 의미로 사용되지 않았습니다. 그런데 사용된 빈도수가 전자의 경우가 압도적으로 많습니다. 그런데 이런 분별심 없이 '육적인 것=신체적인 것'이라는 것으로 읽으면, 신체적인 것은 부정적인 것으로 여겨지게 되고 결국 신체적인 것으로 판단되는 성욕을 부정적으로 보게 되는 것이지요. 이 공식에서 '육적인 것=신체적인 것'은 잘못된 연결인데 말입니다. 당연히 성과 성욕은 자체적으로는 부정적인 것이 아니라 긍정적인 것입니다. 하나님께서 인간에게 주신 즐거움을 위한 선물이지요. 물론 이것을 건강하고 바르게 사용해야 하는 책임이 인간에게 있지만 말입니다. 성경의 용어를 적절히 이해하지 못하여 성과 성욕을 부정적으로 처리하는 그리스도인들이 줄어들기를 바라는 마음에서 덧붙이게 되었습니다.

부적절한 죄책감과 관련하여 하나 더 살펴보아야 하는 중요한 것은, '시효가 지난 죄책감'에 대한 것입니다. 죄책감은 우리를 회개로 이끄는 데까지만 역할을 하고 회개하여 용서받은 다음에는 소멸되어야 하는데, 소멸되지 않고 계속 역할을 하는 부적절한(병든) 죄책감을 '시효가 지난 죄책감'이라 명명하겠습니다. 이 경우 처음에는 적절한 죄책감으로 시작되었는데, 나중에는 부적절한 죄책감으로 변질된 경우라 하겠습니다. 우리 모두는 회개를 통해 하나님의 용서를 받은 다음에는, 하나님 나라의 법의 관점에서 죄로부터 자유로워졌기 때문에 완전히 새로운 출발을 해야 하는데, 정신치료를 하다 보면 '시효가 지난 죄책감'이 계속 활동함으로써 새로운 자기로 살아가지 못하고 어려움에 봉착해 있는 그리스도인들을 적지 않게 만나기 때문에 다루고자 합니다.

이때의 '시효가 지난 죄책감'은, 죄에 대한 진정한 감정이라기보다는, 부적절한 잘못된 감정입니다. 이 잘못된 죄책감은 하나님의 용서로 인해 단절되어야 하는 과거에서 벗어나지 못하게 하는 고질적인 방해물이 될 수 있습니다. 사람을 새로운 미래로 나아가지 못하게 하고, 계속하여 과거에 머무르게 합니다. 감정은 정확하지 않을 때가 많습니다. 우리를 찾아오는 감정이 따라가야 하는 바른 감정인지, 아니면 거부하고 쫓아내야 하는 잘못된 감정인지를 하나님 나라의 법의 지식에 근거하여 정확히 판단하여 적절한 의지적 발걸음을 내디딜 수 있어야 할 것입니다. '시효가 지난 죄책감'의 정체를 바르게 파악하여, 그 감정에 저항하는 가운데 온전한 극복을 할 수 있어야 하겠습니다. 감정은 칼로 물 베듯이 한 번에 극복되는 경우는 아주 드물기 때문에 지속적으로 노력하는 가운데 극복되는 것임을 잊지 않아야 하겠습니다.

물론 온전하지 못한 회개로 인해 실질적인 하나님의 용서가 일어나지 않아 갖게 되는 적절한 죄책감과 구분하기 쉽지 않을 수 있으니 주의를 기울여야 하겠습니다. 지금은 그런 부흥회는 많이 없어졌지만, 제가 중고등학교 시절에 참석했던 부흥회의 경험을 지금 돌아보면, 부흥사들이 하나님 안에서 다 해결된 죄인데, 청중들의 마음을 조종하고자 다시 그 죄를 끄집어내어 죄책감을 유발시킨 것으로 보이는 예들이 적지 않게 있었던 것 같습니다. 그 때 유발된 죄책감은 '시효가 지난 죄책감'인데 사람들은 부흥사의 인도에 따라 하나님께 다시 회개하는 어처구니 없는 일들을 반복했던 것입니다.

마지막으로 다루고자 하는 것은, '죄에 대한 기억 또는 연상이 일으키는 감정'입니다. 이는 적절한 죄책감과는 전혀 다른 것으로 분명히 구분되어야 합니다. 용서함을 분명하게 받아 새로운 삶을 살아가고 있는데도 불구하고, 과거에 지은 죄가 생각나거나 무의식적으로 연상될 때, 모두가 그렇지는 않지만 사람에 따라서는 불편한 감정을 가질 수 있습니다. 그러할 때 감정적으로 그럴 수도 있음을 알고 그 감정이 그냥 지나쳐 떠나가게 해야 합니다. 그것은 아무런 근거없이 우연찮게 올라온 감정이지, 내가 붙잡아 머물러 있어야 하는 감정이 전혀 아닌 것입니다. 죄를 지어 갖게 된 적절한 죄책감의 경우에는 아픈 감정을 깊이 느껴야 하겠지만요. 그것은 그냥 왔다 가게 해야 합니다. 붙잡을 필요가 전혀 없는 것임을 분명히 하시기 바랍니다.

앞에서 살펴본 부적절한 죄책감은 그 자체만으로도 신앙에 있어서 심각한 해독을 끼칠 수 있지만, 그것이 복음에 대한 다른 부적절한 이해와 그 사람의 성격적 특성과 연결될 때는 더 중한 합병증을 일으키게 될 수 있습니다. 다음이 그 예가 될 수 있습니다.

주위 사람들에게 비교적 능력이 있으며 신앙생활도 열심히 하는 사람으로 평가받는 형제가 있었습니다. 교회의 여러 활동에 헌신적으로 참여했습니다. 자신이 맡은 일은 아주 정확하게 수행했습니다. 그런데 독실하게 보이는 그의 신앙생활과는 달리 얼굴에는 평안함을 찾아보기 어려웠으며 오히려 늘 긴장감이 느껴졌습니다.

그는 완벽주의적 경향을 가지고 있었습니다. 무슨 일을 하든 철저히 해야 했고, 끝을 보아야 했습니다. 예수님을 영접한 후, 처음부터 철저한 신앙인이 되려고 노력했습니다. 지향적 목표를 지향적 목표로 알지 못하고 당장 행해야 하는 현재적 목표로 알았습니다. 제가 볼 때 그러한 이해에는 그의 완벽주의적 성격 특성이 어느 정도 관여되어 있다고 생각합니다.

 예를 들어, 그는 원수를 사랑하려고 했습니다. 직장 내에 지연과 학연 등으로 자기를 부당하게 대하는 사람들이 생각났습니다. 형제는 소위 명문대는 나오지 않았지만 능력이 있었습니다. 그런데 명문대 출신들이 많은 곳이라 그들로부터 소외를 당했고 거기에다 출신지역으로 인해 너무 어처구니 없는 불이익을 많이 당하고 있었습니다. 참으로 힘든 상황들이 이어졌습니다. 좀 변경이 가능한 것을 가지고 부당하게 대한다면 억울한 마음을 참아내면서 변화하려고 노력하겠지만, 변경이 불가능한 것을 가지고 그러니 정말 속이 뒤집어지는 일이 아닐 수 없었습니다. 마음 속에서 자기를 부당하게 대하는 사람들에 대한 분노가 깊어져만 갔습니다.

 예수님을 믿기 전에는 분노하는 자기 모습에 대해 특별히 불편한 마음이 없었습니다. 잘못하는 사람들에 대해 가지는 정당한 것이라 생각했기 때문입니다. 그런데 예수님을 믿기 시작한 이후로는 분노하는 자기가 점차 불편해지기 시작했습니다. 원수를 사랑하라는 말씀이 걸림이 되었습니다. 당장 분노의 대상이 되는 사람들을 사랑하려고 노력했습니다. 그러한 노력으로 그의 태도에 변화가 일어났습니다. 전에는 자신에게 잘못하는 사람들에 대해 화를 내며 따지고 비난하기도 했는데, 그러한 모습이 거의 사라지게 되었습니다. 그들이 부당하게 나올 때 화를 내지 않고 그냥 가만히 있으며 가능한 웃음을 띠며 대했습니다. 그로서는 사랑으로 대하려는 노력의 일환이었습니다. 그러나 안타깝게도 상대방들은 변하지 않았습니다. 오히려 전과 다르게 반발하지 않는 그를 더욱 깔보며 업신여겼습니다.

 외면적으로는 화를 내지 않고 부당한 처사에 말없이 응대하는 자신의 모습이, 자기 스스로에게는, 화를 내지 않고 사랑으로 대하는 것으로 느껴졌습니다. 그렇게 시간이 얼마간 흘러갔습니다. 그런데 직장에서는 그렇게 지냈지만, 집에서는 가족들에게 정당한 이유없이 화를 내는 일이 잦아지게 되었습니다. 자기를 화나게 하는 사람들에게 가야 하는 화가 힘없는 엉뚱한 가족들에게 가는 것이었던 것입니다.

(어떤 사람에 대한 태도, 특히 감정적 태도가 다른 사람에게 옮겨지는 것을 정신분석학에서는 '전치'displacement라 합니다. 그렇기 때문에 자신의 마음의 흐름에 주의하면서 적절한 통제를 해야 하는 책임이 우리 모두에게 있다고 하겠습니다. 내버려두면 인간의 마음은 그렇게 자기 멋대로 길을 가게 되어 있습니다.)

또 얼마간의 시간이 흐른 다음에는 언뜻언뜻 자기에게 부당하게 대하는 사람들을 향한 통제할 수 없는 분노가 목구멍까지 가득 차 올라오게 되는 것을 느끼게 되면서 스스로 깜짝 놀라게 되었습니다. 원수를 사랑하듯 그들에 대해 사랑으로 대하는 것으로 생각했는데, 눌러 잠재울 수 없는 힘으로 자기를 압도하는 분노를 감지하게 되면서, '내가 정말 예수님을 믿는 자인가?' 라고 자문하면서 신앙의 정체성에 대해 회의를 갖게 되었습니다.

예수님을 믿으면 원수까지 사랑하는 인격으로 당장 변해야 하는 것으로 생각했는데, 노력은 했지만 분노가 억압만 되어 왔던 것이지 해결된 것이 아님을 알게 되면서, 자신을 예수님의 말씀을 따르지 못하는 사람으로 판단하게 되었던 것이었습니다. 그러면서 자기를 가혹하게 정죄하기에 이르렀습니다. 원수까지 사랑해야 하는데 자기 안에 해결되지 않은 강한 분노가 있는 것을 보면서, 하나님께서 벌을 주실 것이라는 생각이 찾아들게 되었습니다. 한 번 그러한 해석의 틀이 머리 속에 자리잡게 되면, 그 다음부터는 부정적인 사고의 악순환이 이어지게 되는 것이 자명한 것이라 하겠습니다. (이런 경향은 특히, 강박적이고 완벽주의적인 사람에게는 심하게 나타나게 됩니다.)

그 후로 그는 자기에게 좋지 않게 보이는 일이 일어날 때마다, 사랑하지 못하는 자기에게 하나님께서 벌을 내리시는 것으로 생각하게 되었습니다. 그러면서 좋지 않은 일들에 대해 어떤 건설적인 해결 방법을 취하려 하기보다는 마땅히 당해야 하는 것으로 알아 당하고만 있게 되는 식으로 생활을 하게 되었습니다. 결국 생활이 엉망이 되게 되었습니다. 자기 스스로를 말씀을 지키지 못하는 '나쁜 사람'으로 보게 되니, 자기 안에 있는 좋고 긍정적인 모습들이 살려지기가 어려웠습니다. 가끔씩 자기도 모르게 모습을 드러내려 하는 긍정적인 자기가 느껴지면, 오히려 자기를 이중적인 사람으로 내몰곤 했습니다. '나같이 나쁜 사람에게 좋고 선한 모습이 있을 수 있나?'라고 생각하게 되기 때문이었습니다. 참 악순환의 연속이지요. 그렇기 때문에 긍정적인 모습들은 억압되어 닫힌의식에서 열린의식으로 나와 빛을 받는 기회를 잃게 된 것입니다.

그렇지만 그렇다고 분노가 해결되는 것은 아니었고, 문제는 깊어만 갔습니다. 예수님을 믿으면서 경험하게 되었던 기쁨은 점차 사라지게 되고, 신앙생활을 한다는 것이 고통스러워만 갔습니다. 사랑이셨던 하나님도 점차 두려움의 대상으로 자리 매김을 하게 되었습니다. 한편으로는 하나님을 원망하는 마음도 생겨나게 되었습니다. '그리스도인들 중에는 항상 얼굴에 미소를 띠면서 하는 모든 일이 잘되는 사람들이 많은 것 같은데, 왜 나에게는 그런 좋은 일이 일어나지 않고 좋지 않은 일들만 일어나는가?'라는 항의조의 마음이 힘을 얻어가게 되었던 것입니다. 그 다음부터는 온통 모든 세상이 회색빛으로만 보이게 되었습니다. '하나님이 정말 살아계신가? 하나님이 계신다 해도 두렵기만 하다면 그런 하나님을 믿을 필요가 있을까?……'라는 식으로 생각이 연이어지면서 신앙에 대해 회의적이고 냉소적으로 흘러가게 되었습니다.

예수님을 믿고 중생이 되는 것을 신앙의 완결이라 잘못 생각하면, 경우에 따라서 이 형제와 같은 왜곡된 길을 걸어갈 수 있습니다. 중생은 그 말 그대로 '(영적으로) 다시 태어남'입니다. 시작이요 출발로, 이제 막 중생된 사람은 영적으로 볼 때 갓난아이인 것입니다. 갓난아이는 바로 원수를 사랑할 수 있게 되는 것이 아닙니다. 5리를 가자고 할 때 10리를 갈 수 없고, 오른쪽 뺨을 맞을 때 왼쪽 뺨을 내밀 수 없습니다. 점차 그렇게 되는 성숙의 머나먼 길을 걸어가게 될 것입니다. 이 영적 성숙의 여정을 이해하지 못하면 스스로에게 부적절한 가혹행위를 하게 될 것인데, 바른 이해를 통해 그 가능성을 불식시켜야 하겠습니다.

5. 복음의 핵심에 대한 오해

　지향적 목표를 현재적 목표로 오해한다는 것은, 중생과 최종적 성화 사이의 과정 또는 간격을 보지 못하고 거의 동시적인 것으로 보는 데서 오는 것이라 할 수 있습니다. 즉 중생이 되자마자 지향적 목표를 이루는 최종 성화의 수준에 있어야 한다고 생각하는 것입니다. 예를 들어 설명하면, 중생의 골대와 성화의 골대 사이에는 엄연한 과정 또는 거리가 있는데, 이 둘 골대가 겹쳐져 있는 것으로 보게 되는 것입니다. 그렇게 생각하는 사람에게는, 중생이 되면, 원수도 사랑하고 오른 뺨을 맞으면 왼쪽 뺨을 내밀고……5리를 가자고 하면 10리를 갈 수 있어야 하는데, 그렇지 못한다면 중생이 되지 못한 것으로 느껴질 수 있습니다. 그렇기 때문에 누가 5리를 가자고 하면 무리를 해서라도 10리를 가려고 애를 쓰게 됩니다. 그렇게 함으로써 자신이 진정 중생이 되었다는 것을 입증해야 하기 때문입니다. 타인에게뿐 아니라 자신에게도 말입니다. 원하든 원하지 않든 자기의 내면 세계의 진정성과는 곤계없이 말입니다. (이는 열린의식과 닫힌의식을 포함한 전체 정신세계에 대한 이해가 깊으면 깊을수록 그만큼 이해가 잘 될 것입니다.)

그렇게 중생되었다는 것을 증명하기 위해 지향적 목표를 행하려는 가운데, 지향적 목표를 이루는 것을 마치 중생의 조건인 양 여기게 되는 역전이 일어날 수 있습니다. (중생은 인간이 참여하는 행위 없이 하나님의 전적인 은혜로 말미암는 것인데 말입니다.) 최악의 경우 선한 삶을 통해 하나님의 마음에 들어야 구원을 받는 것으로 아는 '행위 구원'의 오류에 빠지게 되는 사람들이 나타나는 것이 그리 이상한 현상이 아니라고 하겠습니다. 그런 식으로 지향적 목표에 대한 오해는 복음을 '선행(행위) 지향적인 것'으로 오해하게 만드는 부작용을 낳을 수 있는 것입니다. 당연히 그런 사람들에게는 하나님이 아주 엄격한 분으로 느껴지게 될 것입니다. 행위의 잘잘못을 따져 중생을 결정하시는 분으로 보이기 때문입니다.

6. 지시적 경향

삶과 인격의 변화는 동반되지 않는 가운데 지향적 목표에 빨리 노출이 되면서 목표에 대해서만 알게 됨으로써, 목표를 제시해 주는 경향이 생기게 될 수 있습니다. 목표는 분명하고 부인할 수 없는 좋은 것이기에 이에 대해서만 주로 알게 된 사람은 지시적이 되는 경향을 피하기가 어려울 것입니다.

예를 들어, 어떤 사람에게 화를 품고 있는 사람이 있다면, 어떤 연유로 화를 품게 되었는지 상대방에게 문제가 더 있는지 아니면 본인의 문제가 먼저인지 등에 대해 전체적으로 이해한 다음에 성경의 가르침에 대해 나누기보다는, 성경과 설교를 통해 또는 성도끼리 교제하는 가운데 익숙하게 들어온 '원수를 사랑하라.', '악을 악으로 갚지 말고 선으로 이기라.'는 등등의 말씀들이 입에서 빙빙 돌다가 비교적 빠르고 쉽게 입 밖으로 튀어나오게 될 가능성이 높다고 하겠습니다. 사람을 전체적으로 이해하려는 수고를 피하고, 쉽게 정답이 아닌 정답(?)을 얘기하게 될 수 있다는 것입니다.

그런 식으로 목표를 정답으로 얘기해 주는 지시적 태도는 사람들의 가려운 데를 시원하게 긁어주지 못합니다. 그런 정답이란 현재성과 실제성이 결여되어 있는, 말하기에 좋은 것이라 할 수 있습니다. 공감과 실제적 해결접근이 빠진 것이지요. 가령, 누가 5리를 가자고 하면 평균적으로 3리를 가는 수준에 있는 사람이 있다고 해보지요. 그 사람이 자기는 10리를 못 가고 3리밖에 가지 못하는 것을 가슴 아파하고 있는데, 지시적인 경향이 강한 사람은 어떤 식으로 얘기를 하게 되겠습니까? 10리에 더 가깝게 가야 하는데 3리밖에 가지 못함을 못내 애달파 하는 사람의 마음은 공감하여 다루어 주지 못하고, "예수님의 말씀처럼 10리를 가라."고만 하는 사람에게는 다시는 내면의 마음을 내놓고 얘기하고 싶은 마음이 들지 않을 것입니다.

지향적 목표만을 얘기해 주는 것이 아니라, 그 목표를 향해 가는 과정 중에 있는 사람의 마음을 공감하면서 아직 목표까지는 먼 길이 남아있지만 포기하지 않고 가기를 격려해줄 수 있어야 할 것입니다. '현재적 모습'을 다루어주는 가운데서, '지향적 모습'을 나눌 수 있어야 할 것입니다. 지금은 많이 나아지고 있지만, 지향적인 목표를 잘 제시해주는 것이 기독상담이라고 생각하는 사람들이 많았던 때가 있었습니다.

남을 향해서는 지시적인 태도를 가지는 것이 자기를 향하면 당위적 태도를 낳게 됩니다. 물론 지향적 목표의 내용들이 참 좋은 것들이라는 것에 진정한 동의가 일어나 처음엔 당위적 태도가 힘든 줄 모를 수 있습니다. 그러나 시간이 지날수록 지향적 목표들은 자신이 현재적으로 이룰 수 없는 것임을 깨닫고 힘들어 하게 됩니다. 힘들 때에 이 힘듦이 정상적인가 정상적이지 않은가를 반성하는 그리스도인들은 그리 많지 않은 것 같습니다. 그럴 때는 얼른 '아, 내가 신앙이 부족해서 그런가 보다. 더 열심히 집회에 참석하고 성경을 많이 읽고 기도에 힘써야겠다.' 는 식으로 자기를 칩니다. 그리고 지향적 목표들을 지켜야 한다는 당위적 사고를 계속하여 가동시킵니다. 그러면서 탈진상태에 이르게 되기도 합니다. 당장 이루어야 한다고 생각하는 당위적 태도는 처음에는 기꺼운 마음으로 출발되었다 하더라도 점차 외식적 마음이 끌고 가게 됩니다. 그런 식의 당위적 태도는 우리의 삶에서 기쁨, 즐거움, 자유, 성장 등등을 질식시키게 되어 있습니다. 안 되는 것을 당위적 태도가 끌고 가고자 하기 때문에 필연적으로 일어날 수밖에 없는 부작용입니다.

7. 인간의 책임영역을 보지 못하여 책임적 존재임을 포기하고 쉽게 하나님만을 바라보게 된다

지향적 목표를 당장에 이루어야 하는 것으로 알고 노력합니다. 열심을 내어보니 이루어질 것 같기도 한 시기를 보내기도 할 것입니다. 그러나 계속 그럴 수 있는 사람은 아무도 없습니다. 올라가다가 떨어지게 됩니다. 그러면 낙심한 가운데 어느 정도 지내다가 어느 집회에 참석한 뒤에 소위 '은혜가 충만한 상태'라 느껴지면 다시 시도합니다. 처음엔 잘되는 것 같으나, 결국에 또 떨어집니다. 그에게는 지향적 목표를 이루는 것만이 목표이지 과정적인 수많은 중간 목표는 있을 수 없기 때문입니다. 지향적 목표에 이르지 못한 것은 모두 '실패'로 평가되는 것입니다. 그렇게 되면 계속하여 올라가려 노력하다 추락하는 과정을 반복하게 됩니다. 반복하여 실패만 거듭하니 어떤 사람들에게는 '에라, 그냥 생긴 대로 살자.' 라는 유혹이 찾아와 조금이라도 더 변화하여 살려는 노력을 포기하게 되기도 합니다. 그들에게는 '조금의 변화'는 변화가 아니라 실패로 여겨지기 때문입니다.

지향적 목표는 지향적인 것으로 거기까지 이르기까지에는, 하나님의 은혜 아래서 자신이 노력해야 하는 과정이 있습니다. 그런데 과정이 생략된 상태에서 당장 지향적 목표를 이루는 사람이 되려 하니 될 수가 없는 것입니다. 그러면서, 인간은 참으로 (지향적) 목표를 이룰 수 없는 존재임을 절감하는 가운데 많은 그리스도인들은 '역시 하나님의 은혜밖에 없다.'며 쉽게 주저앉으면서 하나님을 의존하는 쪽으로 달음박질합니다. 특히, 중생(협의의 구원)이 하나님의 은혜로만 가능하다는 교리에 익숙해져 있는 것이 그런 경향을 더욱 촉진시킬 수 있습니다. 그러면서 '성화 역시 인간의 노력은 필요없이 하나님의 은혜로만 가능하다.'는 사고로 아주 자연스럽게 이행할 가능성이 높다고 하겠습니다. 그러한 사람들은 '전부가 아니면 아무것도 아니다.'(All or Nothing)라는 식의 사고에 익숙해져 있고, 더욱 익숙하게 될 것입니다. 불가능한 것을 하려다가 안 되니 쉽게 포기하고 '인간은 안 된다.'며 너무 안이하게 하나님의 은혜를 찾게 되는 것입니다. 성화의 과정에는 하나님의 은혜의 간섭뿐 아니라, 인간이 책임을 지고 수고해야 하는 노력이 필수적인 데도 말입니다. 만약 성화가 하나님의 은혜로만 말미암는다면 그것을 성화라 할 수 있겠습니까? 그럴 수 없을 것입니다.

신약은 우선 협의의 구원에 많은 지면을 할애하여 말하고 있음을 생각할 수 있어야 합니다. 기독교가 막 태생하려는 시기이기 때문에 (협의의) 구원의 복음을 전하는 데 주의를 집중해야만 했습니다. 특히 신약의 상당 부분을 쓴 바울 사도는 복음 전파에 쓰임을 받았습니다. 바울 사도는 목회자라기보다는 전도자라 할 수 있을 것입니다. 여러 교회를 세우긴 했지만, 한 곳에서 목회를 오랫동안 할 수 있는 상황이 아니라, 계속 돌아다니면서 전도하고 교회를 세워야 했습니다. 그렇기 때문에 그 분의 서신서는 기독신앙의 기초와 신앙의 초보자들을 위한 내용이 대부분이었다고 할 수 있습니다. 당연히 '협의의 구원'에 대한 설명이 많이 실릴 수밖에 없었고, 그렇기 때문에 '인간의 행함'에 대해 '하나님의 은혜'를 대조시키면서 '인간의 행함'을 부정하면서 '하나님의 은혜'를 강조할 수밖에 없는 상황이었음을 잊지 않아야 합니다. 즉 '협의의 구원'의 관점에서 '인간의 행함'이 부정된 것이지, 성화로의 관점에서 부정된 것이 아니라는 것을 놓치지 않아야 하는 것이 참으로 중요한 것입니다. (그렇기 때문에 신약을 통해서는 성화의 과정에 대해 구체적이고 실제적인 지침을 충분히 얻을 수 없고, 이에 대해서는 후대의 그리스도인들의 책임으로 넘기게 되었다는 것을 인식하면서 신약을 대하는 것이 중요한 관점이라 생각합니다.)

한국교회는, 점차 벗어나고 있는 중이지만, 아직 '(협의의) 구원론'에 과도하게 치우쳐 있다고 생각합니다. 중생 이후의 그리스도인의 삶은 그만큼 빈약하게 다루어지고 있다고 하겠습니다. (그러나 점차 중생 이후의 삶을 다루려는 노력들이 점차 많아지고 있어 다행이라 생각합니다.) 실제로 우리 역시 교회에서 그동안 구원이 어떻게 이루어지는가에 대해 설명을 들으면서, '인간의 행함'을 완전히 부정하고 '하나님의 은혜' 또는 '믿음'만을 강조하는 설교와 가르침에 대해 얼마나 많이 들어왔는지요! 그러는 가운데 '인간의 행위 또는 책임'에 대해 부정적으로 생각하게 되는 경향을 갖게 되는 측면이 생기지 않을 수가 없었습니다. '협의의 구원론에 있어서 인간의 행위'가 부정되어야 하는데, 일반적으로 '인간의 행위'가 부정되는 잘못된 일반화의 오류 말입니다. '인간의 행위'에 대해 얘기하면 하나님, 하나님의 은혜, 영적 세계, 나아가 복음의 기초도 모르는 '인본주의자'로 내몰리는 경향도 있지 않습니까? 없다면, 좋은 교회, 좋은 공동체에 속했다고 말씀드리고 싶습니다.

그렇기 때문에 '(협의의) 구원'에 대해 논하고 있는지, 아니면 '중생 이후의 성화의 과정'에 대해 얘기하고 있는지를 잘 분별하여, '하나님의 은혜', '인간의 행위, 노력, 책임' 등등에 대해 적절한 접근을 할 수 있어야 할 것입니다.

:: 독자의 반응

"거듭난 이후 영적인 부분을 더 강조하게 되니까, 모든 문제를 성령 앞으로 끌고 가기만 하는 편리하고 의존적이며 수동적인 태도도 부지불식 중에 깔리게 된다. ……이중적인 나를 보는데, 어떨 땐 성령의 이끌림에 편리하게 적용하게 하고 어떨 땐 개인의 책임영역에 맡기고 하는 나의 혼돈스럽고 정리되지 못하는 모습을 발견한다."

"하나님의 전적인 은혜로 구원을 받은 후 갈등이 있었습니다. 많은 그리스도인처럼, 하나님의 은혜로 구원받았기 때문에 성화 역시 자연스럽게 하나님의 은혜로만 가능하다는 공식이 은연중에 생겼습니다. 오히려 인간의 노력과 책임은 하나님 앞에서 은혜를 저버린 행위라는 생각이 지배적이었습니다. 그런데 하나님을 닮은 성화된 모습으로 살아가야 함에도 불구하고, 부족한 모습으로 여전히 살아가는 제 모습을 보면서 의문을 가질 때가 많았습니다. 귀한 존재로 지음을 받았고, 죄로 인해 고통받는 우리를 위해 예수님이 대신 돌아가실 만큼 하나님께 사랑받는 존재라는 것을 생각하면서 더 괴로웠습니다. 구원을 받음으로 과거, 현재 그리고 미래 죄까지 용서받았다고 믿었지만, 죄로부터 자유함보다는 죄에 대한 민감함이 더 많았습니다.

"책에서 한국교회는 아직 '(협의의) 구원론'에 과도하게 치우쳐 있기 때문에 중생 이후의 그리스도인의 삶은 빈약하게 다루어지고 있다고 지적하고 있는데, 하나님의 은혜와 믿음을 강조한 나머지 인간의 행위는 부정되어 왔던 것이 한국교회의 현실이었습니다. 저 역시 20년 이상 하나님께 순종하는 삶을 살기 위해 나름대로 많은 노력을 하며 살아왔다고 생각했습니다. 하지만 내면적인 저와 외면적인 저 사이의 괴리감을 극복하기가 쉽지 않았습니다. 중생한 후 모든 것을 주님의 십자가 앞에 내려놓았다고 생각했습니다. 그렇게 생각했던 것들이 하나 둘씩 저를 붙잡고 매어 달릴 때면, 주님의 사랑을 생각하면서 하나님의 자녀의 수준으로 살지 못한다는 죄책감을 느껴야 했습니다.

"제가 20년 이상 교회를 열심히 다녔고 나름대로 바르게 가르친다는 교회를 찾아다녔지만 하나님의 은혜의 간섭뿐 아니라 나의 행위, 노력 그리고 책임 등이 구체적으로 필요함을 강조하는 말씀은 듣기 힘들었습니다. 저의 생각 속에서도 하나님의 은혜로 구원을 얻었으니 말씀대로 살면 자연적인 성화의 과정이 이루어진다는 생각이 많았습니다. 중요한 것은 하나님께 구원받는 것이라고 생각했습니다. 마치 천국기차에 올라타기만 하면 모든 것이 자동적으로 해결된다고 생각했습니다. 중생 이후의 삶에서 하나님이 기뻐하시고 기대하는 모습이 온전한 성화임을 생각할 때 정상적인 성장의 필요성을 느끼게 됩니다. 책을 통하여, 믿어야 하기는 했는데 잘 풀리지 않았던 부분들에 대해 답을 얻게 되었습니다."

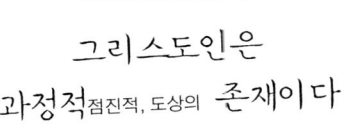

그리스도인은 과정적(점진적, 도상의) 존재이다

이미 앞의 글을 읽으면서 눈치를 채셨겠지만, 그리스도인은 중생(협의의 구원)한 후 최종 성화(광의의 구원)에 이르는 머나먼 길을 가는 과정적 존재입니다. 이 과정적 존재에 대한 이해가 중생 이후의 그리스도인의 삶을 살아가는 데 참으로 중요한 역할을 한다고 하겠습니다. 우선 증거가 되는 성경구절을 살펴보도록 하겠습니다.

1. 성경의 증거 본문

히브리서 5:12-6:2

"때가 오래되었으므로 너희가 마땅히 선생이 되었을 터인데 너희가 다시 하나님의 말씀의 초보에 대하여 누구에게서 가르침을 받아야 할 처지이니 단단한 음식은 못 먹고 젖이나 먹어야 할 자가 되었도다 이는 젖을 먹는 자마다 어린 아이니 의의 말씀을 경험하지 못한 자요 단단한 음식은 장성한 자의 것이니 그들은 지각을 사용함으로 연단을 받아 선악을 분별하는 자들이니라 그러므로 우리가 그리스도의 도의 초보를 버리고 죽은 행실을 회개함과 하나님께 대한 신앙과 세례들과 안수와 죽은 자의 부활과 영원한 심판에 관한 교훈의 터를 다시 닦지 말고 완전한 데로 나아갈지니라."

간단히 살펴보면 히브리서 저자는, 젖을 먹는 어린 아이 수준과 단단한 음식을 먹는 장성한 자의 수준으로 크게 두 단계를 얘기하는 것같이 보입니다. 그래서 신앙에는 두 단계만 있다고 얘기할 수 있겠습니까? 그렇지 않을 것입니다. 젖을 먹는 어린 아이에서 단단한 음식을 먹는 장성한 자로 되는 비약은 있을 수 없습니다. 그 비유에 충실하자면, 예를 들어 아마도 이유기를 거쳐야 하겠지요. 어린 아이가 성인이 되는 데에는 성장의 긴 여정이 있는 것입니다. 그러하듯 중생한 이후의 그리스도인은 점진적으로 성숙해 가는 과정을 밟아가게 되어있는 과정적 존재라 하겠습니다.

본문을 근거로 함께 생각하고 싶은 것은, 다시 닦지 말라고 하는 초보적 내용에 대한 것입니다. 어떤 것들이 이에 해당한다고 나와 있습니까? '죽은 행실을 회개함, 하나님께 대한 신앙, 세례들, 안수, 죽은 자의 부활, 영원한 심판' 등입니다. 어떻습니까? 놀랍지 않습니까? 이런 것들은 아주 초보적인 것이니 교훈의 터를 다시 닦지 말고, 이를 넘어 좀더 완전한 수준을 향해 나아가라고 권면하고 있습니다. 이런 초보들은 다시 언급하지 않아도 되는 수준에 있는 사람들이 많기를 바라는 한편, 이런 것들에 대해서만 지속적으로 강조하는 것이 복음의 진수를 전하는 것이라 생각하는 사람들이 줄어들기도 바라는 마음 간절합니다.

물론 그런 내용이 필요한 초보의 수준에 있는 사람들에게는 그러해야 하겠지요. 그런데 그런 초보를 떼고 좀더 성숙한 수준으로 나아가도록 도와야 하는데, 복음의 진리를 확고히 전한다고 생각하면서, 날이 가고 달이 가고 아니 해가 가도 이런 초보적 내용만 전하는 수준에만 머무른다면 어떻게 되겠습니까? 그것은 바로 복음의 더 깊고 풍부한 내용들을 길어 내지 못하는 어리석음을 범하는 것이 될 것입니다. 우리는 가능한 한 복음의 가장 고급한 내용들을 길어내어 나누어야 하는 책임을 지고 있습니다. 복음을 나의 어리석음과 저차원의 수준으로 제한하는 잘못을 범하지 않도록 날마다 성숙의 길로 나아가기를 힘써야 할 것입니다.

빌립보서 2:12

"그러므로 나의 사랑하는 자들아 너희가 나 있을 때뿐 아니라 더욱 지금 나 없을 때에도 항상 복종하여 두렵고 떨림으로 너희 구원을 이루라."

본문을 읽으면서 마음에 걸리는 부분이 있지 않은지요? 다시 자세히 읽어보기 바랍니다. 어떻습니까? "······구원을 이루라." 이 구절이 마음에 저항을 일으키지는 않는지요?

강의를 하면서 수천 명에게 물어 보았습니까? "여러분, 구원은 이루는 것입니까?" 소수만 제외하고 대부분의 사람들은 좀 꾸물거리면서, "그렇지 않은데요. 구원은 이르는 것이 아니라 믿음으로 받는 것인데요."

"빌립보서 2장 12절에는 분명 '구원을 이루라.' 고 되어 있는데, 그럼 성경이 잘못된 것인가요?"

제가 반문을 하면 아주 적은 소수 외에는 대답을 하지 못하였습니다. 독자 여러분은 어떻게 생각하십니까? 물론 구원은 전적으로 하나님의 은혜로 말미암는 것이지, 인간의 행위로는 불가능합니다. 그럼, 이 부분은 어떻게 해석해야 할까요? 이 부분의 성경이 잘못된 것일까요?

단연코 성경이 잘못된 것은 아닙니다. 성경에는 같은 용어지만 뜻이 다르게 사용된 것들이 더러 있습니다. 좋은 예가 '의인'이라는 용어지요. "의인은 없나니 하나도 없으며……"(롬 3:10)에서의 의인은 '스스로 완전히 의로운 삶을 살아가는 자'라는 의미이고, "한 사람이 순종하심으로 많은 사람이 의인이 되리라"(롬 5:19)에서는 '자기 스스로 완전히 의로운 삶을 살아가지 못하는 자가 예수님을 구주로 믿는 믿음으로 하나님의 법에 따라 되는 의인'이라는 의미입니다.

성경에서 쓰여진 '구원'이라는 용어는 거의 대부분 예수님께서 나를 위해 돌아가신 것을 믿음으로써 하나님의 자녀가 되는 것을 의미하고 있습니다. 그러나 앞의 본문과 같이 아주 드물게 성화의 최종단계에 이르는 온전한 구원을 의미하는 것으로 쓰이기도 합니다. 전자의 경우를 '협의의 구원', 후자를 '광의의 또는 온전한 구원'(성화)이라 부를 수 있을 것입니다. 본문의 구원의 의미는 당연히 후자를 의미합니다. 그렇기 때문에 '(은혜로) 받으라' 하지 않고, '(노력하여) 이루라'고 하고 있는 것입니다. '이루라' 그것도 '항상 복종하여 떨림으로 이루라.'는 말씀에서 우리는 성화의 과정에는 인간의 책임 영역이 있다는 것을 분명히 확인할 수 있습니다.

하나님께서 죄인 되었던 우리를 하나님의 자녀로 부르신 궁극적인 목적은 단지 (협의의) 구원을 주시기 위한 것이 아니라 하겠습니다. 많은 그리스도인들에게 '예수=천당'이라는 의식이 강하게 자리잡고 있음을 봅니다. 마치 성부 하나님께서 예수님을 이 땅에 보내신 목적이 우리에게 (협의의) 구원을 주시기 위한 것이 전부인 양 생각하는 것입니다. 그러나 그것은 결코 아닙니다. 하나님께서 우리를 가없는 사랑으로 구원하여 주신 것은, (협의의) 구원 그 자체가 목적이 아니라, 구원을 받은 후 하나님께서 그리스도인에게 기대하시는 그 온전한 성화의 모습을 이루어가는 것을 보시고자 하시는 것이라 하겠습니다. 결국 협의의 구원은 광의의 구원을 위해 통과하는 과정적인 것이라 하겠습니다. 그런데 그 협의의 구원을 통해 하나님께서 궁극적 목표로 가리키시는 온전한 구원(최종적 성화)을 분명하게 보는 그리스도인들이 그리 많지는 않은 듯한 인상을 받습니다. 여러분, 우리의 구원관은 이 양자가 잘 통합된 전체적인 것이 되어야 할 것입니다.

베드로전서 2:2

"갓난 아기들같이 순전하고 신령한 젖을 사모하라 이는 그로 말미암아 너희로 구원에 이르도록 자라게 하려 함이라."

여기서의 '구원'도 앞의 경우와 마찬가지로 성화의 최종 단계인 온전한 구원으로서의 광의의 구원을 의미합니다. 그러한 구원은, 협의의 구원과 같이 은혜로 단번에 이루어지는 것이 아니라, 그곳을 향하여 계속하여 자라가야 하는 것입니다.

빌립보서 3:12-14

"내가 이미 얻었다 함도 아니요 온전히 이루었다 함도 아니라 오직 내가 그리스도 예수께 잡힌 바 된 그것을 잡으려고 달려가노라 형제들아 나는 아직 내가 잡은 줄로 여기지 아니하고 오직 한 일 즉 뒤에 있는 것은 잊어버리고 앞에 있는 것을 잡으려고 푯대를 향하여 그리스도 예수 안에서 하나님이 위에서 부르신 부름의 상을 위하여 달려가노라."

본문에서 사도 바울은 자신을 과정 중에 있는 존재로 묘사합니다. 사도 바울은 당연히 구원을 받았지요. 그런데 무엇을 아직 얻지 못하고 이루지 못했다고 한 것일까요? 그 내용이 성경에 나와 있지 않기 때문에 정확히 알 수는 없지만, 사도 바울은 아직 좇아가고 있는 존재ㅡ과정적 존재ㅡ로 자신을 묘사하고 있습니다. 아마도 구원과 온전한 성화 사이의 과정을 살고 있음을 얘기해주고 있는 것임에 틀림없습니다. 이렇게 훌륭한 믿음의 선배인 사도 바울도 그러하신데, 우리들은 말할 것도 없을 것입니다.

빌립보서 3:16

"오직 우리가 어디까지 이르렀든지 그대로 행할 것이라."
("Only let us live up to what we have already attained." NIV)

본문을 좀 쉽게 표현하면, '우리가 (현재적으로) 이미 이른 수준에 맞추어 살아갑시다.' 라고 할 수 있습니다. 각자는 각기 자기의 수준이 있습니다. 이 '수준에 대한 의식'이 모든 그리스도인들에게 열려져야 할 것입니다. 그래서 자신의 수준은 어떤가 궁금해하면서 알고자 하는 마음이 있어야 하고, 안 다음에는 자기의 수준에 충실해야 할 것입니다. 또, 내가 대하는 상대방의 수준을 의식하면서 사려 깊은 배려를 할 수 있어야 할 것입니다. (수준이 낮은 사람은 자기보다 수준이 높은 사람의 수준의 끝을 다 볼 수 없을 것입니다.) 그리하여 자기의 분수에 지나는 우매한 모습들이 줄어들기를 바랍니다. 물론 이 수준이 평생 고정적인 것은 아닙니다. 언제든 변할 수 있는 가변적인 것으로 우리는 자신의 수준을 높이려는 노력을 평생 경주해야 할 것입니다. 그렇게 우리는 이미 다 이룬 자가 아니라, 지향적 목표를 향해 날마다 수준을 높여야 하는 과정적인 존재인 것입니다. (본문을 문맥 안에서 읽을 때 '자기의 수준'을 강조하는 것은 부적절한 것임을 무릅쓰고 참조했습니다.)

이외에도 많은 참조 구절들을 들 수 있겠으나, 이 정도의 구절들만으로도 그리스도인의 과정적인 존재성에 대해 충분히 이해할 수 있다고 판단되어 여기서 멈추도록 하겠습니다.

2. 과정적 존재성의 실제적 적용

앞에서 인용한 성경말씀을 통해 그리스도인은 과정적인 또는 목표점을 향해 가는 도상의 존재임을 충분히 동의할 수 있게 되었습니다. 그리스도인의 이러한 자기 존재성에 대한 깨달음은 중생 이후의 그리스도인의 삶에 상당한 도움을 주게 될 것입니다. 이제 이 사실을 우리의 삶 속에 어떻게 구체적이고 실제적으로 적용해 갈 것인가에 대해 생각해 보도록 하겠습니다.

1. '아직은' (또는 '지금은', '현재는')

첫 번째로 소개하고자 하는 것은 아주 쉬우면서 구체성과 실제성이 뛰어난 가장 중요한 의식일니다. 우리의 언어 사용에는 과정적인 내용을 잘 담아내기가 어려운 측면이 있습니다. 말하는 사람이 생각하는 내용은 그렇지 않다 하더라도, 문장 구성 자체가 '전부가 아니면 아무것도 아니다.' 라는 식의 단정적인 분위기를 많이 띠기 때문입니다.

예를 들어, 평균적으로 3리를 가는 사람이 있다면 자기를 소개할 때, "저는 3리를 갑니다."라고 말하게 됩니다. 이는 다소간 "저는 3리를 가는 사람입니다."라는 뉘앙스가 많이 들어있어 보입니다. 역시 '과정성'을 담는 데 문제가 있는 것입니다. 그런데 그런 식의 언어사용에 의한 분위기는 우리의 사고에 어느 정도 영향을 주게 되어 있습니다. 결국 그리스도인은 과정적인 존재인데 그 '과정성'을 언어가 잘 담아내지 못하니, 그러한 언어 사용을 하게 되면 우리 자신과 타인을 과정적으로 보는 데 장애를 받게 되는 것입니다. 그래서 적절한 사고를 위한 적절한 언어 사용을 다음과 같이 제안하고자 합니다.

　우리는 앞으로 '어느 한 순간의 나' 또는 '어느 한 단계 또는 수준의 나'를 고정적인 존재인 양 존재화시키지 않도록 주의해야 할 것입니다. 그러기 위해서는 언어 사용에 '아직은, 지금은 또는 현재는'을 덧붙여 사용하는 것이 적절하고 정확한 표현이 된다고 하겠습니다. 그렇게 되면 평균적으로 3리 가는 사람은, "저는 아직은(지금은) 3리를 가는 사람입니다." 라고 말하게 됩니다. 어떻습니까? 우리 자신을 표현하는 데 훨씬 정확하고 적절해서 마음에 드는 표현이라는 생각이 들지 않습니까? 그런 식으로, 현재 남편을 충분히 사랑하지 못한다면, "저는 남편을 충분히 사랑하지 못합니다."가 아니라, "저는 아직은(지금은) 남편을 충분히 사랑하지 못하고 있습니다."가 되는 것입니다. '아직은'(지금은)이 들어감으로 서술어에도 아주 부드럽고 다소간 여유가 있는 변화가 따르게 됩니다. 자기를 잘 담아주는 것 같아, 뭔가 여유와 푸근함이 느껴지지 않는지요?

　이는 타인에게도 적용되어야 할 것입니다. "그 사람은 3리밖에 못 가." 가 아니라, "아, 그 사람은 지금은 3리를 가는 수준에 있어."가 될 것입니다. 아니, 후자의 표현은 그렇게 간단하게 끝나지는 않을 것입니다. 아마도 다음과 같은 표현으로 자연스럽게 이어지게 될 것입니다. "아, 그 사람은 지금은 3리를 가고 있는데, 조금 지나가면 4리, 5리를 가게 되면서 점차 10리에 가깝게 가게 될 거야." 어떻습니까? 한마디의 언어가 덧붙여지면서 타인에 대한 우리의 마음이 많이 넉넉해지지 않습니까? 참 인간적인 정과 따뜻함이 배여나지 않습니까? 무엇인가 '그래 바로 이거야.'라는 느낌이 오지 않는지요? 우리 자신의 실제적이고 진정한 모습을 나타내주는 것으로 느껴지지 않습니까? 아마도 많은 분들이 그렇게 느낄 것이라 생각합니다. 겉으로는 그럴 듯하지만, 실제적이지 못한 인간상을 그려내는 것은, 정직히 살펴보면 우리 마음 속에서 동의를 얻지 못합니다. 그런 측면에서도 우리는 자신에게 정직하기를 훈련하여야 합니다.

우리는 그렇게 조금씩 조금씩 점진적으로 변화하여 가는 존재입니다. 아마도 대부분은 임종을 맞이할 때까지 지향적인 목표의 종착지에 이르지 못하고 죽을 것입니다. 그러나 지향적인 목표에 정확히 이르는 것이 우리의 진정한 목표가 되는 것은 아닐 것입니다. 구원 이후에 지향적 목표에 점차 가까워지는, 영적 생명의 자라감이 있다는 것이 의미 있는 것이리라 생각합니다. 그런 관점에서 '조그만 변화(성숙)도 변화(성숙)이다.'는 의식을 가져야 합니다. 지향적 목표를 현재적 목표로 보고 당장 이루려고 하는 가운데 뛰어 오르다 떨어지고 뛰어 오르다 떨어지곤 하는 식의 '전부가 아니면 아무것도 아니다.'라는 사고를 극복할 수 있어야 합니다. 또는 '성공이 아니면 실패이다.'라는 사고도 주의해야 합니다. 신앙인격의 성숙은 갓난아이의 수준에서 당장에 온전한 수준에 이르는 것이 아니라 조금씩 자라가 온전한 수준에 이르는 것이고, 실패에서 당장 성공에 이르는 것이 아니라, 수많은 과정적-부분적-성공을 통해 온전한 성공에 이르는 것이기 때문입니다. 우리는 '조그만 변화'를 긍정하고, '조금만 변화'가 모여 '좀더 더 깊은 변화'를 만들어가는 실제적인 신앙의 삶을 살아가는 것임을 잊지 않아야 할 것입니다.

'조그만 변화'가 지속적으로 일어날 수 있는 것은, 우리의 정신세계 속에 있는 본연의 선한 모습(새 사람)이 공명을 하기 때문에 그렇다고 하겠습니다. 본래적 모습은 한꺼번이 아니라 점진적으로 깨어납니다. 우리는 우리의 정신세계 속에 공명되어 활성화되기를 바라는 본래적 모습들이 살아나게 하는 데 지극한 관심을 가지고 노력하기를 쉬지 않아야 할 것입니다. 그렇게 지향적 목표를 향해 가는 그리스도인의 여정은, 하나님께서 원래 의도하신, 본래적 모습을 점진적으로 열어가는 과정이 되어야 하는 것입니다. 지향적 목표에 아직 멀리 떨어져 있지만, 부족한 '현재적 자기'가 과정적으로 수용될 수 있다면 우리 자신이 도매금으로 모두 부정되지 않게 될 것입니다. 그러면 우리 안에 있는 새 사람의 건강하고 건전한 욕구들이, 아직은 비록 그 힘이 작다 하더라도, 자라날 수 있는 기회를 얻게 됨으로 인해 점차 성화로의 여정에 필요한 동력을 크게 얻게 될 것입니다. (사람에 따라서 '지금은' 대신에 '아직은', '현재는', 그리고 '현재로서는' 등등을 사용할 수 있을 것입니다. 자기 언어표현에 맞게 과정성의 개념을 잘 담는 언어습관을 들일 수 있게 되기를 바랍니다.)

다음의 내용은 저의 졸저 『그리스도인과 함께 나누고 싶은 이야기』에도 나오지만, 적절하고 유익한 사례라 생각하기 때문에 소개합니다. 그리스도인의 과정성과 지향성에 대한 저의 강의를 듣고 두 대학생이 보여준 반응입니다.

"과정을 존재로 생각하지 말라는 말씀이 와 닿았습니다. 지금 생각해보면 과정을 존재로 쉽게 생각해버린 것이 많았던 것 같습니다. 물론 그 말씀을 통해 단지 위로를 받으려는 마음에서가 아니라, 존재로 생각해버림으로써 자기 자신을 쉽게 막아버리지 않았나 하는 생각이 들기 때문입니다."

아주 적절하게 자기를 돌아보아 표현하고 있습니다. 그의 표현 중에 '존재로 생각해버림으로써 자기 자신을 쉽게 막아버리지 않았나.' 라는 내용이 있습니다. 제가 염려하는 것 중 하나가 바로 그것입니다. 자기를 '그런 사람'으로 존재화시킴으로써 그가 가진 가능성을 막아버리는 것입니다. 더욱 성숙한 자기로 열어가야 하는데, 미성숙한 자기로 닫아버리는 것이지요. 자신을 과정적인 존재로 봄으로써 이 문제는 극복될 수 있을 것입니다.

다른 학생의 글입니다.

"사례를 통해서 그동안 나 자신이 가졌던 나에 대한 열등감이나 절망되는 것을 다시 점검해 보았던 시간이었습니다. 선생님의 말씀을 들으며, 나 자신을 과정 중에 있다기보다는 그런 사람으로 존재화시키는 데에서 커다란 실망을 느꼈던 것을 공감하게 되었던 것 같습니다."

어떻습니까? 과정 속의 자기를 존재화시키는 문제가 실감나게 느껴져 오지 않습니까? 물론 전부는 아니지만 적지 않은 사람들이 이런 왜곡으로 인해 어려움을 겪어오고 있다고 할 수 있습니다. 이 두 사람은 대학생인데, 특히 젊은이들에게서 이런 현상이 일어나는 것에 주의를 해야 하는 것은, 이들에게는 가능성의 미래가 기다리고 있기 때문입니다. '존재화'의 문제는 미래 또는 가능성의 세계를 사석화시키는 데 그 심각성이 있다고 하겠습니다. 후자의 대학생은 열등감이나 절망의 문제에 직면했다고 고백하고 있지 않습니까? 그리스도인이 현재적으로 연약하고 모순투성이의 부끄러운 모습에도 불구하고 거기에 머무르지 않고 미래적 소망을 견지할 수 있는 것은, 결국 하나님의 은혜 아래서 우리의 최선을 다할 때 목표에 점진적으로 다가서게 될 것을 믿기 때문입니다.

2. 사랑의 감정의 색깔은 하나가 아니다

앞에서 그리스도인에게 있어서 감정의 억압 문제를 다루었습니다. 이 문제는 많은 경우, 원수까지 사랑하라는 말씀과 연관됩니다. 이 말씀으로 인해 사랑에 대한 부적절한 이해를 하게 되는 사람들이 적지 않습니다.

그래서 특별히 사랑과 관련된 감정의 문제를 다루는 것이 필요하다고 생각했습니다.

한 자매로부터, "관계가 좋은 사람을 사랑으로 대하는 것과 관계가 좋지 않은 사람을 사랑으로 대하는 것에서 차이가 나는 것을 보고 갈등을 느낍니다."라는 얘기를 들었습니다. 그녀가 의미하는 것은 같은 사랑인데 사람에 따라 사랑의 모습이 같지 않아 보이는데, 혹시 후자의 사랑도 사랑인가라는 것이었습니다. 특히 사랑의 감정적 측면에서, 관계가 좋은 사람과 관계가 좋지 않은 사람에 대한 사랑의 감정들이 서로 다른 것을 두고 고민해 왔던 것입니다. 그녀의 말을 다르게 표현하면, '관계가 좋은 사람을 사랑할 때는 기분 좋게 편안하고 즐거운 마음으로 하게 되는데, 관계가 좋지 않은 사람을 사랑할 때면 힘이 들고 마음이 편하지 않고 꼭 즐거운 마음으로 하는 것 같지 않아 제가 과연 사랑을 하는가 하는 물음을 가지게 됩니다.' 라는 의미가 됩니다.

'사랑' 하면 사람들의 마음에서는 무의식적으로 가장 좋은 모습의 사랑이 떠올려집니다. 그중 대부분의 경우 가장 중요하게 느껴지는 모습은 감정적인 것인데, 기쁘고 즐겁고 편안하고 기꺼워하고 자연스럽고 다정스러운 모습 등등입니다. 그런 감정적인 태도가 있어야 진정한 사랑을 하는 것이고 사랑을 받는 것으로 간주하는 경향이 있다고 할 수 있습니다. 그런 모습이 보이지 않으면, 사랑을 한다거나 받는다고 느껴지지 않는 것입니다. 그러나 엄밀히 생각해보면, 그것은 '이상적인 조건 하에서의 사랑' 일 때만 가능한 모습이라 할 수 있습니다.

'이상적인 조건' 이란 어떤 것일까요? 그것은 단순하게 표현하면 상대방과 내가 서로 순전한 사랑을 주고 받아 깊고 친밀한 관계에 있는 경우를 말한다고 할 수 있습니다. 그런 관계라면 상대방을 정말 기분좋게 기꺼운 마음을 가지고 사랑할 수 있습니다. 그런 사랑을 우리 모두가 바라지만, 그러나 그것만이 사랑의 모습일 수는 없습니다. 사랑의 모습은 하나가 아닙니다. 하나일 수 없습니다. 왜냐하면 그 동안 상대방과 맺어온 관계와 양자가 처해있는 상황이 다 다르고, 나의 사랑의 분수가 있기 때문입니다.

 계속하여 친밀한 관계를 맺어온 사람과, 친밀하지 않았고 상당히 불편한 관계를 맺어온 특히 객관적으로 미성숙한 인격적 문제가 많은 사람에 대한 우리의 사랑의 모습은, 우리가 완전한 성숙에 도달한 경우가 아닌 한, 같을 수가 없습니다. 후자의 잘못된 모습에 대해 비난하고 정죄하는 태도를 가져 왔다면, 경우에 따라서 그러한 태도를 중지시킨다든지 버리는 것이 그에 대한 사랑의 표현이 되는 수준에 있는 사람이 있을 수 있습니다. 그런 경우 친밀한 태도로 다정하게 대하는 모습을 함께 보이기가 어려울 것입니다. 사랑한다고 하여 아주 친밀한 사람에게 보이는 다정한 모습을 돌연히 그 사람에게 보일 수는 없는 것입니다. 사랑하지만 친밀한 감정을 느끼거나 내보일 수 없다는 것입니다. 그런데 의외로 많은 그리스도인들이 앞의 자매와 같이 사랑한다면 전자에게 보이는 똑같은 감정적 태도를 가지고 후자를 사랑해야 진정 사랑한다고 얘기할 수 있다고 생각하는 경향을 보이고 있습니다. 역시 원수까지 사랑하는 사랑이라면 그럴 것이라는 생각을 갖게 되는 것 같습니다. 원수까지 사랑하는 것은 지향적 목표로, 아직은 원수까지 사랑하지 못하는 수준에 있는데도 말입니다.

 우리의 사랑하는 모습은 현실적으로, 완벽한 사랑의 모습 하나가 아니라 우리가 온전한 성숙에 이르지 못했기 때문에 다양할 수밖에 없음을 잊지 않아야 하겠습니다. 경우에 따라서는 편안하거나 자연스럽거나 친밀한 감정은 느끼지 못하는 가운데, 다소 불편하고 억지 또는 위선같이 느껴지고 부자연스러운 가운데 굳은 표정을 펴는 것, 부정적인 말을 내뱉지 않는 것, 한마디의 말을 거는 것, 더운 여름에 냉수를 한 잔 건네는 것, 좋은 일이 있을 때 축하의 말을 거는 것, 눈 마주침을 하는 것 등등이 사랑하는 모습일 수 있는 것입니다.

꼭 완벽한 사랑을 해야 하는 것도 아니고, 사랑을 하려면 완벽한 사랑을 해야 하는 것도 아닙니다. 내가 아직 부족하고 상대방과의 관계가 아직 불편한 가운데 있으면, 아직은 부족하나마 현재적으로 내가 할 수 있는 사랑을 하는 것입니다. 그러면서 점차 더 온전한 사랑을 해가는 발전이 있으면 되는 것입니다. 그 과정 속에서 자기의 부족한 사랑을 이상적인 사랑의 모습과 견주어 사랑이 아닌 것으로 잘못 판단하여 부적절한 자기 비난과 정죄를 하는 일이 없어야 하겠습니다.

3. '정직한 현재적 자기'로 자유하자

성경에 나오는 신앙의 인물들은 모두 지고의 수준에 올라있는 것이 아니라, 각각의 수준이 다르다고 하겠습니다. 그 중에서 사사로 부름받은 기드온에 대해 생각해보고자 합니다. 성경(삿 6-7장)을 보면 하나님께서 부르실 때 기드온의 신앙 수준은 그리 깊지 않았다 할 수 있습니다. 예를 들면, 기드온은 하나님께서 아브라함에게 그의 친척 아비 집을 떠나 지시할 땅으로 가라 하실 때 하나님의 말씀을 좇아 떠난 아브라함 같지는 못했습니다(창 12:1-4).

하나님께서 보내신 사자의 말에 항변조로 대답하니, 하나님께서 직접 기드온에게 이스라엘을 미디안의 손에서 구원하시기 위해 그를 보낸 것이라고 말씀하셨습니다. 그러나 기드온은 하나님의 말씀에 바로 순종하지 않고, "주여 내가 무엇으로 이스라엘을 구원하리이까 보소서 나의 집은 므낫세 중에 극히 약하고 나는 내 아버지 집에서 가장 작은 자니이다"(삿 6:15)라고 하면서 나약한 모습을 보였습니다. 하나님께서 다시, "내가 반드시 너와 함께 하리니 네가 미디안 사람 치기를 한 사람을 치듯 하리라"(삿 6:16)고 분명하게 말씀하셨습니다. 그러나 하나님께서 재차 말씀하시는데도 불구하고 기드온은, 떠나라 할 때 조상의 땅을 떠난 아브라함과 같이 하나님의 말씀을 믿고 떠나지 못했습니다. (아브라함이 개인적으로 고민했는지의 여부는 성경에 나와 있지 않기 때문에 분명하게 말할 수는 없으나, 성경의 전체적인 분위기상 아마도 다른 토를 달지 않고 떠난 것으로 여겨집니다.) 기드온은 말씀을 받자마자 따르지 않고 표징을 원했고, 전쟁 전에는 두 번의 표적을 구하지 않았습니까? 한 번은 양털에만 이슬이 있고 그 주변 땅에는 이슬이 내리지 않고, 두 번째는 주위 땅에는 이슬이 맺히는데 양털에만 이슬이 없게 해달라고 했습니다.

저는 기드온의 이 모습에 대해 수천 명에게 물어보았습니다. 하나님을 시험한 것인지 아닌지 말입니다. 대부분의 사람들은 쉽게 대답을 못했습니다. 그렇다는 분과 그렇지 않다는 분의 수의 차이는 크지 않았습니다. 여러분은 어떻게 생각하십니까? 저는 시험을 한 것이라 생각합니다. 유혹의 의미로서의 시험이 아니라, 진정성 여부를 알아보는 의미의 시험이라고 생각합니다. 하나님께서 아브라함을 시험하신 것과 같이 말입니다(히 11:17).

시험에는 다른 두 가지 의미가 있다

한글로 '시험'이라 번역된 말에는 전혀 다른 두 가지 의미가 있습니다. 시험(test)과 유혹(temptation)입니다. 이 둘은 우선 목적이 전혀 다릅니다. 유혹의 의미의 시험의 목적은 죄를 짓게 하고 타락시키는 것(마 4:3, 약 1:13)인 반면, 다른 의미의 시험은 목적이 진정성을 알아보는 것(히 11:17)이고, 좋은 의미의 연단을 위한 것(약 1:12)이 되기도 합니다. 시험을 하는 주체도 다른데, 전자의 경우는 대개 사탄과 인간의 타락한 본성이 되고, 후자의 경우는 하나님이 되십니다. 그렇기 때문에 유혹의 의미의 시험은 '유혹' 또는 '유혹적 시험'이라 번역되어야 적절하다고 생각합니다. 물론 사람이 하나님을 시험하는 경우와 같이 주체가 사람이 되는 경우도 있지만, 그런 경우는 드문 편입니다. 이렇게 같은 문자로 쓰여졌지만, 내용적으로는 전혀 다른 의미인 경우들에 대한 분별의식이 높아져야 할 것입니다.

하나님을 시험하는 것은 죄라고 성경은 말합니다. 저는, 떠나라고 하실 때 순종하여 떠난 아브라함과 같이 바로 순종하지 않고 하나님을 두 번이나 시험하는 죄를 범하는 ('그 당시에는' 그리 깊지 않은 신앙의 수준에 있는) 기드온을 쓰신 하나님의 마음에 대해 궁금했습니다. 하나님께서는 기드온에게서 무엇을 보셨을까요? (당연히 하나님의 마음을 정확히 알 수 없음을 전제로 하고 진행해 보겠습니다.)

저는 기드온의 정직을 사시지 않으셨을까 생각해봅니다. 기드온은 하나님의 말씀을 들었지만 자신감이 없었습니다. 기드온과 같은 상황-말씀은 받았으나, 기꺼이 온전히 따르기에는 아직 부족한 마음인 경우-에 놓이게 될 때 그리스도인들은 어떻게 반응을 보일까요? (당연히 즉시 기꺼운 마음으로 순종하는 사람들도 적지 않을 것입니다.) 아마도 대부분은 부족한 자기의 마음에 주의를 기울이지 못하고, 어떻게든 하나님의 말씀대로 해야 한다는 강박감을 갖게 되리라 생각합니다. 그러면서 속으로는 자신 없어 하고 불안해하면서도 겉으로는 그런 내색을 하지 않으면서 하나님의 말씀대로 행하려고 할 가능성이 높을 것입니다. 그렇게 되면 외식하게 될 가능성이 높을 것입니다. 제가 주목하고자 하는 것은 겉과 속이 일치하지 않는 외식의 모습입니다. 자기의 속마음에 제대로 주의를 기울이지 못한다면, 하나님에 대해 겉과 속이 일치되는 삶을 산다는 것이 그리 쉽지 않을 것입니다.

그러나 기드온은 외식하지 않았습니다. 속으로는 '정말 이길 수 있을까? 아, 자신이 없는데 어떡하지? 아 정말 괴롭네. 그런데도 가라 하시는데 안 갈 수도 없고……에이 씨, 정말 가야 하나?……에이, (고개를 떨구며) 할 수 없다. 하나님께서 가라고 하시는데 선택의 여지가 있나? 가기 싫어도 가야지.'라는 식으로 심각한 갈등을 겪어 불안하고 불만스러운데 하나님의 말씀 때문에 어쩔 수 없다고 생각하면서, 마음에 내키지 않는 마지못한 발걸음을 옮기지는 않았다는 것입니다. 기드온은 '있는 그대로의 자기', 불안하고 자신 없는 자기로서 하나님께 정직했습니다. 부족한 자기 믿음의 수준의 모습을 있는 그대로 드러낸 것입니다. 예를 들어, 말씀 한마디에 순종하여 바로 떠난 아브라함과 같은 수준에 있지 못한 자기를 인정하고 그 부족한 자기에게 정직했고 가식 없는 자기로 하나님께 나아간 것입니다. 그 정직함을 하나님께서 사시지 않으셨을까요?

물론 아브라함과 같은 수준의 사람이어서 하나님께서 말씀하시자마자 바로 따랐다면 더 좋았겠지요. 그러나 그것은 그 수준에 있는 사람에게서나 가능한 것이고, 기드온에게는 자기 수준(분수)을 넘어서는 것이었습니다. 높은 수준의 삶을 도일 수 있다면 좋겠지만, 나 자신이 그렇지 못하다면 그런 삶은 미래적으로는 관련이 있겠지만 최소한 '현재적으로는' 나의 과제라 할 수 없고, 심지어 나와 관련이 없다고 할 수 있습니다. 나는 나의 수준에서 살아가야 하는 것이기 때문입니다. 그래야 외식의 문제를 극복할 수 있을 것입니다. 남들이 좋다고 하고 또 기대한다고 하여 내가 아닌 남이 되어 살 수는 없는 것입니다.

만약 저의 추론대로 하나님께서 정직성 때문에 기드온을 쓰셨다면(물론 이 하나가 전부가 아닐 수 있겠지요.), 하나님께서 사람을 어떻게 대하시는지에 대한 중요한 교훈을 얻을 수 있으리라 생각합니다. 하나님께서는 사람이 마음에 내키지 않는데 할 수 없이 하는 것을 원하지 않으실 것이라는 점입니다. 각자 자기의 수준에서 기꺼이 원하는 마음으로 하나님의 뜻을 받들기를 원하시리라 생각합니다. 결국 인간을 각자의 수준에 맞게 과정적으로 대해 주신다는 것이지요. 하나님께 나아가려면 어떤 일정 수준의 사람이 되어야 하는 것이 절대로 아니라는 것입니다. 다른 말로 하면, 우리는 하나님께 나아가기 위해 어떤 사람이 되어야 하는 것이 아닙니다. 그저 (현재적으로) 있는 그대로의 모습으로 나아갈 수 있다는 것입니다.

좋고 이상적인 것이라 하여 '현재의 나'를 무시하고 무조건적으로 행하려 하는 것은, 결국 나 아닌 나로서 살아가고자 하는 것이기 때문에 그런 식의 생활은 고도의 위선적인 노력 없이는 오래 가지 못합니다. 그것은 자기가 아닌 타인으로서 살아가는 것이기 때문입니다. 인간은 자기로서 살아가야 합니다. '현재적 자기' 말입니다. 그러하되 그 '현재적 자기'의 수준을 높여 가기를 성실히 해야 하는 것을 분명히 해야 하겠습니다.

그렇게 그리스도인은 아무리 수준이 낮고 미약한 신앙을 가졌다 하더라도 '현재적으로 정직한 자기'로 자유할 수 있어야 할 것입니다. 바로 하나님께서 그렇게 우리를 받아주시기 때문입니다. 자신의 모습이 너무 부끄럽고 나약하기 때문에, 의식적이든 무의식적이든 하나님께서 자기를 받아주지 않으실 것이라 생각하는 분들이 적지 않습니다. 그런 분들 중에는 기본적으로 있는 그대로의 자기 자신을 받아들이지 못하는 사람이 많습니다. 현재 있는 그대로의 '자기 수용'이 안 되는 것입니다. 그런 분들은 성숙이 일어나기가 어렵습니다. 성숙이란 현재의 자기를 딛고 더 나은 차원의 자기로 나아가는 것인데, 자기 수용 자체가 되어 있지 않으니 출발할 수 없고 딛고 설 수 있는 기초가 갖추어져 있지 못하다고 할 수 있기 때문입니다.

그런 면에서 하나님의 복음은 '자기 수용'을 하지 못하는 사람들에게 아주 강력한 소망의 메시지를 가지고 있다고 할 수 있습니다. 복음은, 아무리 부끄럽고 나약하다 해도 '있는 그대로의 정직한 현재적 자기'로 하나님께 나아갈 수 있다는 것을 강력하게 선포하고 있기 때문입니다. 예수님께서 의인이 아니라 죄인을 위해 오셨다고 하시지 않았습니까! 이는 정말 인류에게 '복스러운 소식'입니다. 내가 잘나서가 아니라 어떤 완벽한 존재여서가 아니라, 못나고 부족하지만 창조주 하나님께서 나를 받아주셨기 때문에 나도 나를 받아야 하고 받을 수 있는 것입니다.

우리는 하나님께로부터 배워야 할 것입니다. 타인과 나를 어떻게 받아들여야 하는지에 대해서 말입니다. 이것을 그리스도인이 누리는 특권이라 하면 지나친 표현이 될까요? 지향적 목표를 현재적 목표로 아는 그리스도인은 이런 자유와 수용을 누리기 어려울 것입니다. 온전히 지킬 수 없는 지향적 목표를 지켜야 한다는 의식으로 인해, 내면적으로 갈등하고 있는 자기를 있는 그대로 수용하지 못하고, 당위적인 생각에 짓눌린 생활을 하게 될 것입니다. (심층적으로 분석한다면, 외면적으로는 억지로나마 목표를 이루는 모습을 보이고 있으나 내면적으로는 자기 신앙인격의 실력으로는 지킬 수 없는 것을 알아 고민하고 갈등하는데, 무의식적으로 그 내면적 자기를 억압하여 부인하기 때문에 실제적으로는 '고민하고 갈등하는 자기'를 대부분의 경우 모른다고 할 수 있습니다.) 그러나 이제 그리스도인의 과정성을 이해한 우리들은, 자신의 수준이 많이 낮고 많이 미성숙하다 할지라도 하나님 안에서 자유와 수용을 누릴 수 있어야 할 것입니다.

사실 '명령-순종'의 분위기가 강하고 서열이 분명한 수직적 인간관계 속에서 자라온 한국인들은 진정한 자유에 대해 잘 모를 수 있습니다. 진정한 자유의 분위기를 맛보기가 쉽지 않기 때문입니다. 그렇기 때문에 '과정적 자기'로 자유를 누릴 수 있는 기독교의 중요한 원리가 한국의 그리스도인의 삶에 적용되기란 그만큼 어렵다고 할 수 있습니다. 기독교가, 기독교가 들어간 그 사회의 문화를 변화시켜야 하는데, 거꾸로 한국적인 비기독교적 문화의 영향을 받아 기독교의 모습이 일그러지는 현상이 일어날 수 있다는 것입니다. 개인적인 측면에서는 완벽주의 경향이 있는 분들이 이런 자유를 누리기가 어렵습니다. 어느 누구도 이 땅에서는 완벽해질 수 없는데, 완벽해지기까지는 자기를 쉽게 놔두지 않기 때문입니다. 이렇게 개인적 성향이 신앙에 영향을 주게 되어 있습니다.

어려서부터 신앙생활을 해오면서 많은 신앙인들을 보아왔지만, 신앙 안에서 건강한 자유를 누리며 사는 그리스도인을 많이 보아오지 못한 것 같습니다. 저 역시 그러지 못했습니다. 하나님을 깊이 알면 알수록 자유할 수 있는데, 우리가 그만큼 하나님에 대해 모르기 때문에 자유하지 못하는 것이라 생각합니다. 그러나 자 이제부터는 우리의 있는 그대로의 모습으로 하나님께 나아가는 자유를 누리도록 합시다. 우리의 그러한 모습을 하나님께서 기뻐 맞아주실 것입니다. 그리고 우리 자신도 하나님을 따라 만족스럽지 않은 이러저러한 모습을 가진 자신을 우선은 있는 그대로 받아주고, 이 자기에서부터 자라가도록 노력합시다.

이런 관점을 하나님과 나와의 관계뿐 아니라, 타인과의 관계에까지 적용하여 좀더 온전한 공동체를 이루어나갈 수 있었으면 좋겠습니다. 내가 하나님 앞에서 '현재의 있는 그대로의 정직한 자기'로 자유하듯이 그러한 모습으로 타인을 대하고, 또 상대방이 나와의 관계에서 현재의 정직한 자기 모습으로 자유할 수 있도록 받아주는 태도를 키워가야 할 것인데 '현재의 있는 그대로의 정직한 자기'로 자유하는 것을 진정으로 누리는 사람은, 타인에 대해서도 '현재의 있는 그대로의 정직한 상대방'을 진정으로 받아주는 힘이 생기게 될 것입니다. 자신을 바르게 대하는 태도는 상대방을 바르게 대하는 태도로 연결되게 되어 있습니다.

('현재의 정직한 자기'로 자유하기 위해서는, 현재의 자기에 정직할 수 있어야 합니다. 자기에게 정직할 수 있다는 것은 말은 쉽지만 사실 그리 쉬운 일이 아닙니다. 그러려면 첫째로, 무엇보다도 내면의 자기 또는 내

면의 자기의 움직임을 의식할 수 있는 능력을 배양해야 하는데, 이에는 많은 시간을 필요로 하는 상당한 훈련이 필요하기 때문입니다. 그런 훈련을 받지 못한 보통의 사람들은 거의 대부분 내면의(닫힌의식의) 자기는 모르고 외면의(열린의식의) 자기만 전체 자기인 줄 알고 살아갑니다. 두 번째로는, 내면의 자기의 부끄럽고 추한 모습을 있는 그대로 보고자 하는 참된 용기와 의지가 있어야 합니다. 이것도 '가져라.' 해서 되는 것이 아니라, 상당한 훈련을 요하는 것입니다. 어찌하든 만약 우리가 외면적이고 내면적인 현재의 자기에 정직할 수 있다면, 자신의 죄와 잘못에 대해서 밝히 보게 되고, 그만큼 진실되고 정확한 회개의 마음을 갖게 되어 하나님으로부터 그만큼 온전한 용서를 받게 될 것이고, 그러면 그만큼 현재를 초월하는 성숙이 일어나게 될 것입니다.)

분별해야 하는 자기 개념: '전체적 자기'와 '부분적 자기'

앞에서 '자기 수용'을 언급했습니다. 사실 그리스도인은 성경에서 수용되어야 하는 '자기'에 대해 들어보기가 어렵습니다. 오히려 '자기'에 대해서는 부인되어져야 하는 것으로 많이 알고 있습니다. 우선 예수님께서 그렇게 말씀하셨기 대문에 더욱 그런 인상을 강하게 받는다고 하겠습니다. 바울 사도도 하나님의 은총으로서의 구원의 필요성을 설명하기 위해 자기에 대해 부정적으로 언급하는 경우가 압도적으로 많습니다. 그래서 많은 그리스도인들은 '자기'는 죽여야 하고 부인해야 하고 버려야 하는 것으로 알고 있습니다. 그렇기 때문에 혹시 수용해야 하는 '자기'에 대해 언급하는 저의 말이 마음에 걸리는 분이 있을지 몰라 추가적인 설명이 필요할 것 같습니다. 기본적으로는 '자기'에 대한 잘못된 인식을 하고 있는 그리스도인들이 적지 않기 때문에 이 부분에 대해 설명을 하는 마당을 언젠가는 가져야 한다는 생각을 하여 왔는데, 이제 여기서 간략하게나마 다룰 수 있는 기회를 얻게 되었습니다.

예수님께서, "누구든지 나를 따라오려거든 자기를 부인하고 자기 십자가를 지고 나를 따를 것이니라"(마 16:24)고 말씀하셨습니다. 자 그럼, 함께 생각해보지요. 자기를 부인하라고 하셨습니다. 그럼 부인하는 주체는 누군가요? 누가 자기를 부인하는 것인가요? 예수님께서 누구에게 자기를 부인하라 하신 것입니까?……바로 우리 자신에게 말씀하신 것이 아닌가요? 그렇습니다. 자기를 부인하는 주체 또한 자기가 됩니다. 그럼, 부인되어야 하는 자기와 부인해야 하는 자기는 같은 자기일까요?

용어는 같지만 이 둘은 같지 않습니다. 집합 관계로 생각하면 쉽습니다. 자기에는 전체로서의 자기가 있고, 또 부분으로서의 자기가 있습니다. 부인되어야 하는 자기는 '부분적 자기'라 할 수 있습니다. 즉 전체 자기 중에서 '하나님의 뜻을 저버리고 자기중심적이고 이기적으로 살려 하는 자기'로서의 부분적 자기입니다. 부인하는 자기는 '주체적 자기'라 할 수 있습니다. 자기라는 용어 안에, 전체 자기와 다양한 부분 자기들의 집합 관계를 제대로 이해하지 못하여, 자기를 다루는 데 심각한 왜곡을 보이는 그리스도인들이 적지 않습니다.

가부장적인 분위기가 강한 집으로 시집을 가게 된 자매님이 있었습니다. 거리가 먼 시집으로 떠나기 전에 오랫동안 섬겼던 교회의 목사님께 인사를 드리게 되었습니다. 그러면서 결혼생활을 잘 해나가기 위해 도움이 되는 말씀을 부탁드렸습니다. 목사님은 여러 권면의 말씀 중에서도 특히 자기를 죽일 것을 강조하셨다고 합니다. 여러 면에서 다른 환경에서 살게 되면서 남편과 겪게 될 갈등이 많을 것인데, 갈등이 문제를 야기하지 못하도록 "자기를 죽이며 살라."고 하셨다고 합니다. '죽이라.'는 말씀이었습니다. 특히, 가부장적인 집안이라는 것을 아셨기 때문에 더욱 그리하셨을 것입니다. (그리스도인들은 자기를 죽이는 것을 자기 부인과 쉽게 연결지을 수 있기 때문에 자기를 죽이라는 말을 자연스럽게 받아들이는 경향이 강하다고 할 수 있습니다.) 그래서 그 분은 정말 자기를 죽이고 살아왔다고 합니다. 그런데 그 분이 어떻게 자기를 죽였는지 궁금하지 않으신지요?

결혼한 지 20년쯤 지났습니다. 그 분의 결혼생활은 남편에게 전적으로 순종하면서 남편에게 모든 것을 맞추어 살아왔다고 합니다. 남편이 너무 자신을 업신여기고, 심할 경우 가정부같이 부릴 때도 아무런 반발을 하지 않았습니다. 아니 못했다고 해야 할 것입니다. 반발을 한다는 것은 죽여야 할 자기를 살리는 것이라 생각했기 때문이었습니다. 명백히 남편이 잘못한 경우에도 잘못을 지적하여 돌이키게 하고자 하는 노력을 거의 전혀 기울이지 못하면서 많은 시간을 보내왔습니다. 정당한 의견이나 주장을 버리는 것이 자기를 죽이는 것이라 생각했던 것입니다. 그 집안에서 남편은 왕이었습니다. 자매님은 자기를 계발하는 쪽으로는 거의 주의를 기울이지 못했습니다. '자기를 죽이는 것'에 대한 의식이 너무 철저하여 자기를 계발하는 것 역시 '자기를 살리는 것'이라 생각되었기 때문이었습니다. (그러한 경향이 극심한 데에는 그 분의 부정적인 자기상<self-image>이 다른 중요한 요소로 작용하고 있었는데, '자기를 죽이는 것'과 부정적인 자기상이 결합될 때는 엄청난 힘으로 사람을 위축시키게 됩니다.)

그런데 20년 가까이 그렇게 보낸 뒤에서야, 부부관계에 아무런 발전이 없었다는 것을 깨닫게 되었습니다. 또 부부 각자도 개인적으로 별로 성숙되지 못했다는 것을 깨닫게 되었습니다. 잘못 살아왔다는 자책감이 찾아왔습니다. 늦었지만 다행히 앞으로는 이렇게 살아서는 안되겠다는 생각을 하기에 이르렀습니다. 그러나 무엇을 어떻게 해야 할지 아무런 생각도 나지 않았습니다. 그러한 '건강한 혼란'이 막 태동되고 있을 때, 저를 만나 도움을 청하게 되었습니다.

저는 우선 '자기'에 대한 개념을 이해하여 정리할 수 있도록 도왔습니다. 우선 '전체적 자기'와 '부분적 자기'를 분별해 주었고, 앞에서 설명한 바와 같이 '부인해야 하는 자기'에 대해 설명했습니다. 그러면서 우리에게는 또 '살려야 하는 자기'가 있음에 대해 얘기했습니다. 성경에는 '살려야 하는 자기'에 대해 구체적인 표현으로 언급하고 있지는 않습니다. 그러나 내용적으로는 분명 있습니다. 이 둘의 부분적 자기에 해당하는 성경의 개념에는 부인해야 하는 자기로서 '옛 사람'과 살려야 하는 자기로서 '새 사람'이 있습니다(엡 4:22-23). '새 사람'은 '하나님의 뜻을 따라 살고자 하는 자기'를 의미합니다.

이렇게 '자기'에는 죽여야 하는 부분적 자기도 있지만, 살려야 하는 부분적 자기도 있는 것입니다. 그런데 자매님은 '살려야 하는 자기'에 대해서는 들은 바가 없었던 것입니다. 건강하고 정상적으로 발전시켜야 하는 자기에 대한 개념을 가지고 있지 못했기 때문에 '자기 발전'에 대해 생각하지 못했습니다. (그 분에게는 '자기를 죽여야 한다.'는 생각이 너무 깊이 박혀 거기서 헤어 나오지 못했다고 할 수 있는데, 이에는 정신분석학적으로 볼 때 세뇌적인 작용이 관계되어 있다고 할 수 있습니다. 종교적인 이름으로 행해지는 것들 중에는 이렇게 한 사람을 극단적으로 내모는 세뇌의 영향을 가진 것들이 적지 않습니다. 그렇기 때문에 우리는 성경의 내용에 대해 정확히 아는 것이 얼마나 중요한지 모릅니다. 모르면 모르는 만큼 잘못된 세뇌를 당하게 될 것입니다.)

자기를 철저히 죽이며 살아온 자매님에게는 아름다운 열매가 많지 않았습니다. 발전이 없었습니다. 세월이 지나면서, 무언가 부부 각자와 부부 관계에 있어서 성숙이 일어나야 했던 것인데 그렇지 못했습니다. 다시 건강한 자기를 회복하기는 쉽지 않은 작업이었습니다. 왜냐하면 자기를 죽이는 가운데, 자신에게서 피어나오는 건강하고 긍정적인 욕구와 사고도 죽여 왔기 때문이었습니다. 우선 그 분에게서 그런 것들이 존중받는 일이 있어야 했습니다. 저는 짧은 시간에 자신의 건강하고 정상적인 성숙을 위한 생각과 욕구를 있는 그대로 자연스럽게 피어나게 할 수 있도록 도우려고 노력했습니다. 좋은 결과까지 볼 수 있는 시간은 아니었지만, 무엇인가 바람직한 일들이 일어날 수 있는 기초는 세워져, 이후로는 무엇인가 새로운 좋은 열매들이 맺어질 것 같은 인상을 받으며 잠시 머물렀던 그곳을 떠나왔습니다.

아마도 두 분은 한동안 힘겨운 시간을 맞이하게 될지 모릅니다. 20년 동안 자리잡고 있던 질서를 변화시키는 일은, 비록 그 일이 바람직해도 결코 쉽지 않기 때문입니다. 둘이 같이 깨닫고 노력하면 변화, 치유 그리고 성숙의 길이 비교적 수월하게 일어나지만, 한 사람만이 먼저 깨닫고 노력하게 되면 상대방은 예상하지 못한, 익숙하지 않고 낯선 상황을 접하는 셈이 되기 때문입니다. 그러나 그러한 가운데서 겪게 되는 갈등과 어려움에는 의미가 있습니다. 더 성숙한 두 사람과 두 사람의 관계를 위한 의미 말입니다. 병아리가 알을 깨고 나오는 고통을 포기한다면 더 이상의 성장은 불가능하지 않겠습니까?

('자기 사랑'에 대한 논란이 기독교계에 있습니다. '자기 사랑'이라는 말이 심리학 또는 정신분석학에서 나오게 되었는데, '자기 부인'에 대해 익숙한 그리스도인들에게 '자기 사랑'이 부정적으로 느껴지면서 심리학에 대해 부정적으로 언급하게 되기까지 이르는 경우도 적지 않게 겪게 됩니다. 실제로 어떤 심리학자는 부인되어야 할 부분적 자기를 사랑하라고 하는 경우도 있는 것으로 압니다. 그런 경우는 적절히 비판받아야 하겠지요. 그러나 앞에서 살펴본 '부분적 자기'에 대해 분별있게 생각할 수 있다

면, 그리스도인에게 긍정적으로 인정될 수 있는 '자기 사랑'의 개념이 가능하다는 것에 동의할 수 있을 것이라 생각합니다.)

🪴 부분적 자기 : 예수님의 사랑에 반응하는 자기

이왕 '부분적 자기'에 대해 언급했으니 조금만 더 살펴보겠습니다.

예수님 당시 유대사회에는 유대인들이 소위 '죄인'이라고 낙인을 찍어 상대하지 않는 계층의 사람들이 있었습니다. (죄인 : 일반적인 의미로, 하나님의 계명을 준수하지 못하기로 악명이 높고, 따라서 모든 사람들의 지탄을 받는 사람들을 가리킬 뿐 아니라, 멸시받는 장사에 종사하는 사람들을 특별히 지칭함) 특히, 바리새인들은 그들을 배척하는 데 철저했지요. 당시 종교적 지도층의 한 무리라 할 수 있는 바리새인들은 '죄인'들을 버렸다고 할 수 있습니다. 물론 '죄인'들은 버림받을 만한 모습을 가지고 있었던 것이 사실입니다. 그러나 그 모습이 그들의 전체 모습은 아니었습니다. 당연히 부분적인 모습이었습니다. 특히, 밖으로 드러나는 부분적인 악한 모습이었다고 할 수 있습니다. 사람들은 사람들의 모습을 다 볼 수 없어 자기가 보는 모습만으로 판단하게 되어 있습니다. 부분적으로밖에 보지 못하는 것을 모르고 그것이 전부인 줄 아는 것이지요.

성경을 보면 '죄인'들을 대하시는 예수님의 모습은 바리새인들과는 아주 차별적인 것으로 나타납니다. 예수님께서 사람들에 의해 버려진 '죄인'들을 찾아 나선 사례를 복음서에서 여러 차례 찾아볼 수 있습니다. 예수님은 어떻게 그리도 상반된 접근을 하시는 것일까요? 예수님께서는 거절의 차가운 손을 내젓는 대신, 사랑의 따뜻한 손을 내미셨습니다. 그리고 어떤 '죄인'들은 예수님이 내민 손에 자기의 손을 내밀었습니다. 삭개오가 그러했고 수가성의 여인이 그러하지 않았습니까? 어쩌면 이리도 사람—특히 바리새인—들과 전혀 다른 접근을 하실 수 있었을까요?

자 우선, 먼저 접근해 오시는 예수님께, "주여 보시옵소서 내 소유의 절반을 가난한 자들에게 주겠사오며 만일 누구 것을 속여 빼앗은 일이 있으면 네 갑절이나 갚겠나이다"(눅 19:8)라는 반응을 보인 삭개오의 '자기'는 어떤 자기인가에 대해 생각해보도록 하겠습니다. 이전과 다른 그러한 삭개오는 어디에 있었던 것일까요? 원래는 없었는데, 예수님께서 집어 넣어주신 것일까요? 즉 그의 외부에 있던 그 무엇인가가 내부로 들어간 것일까요?

그렇지 않을 것입니다. 삭개오에게는 그러한 반응을 보일 수 있는 자기(부분적 자기)가 있었던 것이지요. 그 부분적 자기가 예수님을 만나기까지는 활성화될 수 있는 기회를 만나지 못하다가 예수님을 통해 활성화되는 계기를 맞이한 것이라고 할 수 있습니다. 또는 그러한 자기에 대한 씨앗(가능성)을 가지고 있었는데, 그 씨앗이 자랄 수 있는 토양을 맞이하지 못하다가 예수님을 만나 비로소 움틀 수 있게 되었다고 하겠습니다. 여하한 삭개오에게는 그러한 '자기의 선한 부분' 또는 '선한 부분적 자기'가 있었던 것입니다. (물론 삭개오는 사람들에게 죄인이라고 멸시받을 수밖에 없었던 악한 부분이 있었던 것 역시 사실입니다.)

사람들이 버리는 사람들을 살려내시는 예수님을 본받아, 사람을 버리고 죽이는 것이 아니라 살리는 일에 나서야 할 것입니다. 예수님과 같이 사람을 전체적으로 볼 수 있는 눈을 키우고, 닫힌의식의 세계에 아직 활성화되지 못하여 잠자고 있는 선한 자기(하나님께서 원래 창조하신 본래적 자기)를 깨워 활성화시키는 데 도움을 주는 사람들이 되어야 할 것입니다. 자기에게 보이는 것이 전부인 줄 알고 그것으로 결정적 판단을 내리는 우를 범하는 일들이 줄어들게 되기를 바라는 마음 간절합니다.

이러한 인간이해는 성경을 이해하는 데 결정적인 도움을 주는 경우가 적지 않습니다. 예를 들어, '전체적 자기'와 '부분적 자기'에 대한 이해와 함께 닫힌의식의 자기에 대한 이해가 곁들여진다면 바울 사도의 유명한 고백을 담고 있는 로마서 7장 13-25절을 이해하는 데 상당한 도움을 받을 것이라 생각합니다.

행위보다 사람을 보시는 하나님

기드온을 대하시는 하나님을 생각할 때 아주 중요한 원리 하나를 발견하게 됩니다. 하나님께서는, 자신을 시험했다는 행위로 인해 기드온을 벌하거나 사사의 자리를 다른 사람에게 넘기지 않으셨습니다. 기드온의 행위만을 놓고 생각한다면 하나님께서 크게 노하실 수도 있으셨을 것입니다. 그러나 하나님께서는 기드온의 요구를 묵묵히 들어주시고 사사직을 감당하게 하셨습니다. 어떻게 해서 이런 일이 일어날 수 있을까요? 하나님께서는 사람과 떼어놓고 행위만을 대하지 않으시고, 사람 안에서 행위를 다루시기 때문입니다. 행위를 통해 사람을 판단하시는 것이 아니라, 사람 안에서 행위를 평가하시는 것이지요. 또 다른 말로는, 비인격체인 행위를 대하지 않으시고 인격체인 사람을 대하신다는 것입니다. 더 나아간다면, 사람을 받으셨기 때문에 그 사람에게서 나오는 행위 또는 그 사람 안에 있는 행위를 받으신다고 할 수 있을 것입니다.

하나님께서는 기드온이라는 인물이 하나님 말씀을 듣자마자 아무런 불안을 느끼지 않고 전적으로 말씀에 순종하여 이스라엘 민족을 이끌고 담대하게 전쟁에 나갈 수 있는 신앙 수준에 있지 않음을 아셨을 것입니다. 그래서 하나님을 시험하는 행위는 죄이고 잘못된 것이지만, 연약한 수준의 기드온을 받아주셨기 때문에 그의 성숙하지 못한 행위도 받아주신 것이라 하겠습니다. 전체를 받아 주신 하나님은 당연히 부분을 받아주시지 않겠습니까? 이렇게 분명 하나님께서는 인간이 과정적인 존재임을 아시기 때문에, 우리를 이에 걸맞게 대해 주시는 것입니다. 그런 하나님 안에서 우리 모두 건강한 자유를 누리게 되기를 바랍니다. 이런 원리 역시 타인과의 관계에 잘 적용되어, 행위(부분)만 보고 사람(전체)을 놓치는 일이 일어나지 않도록 주의해야 할 것입니다.

(물론 기드온은 하나님 말씀에 온전히 순종하지 못하고, 하나님을 시험하는 죄를 범한 자신을 정확히 보고 하나님께 회개하고 자기를 스스로 경성시켜야 할 것입니다. 하나님께서 은혜로 받아주시는 것과 인간 스스로가 해야 하는 것을 분별하여, 인간은 자신이 행할 바를 행해야 합니다.)

4. 부분적, 실제적 자기를 편입시켜 살아갑시다

우리가 잘 아는 노래방을 들어 생각해보도록 하겠습니다.

다음은 저와 함께 공부하는 사람들이 참여하는 인터넷 사이트에 올라온 글입니다. 글의 주인공은 장기 선교사 사역을 했던 분입니다.

(07. 4. 7)

"……저는 공부하면서 늘 새로운 저를 발견하는 것이 저의 큰 기쁨입니다. 지나간 3년 동안 발견한 것은 제가 참 좋은 사람이라는 거였습니다. 물론 제 생각보다 그렇다는 것입니다. ㅋㅋㅋ 특히 깊은 우울에서 헤어 나오려고 애를 쓰고 나면 꼭 새로운 발견을 하는 것이 참 신기합니다.

"이번에는 정말 즐거운 발견을 했습니다. 제가 주현미 노래를 아주 좋아하고, 춤도 잘 춘다는 사실입니다. (관광춤입니다만……) 답답한 사례연구에 지친 때문인지 화요반 사람들은 올 들어 노래방에 잘 갑니다. 우울한 저는 노래방이 즐겁지 않았지만, 누가 자꾸 끌어서 한번 갔는데, 여기서 저의 아주 다른 면을 발견했습니다.

"제 분위기는 쭈욱 '아침이슬' 분위기를 유지해왔는데, 얼마 전부터 '비 내리는 영동교'가 머리 손에서 맴돌더라구요. 다른 사람들과 같이 갔다면 조금 조심했겠지만, 우리반 사람들, 다들 조심 안 하는 것 같아서 한번 시도했는데, 노래면 노래, 춤이면 춤……. 정말 재미있는 것이 아니겠습니까! 저 자신도 놀라울 정도였습니다.

"다음 날부터 우울에서 싹 벗어나 전보다 더 자신있게 지내고 있습니다. 뭐랄까……. 제가 좀 우습게 보여도 전혀 지장 없이 지내고 있다고 해야 할까? 뭐, 비 내리는 영동교가 우스운 것은 아니고, 제가 창피하다고 느꼈던 것이 창피한 게 아니라는 경험으로 인해 다른 모든 창피한 경험을 용감하게 대할 수 있게 된 것입니다. ㅋㅋㅋ 우리반 학우들은 저의 춤에 반했다는 거 아닙니까? 저 없이 노래방에 못 가겠다는 말들이 저를 얼마나 행복하게 하는지. 이런 좋은 경험이 사람의 변화에는 꼭 필요합니다. ㅋㅋㅋ

"이날 이후로 '탈억압'의 효과랄까? 뭐 그런 것에 대해 생각하고 있습니다. 완벽한 탈억압은 불가능하고 해서도 안 될 것 같지만-사회 규범 안에서 살고 있으므로- 좋은 사람들과의 안전한 탈억압은 있는 그대로 자기 자신으로 자유할 수 있는 좋은 경험이 되는 것 같습니다. 혹시 좋은 경험을 원하시는 분들, 전화 주십시오. 노래치료팀을 즉시 구성하겠습니다……."

가끔 저와 공부하는 분들과 노래방에 가는 경우가 있습니다. 그러다 보면 노래방에 처음 와봤다는 분들의 얘기를 듣기도 합니다. 아마도 한국에서 노래방에 한 번도 가지 않은 사람들의 비율을 종교별로 분석하면 기독교인들이 제일 높지 않을까 생각합니다. 한 번은 외국에서 세미나를 마친 뒤 함께 다과를 나누며 세미나를 들은 소감을 듣는 시간을 가진 후에, 반 농담으로 "노래방에 가서 그동안 쌓였던 긴장을 푸는 것은 어떨까요?"라는 얘기를 꺼냈더니, "그러면 김 진 선생님에 대해 (좋지 않은) 소문이 날 텐데요."라며 즉각적으로 부정적인 반응이 나오는 것을 보았습니다. 실제로 노래방과 관련하여 좋지 않은 일들이 많이 일어났는지 물어 보았으나, 그래서 그런 것은 아니라는 얘기를 들었습니다. 여하튼 노래방에 전혀 가보지 않았다거나 노래방에 대해 부정적인 태도를 가지고 있는 그리스도인들을 한국에서나 외국에서 적지 않게 만나게 됩니다.

또 '노래방에서의 자기'를 어떻게 처리할 줄 몰라 하는 그리스도인들을 적지 않게 만나게 됩니다. 특히 노래방을 처음 경험하는 사람일수록 더욱 그러합니다. 또 노래방 밖의 평소의 모습과는 사뭇 다른 모습을 보이는 경우를 적지 않게 접하게 됩니다. 대략적으로 그 둘 사이의 차이가 비그리스도인들보다 그리스도인들에게 훨씬 크게 나타남을 보게 됩니다. 차이를 별로 보이지 않는 그리스도인들도 있지만, 큰 차이를 보이는 사람들이 적지 않습니다. 저는 궁금했습니다. '노래방에서의 자기 모습을 예배드리러 갈 때 데리고 갈까?'

제가 아는 그리스도인들에게 물어보았습니다. 데리고 간다는 사람들도 소수 있었지만, 더 많은 사람들은 '데리고 가지 않는 것 같다.'고 했습니다. '노래방에서의 자기'를 어떻게 다루어야 할지 잘 모르겠다고 대답한 분들도 많았습니다. 경우에 따라서는 죄책감을 느낀다는 분도 있었습니다. 아마도 그리스도인들의 입에서는 찬송가나 가스펠송과 같은 (거룩한) 노래만 나와야 한다는 의식을 가진 사람들이 적지 않은 것 같습니다. 그런 의식에 의해 노래방에서의 자기를 많이 억압하는 경우가 있을 것이고, 노래방에 가더라도 자연스럽게 자기를 표현하지 못하는 경우가 적지 않을 것입니다. 노래방에는 하나님과 신앙과 관련된 노래가 없고 혹 있다 해도 그곳에서는 부를 분위기가 되지 못하는 경우가 압도적이기 때문에, 노래방 자체가 기독신앙과는 맞지 않는 것으로 느껴질 수도 있습니다. 여러분들은 어떠신지요?

한 사모 모임에서 친교를 위해 야외로 버스를 통해 이동하던 중에 나이 많은 한 사모님이 마이크를 잡더니 유행가를 불렀다고 합니다. 노래는 '비가 오면 생각나는 그 사람'이었습니다. 얼마 전에 목사인 남편이 심장

질환으로 급사하셨는데, 아무런 준비도 없이 갑자기 떠난 남편의 빈 자리로 가슴이 무척이나 시리셨나 봅니다. 문득문득 남편이 몹시 보고 싶어질 때가 있는데, 남편을 향한 자신의 마음을 담을 수 있는 노래가 있으면 목놓아 불러볼 텐데, 찬송가나 가스펠송엔 남편이 생각날 때 부를 만한 노래는 없었습니다. 그런 던 중에 만난 것이 '비가 오면 생각나는 그 사람'이었다고 합니다. 그 노래를 부르면, 보고 싶어도 이 땅에서는 결코 볼 수 없는 사랑하는 남편에 대한 애절한 마음이 그래도 조금이라도 달래지곤 했다는 것입니다. 그러면서 유행가에 대한 이해가 새로워지게 되었는데, 사모로 활동하면서 기독신앙과는 상관없는 것으로만 보였던 유행가의 가사 하나하나가 마음에 그리 절절이 와닿을 수 없었다는 것이었습니다. 그 사모님에게는 유행가가 실제적으로 큰 위로를 주었던 것입니다.

(인간에게는 창조주이시고 구원자이신 하나님과의 관계가 가장 중요하고 근본적인 것이지만, 이 땅을 사는 우리는 인간과의 관계도 맺고 살아갑니다. 하나님께서는 아담에게 "너는 나와의 관계만으로 만족하며 살아라."라고 하지 않으시고 그에게 하와를 주셨습니다. 우리에게는 인간관계를 잘 맺는 지혜가 필요합니다. 특히 부부관계는 아주 중요한 관계입니다. 인간은 인간과의 관계를 통해서도 기쁨을 얻고 행복을 맛보는 존재입니다. 그런데 찬송가와 복음송에는 주로 하나님과의 관계에 대한 가사만 있지, 사람들과의 관계에 대한 것은 거의 없습니다. 그렇기 때문에 사람과의 관계에 대해서는 좋은 유행가를 통해 우리의 희노애락을 노래하며 도움받을 수 있는 것입니다.

그리스도인들은 찬송가와 복음송만을 부르며 살아야 하는 것은 아닙니다. 그렇게 살아갈 수 있는 사람도 극히 소수 있을 수 있습니다. 그러나 대부분은 그렇지 않습니다. 그것이 전부가 되어서는 안 되지만, 때때로 사람들과의 관계로 인한 감정에 잠길 수 있습니다. 그때 유행가가 도움이 될 수 있는 것입니다.)

　그 사모님에 대한 얘기를 들으면서, 유행가가 사람에 따라서는 아주 유익할 수 있다는 것을 확인하게 됩니다. 물론 유행가 중에는 그리스도인으로서는 받아들이기 어려운 가사를 가진 것들도 있습니다. 그러나 전부가 그렇지는 않습니다. 유행가는 나에게 유익하게 적절하게 사용하면 되는 것입니다. 결국 노래방도 적절하게 사용하여 유익을 얻으면 됩니다. 그런데 노래방을 이용하는 그리스도인들 중 훨씬 많은 사람들ㅡ제가 물어본ㅡ이 '노래방에서의 자기'를 예배드리러 갈 때는 동행시키지 않는다고 했습니다. 왜 이런 현상이 일어나는 것일까요? (물론 노래방에 전혀 가지 않는 사람도 있고, 가더라도 자기의 마음을 실어 부를 노래가 전혀 없는 사람도 있을 것입니다. 그런 사람들은 차지하고, 노래방에 가면 자연스럽게 노래가 불러지는 사람들에 대해 얘기하는 것입니다.)

　노래방에서의 자기도 분명 자기입니다. 자기에게 부분적으로 실재하는 모습입니다. 그런데 왜 동행시키지 않는 현상이 일어나는 것일까요? 그 모습은, 고려할 수 있는 다른 이유들도 있겠지만, 결국은 그리스도인으로서 바람직하지 않다고 판단되기 때문일 것입니다. 그래서 억압이 되고, 경우에 따라서는 자기는 그런 것에는 전혀 관심이 없다는 식으로 부정되기도 할 것입니다. 자기의 실제적 모습들 중에서 바람직하지 않다고 생각하는 것은 자기에게 속하지 않은 것인 양 버리고, 성경에 나와 있는 지향적인 모습ㅡ아직은 자기의 실제가 아닌ㅡ들로만 인위적으로 자기를 구성하여 만들어 사는 유혹이 그리스도인들에게 강할 수 있기 때문입니다.

　그러나 그리스도인들은 인위적으로 만들어진 자기로 사는 존재가 아닙니다. 그 유혹에 지면 허위적 자기를 자기로 내보이는 위선에 빠지게 될 것입니다. 그런 유혹이 있더라도 건강하게 저항하여, 실제적인 부분적 자기들을 실제의 자기로 편입하여 살아가게 된다면 그런 정직함이 하나님을 만나는 데 중요한 기초를 닦게 될 것입니다. 물론 그 부분적 자기들에게는 아직은 부족하지만 정상적인 모습들과 부끄럽고 수치스러운 모습들이 모두 포함됩니다.

5. 판단의 관점으로 끝내는 것이 아니라, 치유의 관점에서 살려야 한다

3년 전쯤, 한 기독의사모임에서 동성애에 대해 발표한 적이 있습니다. 저는 결론 부분에서 '동성애에 대해 생각할 때, 동성애의 경향과 행위는 구분되어야 하고, 따라서 동성애 경향은 있으나 행위를 하지 않는 사람과 하는 사람을 구분하여 대하는 의식이 중요하다.'고 강조했습니다.

병원에서 근무할 때, 그리고 교회나 기독단체에서 강연을 할 때 동성애 경향을 가진 그리스도인들을 만난 적이 있습니다. 그들 중에는 실제로 동성애 행위를 하는 사람도 있지만, 경향은 있으나 동성애가 죄라는 것을 알아 견뎌내기가 쉽지 않지만 행위는 하지 않는 사람들이 있습니다. 동성애 경향을 가진 사람들이 다 동성애 행위를 하는 것은 아닌 것이지요. 그런 사람들은 거의 백발백중 그리스도인일 것입니다.

어떤 형제는 2살 전후의 아주 어렸을 적부터 자기도 모르게 여자의 옷을 좋아했다고 합니다. 실제로 여자의 옷을 주로 입곤 했다고 합니다. 말투와 행동도 그렇게 하는 것이 좋고 편했다고 합니다. 여기서 자세한 역사를 다루어 분석할 수는 없는데, 이런 경우는 타고난, 즉 선천적인 경우일 가능성이 높습니다. (물론, 부모님 특히 엄마가 성적 정체성에 문제가 있어 그렇게 키웠을 가능성도 있습니다. 그런 경우는 후천적 경우가 되겠습니다.) 이와는 달리, 저의 졸저 『그리스도인은 인간을 어떻게 이해해야 하는가』(p.109 이하)에서 소개된 사례 같은 경우는, 원래는 그런 경향이 없었는데 성인이 된 후에 상황적으로 본인이 전혀 원하지 않았는데 어쩔 수 없이 발전시키게 된, 즉 후천적인, 환경적인 또는 상황적인 경우라 할 수 있습니다. 그녀 같은 경우는 전적으로 타인들—특히 부모—의 잘못에 의한 희생자라고 할 수 있습니다. (선천적인 경우는, 그럴 가능성이 높을 것이라는 연구들이 점차 많이 보고되고 있어 그 가능성이 높다고 할 수 있으나, 아직까지는 과학적으로 100% 증명되지는 않았습니다.)

저는 동성애 경향은 있으나 행위를 하지 않는 사람과 하는 사람을 똑같이 생각하는 것은 옳지 못하다고 생각합니다. 아직 과학적으로 100% 증명된 것은 아니지만, 거의 선천적으로 경향을 타고났으나, 신앙인이기 때문에 동성애적 행위를 하지 않는 사람은 다르게 대해야 하며, 나아가 경향을 가졌으나 행위를 하지 않는 사람은 죄를 짓는 것이라 하기가 어렵다고 생각합니다. 모임에서 이와 같은 의견을 개진했습니다. 그런데 저의 이런 결론에 대해 한 선생님이 "경향을 가진 것도 죄입니다."라고 하면서 강하게 반론을 폈습니다. 그 분은 신실한 그리스도인이었습니다. 여러분은 어떻게 생각하십니까?

거의 대부분의 그리스도인들은 동성애에 대해 죄라고 알고 있습니다. 그 참고 구절로 로마서 1장 26, 27절을 인용합니다. (물론 본문의 관심은 동성애가 죄냐 죄가 아니냐 하는 것에 있는 것이 아니라, 인간의 타락상에 대한 한 가지 예로서 기술하고 있습니다.) 그런데 문제가 되는 것은 성경이 동성애를 언급한 것을 동성애에 대해 전부를 얘기하는 것으로 받아들이는 태도입니다. 소위 성경을 백과사전식으로 대하는 것입니다. 성경은 주로 구속사적인 관점에서 쓰여진 것인데, 모든 것에 대해 구체적인 답을 다 얘기하고 있다고 생각하는 것이지요. 또 '성경이 가는 데까지 가고, 멈추는 데서 멈춘다.'는 아주 신실할 수 있는 원리를 너무 유아적으로 모든 구체적 영역에까지 일반화시켜 적용하는 사람들이 쉽게 범하는 오류이기도 합니다.

성경은 제한된 분량의 책인데 어떻게 세세한 모든 경우들에 대해서까지 언급할 수 있겠습니까? 성경은 책으로서 주제를 가지고 있습니다. 그 주제에 따라 성경을 읽어가는 것이 성경을 잘 대하는 것입니다. 자기 마음에 따라 성경을 읽고 해석하는 것은 성경을 남용(abuse)하는 것이라 할 수 있습니다. 성경이 구체적으로 또는 충분하게 언급하지 않은 영역에 대해서는 하나님께서 우리에게 주신 능력을 잘 사용하여 적절한 답을 찾아내야 한다고 생각합니다. '성경만으로'라는 기치가 아주 신앙적인 것으로 보일 수 있습니다. 그러나 잘못 적용되면 반신앙적인 것이 될 수도 있습니다. 한 예를 들어보도록 하겠습니다.

우울증을 앓는 한 자매가 있었습니다. 우울증의 전형적인 증상의 하나로 불면이 있습니다. 불면이란, 심한 경우는 며칠 동안 잠을 자지 못했는데도 잠이 오지 않는, 아주 사람을 지치게 하는 고통을 주는 것입니다. 자매가 불면으로 시달리고 있다는 소식을 같은 교회의 나이 많은 권사님이 들으셨습니다. 기도를 많이 하고 성경을 많이 읽어 성경에 대해 잘 알고 있다고 하여 '성경 박사'로 통하는 분이었습니다. (사실 '성경을 잘 안다.'는 것에는 성경 구절을 많이 안다는 경우와 성경의 가르침을 깊이 있게 안다는 경우가 있다고 하겠습니다. 이 둘을 함께 가지고 있는 사람이 있으나, 전자만 있고 후자는 결핍되어 있는 사람도 있습니다.) 이 권사님이 특히 성경 박사로 불려지는 것은, 어떤 문제가 있으면 그 문제를 기술하는 용어가 적혀 있는 구절을 아주 용하게 찾아내기 때문이었습니다.

그래서 자매의 경우 불면으로 고생하고 있으니, '잠'이라는 단어에 대해 머리 속이 컴퓨터같이 돌아가 '잠'이라는 문자가 들어있는 구절을 이내 찾아내었습니다. 여러분에게는 어떤 구절이 떠올랐는지요? 네, 바로 시편 127편 2절이었습니다. "너희가 일찍이 일어나고 늦게 누우며 수고의 떡을 먹음이 헛되도다 그러므로 여호와께서 그의 사랑하시는 자에게는 잠을 주시는도다."(물론 잠이라는 단어가 나오는 구절이 더 있습니다. 그러나 강의시 질문을 해보니 제일 많이 나온 구절이 역시 이 시편 구절이었습니다.)

그 권사님은 성경 안에 인간 문제의 모든 해답이 들어있다고 믿어, 문제를 기술하는 단어가 적혀 있는 구절에서 해답을 찾곤 했습니다. 그래서 잠을 못 자서 고통스러워하는 자매에 대해 시편의 말씀으로 처방을 내렸습니다. 하나님께서 사랑하신다면 잠을 잘 잘 수 있을 텐데, 잠을 이루지 못하는 것을 보면 하나님께서 사랑하지 않는다는 것인데, 아마도 그런 경우는 죄 때문일 것이라 생각했습니다. 불면을 영적인 문제로 보게 되었던 것입니다. 그래서 그 자매에게 죄 지은 것이 있을 텐데 잘 찾아보라고 했습니다. 그리고 회개를 권고했습니다. 그러나 자매는 특별히 죄를 찾아낼 수 없었습니다. 그러면서 불면은 계속되었습니다. 권사님은 마음이 강퍅해서 그렇다고 판단하여 여러 부흥회에 데려갔고, 기도원에 데려가 금식기도와 철야기도를 시켰습니다. 그러나 문제는 전혀 호전되지 않았습니다. 나중에는 탈진이 되어 집으로 돌아오게 되었습니다.

자매의 우울은 상당히 심각한 수준에 있었습니다. 예를 들어, 그녀에게는 세 달 난 갓난아이가 있었는데, 아이가 배가 고파 젖을 달라고 꽤 긴 시간을 애절하게 우는데도 바로 아이 옆에 누워 있으면서도 젖을 물릴 마음이 일어나지 않아 배고파 우는 아이를 방치할 정도였습니다. 우울증은 그렇게 무서울 수 있습니다. 인간에게서 가장 강하다고 하는 모성애까지도 끊을 수 있을 정도이니 말입니다. 그러한 사정에 있는 자매에 대해 알게 된, 저를 아는 집사님이 저에게 전화를 하셨습니다. 그 분은 정신의학에 대한 지식이 어느 정도 있었던 분이셨습니다.

자기가 생각할 때는 자매의 문제는 영적인 문제가 아니라, 정신의학적인 문제 같다며 저에게 진료를 의뢰했습니다. 만나서 면담을 해보니, 조울증을 앓았던 분인데 당시에는 우울증 단계에 있는 것으로 진단내리고 항우울 약물을 처방했습니다. 보통의 경우보다는 빠르게, 2주가 채 안 되어 우울증에서 완전히 회복되었습니다. 물론 불면이 없어진 것은 말할 것도 없지요.

권사님은 성경을 백과사전식—모든 인간의 구체적인 문제에 대해 구체적인 답을 가지고 있다는 식—으로 대했던 것입니다. 언뜻 보기에는 굉장히 성경적이고 신앙의 화신같이도 느껴질 수 있습니다. 그러나 그 분은 어떤 내용이 어떤 성경 구절에 있는지에 대해서는 잘 알았다고 할 수 있으나, 그 내용이 어떤 뜻을 가지고 있는지에 대해서는 잘 알았다고 할 수 없습니다. 성경을 얘기하나 사실은 성경을 오용 또는 학대(abuse)했다고 할 수 있습니다. 우리는 참으로 무엇이 성경적인가에 대해 끊임없는 연구, 자기성찰 그리고 자기검증을 쉬지 않아야 할 것입니다. 자기가 알고 있는 것으로 모든 것을 판단하는 우를 범하지 않아야 할 것입니다.

다시 동성애의 문제로 돌아가겠습니다. 그리스도인들은 지금까지 보면 대부분 동성애라는 단어를 꺼리고 금기시하며, 또 동성애와 관계 있는 사람에 대해 들으면 아주 더럽고 혐오스러운 태도를 보이는 경향이 있는 것 같습니다. 기독교인에게는 '동성애' 하면 '죄' 밖에 연상되는 것이 없기 때문에 당연한 결과라 할 수 있습니다. 그러나 '동성애'란 단어가 '동성애에 대한 내용' 전부를 가리키는 것은 절대 아닙니다. '동성애'에 대해서 '동성애=죄'라는 공식이 전부인 것으로 알아서는 안 됩니다. 예를 들면, 앞에서 거론했지만, '동성애 행위', '동성애 경향', '원하지 않게 피해를 받아 발전시킨 동성애 경향', '치유를 위해 도움을 원하는 동성연애자', '치유되는 동성연애자' 등 동성애에 대한 내용이 얼마나 많은지 모릅니다.

제가 만났던 후천적으로 동성애 경향을 갖게 된 사람들 중에는 다른 사람들, 특히 어른들에 의해 그런 경우가 많았습니다. 어렸을 적에 이성의 어른으로부터 성추행이나 신체적 학대를 당해 이성에 대해 강한 적대감을 발전시키게 되어, 이성으로 향해야 하는 성욕의 방향이 어쩔 수 없이 동성으로 향하게 된 것입니다. 이런 사람들의 동성애적 경향은 거의 전적으로 타인에게 책임이 있고, 본인들은 너무 억울한 피해자가 되는 것이지요. 그런 사람들에게도 동성애적 경향을 가졌으니 죄를 짓는 것이라고 정죄할 수 있을까요? 저는 그런 판단에 동의할 수 없습니다. 동의가 안 됩니다. 그런 사람들은 우리가 나서서 적극적으로 품고 회복을 위해 도와야 할 것입니다. 동성애에 대해 함부로 얘기하는 사람들은 자기가 얼마나 알고 있는지 정직히 물어보아야 할 것입니다.

저도 많이 범해온 잘못이지만, 그리스도인들은 성경말씀을 배우는 가운데 말씀을 가지고 남을 판단하는 데 익숙할 수 있습니다. 판단하고 거기서 마침표를 찍는 것이 전부인 경우가 참 많은 것 같습니다. 특히, 동성애에 대해서 그런 경향이 뚜렷하게 드러난다고 볼 수 있습니다. '이것이다. 저것이다.' 라며 판단하는 데 빠르지, 치유적인 관점으로 문제의 사람을 바라보기가 쉽지 않은 것 같습니다.

다음의 두 분의 글을 비교해 보시기 바랍니다. 두 분 다 오십 대이십니다.

"그간 선생님과 공부한 저력으로 작년 12월부터 언니와의 사이가 급격히 개선되기 시작했습니다. 그간 우리 집에서 보였던 모범적이고 강인한 언니가 다가 아니었습니다. 자신이 그렇게만 보여지고 또한 계속 그렇게 보여지기를 원하는 집안 분위기에, 지칠 대로 지쳐 있는 약한 모습도 있는 언니였습니다. 언니는 저랑 지난날의 여러 얘기를 처음으로 솔직히 오픈하는 중에 제게 몇 번이나 대성통곡을 하였고……거의 발작적으로 어린 시절 삶에 대한 원통함을 쏟아내었습니다.

그 원통함 중엔 아버지나 집안사람들이 언니에 비해 저를 편애한 부분이 대부분이었습니다. 저는 언니가 늘 칭찬만 받는, 실수 없는 언니였기에 언니가 그런 원통함을 가지고 있는지 최근에야 알게 되었습니다. (그것도 그 때는 확인되지 않은 그저……저의 설정적 헤아림으로 말입니다. 그 헤아림에 결정적 역할을 한 것이 바로 그간 선생님에게 배운 공부의 저력이었습니다.) 그 설정으로 언니에게 다가가 보았더니……신기할 정도로 딱 그 설정이 맞아 떨어지면서……언니가 솔직히 오픈하기 시작했던 것입니다.

저는 사랑은 많이 받았지만……늘 허점투성이고 실수투성이라는 것이 드러나는 사람이었습니다. 그러나 저 자신은 저의 그런 단점들을 굳이 감추고 싶지도 않았습니다. 아니 아예 감추는 것이 무엇인지도 그 때는 몰랐습니다. 언니는 그렇게 자유하게 자라는 제게 이미 그 때부터 부러움과 분노가 있었다고 제게 고백했습니다.

그 당시 저는 언니가 부럽지는 않았습니다. 하지만 그렇게 모범적이고 늘 주위 사람에게 칭찬받는 언니가 제게 있다는 게 항상 자랑스러웠습니다. 저는 언니에게 맺힌 게 없습니다. 그래서 언니가 솔직하게 나오는 것으로 관계가 쉽게 풀리는 것 같습니다."

"어느날 꿈에도 그리워했던 동생이 찾아왔다. 자랑스럽고 사랑스러운 동생이었기에 설레고 기뻐서 잠이 오질 않았다. 나를 참으로 좋아하는 동생이 그리웠었다.

……좋은 이야기만 할 줄 알았는데 이상하게도 친정식구들에 대해 서운했고 안 좋은 기억들만 내놓게 되었다. 진실을 말하였다. 나는 최선을 다하고 사는데, 왜 이렇게 기쁘지 않은지 모르겠다는 말도 하고, 사람들이 미운데 이렇게 해야 하는 거냐고. 엄마가 이전에 나에게 이런 식으로 하셨다고……

동생은 대노하면서 가족을 그렇게 아직도 비난하느냐고……누나가 그리스
도인이냐? ……정말로 희생과 헌신을 더해야 한다고……
지금도 화가 난다. 그때 나는 죽음과도 같은 탈진의 시간이었는데……나는
무너져 얼마간 혼란 속에 지냈다. 심한 우울증으로 휘둘림을 당했다. 먹는
것도 자는 것도……내가 좋아하는 것들의 의미가 회색으로 변해갔다."

전자의 글에서는 모범적이었던 언니에게서 전혀 예상하지 못했던 원통함이 발작적으로, 그렇지만 진실되게 표현되었는데, '그럴 수도 있음'으로 받아준 모습이 나타나 있고, 후자의 글에서는 서운한 내용이지만 진실하게 내어놓았는데 동생은 '그럴 수도 있음'으로 받아주지 못하고 지향적 목표를 들이대면서 판단한 모습이 묘사되어 있습니다. 물론 각각의 전체 상황에 대해 정확히 모르기 때문에 무어라 정확히 판단하기는 어렵습니다. 그렇지만 지향적 목표로 사람을 판단하는 경향은 좀 읽을 수 있을지 모르겠습니다. 후자의 동생은 교회에서 지도자급에 있는 사람입니다.

앞에서도 언급했지만, 예수님께서 유대 땅에 계실 때, 유대사회에는 소위 '죄인'으로 취급당했던 부류의 사람들이 있었습니다. 세리 그리고 창녀 등과 같은 사람들 말입니다. 당시 유대교의 주도세력이었던 바리새인들은 그들에게 '죄인'이라는 딱지를 붙인 후 경멸하면서 상대하지 않았습니다. 그들은 현재의 모습으로 판단하려고만 했습니다. 오늘의 그리스도인들의 모습은 어떠한지요? 동성애에 대한 접근 속에서 그러한 모습이 보이지 않는지요? 우리가 예수님께 심한 꾸지람을 당한 바리새인과 같지 않다고 자신있게 말할 수 있을까요?

그러나 예수님은 바리새인들과 달랐습니다. 예수님은 그들의 현재적 모습으로 끝을 내는 판단을 하지 않으셨습니다. 그들의 현재의 모습에도

불구하고 그들의 미래를 보셨습니다. 미래의 가능성을 보셨습니다. 그들 안에 회복되기를 애타게 기다리는 본래적 모습을 보신 것이지요. 그러면서 치유의 손길을 저들에게 내미셨습니다. 판단적 태도가 아니라 치유적 태도로 다가서던 것입니다.

우리의 관심은 적절한 평가는 하되 판단하여 끝내는 것이 아니라 현재의 모습이 그 어떠하더라도 치유적인 접근에 있어야 하리라고 생각합니다. 사람은 살려야지 죽여야 하는 존재가 아니기 때문입니다. 우리 모두는 과정적인 존재입니다. 현재의 모습이 참으로 부끄러울 수 있습니다. 아직 하나님을 알지 못한 상태에 있는 사람도 있을 수 있고, 살인하고 도둑질하고 간음하고……1리밖에 못 가고, 부모님도 지성으로 사랑하지 못하고, 선으로 악을 이기지 못하고……. 이러저러한 악한 모습과 연약한 모습을 '현재적으로' 가지고 있을 것입니다. 그것은 나의 현재 모습입니다. 그러나 현재의 모습이 나의 전체의 모습이나 진정한 모습인 것은 아닙니다. 현재의 모습은 과정적인 것입니다. 어느 누구도 현재에서 완전할 수 없으며, 지금보다는 내일의 모습이 더 성숙되어야 한다는 것이 해당되지 않을 정도로 완전히 성숙할 수가 없습니다. 지향적 목표를 향해 나서는 우리의 여정이 더욱 효과적이려면, 맺는 모든 관계 안에서 서로가 서로에게 치유적으로 대해주어야 할 것입니다.

6. 정직한 물음을 살리자

『그리스도인과 함께 나누고 싶은 이야기』를 통해 만나게 되어 정신치료를 했던 분이 있었습니다. 횟수가 늘어가면서 자연스럽게 신앙에 대한 얘기가 나오게 되었습니다. 그 분은 기독교 계통의 대학을 다녔습니다. 생각이 깊은 분이라 그저 사는 데서 만족하지 않고 영적인 세계에 대한 관심이 깊었습니다. 그래서 기독교 신앙에 입문하기 위해 교회를 다니려고 노력해왔던 분이었습니다. 그런데 스스로 평가하기를 '자기는 신앙을 가질 수 없는 사람'이라 했습니다. 기독교 그리고 성경의 내용에 대해 자연스러운 물음을 많이 가졌는데, 스스로도 해결하지 못했고, 목사, 전도사, 권사 등 많은 지도자급의 사람들에게 질문을 하였는데 어느 누구에게서도 속시원한 대답을 들을 수 없었다고 했습니다.

그 분의 말을 인용해보도록 하겠습니다.

"……내가 죄인인 것은 알겠습니다. 약한 존재라는 것도 인정하겠고, 하나님이 계신 것도 믿을 수 있습니다. 의인이 고난을 받는 것도 어렵긴 하지만 이해할 수 있습니다. 그런데 복음을 듣지 못하고 죽어간 사람들이 영원한 형벌을 받아야 한다는 것은 믿기가 어렵습니다. 부모님은 예수님을 믿지 못하고 돌아가셔서 지옥에 있는데, 나만 천국에 간다는 것이 잘 받아들여지지 않습니다. 그리고 지금 우리 집 식구들은 아무도 예수를 믿지 않는데, 나중에 나만 천국에 가서 행복해할 수 있겠습니까?……

"구약을 보다가 성경을 덮었습니다. 출애굽기를 읽을 때는 하나님이 너무 잔인하게 느껴졌습니다. 지도자 한 사람의 잘못으로 많은 평범한 사람들이 죽어가는 것을 사사기에서 읽었습니다. 왜 잘못 하지 않은 많은 다른 사람들이 지도자 한 사람의 잘못으로 인해 불행하게 죽어가야 합니까? 그렇게 하시는 하나님이 믿어지지 않습니다. 토기장이의 비유가 나오는데, 하나님이 토기장이와 같기만 해도 믿겠습니다. 토기장이는 잘 만들어지지 않은 토기는 그냥 부숴 버리지 않습니까? 그런데 사람에게는 결국 영원한 형벌을 주시는 셈이 되는 것이지 않습니까?

"또 그리스도인이라 하면서 많이 성숙되지 않아, 안 믿는 사람들보다 못한 사람들을 보면 하나님에 대한 회의가 일어납니다. 그리스도인이 성화되어 가는 데는 성령님의 은혜로운 간섭이 있다고 하지 않습니까? 그런데 왜 성령님의 은총을 전혀 입지 못하고 혼자서 노력하는 안 믿는 사람들보다 못한 것입니까?……

"저는 악질 신앙인인 것 같습니다. 이런 생각들을 하는 것을 보면 저는 아직 기독교인은 아닌 것 같아요. 그러나 때때로 '이렇게 되어 하나님을 믿지 못하게 되면 어떻게 될까?' 하는 두려움이 있습니다."

면담 중에 간간이 나오는 물음들을 통해 그 분의 사유의 깊이가 만만치 않음을 깨달으면서, 첫 면담 때 '인생은 잠깐이다.' 라는 깨달음으로 일어난 자기변화에 대해 많은 말로 좋았다고 강조하는 것을 다시 생각해 보게 되었습니다. 그 분은 상당부분 스스로 자신에게 변화를 줄 수 있는 분이었습니다. 그러면서 '이 분에게는 정신치료에서 하는 정식적인 작업인 역사를 들으면서 하는 미시적 접근보다는, 인생의 근본문제에 대한 거시적 접근이 우선적으로 필요하겠다.' 는 판단에 이르게 되었습니다.

잠시 전통적인 정신치료의 틀을 벗어나, 그 분이 제기한 여러 근본적인 물음들-악의 기원, 하나님의 은총과 인간의 자유의지, 영원한 형벌, 하나님의 선택, 영원과 시간 등등-을 함께 다루어 갔습니다. 더불어 그 분의 삶의 정황과 연관을 지으면서 신앙적 사고가 어떻게 이루어져야 하는지에 대해서도 말입니다.

그 분이 자신을 '악질 신앙인', '신앙을 가질 수 없는 사람' 이라고 생각하는 데에는 그 분을 신앙상담했던 분들의 영향이 지대했습니다. 질문을 하면, 처음에는 친절하게 설명을 시도했다고 합니다. 아니 어떤 면에선 모범답안을 제시하면서 거기에 대해 다른 생각을 하지 말고 그대로 받아들이기를 강요(?)했던 것 같습니다. 그러나 여전히 이해가 되지 않아 다시 묻게 되는데, 설명하는 사람들이 열심히 설명했는데도 여전히 물음이 해결되지 않는다는 반응을 보이니, 나중에는 화를 내면서 "당신은 마음이 강퍅한 사람이다." 또는 "당신은 목이 곧은 사람이다."라고 하면서 믿음이 들어갈 수 없는 사람인 양 대했다고 합니다. 대부분의 신앙의 리더격의 사람들이 결국은 그런 식으로 말을 마치며 그 분을 떠났다고 합니다. 그래서 그 분은 자신에 대해 위와 같은 생각을 지속적으로 했던 것입니다. 아마도 마음에 상처를 많이 받았을 것입니다.

　제가 그 분에게 접근한 방식에 대해 자세히 설명하는 것은 주제에서 벗어나는 것이고, 주제와 연관된 내용만 잠시 언급하도록 하겠습니다. 저는 우선 그 분이 가지는 돌음들이 자연스럽고 타당한 것들임을 공감하면서 대화를 시작했습니다. 무엇보다도 자기가 가지는 물음에 대해 정직하게 접근한 것은 참 좋은 모습임을 강조했습니다. 물음을 억압하고 없애는 그리스도인들보다는 훨씬 복되다고 생각합니다. 다른 사람들은 하나님의 은혜를 입어 믿음이 잘 생기는데, 자기는 부정적인 물음만 쌓여가니 구원을 받을 자격이 없는 사람이라고 말했지만, 오히려 그 분과 같이 자기 자신에게 정직한 분이 온전한 신앙에 들어갈 가능성이 높다고 생각합니다. 사실 그 분이 가진 물음들은 이미 기독교신앙 안에 들어와 있는 그리스도인들이 성경을 읽으며 또 이 땅을 살아가면서 이러저러한 일들을 보고 겪으면서 얼마든지 가질 수 있는 내용들입니다. 아니, 심하게 말하면 그런 물음을 가질 수 있어야 할 것입니다. 그리스도인은 생각할 수 있고, 생각해야 하는 것을 생각하는 자들이어야 하기 때문입니다.

　그러나 보통의 그리스도인들은 물음을 갖는 능력을 많이 상실한 것으로 보입니다. 저의 경우를 보더라도 중고등학교 때, 예를 들어 하나님과 예수님의 존재 자체, 성경의 형성, 악의 기원……등등에 대해 궁금한 것들이 많았지만, 그것을 구체적으로 물음화시키지 못했습니다. 당연히 묻지도 못했지요. 물어보면 당연히 알고 믿고 있어야 할 것을 모른다며 복음의 근본도 모르는 사람이라고 판단받지 않을까 하는 두려움이 있었던 것입니다. 기독교를 포함한 모든 종교적 영역에는, 신자 스스로 자기의 정신을 억압하게 만드는 강력한 암시와 최면의 분위기가 있다고 하겠습니다. 기독교에서도 신앙의 정도(正道)를 알지 못하면 그러한 부작용은 얼마든지 일어날 수 있습니다. 현재 우리 주위에 그러한 억압적 구도를 가지고 신자들을 조종하는 지도자와 단체들을 보지 않습니까?……저는 나이가 들면 들수록 저 자신, 특히 '저의 내면의 세계'에 정직해야겠다는 생각을 분명하게 다지게 되었습니다. 또 이는 하나님 앞에서 정직할 수 있는 것에 바로 연결되는 것임을 깨닫게 되었습니다. 그 다음부터 '하나님과 나에게 정직하기'가 저의 중요한 좌우명이 되었습니다.

저는 신앙생활을 할수록 기독교 신앙에 있어서 가장 중요한 요소들 중의 하나가 정직이라 생각합니다. 아니, 정직은 신앙의 기초를 이루는 것으로 정직이 결여되어 있는 곳에 세워진 신앙은 올바른 신앙이라 할 수 없을 것입니다. 하나님과 자기에 대한 정직함 없이, 누구를 따라 생각없이 또는 두려움 때문에 어쩔 수 없이 하는 신앙생활은, 중심을 보시는 하나님께는 진정한 신앙의 모습으로 평가받지 못할 것입니다.

정직은 정당한 물음을 갖게 합니다. 사실 어디까지 알고 어디부터 모르는지 그 경계를 대략적으로나마 정직하게 알아보려는 노력을 포기한 채, 무턱대고 믿어버리는 신앙의 태도가 얼마나 만연하고 있는지 모르겠습니다. 그런 태도를 부채질하는 교조적인 신앙 태도가 얼마나 무섭습니까! 그런 식의 신앙의 태도에서는 신앙의 진정한 성장이 일어나기 어렵습니다. 자기가 무엇을 알고 무엇을 모르는지를 알고 있어야 알려고 하는 노력을 할 수 있지 않겠습니까? 교리를 주입하여 암기식으로 받아들이게 하는 교조주의적 태도를 극복해야만 신앙의 진정한 성숙이 일어날 수 있을 것입니다.

정직을 교조주의적 태도에 적용해 생각해보도록 하겠습니다. 우리는,

교파에 따라 차이가 있지만, 많은 교리들을 믿도록 교육을 받습니다. 그러나 어떤 교리들은 이해하기가 참 어려운 것이 사실입니다. 예를 들어, 삼위일체의 교리만 해도 평범한 성도는 이해하기가 참 어렵습니다. 교회사에서 볼 때 그 교리가 세워지기까지 수많은 당대의 뛰어난 학자들이 얼마나 격렬하게 논쟁했는지 모릅니다. 결국 교리로 세워졌지만, 오늘날도 아마도 삼위일체론에 대해 전세계적으로 한 해에 수십 편 이상의 박사논문이 쓰여지고 있을 것입니다. 그만큼 온전하게 이해하기가 어렵기 때문입니다. 평범한 그리스도인들이 말로는 삼위일체론을 믿는다고 고백하지만, 분석해보면 각기 다른 자기식의 이해를 하고 있음을 쉽게 알 수 있습니다.

삼위일체론은 인간에 비길 수 없는, 인간과는 전혀 다른 차원의 존재이신 하나님의 존재와 관련된 것이기 때문에 기본적으로 인간이 100% 정확하게 이해할 수 없는 영역, 즉 신비의 영역으로 남겨져야 할 것입니다. 물론 100% 정확하게 알 수 없다 하여 조금 더 나은 이해를 위해 노력하기를 전적으로 포기해야 한다는 것은 아닙니다. 인간이 이해할 수 있는 데까지는 나아가려는 노력을 기울여야 할 것이고 또 대략적인 공감대(결론)에 도달하기 위해 노력해야 할 것입니다. 그 결과가 우리에게 전해진 삼위일체론이지만요.

여기서 삼위일체론에 대해 무엇을 얘기하고자 하는 것은 아닙니다. 저의 취지는 우리가 신앙의 선조들의 신앙 전통을 이어받아 믿고 받아들이는 교리의 내용들이 있는데, 그것들을 자신의 이해 여부와 관계없이 그냥 믿음의 내용으로 처리하여 그것들에 대해 아무런 노력을 기울이지 않는 것이 아니라(그렇게 된다면 신앙의 성숙은 어려울 것입니다.), 믿음으로 받아들이되 그 내용들에 대해서는 '내가 이해하여 알고 있는 것'과 '내가 이해하지 못해 알지 못하고 있는 것'으로 나눌 수 있는 분별심을 가지는 것이 적절한 신앙인의 자세라는 것입니다.

즉 '교리(또는 교리 이해)에 대한 자기'에 대해 정직하자는 것입니다. 교리적인 측면에서는 믿음으로 받되, 신앙의 실제적 측면에서는 정직성과 진실성을 담아내자는 것입니다. 이러한 신앙의 실제성이 살아있을 때, 우리의 신앙은 성숙해가는 생명을 갖게 되리라 생각합니다. 이해가 되지 않는 영역에 대해서는 계속적인 이해를 추구함으로써 신앙의 성숙이 일어나게 될 것이기 때문입니다. 만약 이런 식의 정직함 없이 전해져 오는 교리에 대해 믿음으로만 처리한 사람은 교리에 대해 이해를 심화시키려는 노력을 하지 않게 되어 결국 교리의 자기화의 진전이 어려울 것이고, 신앙 성숙의 진전이 쉽지 않을 것입니다. 그리고 타인에 대한 태도에 있어서도, 교리의 어느 부분에 대해 이해되지 않아 정당한 물음을 해오는 사람을 '믿음이 없는 사람'이라고 부적절하게 판단할 가능성이 높을 것입니다.

신앙의 성숙은 과정을 밟아가게 되어 있습니다. 오래 전에는 그냥 지나쳤던 성경의 어느 부분이 오늘은 새롭게 다가오는 경험들을 모든 그리스도인들이 하게 될 것입니다. 성경의 모든 내용이 한순간에 다 이해되어 들어오는 것이 아니듯이 믿음으로 받아들이는 교리의 내용도 그러합니다. 어느 시점에서는 성경의 어느 부분, 교리의 어느 부분 그리고 나아가 하나님의 어떤 모습이 온전히 이해되지 못할 수 있습니다. 그래서 하나님의 마음과 뜻을 제대로 이해하지 못하여 원망하는 투로 하나님께 부르짖는 성경의 인물들이 많지 않습니까? (대표적 예로, 하박국 선지자와 시편의 기자를 들 수 있습니다.)

우리는 거대한 신앙의 틀 안에서 나 개인에게 적절하게 주목할 수 있어야 할 것입니다. 현재적 나에 정직하고 진실하기 위해서입니다. 바로 그러한 모습을 하나님께서 원하실 것이기 때문입니다. 하나님께서는 우리의 중심을 보시는 분이시기 때문입니다. 우리의 신앙은 어떤 면에서 정직함 위에 세워져야 할 것입니다. 그러할 때 정직하고 타당한 물음과 정직한 사고가 가능할 것입니다. 거기에 신앙의 진정한 성숙이 일어날 수 있는 토대가 구축된다고 할 수 있습니다. 신앙은 교리와 교회의 가르침을 배워 암기하는 정적이그 무생명적인 것이 아니라, 하나님과의 관계 속에서 교리가 가지는 내용에 대해 물음을 가지고 하나씩 깨우쳐 자기의 것으로 만들어 가는 동적이고 생명적인 것이어야 합니다. 신앙은 주입되어야 하는 것이 아니라, 할 수 있는 한 생각하고 이해하여 주체적 자기가 공감하고 동의하여 믿는 것이 되어야 할 것입니다. 물론 인간의 머리로 다 이해할 수 있고, 이해해야 한다는 것은 아닙니다. 우리의 신앙의 내용에는 인간의 이해를 넘는 초이해적인 내용이 있습니다. 노력하다 이해불가능한 것은 믿음으로 받아들여야 할 것입니다. 그러나 초이해적인 것은, 이해 자체를 인정하지 않고 추구하지 않는 반이해적인 것과는 구분되어져야 할 것입니다.

우리는 처음부터 모든 물음에 대해 궁극적인 답을 가지고 신앙생활을 시작하는 것이 아님을 분명히 해야 합니다. 신앙생활이 그렇다는 것이 어떤 내용들을 암시하고 있는지에 대해 깊이 생각할 수 있어야 합니다. 처음에는 아는 것이 별로 없는 가운데서 시작하여 온전한 성화에의 길로 향하는 과정적인 길을 나서는 것이 신앙생활인 것입니다. 그렇기 때문에 우리에게는 물음이 있을 수밖에 없습니다. 물음은 생명을 가진 존재가 가질 수 있는 것입니다. 물음은 더욱 높은 성숙의 단계로 올라서게 해주는 약이 될 것입니다. 그런 측면에서 정당한 물음을 갖지 않고서는 진정한 성숙이 있기 어렵다고 생각합니다.

물론 우리는 물음만을 가지지 않습니다. 막 영적으로 거듭난 그리스도인은 먼저는 믿음(의 내용)을 가집니다. 그런데 아직 영적 아이이기 때문에 그가 가지는 믿음은 부분적이라 할 수 있습니다. (협의의 구원의 측면에서는 완전하다 할 수 있지만 말입니다.) 신앙 세계에 대한 이해도 당연히 초보적일 수밖에 없습니다. 자기가 모르는 부분에 대해서는 물음을 가질 수밖에 없습니다. 그것이 당연하고 생명적입니다. 그렇기 때문에 그리스도인은 믿음의 내용과 함께 물음을 가지는 상태에서 성숙해가는 존재라 할 것입니다. (물음은 회의와는 다른데, 믿음의 기반 없이 물음만을 가진다면 그 물음은 회의일 가능성이 높다 할 것입니다.)

성숙의 긴 과정을 밟아가야 하는 그리스도인들에게는 '과정 속에서의 정직'이 신앙의 실제성을 견지하게 해주는 중요한 요소가 될 것입니다. 저는 그 분에게 인간을 정적이고 고정적인 관점이 아니라, 동적이고 과정적인 관점으로 보아야 함에 대해 얘기를 나누었습니다. 인간은 한 시점에서 결정적인 판단을 받아야 하는 대상이 아니라, 긴 여정 가운데 있는 '과정적인 존재'이기 때문입니다. 그 분이 그 당시에는 그러한 물음들을 넘어서지 못하고 있지만, 언제 하나님께서 간섭하셔서 신앙의 깊은 차원의 세계로 쑥 들어오게 될지 모르는 것입니다. 그렇게 되면 그런 물음 없이 신앙 세계로 들어오는 사람들보다 훨씬 더 수준 높은 신앙생활을 하게 될 것을 저는 믿었습니다.

무엇보다 인간은 하나님 안에서 각자에게 고유한 그래서 자연스러운 길을 가야 합니다. 다른 사람의 길과 비교할 것이 아닌 것이지요. 그렇기 때문에 우리에게는 그러한 것을 고려한 기다림 또는 여유가 필요하다 하겠습니다. 예수님께서 바울 사도에게 더 빨리 나타나실 수도 있으셨을 것입니다. 그러나 그렇게 하지 않으셨습니다. 아직 예수님께서 나타나지 않았을 때의 사울의 모습으로 바울의 전체 삶을 판단한다면 그것은 인생을 잘 모르는, 또 하나님의 섭리를 잘 모르는 행위라 할 수 있습니다. 하나님은 전체를 보십니다. 우리도 전체를 볼 수 있도록 노력해야 할 것입니다. 손에 잡히지 않지만 분명히 실재하시는 하나님의 섭리를 의식하며 전체적 사고를 지향하는 사람들이 그리워집니다. 사람에 대해 함부로 '목이 곧은 사람이다.', '마음이 강퍅하다.' 고 하면서 자기가 마치 최종적인 판단자가 되는 것처럼 발언하는 사람들이 많이 줄어들었으면 좋겠습니다.

그 분에게, 그러한 둘음을 제기할 수 있었던 것은, 하나님께서 기뻐하시는 정직하고 깨끗한 마음을 가지셨기 때문이라고 격려했습니다. 참 마음이 깨끗한 분이셨습니다. 저는 그 분에게서 그러한 물음들이 신앙을 파괴하는 쪽이 아니라 신앙을 깊이 세우는 쪽으로 향하는 방향성을 보았기 때문에 그렇게 얘기할 수 있었습니다. 여든 번 이상의 만남을 가졌었는데 꼭 신앙적인 부분에 대한 언급만은 아니지만, 신앙의 부분에 대해서도 언급이 되어있기 때문에 마지막 만남 때 받은 카드에 담은 글을 소개하고자 합니다.

김 진 선생님께

E. Dickinson의 시로 선생님께 讚謝드리고 싶어요.
그동안 고쳐주시고 가르쳐 주시고 도와주신 것 감사드려요.
선생님이 아니었다면 경험하지 못했을 극적인 체험을 통해서
미움과 분노를 극복하게 해주신 것, 가장 감사합니다.
무엇보다 저의 不信을 이해해 주심으로
계속 믿음의 길을 가게 해주신 것 언제나 감사드립니다.

"If I can stop one Heart from breaking,
I shall not live in vain.

If I can ease one Life the aching,
or cool one pain,
or help one fainting Robin unto his nest again,

I shall not live in vain." (J919, Emily Dickinson)

"만일 한 사람의 마음이 무너져 내리는 것을 막아 줄 수 있다면,
나는 인생을 헛되게 살았다고 할 수 없으리라.

만일 한 사람의 아픔을 덜어줄 수 있다면,
한 사람의 고통을 가라앉혀 줄 수 있다면
까무러치는 울새 한 마리를 도와 그의 보금자리로 찾아가게 해준다면,
나는 인생을 헛되게 살았다고 할 수 없으리라" (김 진 번역).

인용한 시가 참 감동적이지 않은지요? 우리의 존재가 한 사람에게라도 유익이 되는 삶을 모두가 살아갈 수 있다면 이 세상은 진정 따뜻한 세계가 될 것입니다. 우리 모두 각자의 독특한 인생길을 가면서 생겨나는 물음에 정직할 수 있었으면 좋겠습니다. (그 분이 어떻게 되었을지 궁금하신 분이 많을텐데요. 마지막 만남(1998년) 이후, 3년이 조금 넘는 세월이 흘렀습니다. 일 년 전쯤 통화를 했는데, 교회에 잘 적응하며 신앙생활을 하고 있다고 하셨습니다.)

7. '해야 한다' (should, must)의 일방성을 극복하자

저는 유년부로부터 고등부까지 아주 보수적인 교회에 다니면서 신앙교육을 받았습니다. 예를 들어, 주일성수를 엄격히 강조하면서 학생들에게 주일에는 공부하지 않을 것을 강력하게 강조하는 교회였습니다. 그런 교회이니 신앙교육이 어떠했을지 충분히 상상할 수 있을 것입니다. 신앙의 기초를 다지는 데 큰 도움을 받았으나, 상당히 경직된 신앙 태도를 익히게 되었다고 할 수 있습니다. 신앙을 주로 교리적으로(어떤 면에선 암기적으

로) 받아들였기 때문이다 생각합니다. 그런데 그런 교조적인 저의 신앙은, 특히 대학시절에 상당한 문제를 낳게 되었습니다.

대학교에 들어갔을 때 저의 신앙적 열기는 아주 뜨거웠습니다. 열기는 뜨거웠지만 복음에 대한 삶적인 이해가 깊지 않았기 때문에 여러 오류를 범했습니다. 어떤 면에선 뜨거웠던 열기만큼 잘못의 크기가 컸다고 할 수 있습니다. 지금 돌이켜 보면 '(외면적인) 신앙적 행위'에 마음이 많이 가 있었던 것으로 생각됩니다. 그 중에서도 술에 관련된 것을 살펴보도록 하겠습니다.

저는 고등학교 때는 물론 대학 초창기 때만 해도, 그리스도인은 술에 대해서는 절대 금주를 '해야 하는 것'으로만 알았습니다. 당시에 저에게는 아주 중요한 신앙적 태도였습니다. 그리스도인이 술을 마시는 것은 죄를 짓는 것이요, 진정 기독교 진리 안에 있는 사람이라면 술을 먹을 수 없을 것으로 생각했습니다. 술을 먹는다는 것은 기독교의 기본을 모르는 것이라고 생각할 정도였습니다. 그래서 같은 과 친구들 중 그리스도인들이 누구인가를 알아본 뒤, 그들이 소주나 맥주를 마시는 것을 볼 때마다 친구를 붙잡고 술을 마셔서는 안 된다고 호소했습니다. 친구들에게는 저의 행위가 아주 유난스럽게 보였을 것입니다. 그러나 저의 호소에 따라주는 사람은 거의 없었습니다. 그럼에도 불구하고 저는 우매하게 동일한 행위를 반복했습니다. 저에게는 마치 그들을 죄에서 꺼내야 하는 아주 진지한 신앙적 행위로 느껴졌습니다.

지금 생각해보면 당시에는 저에게 판단적 태도가 심하게 우세했던 것 같습니다. '술 먹는 그리스도인=죄를 짓고 기독교의 기본을 모르는 그리스도인'이라는 공식을 가지고 판단했던 셈입니다. 우선 그 사람 그리고 그의 신앙 전체를 살피면서 음주행위에 대해 접근해야 했는데, 사람은 놓치고 행위만을 보고 사람을 판단했던 것입니다. 참 어리석은 모습이지요.

그렇게 단순하게 신앙을 '무엇 무엇을 해야 한다.' 라는 식으로 받아들이는 측면이 강했습니다. 상대방의 전체 맥락 속에서 과정적으로 생각하여 대하는 지혜가 참으로 부족했습니다.

저는 그때나 지금이나 술을 하지는 않지만, 다른 그리스도인의 음주에 대한 저의 태도는 많이 변했습니다. 지금은 당연히 음주 자체가 죄라고 생각하지 않습니다. 또 술을 마시는 그리스도인을 볼 때 죄를 지었다고 생각하고 기독교의 기본을 모르는 사람이라 판단하여 술을 못 마시게 하면서 일장 설교를 하지도 않습니다. 음주 행위 자체가 아니라, 사람을 먼저 이해하려고 합니다. 기본적으로는 영적인 세계에 깊이 들어가면 들어갈수록 자연스럽게 술에서 멀어지게 될 것이라 생각합니다. 술 때문에 사람을 놓치는 일이 없도록 노력합니다. 음주습관이 있는 사람이 막 신앙생활을 시작했다고 당장 금주하기를 기대하지 않습니다. 어떤 사람들에게는 한시적으로 술이 도움이 될 때가 있을 수도 있다고 생각합니다.

물론 한국교회가 금주의 좋은 전통을 갖게 된 것을 긍정적으로 생각합니다. 그것이 잘 이어지기를 바라는 마음도 있습니다. 그러나 전통은 전통입니다. 하나님의 말씀은 아닙니다. 마치 인간의 유전과 전통을 하나님의 말씀의 수준으로 대했던 바리새인들의 경우와 같이 우리의 금주의 전통을 함부로 휘두르는 영적 폭력의 부작용이 줄어들기를 바라는 마음 역시 간절합니다. 혹시 자신에게 잘못 적용하는 '해야 한다.' 가 없는지 주의 깊게 살펴보아야 할 것입니다. 그렇지 않으면 사람을 실족하게 할 수 있기 때문입니다.

흔히 말하는 '해야 한다.' 의 내용은 크게 두 가지로 나눌 수 있습니다. 하나는 언제든 지금 당장 그러해야 하는 것이고, 다른 하나는 성숙의 개념 안에서 미래적 의미에서 그러해야 하는 것이라 하겠습니다. 전자에 속하는 것은 우상숭배, 살인, 도둑질, 거짓말, 간음 등등이 속하겠고, 후자에는 원수를 사랑하는 것, 5리를 가자면 10리를 가는 것 등등이 속한다고 하겠습니다.

문제는 후자의 의미의 '해야 한다.'를 전자의 의미로 생각하는 데 있습니다. 그리스도인은 원수를 사랑'해야 하고', 오른쪽 뺨을 맞으면 왼쪽 뺨을 내밀'어야 하고', 겉옷을 달라 하면 속옷까지 벗어주'어야 하고', 5리를 가자 하면 10리를 가'야 한다'고 말합니다. 우선 우리의 언어습관이 그러합니다. 우리의 언어는 과정성까지 포함하는 동사를 가지지 못한다고 하겠습니다. 꼭 부사를 대동해야만 그 온전한 뜻을 전할 수 있습니다. 예를 들면, '궁극적으로는 원수를 사랑해야 한다.' 또는 '궁극적으로는 원수를 사랑하는 데까지 이르러야 한다.' 라는 식의 문장을 사용해야 하는 것이지요. 언어가 사고, 나아가 행동에 지대한 영향을 미치기 때문에 바른 언어사용법을 익히는 것이 절실히 요청된다고 하겠습니다. 최소한 말은 '해야 한다.'라고 나오더라도 마음 속으로는 전자와 후자를 분별하는 마음의 눈이 있어야 하겠습니다.

10리를 항상 갈 수 있으면 좋겠지만 그렇다고 10리 못 가는 사람을 죄인 취급해서는 안 될 것입니다. 바르지 않은 어떤 목적을 위해 성도들을 조종(manipulation)하기 위해 의도적으로 '해야 한다.'를 강조하며 (부적절한) 죄책감을 일으키는 교역자들도 가끔 보게 되는데, 분별력을 가지고 자기를 지킬 수 있는 사람들이 많아졌으면 하는 바람이 간절합니다.

8. 지금 아닌 것을 '(지금은) 아닙니다.' 라고 하자

책의 처음 부분에서 '아닙니다'(No)를 못하는 형제에 대해 언급했던 것을 기억할 것입니다. 그는 그리스도인은 항상 '예'(Yes)라고 해야 한다는 강박관념을 갖고 있었다고 할 수 있습니다. 아니 현재적으로 항상 원수까지 사랑할 수 있는 사람이 되어야 한다고 생각한다면 그렇게 생각하는 것은 당연한 귀결일 것입니다. 그러나 실제적으로 그리스도인은 항상 '예'를 해야 하고, 항상 '예'를 할 수 있는 존재는 아닙니다.

지향적 목표를 행하는 데 있어서, 항상 '예' 할 수 있는 사람은 완전한 성숙에 이른 사람일 것입니다. 그러나 그리스도인이 되었다는 것이 그 즉시로 완전히 성숙한 사람이 되었다는 것을 의미하는 것이 결코 아닙니다. 이제 시작이요, 완전한 성숙으로 향하는 여행길에 나선 것입니다. 그런데 각 사람은 성숙의 정도가 다르기 때문에, 각자 다른 성숙의 단계에 있다고 하겠습니다. 성숙이 깊은 사람은 자기를 부당하게 미워하는 사람을 위해서 마음의 평정을 잃지 않고 좋은 마음으로 기도할 수 있지만, 많이 미숙한 사람은 자기에게 좋은 뜻으로 잘못을 지적해 준 사람에 대해서도 편안한 마음을 갖기 어려울 수 있습니다. 후자의 경우, 원수까지 사랑하라는 말씀이 생각나 상대방을 위해 기도하더라도 좋은 마음이 아니라, 좀 억지 마음 또는 편치 않은 마음으로 기도하게 될 것입니다. 그런 마음으로 기도해도 그의 수준에서 사랑을 실천하는 것이라 할 수 있습니다.

각자는 자기의 수준을 알아야 합니다. 그래서 자기 수준을 넘어서는 일에 함부로 덤벼들지 않도록 주의해야 할 것입니다. 하면 좋은 것이기 때문에 모두가 해야 하는 것은 아닙니다. 하면 좋은 것이라 해도 자기가 감당할 것이 있고, 감당 못할 것이 있는 것입니다. 자기의 수준을 넘어서는 것이라면 그것을 감당할 수 있는 더 성숙한 사람에게 양보해야 할 것입니다.

예순 살이 넘으신 권사님이 계셨습니다. 그 분에게 아주 가까운 사람이 중풍으로 쓰러져 상당 기간 동안 의식을 잃은 상태로 지내셨습니다. 처음에는 가까운 친척들이 돌아가며 돌보았지만, 쉽게 회복되지 않았기 때문에 누군가 지속적으로 옆에서 돌볼 사람이 필요했습니다. 스스로 걸어다닐 수 없을 뿐더러, 식사도 혼자 하지 못하는 사람을 도와주는 것은 꼭 필요한 일이었고, 돌보아 주는 것은 참 좋은 일이었습니다. 그 분은 혼자 사셨기 때문에 사람들이 자신이 그 일을 해줄 것을 기대할 것이라 생각했습니다. (실제 환자분의 가족들이 그렇게 생각한지는 알 수 없지만, 제 생각에 전혀 그런 생각을 하지 않으셨을 것 같고 순전히 권사님의 개인적인 생각일 것으로 추정됩니다.)

가까운 친척을 돌본다는 것은 필요한 일이고 좋은 일이라는 것을 잘 아셨습니다. 그러나 그 분은 당신이 돌봐주겠다고 나서지 않았습니다. 표면적으로 '못하겠다 또는 아니다'(No)라고 한 것이 아니지만, 그 분의 마음속에서는 '아니다'(No)라고 한 셈입니다. 자신이 없었기 때문이었습니다. 자신이 당연히 감당해야 한다는 생각도 들었지만, 자신도 다소간 우울을 겪고 있었기 때문에, 자신의 전체적 사정을 고려할 때 자신의 분수에 지나는 것이라 생각해 나서지 않으셨다는 것입니다.

다행히 다른 분들이 조금씩 도와주게 되었고, 환자분은 아주 조금씩 좋아지게 되었습니다. 조금 시간이 지나 낮 시간만 돌봐주는 간병인을 두게 되었습니다. 그런 후 얼마 후에 권사님은 당신이 이제는 간호를 해보겠다고 나섰습니다. 처음보다는 우울이 조금이나마 회복이 되었고, 또 부분적인 시간이지만 간병인드 있었기 때문에 그런 상황에서는 자신도 썩 좋은 상태는 아니지만 감당할 수 있을 것이라 판단하셨다고 합니다. (물론 그 분이 꼭 그래야 하는 경우도 아니었고, 그래야 하는 의무나 책임이 있었던 것은 더 더욱 아니었습니다.)

그 분은 처음 만나는 저에게 그간의 심경에 대해 진실되게 말씀해 주셨습니다. 그 분의 말씀을 들으며 저는 참 지혜롭고 성숙한 분이라는 인상을 받았습니다. 함부로 '예'라고 하지 않고 적절하게 '아니다.'를 할 수 있다는 것은 아무나 할 수 있는 일이 아니기 때문입니다. 아닌 것을 '아니다.' 라고 하는 것이 참 어렵습니다. 특히, 그리스도인들이 잘 하지 못하는 영역입니다. 그럴 수 있다는 것은 상당히 성숙하다는 것을 의미한다고 말할 수 있습니다. 그 분의 나중의 '예'는 사실상 처음의 '아니다'를 적절하게 할 수 있었기 때문에 가능했다고도 할 수 있습니다. 만약에 '예수님께서 원수까지 사랑하라 하셨는데, 누군가 해야 하는 것이고 하는 것이 좋은 것을 안 한다는 것은 말이 안 된다.'라고 생각하면서, 자신의 상태를 고려하지 않고 '예' 하고 처음부터 맡겠다고 달려드셨다면, 얼마 되지 않아 탈진되어 쓰러졌을 가능성이 높았을 것입니다. 그러면 정말 당신이 기꺼운 마음으로 '예' 할 수 있는 상황을 맞이할 수 없게 되었을 것입니다. 그 분은 한 번 '예'라고 한 이후로 지금까지 환자분을 돌보고 계십니다.

그리스도인은 적절한 '아닙니다.'(No)를 할 수 있어야 합니다. 그러나 자기의 수준과 상황을 지혜롭고 선하게 고려한 이 '적절한 No'는 사실상 '완전한 No'가 아닙니다. '한시적인 No'이고, 앞으로 언젠가 '예'(Yes)를 하기 위한 '미래적 Yes'라 할 수 있습니다. 그렇게 우리의 현재와 미래를 보면서, 자신을 과정적인 존재로 대하는 것이 얼마나 중요한 일이 되는지 모르겠습니다.

(물론 살인·거짓말·간음·도적질 등과 같은 죄에 대해서는 당연히 'No'를 해야 하지요. 제가 언급하는 내용이 이런 죄에 대한 것이 아니라, 우리의 성숙의 과정에서 일어나는 것임을 잊지 않으셨겠지요.)

:: **독자의 반응**

"적절하게 '아닙니다.'를 잘 하지 못하고, 좋은 게 좋다는 식의 주체의식이 없었던 자신을 가엾게 보면서 자신의 의사를 분명하게 밝힐 수 있는 나로 변화되었고, 그것이 잘못된 것이 아니라 스스로를 인정하고 자신이 분명해 지는 과정임도 알았지만 아직도 익숙한 편은 아닙니다. 그러나 노력하고 있는 중입니다."

"대부분의 설교는 성도에게는 '예'만 있어야지, '아니오'를 하는 사람은 '믿음이 없는 사람이다.'라고 한다. 이때 강요에 떠밀려 억지로 맡기보다는 기쁨으로 할 수 있을 때 '예'라고 해야 함을 깨닫게 되었다."

성숙한 사랑은 '적절한 No'를 말한다

"아닙니다."라고 말하는 것이 사랑을 행하지 않고, 상대방에게 거절을 통보하고 무엇인가 잘못하는 것처럼 느껴지는 측면이 있는 것이 사실입니다. 허나, 깊이 생각해보면 '적절한 No'는 성숙한 사랑에서 나올 수 있음을 아는 것이 그리 어렵지 않습니다.

책의 첫머리에서 '아닙니다.'를 못하는 형제와 나누었던 내용을 일부분 소개하겠습니다. 그에게 과연 누구를 위해, 무엇을 위해 손해를 자청했는지 생각해보도록 했습니다. 무리한 부탁을 무조건 들어줌으로써 손해가 온 것은 당연합니다. 그러나 그 결과는 단순히 자기가 손해를 보는 것에 그치는 것이 아니었습니다. 항상 그렇지는 않았지만, 내면적으로는 자기에게 부담스러운 청을 한 상대방에 대해 부정적으로 생각하게 되면서, 외면적으로 그렇지 않게 보이더라도 내면적으론 관계의 단절이 이루어지는 경우가 드물지 않았다는 것을 그는 인정했습니다. 차라리 안 되는 것은 안 된다고 분명하게 자기의 의사를 밝힌다면 상대방이 적절하게 반응하여 무언중에 관계가 단절되는 경우를 어느 정도는 막을 수 있었을 것입니다. 사실 상대방이 할 수 있는데도 너무 이기적인 사람이라, 무엇을 자기에게 해달라고 해서 속으로는 싫지만 억지로 해주면서 뭐라 한마디 해주고 싶은 마음도 있었습니다. 그러나 그는 결국 아무 말도 하지 못했는데, 그러다 보니 상대방의 나쁜 점이 개선되는 것이 아니라 오히려 강화되는 데 기여하는 좋지 않은 결과를 낳은 적이 많았던 것 같다고 했습니다.

특히, 그는 자신에게 갈등을 회피하는 경향이 있음을 나누게 되었습니다. 갈등 관계에 놓이는 것을 못견뎌한다는 것이었습니다. 그렇기 때문에 갈등의 분위기를 피하기 위해 우선은 '예'를 먼저 하는 경향이 더욱 강화되었던 측면이 있음을 깨닫게 되었습니다. 그러나 그런 식의 '예'는 단기적으로는 갈등을 피하게 하겠지만, 장기적으로는 관계를 해치는 결과를 낳은 경우가 더 많을 것입니다. 외면적으로는 갈등이 없는 것 같지만, 실제적으로는 또는 내면적으로는 갈등이 그대로 잠복하여 두고두고 관계를 해치는 쪽으로 영향력을 행사하게 될 것이기 때문입니다. 이는 독자분들도 경험하는 것이라 생각합니다.

변화, 개혁, 치유, 성숙 그리고 성숙한 사랑에는 갈등, 긴장, 서먹함, 그리고 불편함 등이 일시적으로 동반하는 경우가 적지 않습니다. 그러나 그런 단기적인 어려운 기간이 지난 후에는 장기적인 평화가 깃들게 될 것입니다. 우리에게는 장기적인 관계를 위해 단기적인 어려움을 견디어내는 인내와 사랑이 요청된다고 하겠습니다. 성숙한 사랑은 '적절한 No'를 함으로써 상대방, 나 그리고 상대방과 나의 관계의 성숙을 돕게 된다고 할 수 있습니다.

'적절한 No'는 전체적인 측면에서는 상대방을 위한 진정한 사랑인 경우가 되는 것에 대해 그 형제와 함께 나누었습니다. 한 3년 뒤에 형제를 만나게 되었습니다. 그는, "이제는 No를 어느 정도 할 수 있게 되었습니다."라며 밝은 미소를 지으며 얘기했습니다.

앞에서 잠깐 다루었는데, 지금 다루는 주제를 위해 빌립보서 3장 16절 말씀을 한 번 더 살펴보고자 합니다.

"오직 우리가 어디까지 이르렀든지 그대로 행할 것이라."

("Only let us live up to what we have already attained", NIV
'우리가 (현재적으로) 이른 수준에 맞추어 살아갑시다', 직역)

모든 그리스도인은 수준이 각기 다르다고 하겠습니다. 복음을 이해하는 수준도 다르고 하나님과 교제하고 하나님을 경험하는 수준도 다를 것입니다. 거기서부터 모든 사람들에게 적용되는 원리 하나를 도출할 수 있다면, 각자에게는 각자의 수준이 있을진대 각자는 자신의 수준에 맞추어 살아야 한다는 것입니다. 자기의 수준을 넘어서 이해하지 못하는 것이 있다면 모른다고, 할 수 없는 것은 할 수 없다고 겸허하게 인정해야 할 것입니다.

그리스도인은 필요하고 그리고 하면 좋은 모든 일을 당장 해야 하고, 할 수 있는 존재가 아닙니다. 아무리 좋다 해도 현재적으로 감당할 수준이 되지 못하면 '지금은 아닙니다.' 라고 할 수 있어야 할 것입니다. 원수를 사랑하는 것이 아무리 좋은 일이라 해도 그것이 모두에게 현재적으로 가능한 것이 되지 못하는 것입니다. 원수를 사랑하는 것이 좋은 줄 알지만, 자기의 현재의 실력으로는 원수가 아니라, 부모를, 배우자를, 또는 자녀를 사랑하는 것이 현재적 목표가 되는 사람들이 적지 않을 것입니다.

분수에 대하여

좀 다르면서도 연결되는 것으로, 현재 한국 기독교계에 잊혀지고 있는 귀중한 주제가 있다면 '분수'에 대한 것이라 하겠습니다. 모든 그리스도인들을 도매금으로 똑같이 대하는 현상이 너무 강한 것 같습니다. 예수를 믿으면 누구나 아브라함과 같이 (물질적) 축복을 받을 것같이 말한다든지, 새벽기도를 열심히 하면 누구나 금메달을 따고 수석 입학·졸업할 수 있는 듯한 인상을 주는 간증을 한다든지, 헌금과 교회 일을 많이 하면 누구나 똑같이 복을 받아 승진하고 사업이 잘되고 더 넓은 평수의 아파트로 이사를 가게 되고……등등의 암시를 주는 발언들이 얼마나 횡행하는지 모르겠습니다. 하나님을, 주문을 외면 나타나 자기가 원하는 것을 가능하게 해주는 알라딘의 램프의 괴물 지니와 같이 생각하는 분들이 적지 않은 것 같습니다. 그러한 분들은 대개 자기의 분수에 대한 의식은 거의 없이 자기 분수를 지나는 과대적인 기대를 갖고 살아가게 되지요.

저는 소위 모태신앙인인데, 지금까지 신앙생활을 해오면서 '분수'에 대한 설교나 강의를 들어본 적이 그리 많지 않은 것 같습니다. 아마도 그런 주제로 설교하는 것이 쉽지는 않으리라 생각합니다. 그러나 모든 사람들의 분수가 다르다는 것은 엄연한 사실이고 그것들을 고려하지 않음으로써 일어나는 여러 부작용들을 보면 당연히 적절하게 강조되어야 하는 주제라 생각합니다. 초대교회에서도 부작용이 많이 일어났기 때문에 사도 바울도 여러 서신서에서 분수에 대해 여러 차례 말씀(롬 12:3-8, 고전 12:12-31, 엡 4:1-12 등등)하지 않습니까!

'성경은 어제나 오늘이나 영원 무궁히 변함없는 하나님의 말씀이다.' 라는 믿음에 기초하여 많은 설교자들이 아브라함을 말할 때는 모두가 아브라함과 같이 될 수 있다고 말하고, 사사기에 대해서 애기할 때는 사사 같이 될 수 있고, 다윗을 애기할 때는 다윗과 같이 될 수 있다고 합니다. 물론 그렇게 되는 하나님의 뜻이 있다면 그렇게 될 수 있을 것입니다. 그러나 그렇게 될 수 있는 사람은 극히 소수에 지나지 않을 것입니다.

구약을 보면 지도자가 잘못하여 때때로 이방민족의 침입을 받는 경우가 묘사되어 있습니다. 이방민족의 침입을 받으면 어떤 일이 일어나나요? 전쟁이 일어나 전쟁 중에 평민 유대인들이 많이 죽어갑니다. 그들의 죽음의 원인은 누구에게 있을까요? 그들 자신에게 있나요? 그렇지 않습니다. 잘못을 한 지도자에게 있습니다. (왕하 13:1-3, 대하 21:11-17 등등) 다윗왕의 잘못으로 전염병이 돌아 죽은 사람이 칠만이나 된다고 그 숫자까지 나와 있습니다(삼하 24:15, 대상 21:14).

만약 우리가 구약 시대에 태어났다면, 어떤 사람일 가능성이 높을까요? 왕 같은 지도자일까요, 아니면 자기에게는 죽어야 할 아무런 원인이 없는데도, 지도자가 잘못함으로 인해 이방인의 칼이나 병에 걸려 죽어가는 무명의 평범한 국민일까요? 아마도 후자일 가능성이 압도적으로 높을 것입니다. (하나님께, 무명의 일반 국민은 사사나 왕보다 천한 사람들이고, 전쟁이나 병으로 죽는 것이 전혀 무가치하다는 의미로 얘기하는 것이 아닙니다. 아마도 그런 죽음에는 하나님의 배려가 있을 것이라 생각합니다. '나는 하나님의 은혜로 아브라함처럼 거상이 되고 요셉처럼 일국의 국무총리가 되고 다윗처럼 왕이 되어야 한다.'는 강한 열망은 겉으론 굉장히 신앙적인 것으로 보이나, 깊이 분석해보면 전형적인 자기중심성과 이기성의 포효이고 가장된 심각한 인본주의적인 것이라 할 수 있습니다. 하나님의 뜻이 있어 극히 소수의 사람들은 그렇게 될 것이지만, 만약에 하나님의 섭리 가운데 나의 책임은 전혀 없이 다른 사람의 잘못으로 인해 죽게 되는 무명의 사람에 속하게 된다면 그런 인생도 순리적으로 받아들이는 것이 바로 진정한 하나님 중심적인 것, 신본주의적인 것이라 할 수 있을 것입니다.)

왜 우리들은 오늘날 가능성이 훨씬 높은 그러한 경우-무명의 평범한 인생-에 대한 메시지를 설교자로부터 듣지 못하는 것일까요? 왜 소수의 사람에게만 적용될 경우에 대해서만 주로 듣게 되는 것일까요? "여러분도 믿음이 있으면, 요셉처럼 국무총리가 될 수 있고, 다윗처럼 왕이 될 수 있습니다."라는 식으로 말입니다. (물론 사사나 왕과 같은 인물들의 사건을 통해 하나님께서 사람을 대하시는 원리에 대해서는 모든 그리스도인들이 똑같이 들어야 할 것입니다. 왕, 사사, 국무총리, 부자 등과 같은 비인격적인 것이 아니라, 그렇게 쓰임받은 인물들의 신앙인격에 주목하는 것이지요.) 특히 기복주의적이고 성공주의적인 방향으로 많이 기울어진 목회자일수록 설교를 듣는 청중들을 들뜬 기분으로 올려 놓습니다. 심지어 이렇게 말하는 설교자도 있습니다. "여러분, 예수님께서 함께 하시면 여러분 앞에 놓여 있는 승진, 합격, 박사 학위, 사업 성공 등등을 가로 막고 있는 여리고성이 무너지고 요단강이 갈라질 것입니다. 믿으시면 아멘 하십시오."

어떤 설교자는 요한삼서 2절의 말씀을 인용합니다. "사랑하는 자여 네 영혼이 잘됨같이 네가 범사에 잘되고 강건하기를 내가 간구하노라." 이것을 그리스도인이 이 세상에서도 잘될 수밖에 없음을 확증해주는 근거 구절로 삼아 세상적인 축복을 막무가내로 선포하는 것을 여러 번 들었습니다. 그러나 말씀을 정확히 살피면, "······네가 범사에 잘되고 강건할 것이다."라고 되어 있지 않습니다. 일반적인 원리로 말하는 것이 아닙니다. 바로 어떻게 되기를 바라며 간구하는(pray) 문장인 것입니다. 간구냐 일반적인 원리로 말한 것이냐 하는 것은 큰 차이를 낳습니다. 이 말씀은 결코 그리스도인이 영혼이 잘됨과 같이 범사가 잘되게 되어 있다는 일반적인 원리로 쓰여지지 않았다는 것을 꼭 기억해야 할 것입니다.

요한삼서를 받는 사람인 가이오는 당시 로마 세계에서 흔한 이름 중 하나였으므로, 편지를 받는 가이오가 누구인지에 대해서는 확실히 알 수 없다고 하겠습니다. 그렇기 때문에 왜 사도 요한이 그에 대해 그러한 간구를 하고 있는지 그 정확한 이유를 알 수 없습니다. 혹 초대교회 시기에는 교회와 그리스도인들이 엄청난 핍박을 받았었는데, 가이오라는 분도 믿음을 지키는 가운데 정신적으로, 물질적으로 그리고 육체적으로 남다른 모진 고난을 받고 있기 때문에 사도 요한이 보기에 인간적으로 안쓰러워서 그런 고난이 덜어지기를 바라는 간구를 했을 것입니다. 기도자의 마음을 담은 간구문이지, '그렇게 되어야 한다.' 든지 '틀림없이 그렇게 되게 될 것이다.' 라는 의미를 담은 평서문이 아님을 분명히 해야 하겠습니다. 그럼, 가이오가 실제적으로 범사에 잘되고 강건했겠는가? 그럴 수도 있고 그렇지 않을 수도 있습니다.

바울 사도의 예를 들어보겠습니다.

"바울이 이르되 말이 적으나 많으나 당신뿐만 아니라 오늘 내 말을 듣는 모든 사람도 다 이렇게 결박된 것 외에는 나와 같이 되기를 하나님께 원하나이다(pray) 하니라"(행 26:29).

사람들이 자기와 같은 신앙의 사람이 되기를 바라지만, 죄인으로 사슬에 결박되지 않기를 바라는 마음을 간구합니다. 그럼, 그렇다고 이후에 신앙을 갖게 되는 사람들이 사슬에 매이게 되는 일을 겪지 않게 될 것인가? 그렇지 않습니다. 이후로 수많은 그리스도인들이 사슬에 매이는 경험을 합니다. 심지어는 콜로세움에서 사자의 밥이 되어 순교를 당하기까지 합니다. 바울 사도는 그리스도인들이 자기와 같이 고통을 당하게 되는 것을 인간적으로 마음 아프게 느끼면서 그렇게 되지 않기를 바라는 마음을 하나님께 아뢰는 것입니다. 바울 사도가 그렇게 기도했다고 하여 이후의 그리스도인들이 그런 일을 당하지 않게 되는 것이 아닌 것이지요. 그런 관점에서 요한삼서 2절의 말씀을 바르게 해석하여 적용해야 할 것입니다.

또 사도로부터 그런 간구를 받게 되는 사람은 아무나 되는 것이 아님에 대해서도 분명히 해야 할 것입니다. 만약 신앙적으로 바르게 살려고 하는 중에 오는 고난을 회피하고 자기중심적이고 이기적인 이익만을 추구하는 사람들에게는, 사도 요한이 그런 간구를 할 가능성은 거의 없다고 하겠습니다. 그런 사람에게는, '당신이 믿음으로 인해 정신과 육체적으로 고통을 당하고 가지고 있는 모든 물질을 빼앗긴다 해도, 신앙적으로 바른 생활을 끝까지 견지해 가기를 간구합니다.'라는 편지를 썼을 것입니다.

　설교자들이 성경을 해석하는 데 있어서 정도를 가고 있는지 잘 따져보아야 할 것입니다. 성경 구절을 인용하면서 듣기에 좋은 어떤 이야기를 한다고 하여, 설교가 하나님의 말씀이 되는 것은 아닙니다. 결코 아닙니다. 특히, 세상적으로 잘 된다는 식으로, 이기적이고 세속적 야망의 마음이 듣기에 좋은 얘기를 많이 하는 설교자들을 조심해야 합니다. 특히, 세속적 야망에 약할 수 있는 젊은이들을 호리는 자들을 잘 분별할 수 있어야 하겠습니다. 성경은, 세상적인 관점에서 보면 대개의 경우 그리스도인은 예수님 때문에 편안하고 넓은 문보다는, 욕을 당하고 어려움을 겪는 좁은 문을 통과하여 가게 되어 있다고 말하고 있지 않습니까?

　얼마나 많은 사람들이 이 땅에 왔다 갔습니까? 그러나 성경에 이름을 남긴 사람들은 얼마 되지 않습니다. 우리들 거의 대부분은 이름을 남기지 못하고 이 땅을 떠날 갑남을녀가 될 것입니다. 예수님을 믿어 세상적으로 보아 신나게 잘 풀리는 사람은 그리 많지 않을 것입니다. 그리스도인에게는 세상적인 모습은 그리 중요하지 않습니다. 중요한 것은, 절대적인 하나님의 뜻을 의식하며 살아가는 것입니다. 다만 우리가 해야 하는 것은 어떤 상황을 당하든지 할 수 있는 한, 선을 지향하며 사랑으로 사는 것이라 믿습니다. 세상에 이름을 남기든 그렇지 않든, 세상적인 모습은 정말이지 하나도 중요하지 않습니다. 우리는 각자 하나님께 받은 자기의 분수와 지체성을 생각해야 할 것입니다. 남을 바라보며 비교할 필요가 없습니다. 전혀 없습니다. 사람은 각자 '자기의 길'을 가는 것이지, 남과 비교하여 더 나은 길을 가는 것이 아니기 때문입니다. 그러기에 '남보다' 더 높은 지위, 권력, 명예 또는 더 멋있는 집과 차 등은 의미가 없는 것입니다. '남보다'는 하나님 나라의 사전에는 없으리라 생각합니다.

　많은 그리스도인들이 자기를 향한 하나님의 뜻을 찾아 나서고 있습니다. 저는 분명하게 말할 수 있습니다. 일반적인 경우, '자기의 분수보다 분명한 자기를 향한 하나님의 뜻은 없다.' 고 말입니다. 어떤 분수를 가지고 태어난 것은 나에 대한 하나님의 절대적인 뜻이 될 가능성이 높습니다. 자기 분수보다 더 큰 하나님의 뜻을 찾는다는 것은 어불성설이고, 허공을 치는 몸짓에 그치게 될 것입니다. 그 마음을 내려놓는다는 것이 쉽지는 않을 것입니다. 옛 사람은 부단히 우리 자신을 과대적으로 높이려는 쪽을 좋아하기 때문입니다. 머리에서는 어떤 것이 옳다는 것을 알아도 우리 마음이 따라주지 않는 것입니다. 우선은 자기의 분수에 지나는 과대적인 생각은 내려놓는 것이 옳다는 것을 분명히 하고, 걸음마를 시작하기로 하지요. 특히, 세상적인 복과 어우러진 과대적인 것은 말할 것도 없습니다.

그러나 분수에 대한 메시지는 과대적인 것에만 적용되는 것은 아닙니다. 과소적인 것에도 적용됩니다. 참으로 안타까운 것은, 객관적인 자기에 비해 낮은 자존감(self-esteem)과 부정적인 자기상(self-image)을 가지고 살아가는 사람들이 적지 않다는 것입니다. 과소적으로 자신을 보는 사람들에게도 분수는 꼭 깨달음이 있어야 하는 개념입니다. 왜냐하면 분수는 자기를 향한 가장 강력한 하나님의 뜻이기 때문입니다.

이 글을 쓰기 한 달 전쯤 어느 교회의 청년부 수련회를 인도하게 되었습니다. 아마도 목사가 아닌 사람에게 3박 4일의 수련회를 거의 모두 담당하게 하는 일은 한국 기독교계에 아주 드문 일이라 할 것입니다. 담당 목사님은, 청년부를 맡아서 지도해보니 청년들이 가지고 있는 예상치 못한 내적인 문제, 상처, 마음의 응어리……등이 너무 많은데, 자기는 그 분야의 전문가가 아니기 때문에 전문가가 짧은 기간이나마 다루어주는 것이 적절할 것 같아 초빙하게 되었다고 했습니다. 그러면서 특히 대다수의 청년들이 낮은 자존감으로 인해 청년으로서의 생기발랄한 모습을 거의 찾아볼 수 없으니 청년들에게 활력과 소망을 불어넣어 줄 수 있는 시간이 되었으면 좋겠다고 주문했습니다.

그렇습니다. 낮은 자존감과 함께 부정적인 자아상을 가진 사람은 자기를 과소적으로 생각하게 되어 있으며, 이는 또 신앙생활에 심각한 영향을 미치게 됩니다. 그런 사람들은 자기 안에 부정적인 모습과 결점을 보는 데 있어서는 도사가 되어 있지요. 현미경을 가지고 부정적인 모습을 찾아내기 때문에 그 부분이 크게만 보이게 되어 있습니다. 그러나 부정적인 모습은 누구에게나 있습니다. 그것은 부분적인 자기입니다. 그런데 그것을 확대하여 보면서 그것이 자기의 주된 모습이라고 생각하게 되는 것이 그런 사람들의 핵심 문제가 되는 것입니다.

당연히 자기의 가능성과 긍정적인 모습을 볼 수 있는 마음을 발전시키기가 어렵습니다. 마음이 온통 부정적인 것을 찾으려는 데 가 있기 때문입니다. 그러면서 긍정적인 부분을 살리는 쪽이 아니라, 부정적인 모습을 보이지 않게 하려는 쪽으로 대부분의 정신적 에너지가 사용됩니다. 결과적으로 삶과 자신에 대해 소극적이고 방어적인 태도를 발전시키게 되어 있습니다.

사람은 누구나 함께 가지고 태어나는 공통된 것이 있습니다. 본성이 거기에 해당하는 것이라 할 수 있습니다. 그리고 그것과는 달리 각기 다르게 자기만 가지고 태어나는 것이 있습니다. 후자에 속하는 것으로는 분수와 달란트 등의 개념을 생각해 볼 수 있습니다. 그런데 그것은 온전히 꽃 핀 상태가 아니라, 씨앗과 같이 잠재적인 상태로 가지고 나오는 것입니다. 그것은 각 사람을 향한 하나님의 절대적인 뜻이라 할 수 있습니다. 그렇기 때문에 우리 모두는 자기를 향한 하나님의 뜻에 충실하기 위해서는 자기만 독특하게 가지고 태어난 씨앗을 충분히 꽃피우도록 최선의 노력을 경주하는 데 마음을 써야 합니다.

그렇기에 분수는 고정된 개념이 아닙니다. 태어나면서부터 결정된 것으로 생각하여야 하는 고정적인 것이 아닙니다. 정확히 얘기하자면 분수는 인생 전체를 하나로 보아 적용해야 하는 개념입니다. 즉 인생 전체를 살아본 후에야 자신의 분수를 비교적 정확히 알 수 있다는 의미입니다. 이해를 위해서 풀어본다면, 아직 인생을 다 살지 않은 사람들에게 분수는 상단과 하단을 가지는 지대(지대, a zone)와 같다고 할 수 있습니다. 최선을 다해 인생을 산 사람은 자신의 분수의 상단을 성취하고, 전혀 노력을 기울이지 않은 사람은 자신의 분수의 하단에 머무르게 되는 것이라 얘기할 수 있는데, 대부분의 사람들은 상단과 하단 사이에 위치할 것입니다. 어떤 사람은 상단에 가까운 곳에, 다른 사람은 중간쯤에, 또 다른 사람은 하단에 가까운 곳에 위치하듯 말입니다. 우리 모두는 인생을 다 마친 후에 자신이 성취한 실제적 자기 분수를 알게 될 것입니다. 그렇게 본다면, 게으르게 살아가는 사람은 분수를 얘기하기가 부끄러울 것입니다.

그런 의미에서 사람들에게 각자의 분수는 최선을 다해 이룰 수 있는 가능성 또는 목표라 할 수 있습니다. 그 목표란 자신에게만 해당되는 것이지요. 남과 비교할 수 있는 것이 아닙니다. 그런 측면에서 분수란 이미 알고 시작하는 것이 아니라, 지금은 미지의 것이고 잠재적인 것으로 분명히 알 수 없지만 꼭 의식하야 하는 개념이라 말할 수 있습니다. 손에 잡히는 어떤 것이 아니라, 하나의 의식이라 할 수 있습니다.

그러하기에 우리에게 먼저 필요한 자세는 자기를 계발시키는 데 최선의 노력을 기울이는 것입니다. 그것이 분수에 충실한 삶을 사는 것입니다. 그런 다음에 안 되는 것은 자기의 분수 안에 들지 않는 것으로 받아들이면 됩니다. 그런데 노력은 기울이지 않고 지레 자신감 없어 하면서 할 수 있는 시도도 하지 않는다면 그것은 그 사람 안에 꽃 피우라고 하나님께서 두신 씨앗을 살리지 않고 매장시키는 것이나 다름없다고 하겠습니다. 하나님께서 허락하신 분수에 걸맞게 자신을 발전시키지 않는 것이지요. 그렇기 때문에 과소적인 삶을 사는 사람에게도 분수 개념은 아주 중요하고 필요한 것이라 하겠습니다.

우리는 (세상적인 기준으로 볼 때) 최고가 되도록 부르심을 받지 않았습니다. 우리는 우리 각자가 되도록 부르심을 받았습니다. 그것이 우리를 지으신 창조주의 뜻입니다. 우리는 세상이 요구하는 사람이 되어야 하는 것도 아니고, 부모님께서 기대하시는 사람이 되어야 하는 것도 아닙니다. (물론 부모님의 기대가 하나님의 기대와 같을 때에는 그런 사람이 되어야 하겠지만요.) 우리는 하나님의 부르심에 귀를 기울여야 할 것입니다. 그것은 하나님께서 그 사람에게서 기대하시는 바로 그 온전한 자기가 되는 것입니다.

분수 개념은 보통 생각하기에 사람을 의기소침하게 만드는 것이 결코 아닙니다. 분수는, 사람과 비교하는 관점과 세속적 관점이 아니라, 전체의 조화를 고려한 하나님의 뜻의 관점에서 바라보아야 합니다. 그러할 때, 자신을 과대적으로 생각하는 사람에게 아주 냉혹한 깨달음을 전해주지만, 과소적으로 생각하는 사람에게는 분발을 촉구하는 격려가 되기도 합니다. 그러면서 하나님 나라의 전체 모습이 올바르게 세워져가게 될 것입니다.

:: **독자의 반응**

"분수에 대해서도 많은 도전을 받게 되었다. 내가 어느 정도의 용량을 감당할 수 있는지조차 알지 못하고 집 안과 주위의 모든 일은 내가 해야 한다는 강박중에 사로잡혀서 늘 일에 쫓겼고, 못하게 될 때 가지는 죄책감은 오히려 사람을 미워하게 되는 감정으로 발전하였다. ……이제 현재 나의 감당할 수 있는 부분만 진실되게 충실하려고 노력하니 마음이 가볍고 짐을 가족과 함께 나누어지는 것을 배워가고 있다. 자신의 분수를 살펴가는 것이 얼마나 중요한가를 이제야 배우게 된다."

"그동안 나의 분수를 알지 못한 채 가정에서 독단적으로 살아온 나의 삶이 가족들에게 얼마나 눈살을 찌푸리게 했으며, 그들의 마음을 얼마나 어렵게 했는지 조금 알게 되었다. '아니오'는 무조건 부정적으로만 잘못 이해해왔다. 이제 자신의 분수를 살펴보는 일은 나에게 하나의 기쁨이 된다."

적절한 No는 전체적 관점에선 Yes이다 – '강적' 이야기

(다음 글은 저의 졸저 『그리스도인은 인간을 어떻게 이해해야 하는가』(p. 225, 234)에서 인용했습니다. '적절한 No'와 분수를 이해하는 데 도움이 될 것입니다.)

세상에는 소위 강적들이 있습니다. 그들은 상당 기간 동안 지속되고, 특히 희생적인 사랑이 아니고서는 거의 변화되지 않는 사람들이라 하겠습니다. 아니 웬만한 희생적인 사랑에도 거의 꿈쩍하지 않는 사람들이 있습니다. 그들에게는, 대개 자기성찰 또는 자기반성(self-reflection)이 거의 없는 것이 특징입니다. 거의 자기의 입장과 자기 수준에서, 자기중심적이고 이기적인 사고를 발전시켜온 사람들입니다. 상식적 대화가 통하지 않는 참 어려운 사람들입니다. 그 정도가 아주 심각한 사람들을 정신의학에서는 성격장애 또는 인격장애(personality disorder)를 가진 사람들로 진단합니다. 보통 하는 말로는 상식이 없다고 할 수 있으며, 평범한 이해, 관용, 베풂, 사랑 등에는 거의 반응을 보이지 않습니다.

사람은 각자 많이 다릅니다. 보통의 노력으로는 어찌할 수 없는 사람들이 있습니다. 그래서 이 세상에는 강적이 존재함을 깨우치고 강적을 어떻게 대할 것인가에 대해 생각을 해보고자 하는 것은, 그런 사람을 만나 끙끙대면서도 상대방이 강적인 줄을 몰라, 문제 또는 잘못을 자기 안에서만 찾으려 하는 착한 분들을 보호하기 위해서입니다. 그런 경우 문제는 거의 백발백중 강적인 상대방에게 있습니다. 상당히 드문 경우이지만, 이 때에는 양비론—한쪽만 잘못한 것이 아니라, 둘 다에게 잘못이 있다고 둘 다 비판하는 이론—을 적용해서는 안 됩니다. 우리는 사실을 보려고 노력해야 합니다. 그래야 문제해결의 발걸음을 내디딜 수 있게 될 것입니다. (물론, 일반적인 인간관계의 문제에서는 대개의 경우 양비론을 적용해야 합니다. 그러나 양비론도 50%-50%라는 식으로 적용하는 것은 조심해야 합니다. 엄밀히 따진다면 그런 경우는 실제로 거의 없다고 해야 할 것입니다. 잘못이 아주 조금, 즉 0.1%라도 어느 한 쪽으로 더 기울게 되어 있는 것입니다. 진상을 따져 보려는 노력을 하지 않고 무턱대고 양비론을 적용하려는 마음의 경향을 조심시켜야 할 것입니다.)

어려울 때마다 집으로 찾아오는 청년을 맞이했던 목사님 가정이 있었습니다. 하룻밤을 잘 때도 있고, 며칠을 머물 때도 있었습니다. 한 달에 서너 차례는 되었던 것 같습니다. 목사인 형제는 평소 어려운 사람을 잘 돕는 사람으로 따뜻하게 잘 받아 주었습니다. 방이 두 개인 집에서 살았는데, 청년이 올 때는 방 하나를 내주어야 했기 때문에 3살, 5살짜리 아이들, 부인 그리고 자기를 포함해서 네 명이 한 방에서 자야 했습니다. 청년의 방문은 비교적 자주 있었습니다. 점차 방문이 빈번해지면서 부인이 남편에게 불편함을 조금씩 내어놓게 되었습니다. 그러나 남편은 목사 가정이 어떠해야 함을 얘기하면서 아무런 조치를 취하지 않았습니다.

웬만하면 사정을 보고 다른 집을 찾아갈 만한데도, 청년은 아마도 특별한 얘기 없이 받아주는 것이 편안해서인지 자꾸 찾아오게 되었던 것 같습니다. 제가 형제의 집을 방문하게 되었을 때도 찾아 오겠다는 전화가 있었던 것 같습니다. 부인을 통해 청년에 대해 들었습니다. 얘기를 듣고 성격장애가 있을 가능성이 높은 사람이라고 예상했습니다. 상대방이 어떠한 불편함을 겪고 있는지 등에 대해 거의 생각이 미치지 못하고 자기의 편함을 따라 생각하고 행동하는 경향이 아주 짙은 사람이었습니다. 자기가 편하니까 오는 것입니다. 부인의 마음은 상당히 격분해 있는 상태였습니다. 그러나 남편이 '목사의 가정인데……' 하면서 말을 막아서 아무 조치도 취하지 못하고 있는 상태였습니다.

물론, 두 사람이 아주 지고의 수준에 있어서 청년을 평생 기쁘고 편안한 마음으로 맞이할 수 있다면, 그렇게 계속 나가도 괜찮을 수 있습니다. 그러나 그럴 수 있는 사람은 이 세상에서는 만나기 참으로 어려울 것입니다. 우선 그 내외는 많이 지쳐 있었습니다. 부인이 많이 지쳐 있었지만, 남편도 그러했습니다. 부부관계에 긴장이 상당히 고조되어 있었습니다. 아이들은 이미 토라져 있었습니다. 아이들 양육에 영향을 주어 이미 부정적인 결과가 나타나고 있었습니다. 부인은 아이를 생각할 때 더욱 마음이 찢어지는 것 같았습니다…….

청년은 상대방의 호의가 어떤 희생을 통해 나오는지에 대해 생각하는 사람이 아니었습니다. 저는 이 문제는 그냥 쉬쉬하며 끌고 갈 성격의 문제가 아님을 목사인 형제에게 설명했습니다. 물론, 사랑의 받아줌이 조금은 전달되겠지만 청년의 문제는 그보다는 훨씬 깊이가 있기 때문에 전문가에게 의뢰하는 수순을 밟아야 할 것을 권유하면서, 구체적인 방법들에 대해 얘기를 나누었습니다.

여러분, 상대방이 여러분의 수준을 넘어서는 강적일 때는 '얼마 동안' 그를 대하는 것을 유보하는 것이 지혜롭습니다. 적극적으로 그를 위해, 그의 문제를 위해 무엇이든 하려고 하는 것을 유보하라는 얘기입니다. 피해야 할 때는 피해야 합니다. 강적이 자기의 수준을 지나는 상대인데도 지속적으로 좋은 마음을 가지고 대하다가는 결국 탈진되게 되어 있기 때문입니다. 선한 마음이 한 번 탈진되면서 좌절을 경험하면 회복하기가 참 어렵습니다. 탈진되어 사랑의 마음을 잃어버린 상태로 살아가는 것보다는, 자기의 사랑의 우물의 분량을 의식하는 가운데, 그것을 고갈시킬 정도로 지나치게 나가지 않도록 조심하여, 조금씩이나마 끊이지 않고 사랑의 물을 길어 올릴 수 있도록 우물을 조절하는 것이 필요합니다. 가능하면 사랑의 마음의 연속성을 어느 순간에도 놓치지 않는 것이, 한 번에 쏟아 부어 결국은 탈진되어 사랑의 마음의 연속성을 잃는 것보다 훨씬 바람직한 일이기 때문입니다. 우리는 제한된 존재이기 때문에 제한된 자신의 분수 내에서 사랑의 마음을 지속하고자 하는 가운데, 분수에 지나는 강적을 만날 때는 '얼마 동안' 그를 있는 그대로 있게 하는 것이 아주 지혜로운 삶의 자세라 할 수 있습니다.

　우리가 남을 위해 좋은 일을 할 때, 좋은 마음을 유지하는 것이 가능할 때까지만 해야 한다고 생각합니다. 좋은 일이긴 한데, 상대방이 꿈쩍도 안 해서 사랑의 우물이 고갈되면 우리에게 짜증스러운 마음이 찾아오게 됩니다. 짜증스러움이 찾아든다 해도, 그리스도인들 중에는 계속 그 '좋은 일'을 놓지 않으려 하는 사람들이 적지 않게 있다고 할 수 있습니다. 이런 분들은, 저의 경험으로 볼 때, 보통 이상의 좋은 분들입니다. 그러나 그렇게 계속하다가는 탈진하게 됩니다. 그 탈진에는 장사가 없습니다. 그러한 경험은 사람과 세상에 대해 아주 부정적인 마음을 심어줄 수 있습니다. 그리고 반동적으로 마음의 문을 심하게 닫아버리는 결과를 낳게 되는 경우도 간헐적으로 일어나게 됩니다. 그러면 그 때까지 수고한 것들이 수포로 돌아갈 가능성이 높게 됩니다. 자기의 분수를 넘는 상대와 질 수밖에 없는 씨름을 하였으니, 그 탈진의 정도가 어떠할 것인가에 대해서는 충분히 이해되실 것입니다.

　그렇게 되면 자기의 분수 안에서 자기가 선한 쪽으로 잘 이끌 수 있는 사람들까지도 돕지 못하는 일이 발생합니다. 자기가 도움이 되는 사람들에게 도움이 되지 못하는 경우가 되는 것입니다. 자기의 분수를 넘어서는 강적을 대하는 것이 아니라, 바로 그 사람들을 대하는 것이 자기의 할 일일 텐데 결국 자기의 할 일을 못하는 결과가 발생하는 것이지요. 그렇기 때문에 무턱대고 사랑을 가게 하지 않는 지혜가 필요한 것 같습니다. 자기의 분수 안에서 가게 해야 합니다. 삶은 지향적 목표를 지금 당장 이루어야 하는 것이 아니라, 그 목표로 향하는 과정을 밟아야 하는 것이기 때문입니다. 실제가 무시된 당위는 허구가 된다고 과감하게 얘기하렵니다. 우리는 모든 사람과 평화해야 하는 것이 아닙니다. '할 수 있는 범위, 즉 분수' 안에서 평화하도록 노력하는 것입니다. 나의 분수 안에서 가능하면 그렇게 하는 것입니다("할 수 있거든 너희로서는 모든 사람과 더불어 화목하라", 롬 12:18).

　하나님께서 우리 각자에게 원하시는 것은, 좋은 모든 일을 '내가' 하는 것이 아니라, 내가 할 수 있는 좋은 일을 하는 것임을 기억할 수 있었으면 좋겠습니다. 탈진되면 내가 할 수 있는, 바로 나에게 맡겨진 나의 일을 하지 못하게 됩니다. 그러니 분수를 지나는 강적을 피하거나 그를 대하는 것을 유보하는 것은, 진정 자기가 할 수 있는 것으로 자기가 맡은 자기의 일을 하기 위한, 적극적 자세임을 꼭 명심하시기 바랍니다. 피하거나 유보하는 전자만 보지, 적극적인 자세인 후자를 보지 못하여 잘못된 죄책감을 갖게 되는 경우가 그리스도인들에게 드물지 않게 일어나는 현상이라 하겠습니다. 그리스도인은 좋은 모든 것들을 하나님의 은혜로 '자기가' 다 해야 하고, 모든 문제를 '자기가' 다 해결해야 하는 것으로 여기는 경향을 보이기 쉽습니다. 거기서 결국은 위선과 외식의 문제가 등장하게 될 것입니다. 각 사람은 자기의 일을 하는 것입니다. 자기가 받은 분량의 일을 하는 것이지요. 분량과 분수에 대한 가르침이 한국교회에 결여된 중요한 것들 중에 하나가 된다고 생각합니다. 자기의 분수를 지나는 것은 욕심입니다. 분수 안에서 충실할 수 있는 지혜는 '지향적 목표에 이르게 노출되는 그리스도인'들에게 특별히 요청되는 것이라 할 것입니다.

또 분수를 넘어서서 탈진이 된다면 그 강적을 선한 마음을 가지고 다시 대하기란 웬만해서는 어렵습니다. 그를 평생 포기하게 될 가능성이 높게 됩니다. 그렇기 때문에 무대포로 사랑하는 것은 자신과 자신이 진정 도울 수 있는 사람들뿐 아니라, 그 강적을 위해서도 이롭지 않습니다. 여러분, 특별한 경우가 아니라면, 어느 상황에서도 자기 자신을 마냥 탈진되도록 내버려 두어서는 안 됩니다. 내가 꼭 그 사람을 변화시켜야 하는 것이 아닙니다. 나보다 더 성숙한 다른 사람의 몫일지 모릅니다. 또는 성숙과 관계없이 그 사람을 나보다 훨씬 잘 대해줄 수 있는 전문가가 있을지 모릅니다. 어떤 경우에 해당하는지를 면밀하게 따져 보아야 할 것입니다. 그래서 그렇다면 내가 물러서야 할 것입니다. 만약 정 내가 그를 감당해야 한다면, 내가 자라기를 기다려야 합니다. 지금의 자기 분량으로는 감당할 수 없는 강적이라 해도, '선한 지향을 가지고 꾸준히 나아가다 보면' 어느새 그 강적의 크기보다 훨씬 큰 분량의 사람이 되는 경우를 적지 않게 경험할 때가 있을 것입니다. 그렇게 되면, 성장한 나의 분량 안에 들어오는 옛날의 강적들을 적절하게 대할 수 있게 되는 것이지요.

저에게도 강적들이 많았는데, 어느 한 시점에 아주 어려웠던 강적으로 세 사람이 있었습니다. 그 사람들을 만나면서 저는 그들이 저의 분수를 넘어서는 상대, 즉 저에게는 강적임을 알았습니다. 그 때에는 그들을 향한 사랑의 마음이 그들을 향한 분노, 미움보다 더 컸습니다. (저로서는, 제가 특별히 잘못하지 않았는데도 그들은 제가 마치 심각한 잘못을 한 것같이 대하는 것으로 생각했습니다.) 그래서 그 당시에 저는 그 사람들을 직접 상대하여 문제를 풀겠다는 노력은 유보하기로 했습니다. 가급적이면 그들과 직접 만나게 되는 것을 피하기로 했습니다. 만나더라도 적극적인 대화는 시도하지 않았습니다. 일정 기간 동안 저를 시간의 흐름에 맡겨 그들의 강적됨보다 제가 더 큰 사람이 되기를 기다리기로 했습니다. 처음에는 그 사람들에 대한 기도도 잘 나오지 않았습니다. 그러나 시간이 흐르면서, 직접 대면하는 것은 유보시키고 있었지만, 진정 그들을 위한 기도를 드릴 수 있게 되었습니다. 물론, 기도할 때 그들에 대한 저의 감정이 아주 좋았던 것은 아니었습니다. 어느 정도 불편했지만, 그 강도가 처음보다는 많이 누그러져 있었습니다. 시간이 흐르면서 기도와 함께 제가 자라는 것을 느낄 수 있었습니다.

어느 시점에서 제가 그 세 사람 중 두 사람은 받을 수 있는 크기의 사람이 되어 있음을 알게 되었습니다. 그래서 그 때부터는 전보다는 훨씬 적극적인 노력을 기울이게 되었습니다. 이후로 두 사람과의 관계는 많이 호전되어가고 있습니다. 그 두 사람의 강적됨보다 제가 더 커졌기 때문에 두 사람과의 관계는 거의 회복되어 갈 것입니다. 이제 그 두 사람은 저에게서는 '강적'의 타이틀이 떼어졌습니다. 남은 한 사람은 아직 저에게 강적이 되고 있습니다. 그러나 처음보다는 저의 분량이 많이 커졌기 때문에 그 사람에 대한 저의 태도 역시 상당히 변해 있습니다. 그 사람을 위하고자 하는 진정한 마음과 그 사람이 하나님 안에서 잘되기를 간구하는 마음이 자연스럽게 생기게 되었습니다. 기도하는 중에 하나님의 은혜 아래서 저는 언젠가는 그 사람의 강적됨보다 저의 크기가 더 커질 때가 올 것을 믿고 기대하며 기다리고 있습니다. 그 때가 오면 제가 적극적으로 움직이게 될 것입니다. 평생을 살아가면서 새로운 강적들을 계속적으로 만나게 될 것으로 예상하고 있습니다. 그러나 저의 크기가 점차 커지기 때문에 그 숫자는 점차적으로 줄어들 것이라는 소망이 있습니다.

여러분, 하나님 안에 바로 서 있다면 우리는 분명 자라게 되어 있습니다. 저의 얘기를 해서 죄송한데, 저 자신을 볼 때 10년 전보다 훨씬 성숙해져 있음을 봅니다. 5년 전보다 많이 성숙해졌습니다. 그러는 저를 통해 배우는 것이 있습니다. 저는 하나님의 은혜 가운데서 지향을 바르게 따라가도록 노력하면 앞으로 5년 뒤에는 현재의 저보다 더 많이 성숙해져 있을 저를 기대합니다. 정말로 그 소망이, 부족하고 문제가 많은 오늘의 나를 이끌어가는 데 큰 힘이 되어 줍니다. 10년 뒤에는 말할 것도 없습니다. 그 때는 하나님께서 저에게 기대하시는 그 본래적 저 자신에 더욱더 가까워져 있을 것입니다. 그 미래의 나에 대한 기대가 저에겐 아주 중요한 소망이 되어 저를 이끌어 갑니다. 그 소망이, 연약하여 낙심되는 오늘의 저로 인해 지속적으로 절망 가운데 있지 않게 합니다. 제가 분명 하나님 은혜 안에 거하는 가운데 부족하나마 성숙을 향한 발걸음을 계속 내딛는 노력을 한다면, 아직도 많이 부족하지만 지금까지 점진적으로 더 성숙한 모습으로 끊임없이 변해 왔듯이 앞으로도 틀림없이 변해 갈 것을 믿습니다 (롬 8:29-30). 하나님의 진리의 길을 따라 가는 가운데 하나님께서 우리에게 빚어주실 그 미래적 자기의 모습이 여러분에게 실질적인 소망을 줄 수 있게 되기를 바라는 마음 간절합니다.

선순환을 돌리는 것이 좋다고 하여 무턱대고 덤벼드는 것은 중간에 포기하게 될 가능성이 높습니다. 세상에는 현재의 자기가 감당하기 어려운 강적들이 있습니다. 그렇기 때문에 자기의 분량을 알아 지혜롭게 행해야 하겠습니다. 그렇지만 그 분량은 고정적인 것이 아니라 자랄 수 있는 것임을 기억하면서, '오늘의 나'에게 어려운 것은 '미래의 나'에게 넘기는 것이 지혜롭습니다. 그리고 이 일은 혼자 하는 것이 결코 아니라, 함께 나누어 가야 하는 일임을 꼭 기억하셔야 할 것입니다. 그래서 때때로 많이 지쳐있는 분들을 만나면, 짐을 조금이라도 나누어져 그 분이 완전히 탈진 상태에 빠지지 않도록, 할 수 있는 만큼 도와야 할 것입니다. 우리는 서로에게 적절하게 상호의존할 수 있어야 합니다. 이는 우리가 그래야만 되는 완전할 수 없는 연약한 존재이기 때문입니다.

자기가 감당할 수 없는 강적을 대하다가 탈진되어, 사랑의 마음으로 적절하게 대할 수 있는 사람들을 그렇게 대하지 못하는 경우들이 왕왕 있습니다. 그런 의미에서 강적에게 '적절한 No'를 하고 자기가 적절하게 대할 수 있는 사람을 적절하게 대하는 것은, 강적에 대해서는 No가 되지만 자신이 좋은 마음으로 대하는 사람들 전체 또는 자기의 삶 전체에 대해서는 Yes가 된다고 하겠습니다. 왜냐하면 강적을 상대하다가는 강적에게 좋은 열매도 맺지 못하고 자기가 잘 대할 수 있는 사람들도 잘 대하지 못하는데, '적절한 No'로 인해 자기가 잘 대할 수 있는 사람들은 잘 대할 수 있기 때문입니다. 경우에 따라 강적에게 No를 한 후, 그를 적절하게 대해줄 수 있는 다른 사람에게 인도한다면 전체적으로 볼 때는 강적에게 한 No도 Yes가 되는 것이라 할 수 있습니다. 또 '오늘의 나'에게는 강적이어서 대하다 보면 탈진되어 서로에게 좋지 않은 결과만 나타나게 되고 이후로는 그와 관계가 끊어질 가능성이 압도적으로 높은데, 오늘은 No를 하되 '미래의 나'에게 맡김으로 나중에 강적보다 큰 내가 되어 강적을 잘 대해주게 된다면, 이 역시 전체적으로는 Yes가 되는 것이지요.

그렇기 때문에 No는 전체적으로 볼 때 항상 No가 되는 것이 아니라, 경우에 따라서는 Yes가 될 수 있다는 것을 생각할 수 있어야 합니다. 특히 전체를 고려한 '적절한 No'는 대부분 Yes가 된다고 하겠습니다. 그런 의미에서 '적절한 No'와 '분수'의 개념을 종합하여 자기 생활에 적용할 수 있는 능력은 우리의 성화의 길에 필시 획득해야 하는 것입니다.

(물론 강적을 양산해서는 안 될 것입니다. 자기가 좀 수고하면 감당할 수 있는 사람을 강적으로 처리하여 피하게 되면 합리화의 늪에 빠지게 될 것입니다. 강적의 선정은 아주 진지하고 신중한 작업을 거쳐야 합니다. 때때로 전문가의 도움을 받는 것이 도움이 될 때가 있습니다.)

🌱 비교하는 마음에 대해

정신치료를 하면 내담자를 괴롭히는 것들에 대한 탐색을 하게 됩니다. 그것들 중에는 바로 그 사람의 마음인 경우가 참 많습니다. 경우에 따라서는 가장 심각하게 자기를 괴롭히는 것이 자기의 마음이 되기도 합니다. 우리를 괴롭히는 나의 마음들이 있습니다. 자기를 있는 그대로 받아들이지 못하는 마음, 자기에게 엄격한 부모의 역할을 하는 마음, 실수하지 않으려는 마음, 완벽하려는 마음, 거절당할 것을 두려워하는 마음, 무시당하지 않을까 하는 마음, 못난 사람으로 보이지 않을까 하는 마음, 나를 더 잘 알면 나에게 실망하여 나를 떠나지 않을까 하는 마음 등등 참 많습니다.

그 중에서도 거의 모든 사람들을 괴롭히는 마음이 있습니다. 비교의 마음입니다. 어느 사람이고 모든 일에 있어서 모든 사람보다 뛰어날 수 없기 때문에 비교의 마음은 모든 사람을 힘들게 하는 것이라 할 수 있습니다. 비교의 마음은 우월감, 열등감, 자기 비하와 학대, 질투, 분노, 복수, 실망, 자포자기, 우울 등등의 부정적인 마음을 낳게 됩니다.

신앙에 있어서도 비교의 마음이 영향을 미칩니다. 다른 사람보다 더 많이 전도하고 더 많이 구제하고 더 많이 봉사하고 더 큰 교회를 하고……등등의 마음입니다. 이 '더 많고 더 큰'의 욕구가 우리를 몰고 가는 힘이 만만하지 않습니다. 결국은 지치게 하고 평안하지 못하게 합니다. 자기보다 '더 많이' 하는 것같이 보이는 사람들을 보면서 낙심이 되기도 합니다. 교회에서 교인들에게서 비교하는 마음을 불러일으켜 바람직하지 않은 어떤 목적을 이루려 하는 메시지가 전해지기도 합니다.

하나님께서 이 세상에서 각 사람들을 두신 처지나 조건이 서로 다릅니다. 생물학적 환경, 정신적 환경, 가정적 환경……수없이 많은 부분에서 다르게 태어납니다. 그렇기에 원칙적으로 남과의 비교는 불가능합니다. 비교라는 것은 모든 면에서 동일한 조건에 서 있어야 가능하지 않은가요? 그렇게 원칙적으로 따져보아도 남과 비교한다는 것은 사실 터무니없는 것이라는 것이 드러납니다. 그렇습니다. 하나님께서 모든 사람을 서로 다른 환경에 두신 것입니다. 이는 사람은 기본적으로 창조주 하나님을 바라보고 살아야지, 사람을 보고 살게 되어 있지 않음을 의미할 수 있습니다. 이 땅에 이러저러한 조건을 가진 자기만의 독특한 환경 속에서 태어났는데, 바로 그 독특한 그래서 유일한 나의 삶-분수-을 허락하신 창조주에 대해 자기로서의 최선을 다하여 살아가고자 하는 것이 모든 사람들이 가져야 하는 근본적인 의식이라 생각합니다.

성경 역시 비교하는 가음에 대해 관심을 보이며, 이곳 저곳에서 말씀합니다. 여기서는 갈라디아서 6장 4절을 통해 생각해봅시다.

> "각 사람은 자기 행실을 살펴보십시오. 그러면 자기에게는 자랑거리가 있더라도, 남에게까지 자랑할 것은 없을 것입니다"(표준새번역).

본문의 말씀은 무슨 의미입니까? 예를 들어, 동기와 최선의 관점에서 생각해볼 수 있습니다. 자기가 무엇을 할 때 어떤 동기를 가지고 했으며 얼마나 최선을 다했는지 알 수 있는데, 그것들은 남과 비교되는 항목이 아니라 자기 자신에게 물어 알 수 있는 것입니다. 그래서 이 두 항목에 대해 부끄러움이 없다면 자기 자신에 대해 자랑할 수 있다는 의미일 것입니다. 당연히 남에게까지 자랑할 것은 못 되겠지요. 영어성경 NIV에서는 남과의 비교에 대해 특별히 언급하고 있습니다. "Each one should test his own actions. Then he can take pride in himself, without comparing himself to somebody else"("각 사람은 자기 자신의 행동을 살펴보아야 합니다. 그러면 다른 누구와 자신을 비교함 없이 자신 간에서 자랑을 취할 수 있을 것입니다", 직역). 비교하지 말라는 것입니다. 모든 사람은 각자 자기에게 허락된 삶—분수—을 받아 살아가는 것입니다. 분수는 비교할 수 없다는 것입니다.

세상 사람들은 무엇을 자랑하는지요? 사람들의 자랑은 대개 남과의 비교에서 오는 것들입니다. '남보다' 더 좋은 학교를 다니고, '남보다' 더 좋은 직장을 다니고, '남보다' 더 높은 지위에 있고, '남보다' 더 좋은 집에 살고, '남보다 더 나은 자녀들을 두고……' 등등입니다. 그런 면에서 남과 비교하는 데서 오는 것이 아닌 그리스도인의 자랑은 참 차별적입니다. 우리가 곰곰이 생각해보면 하나님 나라의 원리가 참임을 깨닫는 것이 그리 어렵지 않습니다. 그만큼 이 땅의 세계와 하나님 나라가 차별적임을 말해줍니다. 하나님의 자녀들은 하나님 나라의 원리에 밝아 이 땅의 세속적 원리로 인해 마음이 어두워지지 않아야 할 것입니다. 우리는 하나님의 원리들을 더욱 깊이 아는 데 힘을 쓰고, 그 원리에 충실하여 이 땅을 의연하게 살아가는 즐거움을 누려야 할 것입니다.

그런데 문제는 우리가 지적으로 안다고 해도 우리가 순순히 그렇게 변하지 않는다는 데 있습니다. '비교하는 마음'은 참 끈질깁니다. 만만한 상대가 아닙니다. 비교하는 마음은 참 많은 것을 낳습니다. 헛된 자랑도 낳지만, 부끄러움이나 열등감도 만들어 냅니다. 역시 '남보다'라는 비교의 식에서 나옵니다. 남과 비교할 필요가 없으니 그런 마음들 자체가 생기지 않아야 하고, 굳이 가질 필요가 없는 마음들입니다. 그런데도 우리의 마음은 우리의 통제권을 벗어나 자유롭게 남과 비교하는 길을 계속 가면서 그런 부정적인 마음들을 만들어내는 것입니다. 비교하는 마음에게 싸움을 걸어야 합니다. 그 마음이 그냥 길을 가게 하지 않도록 말입니다. '인간은 사람을 대하여 사는 것이 아니라 하나님을 대하여 사는 것이기 때문에 다른 사람과 비교하는 것은 부질없는 것이다.'라는 의식을 강화시켜 가면서 말입니다. 처음에는 승률이 낮을 것입니다. 지더라도 또 일어나서 싸움을 걸어야 합니다. 또 지더라도 다시 일어나 싸움을 걸고……또 싸움을 걸다 보면 점차 승률을 높여갈 수 있을 것입니다. 그런 식의 과정을 통해 우리의 자연적인 타락한 마음을 극복해 가면서 하나님께서 원하시는 새 사람의 모습을 더욱 분명하게 빚어가게 될 것입니다.

그런 애씀에 하나님께서 성경을 통해 가르쳐 주시는 하나님 나라의 원리를 깨우치는 것이 큰 도움이 될 것입니다. 그 원리가 참으로 옳다는 것을 압니다. 따라가고 싶은 마음이 우러납니다. 그 길만이 생명의 길이니 처음엔 다소 힘들더라도 가야 합니다. 그 싸움을 하는 데 도움이 되는 원리를 하나 더 생각해보겠습니다. 하나님께서는 성경을 통해, 남과 비교하는 상대적 관점에서 타인과 자신을 보지 말고, 각자에게 고유한 절대적인 관점을 가지고 각자를 보아야 함에 대해 여러 곳에서 말씀하셨습니다.

예수님의 유명한 달란트 비유(마 25:14-30)가 있지 않습니까! 다섯 달란트를 받아 다섯 달란트를 남긴 종과 두 달란트를 받아 두 달란트를 남긴 종에게 주인은 똑같은 내용으로 칭찬한다고 예수님께서 말씀하셨습니다. 두 달란트보다 다섯 달란트가 많으니 다섯 달란트를 남긴 사람을 더 칭찬한다고 하지 않으셨습니다. 각자를 각자 안에서 절대 평가하신다는 의미가 아니겠습니까?

바울 사도도 "내게 주신 은혜로 말미암아 너희 각 사람에게 말하노니 마땅히 생각할 그 이상의 생각을 품지 말고 오직 하나님께서 각 사람에게 나누어주신 믿음의 분량대로 지혜롭게 생각하라"(롬 12:3)고 각 사람의 분수 개념에 대해 말하는데, 이 역시 남과 비교하지 말고 자신 안에서 절대적 관점을 가지라는 의미일 것입니다.

예수님을 부인한 것에 대해 용서받은 후 예수님의 양을 치라는 명을 받은 베드로 사도가 다른 사도에 대해 "주님 이 사람은 어떻게 되겠사옵나이까"(요 21:21)라고 물었을 때, 예수님께서 "내가 올 때까지 그를 머물게 하고자 할지라도 네게 무슨 상관이냐 너는 나를 따르라"(요 21:22)고 말씀하신 것도, 각 사람은 남과 비교할 것 없이 자기가 살아야 하는 삶이 있다는 의미가 담겨있으리라 생각합니다.

　예수님께 칭찬받은 과부의 연보의 예는 비교에 대한 논쟁을 종결시키는 강한 메시지가 아니겠습니까?

　"예수께서 헌금함을 대하여 앉으사 무리가 어떻게 헌금함에 돈 넣는가를 보실새 여러 부자는 많이 넣는데 한 가난한 과부는 와서 두 렙돈 곧 한 고드란트를 넣는지라 예수께서 제자들을 불러다가 이르시되 내가 진실로 너희에게 이르노니 이 가난한 과부는 헌금함에 넣는 모든 사람보다 많이 넣었도다 그들은 다 그 풍족한 중에서 넣었거니와 이 과부는 그 가난한 중에서 자기의 모든 소유 곧 생활비 전부를 넣었느니라"(막 12:41-44).

　성경을 통해서 읽게 되는 하나님의 마음은, 자기만의 분수를 가지는 모든 사람은 기본적으로 똑같이 존중받아야 한다는 것입니다. 비교하여 줄을 세워 순번을 매겨서 사람들을 차별적으로 대하는 세상과 달리 말입니다. 우리를 향한 하나님의 뜻 중 하나는, 우리가 하나님 나라의 원리에 정통하여 그대로 살아가는 가운데, 이 땅에서부터 하나님의 나라가 우리를 통하여 더욱 강성하게 세워지는 것이라 생각합니다. 우리가 먼저 이렇게 살아가도록 힘씁시다. 이웃을 그 원리로 대하도록 합시다. 그리하여 하나님의 은혜 가운데서 우리가 사는 곳에서부터 하나님 나라의 모습이 점차 강성해지는 역동적인 변화의 물결이 일어나기를 간절히 소원합니다.

:: 과정성 전체에 대한 독자의 반응

"여고시절에 한참 감수성이 예민했던 시기에 저를 짓눌렀던 명제가 있었습니다. 나는 이중인격자가 아닐까 하는 스스로에 대한 멍에였던 셈이지요. 성경에 보면 그리스도인의 참 모습이 나오는데 나는 그런 모습에 다가

가기는커녕 생각조차도 미치지 못하니 말로는 그리스도인이요 행동과 사고는 전혀 그리스도인이 아닌 모습에서 스스로를 그렇게 비하했던 것이었습니다.

"그 중에서 특히 나에게 다가온 것은 협의적 구원과 광의적 구원에 대한 설명이었습니다. 그 동안 선교단체나 교회를 통해 '과정적 존재' 라는 말조차 들어보지 못했습니다. 또한 그리스도인의 과정적인 모습과 그 점진적인 발전에 대한 구체적인 방법에 대해 언급도 없이 둘 중(협의의 구원과 광의의 구원)에 어느 한 쪽만을 강조하는 지도자만 만났습니다. 그래서 신앙에 많은 의문점을 가지고 있었고 신앙과 현실 사이에도 많은 괴리감을 느꼈습니다. 내가 도달하지 못한 지향적 목표 때문에 좌절도 많이 했습니다. 그러한 문제들이 이 책을 읽으며 분별되기 시작했습니다. 분수에 대한 이야기도 내게 많은 것을 생각하게 합니다. 지금까지 가졌다고 생각하는 주님에 대한 열정과 여러 부분적인 자기들을 분별할 수 있게 되었습니다. 이제부터는 과정적이고 지향적인 그리스도인관을 갖고 기복지향에서 인격적인 성숙 지향으로 살아가야겠다고 다짐하게 됩니다."

"신앙생활을 하다 보면 현실과 성경의 이율배반적인 상황을 경험하게 된다. '거짓말' 이라는 단순한 용어 한 가지만 하더라도 세상은 매사에 거짓말로 이어지는 경우가 대다수이며 특히 장사를 할 경우에는 더 더욱 그러함을 부인하지 못한다. 특히 천국 시민의 자격을 판가름하는 그리스도의 산상수훈은 신자들로 하여금 많은 갈등을 겪게 하는 부분들이 있다. 즉 '오른편 뺨을 치거든 왼편도 돌려대며' 라는 말씀이나 '속옷을 가지고자 하는 자에게 겉옷까지 가지기 하며……너로 억지로 오 리를 가게 하거든 십 리를 동행하고……원수를 사랑하라' 는 내용 등이 그렇다.

"신자라면 '거짓말을 해서는 안 된다.' 는 상식쯤이야 어린이들도 잘 안다. 허나 성인이 된데다 신앙생활을 한다는 자신이지만 내면을 깊이 들여다 보는 순간 말씀대로 거짓 없이 진실한 삶을 살지 못한 이중적 삶에 대한 좌절감을 느껴보지 않은 사람은 거의 없을 것이다. 그리고 없는 것도 마구 꾸미며 모략중상을 밥 먹듯 하는 세상에서 '오른편 뺨을 치거든 왼편도 돌려대며……원수를 사랑하라.' 는 교훈을 실천하는 것은 실성한 사람이 아니고는 할 수 없는 비현실적인 것임이 틀림없다. 여기에다 '살인하지 말라.', '간음하지 말라.', '도둑질하지 말라.' 등의 계명은 신자들에게 큰 고민거리가 되지 않을 수 없다. 물론 사람을 죽이거나 강간, 절도 등을 저질러서가 아니라 노하거나 미움이 생길 때는 벌써 살인죄에 해당하고, 음욕 자체가 간음으로, 욕심이 도둑질로 취급되기 때문이다. 더군다나 '육신의 생각은 하나님과 원수……육신대로 살면 반드시 죽을 것' 을 강조한 바울 사도의 편지는 육신을 입고 살아가는 우리에게 절망적인 선포가 아닐 수 없다.

"그러나 신앙인으로 김 진 정신과 전문의는 최근 집필한 『중생 이후의 삶을 어떻게 맞이해야 하는가』라는 저서에서 적절한 제시를 했다. 즉 그는 '그리스도인은 과정적 존재' 라고 설명했다. 아무리 예수를 영접하고 중생을 했더라도 한꺼번에 성자가 될 수는 없다는 논리이다. 중생했다는 것은 '영적으로 다시 태어났다.' 는 의미로 막 태어난 아기가 '원수를 사랑' 한다거나 '겉옷' 까지 벗어 주거나 '십 리' 를 동행하는 문제를 놓고 미리 고민하고 갈등하는 것은 타당치 않다는 것이다. '오호라 나는 곤고한 사람이로다' (롬 7:24)라고 고백했던 사도 바울도 신자는 다분히 과정적 존재임을 분명히 하고 있다. '내가 이미 얻었다 함도 아니요 온전히 이루었다 함도 아니라 오직 내가 그리스도 예수께 잡힌 바 된 그것을 잡으려고 달려가노라' (빌 3:12)라고. 즉 신자는 날마다 성화라는 목표를 향해 '달려가는' 존재라는 것이다. 그리고 육신을 입고 땅에 거하는 동안에는 그 누구도 완전한 성화를 이룰 수 없다는 것이다. 그러므로 우리의 삶은 항상 상승선을 그리며 발전하는 존재라기보다는 '전진' 과 '퇴보' 를 반복하며 굴곡을 그리면서도 결국은 성화라는 목표에 이르게 됨을 강조하는 것이다.

"중요한 것은 자신과 하나님께 보다 솔직한 것이다. 자신은 아직 유아의 음식이 필요함에도 불구하고 성인이 된 것처럼 성인의 음식을 구하거나 성인의 행세를 하려는 것은 스스로 갈등을 일으킬 소지가 다분하다. 그래서 사도 바울은 강조하기를 '오직 우리가 어디까지 이르렀든지 그대로 행할 것이라' (빌 3:16)고 했다. 따라서 오늘 당장 성경대로 살지 못한다고 좌절하거나 갈등할 필요가 없다. 성경이 제시한 천국시민의 생활 자격은 오늘 예수님을 영접했다 해서 당장 시행이 불가하다. 그러나 자신은 궁극적인 성화를 향해 달려가는 존재임을 잊어서는 안 되며, 좌절되고 갈등을 겪는 만큼, 고민되고 괴로운 어떤 일이 있을 때마다 하나님께 회개라는 통로를 통해 정직하게 고백해야 한다. 그리고 '너희는 이 세대를 본받지 말고 오직 마음을 새롭게 함으로 변화를 받아 하나님의 선하시고 기뻐하시고 온전하신 뜻이 무엇인지 분별하도록 하라' (롬12:2)는 말씀을 삶의 기초로 삼아야 할 것이다."

"사람들에 대한 예수님의 평가 기준이 어디에 있는지에 대해서 깨닫게 된 것이 감사하다. 주님은 사람들의 과거나 현재의 모습만을 보고 평가하지 않으셨다. 예수님이 삭개오나 사마리아 여인을 만나주셨던 것들을 통해서 알 수 있듯이, 주님은 그 사람 안에 잠자고 있는 선한 씨앗을 보고 그것이 활성화될 수 있도록 이끄셨다. 나는 얼마나 사람들의 현재적인 모습이 아닌 과거와 내가 경험한 그 사람의 부분만을 보고 판단하는 경향이 많은지 모른다. 과거의 모습과 현재의 '아직은 성숙하지 않은 모습'을 보고 함부로 평가하거나 판단하지 말고, 사람들 안에 있는 선한 가능성을 볼 줄 아는 사람이 되고 싶다. 주님이 나의 가능성을 보고 참고 계시는 그 마음을 온전히 알게 될 때 나도 그렇게 할 수 있을 것이라 기대해본다.
"하나님이 인간을 보는 시각에 대해 다윗을 예로 들어 설명한 내용을 읽으며 깊은 감동을 받았다. 인간의 존재가 어떠한지 알고 계시는 하나님께서는 인간이 얼마나 추한 모습을 보일 수 있는지를 알고 계시며 인간의 그 모습 때문에 놀라지 않으신다는 글을 읽으며, 나 자신이 어떤 존재인지를 다시금 생각해보았다. 하나님이 인간을 다루실 때 부분으로 전체를 다루지 않고 전체 안에서 부분을 다루신다는 사실을 통해 하나님이 나를 어떻게 보시는지 이해하게 되었고, 부족함이 많은 나 자신을 용납하는 데 크게 도움이 되었다. 또한 내가 만났던 수많은 사람들과 앞으로 만날 사람들의 과정성을 이해하고 용납하는 데 무엇보다 도움이 될 것 같다. 하나님처럼 그렇게 사람들을 대할 수는 없지만 단편적인 모습을 보고 그 사람의 전체를 평가하는 것이 얼마나 한 사람을 잘못 보는 것인지 깨닫게 되었다. 사람의 전체를 보시는 하나님, 그 분은 역시 하나님이시다!! 지향적 목표를 현재적 목표라고 항상 생각하며 살지는 않았지만 자주 '나는 이러 저러해야 하는데.' 라는 생각으로 인해 있는 그대로의 나를 수용하지 못하고, 당위적이고 지향적인 생각에 짓눌린 피곤한 삶을 살았던 때가 많았다. 어렸을 때 충분히 사랑받지 못한 사람들은 사랑스런 존재가 되기 위해서 완벽주의적인 삶의 태도를 취할 수 있는데 내가 지향적인 목표를 현재적 목표로 삼고 살았던 것은 바로 나의 성장역사와 관련이 있다는 생각이 든다. 기드온처럼 정직한 모습으로 하나님께 나아가지 못하고 나의 더 나은 모습을 사람들과 하나님께 보여주려고 했던 적이 많았다. 이제는 하나님 앞에 어느 정도 정직한 모습으로 나아갈 수 있게 되었다. 그러나 아직도 나 자신에게나 사람들 앞에서 '현재의 정직한 나' 로 완전히 자유하지 못하다. 아직은 내가 사람들을 온전히 신뢰하지 못하기 때문이라고 생각된다. 그러나 오랫동안 신뢰하지 못하던 내가 조금씩 사람들을 신뢰할 수 있게 된 것을 그대로 인정하고 싶다.

"하나님은 사람을 전체 안에서 부분을 보시며 현재의 모습만을 보시지 않으시고 그의 전체적인 모습을 보시는 것처럼, 나 자신을 현재의 부끄러운 모습을 존재화시키기보다는 내 안에 선한 것들이 활성화될 수 있도록 해야겠다. 또한 다른 사람의 현재적인 모습이나 과거의 모습을 보고 쉽게 '누구는 어떤 사람이다.'는 딱지를 붙이지 말아야겠다고 다짐해본다. 나의 부분적인 모습만 보고 그것도 자신의 부정적인 면을 투사해서 판단하고는 그것이 나의 전체인 것처럼 나를 판단하는 말을 들었을 때 정말 마음이 아팠다. 그러나 그것이 내가 아니라는 것을 알고 있었기에 이전보다 마음이 덜 흔들렸다고 할 수 있다. 나 또한 그런 말을 했던 사람들을 그의 전체 모습인 것처럼 생각하려는 경향이 있다는 것을 알았다. 그것은 그의 부분적인 모습이고 현재의 연약한 모습일 뿐이지 그의 전체는 아니라는 것을 이 책을 통해서 깨닫게 되어 다행이다."

"각자에게 각자의 수준이 있기 때문에 자신의 수준에 맞추어 살아야 한다는 말이 큰 위로가 된다. 아무리 필요하고 좋은 일이라 해도 내가 당장 감당할 수 없다면 할 수 없는데, 나는 늘 그렇게 하지 못하는 자신을 책망하며 무엇인가 잘못하고 있다는 생각을 오랫동안 해왔다. 나를 이유 없이 비방하고(그 사람의 문제라고 생각된다.) 자기 마음대로 판단하는 사람을, 지금까지는 불편한 마음을 억압하고 겉으로는 좋은 모습으로 대해왔다. 그러나 현재의 나는 진정한 마음으로 그를 좋게 대할 수 없는 수준에 있음을 이제는 보게 된다. 다른 사람에게 그 사람에 대해 비난하고 다닐 생각은 없지만 그를 이전처럼 대할 수는 없다. 내 수준을 아시는 하나님 앞에서 자유해야겠다고 생각한다. 그리고 내가 그 일로 얼마나 마음이 상하고 아픈지 하나님께 정직하게 아뢰야겠다."

"하나님이 내게 주신 덜란트를 개발하기 위해 최선의 노력을 해야 한다는 말이 마음에 깊이 와 닿는다. 이전에 나는 나의 부족한 점에만 초점을 맞추어 나를 개발시키는 데 에너지를 사용하지 못했었다. 그러나 이제는 하나님이 내게 주신 씨앗을 살려 꽃피워야겠다는 생각을 하게 되었다. 내 욕심이 아니라 하나님이 주신 것을 개발한다는 생각을 하게 되니까 사명감을 느끼게 된다. 다른 사람과 나를 비교할 것이 아니라 내가 해야 할 일을 하는 것이 바로 하나님이 나를 향하신 뜻임을 더욱 확신하게 되었다."

3. 과정적 존재성과 관련된 주요 내용들

1. 그리스도인 안의 '옛 사람과 새 사람'

그리스도인의 과정성을 성경의 개념인 '옛 사람과 새 사람' 개념으로 함께 생각해볼 수 있습니다.

"너희는 유혹의 욕심을 따라 썩어져 가는 구습을 따르는 옛 사람을 벗어버리고 오직 너희의 심령이 새롭게 되어 하나님을 따라 의와 진리의 거룩함으로 지으심을 받은 새 사람을 입으라" (엡 4:22-24).

여기서 '벗어버리거나, 입는' 행위는 단회적인 것을 일컫는 것이 아니라, 지속적인 것을 의미합니다. 그리스도인은 중생하면서 '법 또는 신분적 측면'에서는 하나님 안에서 새로운 피조물("그런즉 누구든지 그리스도 안에 있으면 새로운 피조물이라 이전 것은 지나갔으니 보라 새것이 되었도다." 고후 5:17)이 되었습니다. 그러나 '인격적인 측면'에서는 아직 하나님의 뜻에 거슬러 살고자 하는 옛 사람의 모습과 하나님의 뜻에 따라 살려 하는 새 사람의 모습이 섞여 있습니다. 새로운 피조물이 되었다는 것이, 인격적 측면에서 100% 새 사람이 되었다는 것을 의미하는 것이 아닙니다. 이 두 용어는 서로 다른 측면의 그리스도인의 모습을 일컫는다는 것을 잊지 않아야 하겠습니다. 그렇기 때문에 모든 그리스도인은, 아마도 이 땅을 떠날 때까지, '옛 사람을 벗고 새 사람을 입는 역동적인 삶'을 살아가야 하는 것입니다.

우리가 주의를 기울여야 하는 점은, 신분적으로는 하나님의 자녀 또는 새로운 피조물이 되었지만 실제로는 옛 사람의 모습이 아직 우리 안에 남아있다는 것입니다. 그 옛 사람이 끊임없이 우리를 자극할 것인데, 이 엄연한 사실을 인정할 수 있어야 합니다. 만약 우리의 관심이 온통 새 사람에게만 가 있다면, 우리 안에 사실적으로 존재하는 옛 사람의 모습은 억압되고 부정되어져 숨겨질 것입니다. 그러나 억압하고 부정한다고 하여 없어지는 것이 절대 아니지요. 의식하지 못하는 우리의 정신세계인 닫힌의식 속으로 들어가 자리를 잡게 됩니다. 일단 닫힌의식 속으로 자리를 잡게 되면, 의식하지 못하기 때문에 다루기가 어렵습니다. 그러면 시간이 지나면서 옛 사람은 자신이 의식하지 못하는 가운데 닫힌의식 속에서 힘을 축적한 후, 어느 순간 우리에게 엄청난 영향력을 발휘하게 될 것입니다. 심지어는 우리의 삶을 옛 사람이 주도적으로 이끌어가는 불행한 일이 일어날 수도 있습니다.

성경은 그리스도인에게 옛 사람이 존재한다는 사실을 아주 분명하게 지적합니다. 이를 피할 수 있는 그리스도인은 아무도 없습니다. 성숙의 정도에 따라 다소간 차이가 있겠지만, 우리에게는 부끄럽고 수치스러운 모습들이 존재합니다. 자기이고 자기의 일부분인 것입니다. 이 옛 사람의 움직임에 적절한 주의를 기울일 때, 겸허해야 하는 존재로 겸허하게 되고 그것이 밖으로 드러나 활개치는 것을 어느 정도 통제할 수 있게 될 것입니다.

그리스도인이 되었다 해도 완전히 선한 존재로 비약한 것이 아니기 때문에 현재적 자기에 대해 사실적으로 정직해야 한다는 것은, 그 중요성을 아무리 강조해도 지나침이 없을 것입니다. 불완전한 인간은 자기의 부족한 부분을 감추려 하는 유혹을 받는데, 감춰서 해결된다면 몰라도 결국에는 더 나쁜 결과를 맞이하게 되기 때문입니다. 결국 있는 그대로의 자기를 전체적으로 보는 힘을 키워야 하는 것입니다. 우리 안에서 옛 사람의 모습이 완전히 사라지기를 소망하지만 그것은 우리에게 지향적 목표가 되는 것이고, 사실적으로는 새 사람과 함께 옛 사람이 자기 안에 공존하여 있다는 역동적이고 전체적인 그리스도인관을 꼭 견지해야 할 것입니다. 이를 무시할 때는 역시 위선, 외식, 헛된 교만 등의 부정적인 외관을 입게 될 것입니다.

이는 타인을 대할 때도 적용됩니다. 아무리 신실하고 경건하게 보여도 완전할 수는 없습니다. 어느 순간에 옛 사람의 모습이 나타나 물의를 일으킬 수 있습니다. 혹 그렇다 해도, 물의를 빚은 시기 이전의 모습을 지적하면서 이중적이었다고 몰아붙여서는 안 됩니다. 그 순간의 모습으로 그 사람에 대해 결정적인 전체 평가를 내려서는 안 됩니다. (물론 실제적으로 이중적인 사람의 이중성이 드러나는 경우는 다르지만요.) 이는 성숙의 정도에 따라 옛 사람과 새 사람의 힘의 크기가 다르겠지만, 어떤 그리스도인이라 할지라도 두 모습을 함께 가지고 있기 때문입니다. 전체적으로는 분명 모범적이고 성숙한 사람이지만, 어느 순간에는 옛 사람의 활동이 더 우세하게 나타나 추한 모습을 보일 수도 있는 것입니다. 이것이 인간 존재의 실제적이고 실존적인 모습입니다. 그렇기 때문에 어느 '한순간의 모습'으로 '전반적이고 전체적인 모습'을 매도해서는 안 된다는 것입니다.

성경에서 이러한 전형적인 예를 들 수 있는 것이 밧세바를 범한 시기의 다윗의 경우입니다. 성경에서 보면 다윗은 참으로 하나님의 사랑을 많이 받은 사람임을 알 수 있습니다. 또 신앙심이 돈독한 사람이었지요. 그런데 그런 성숙한 사람이, 그를 아는 사람들의 상상을 크게 넘어서는 악독한 죄를 범하게 되었습니다. 자기 부하의 아내인 밧세바를 차지하기 위해 밧세바의 남편을 교묘하게 죽이도록 명령하는 살인교사죄와 간음죄를 범했던 것이지요. 그런 무시무시한 죄를 범했다 해도, 다윗이 원래 '전체적으로' 그렇게 악독한 사람이었기 때문에 그런 죄를 짓게 된 것은 아니었다는 것을 생각할 수 있는 것이 중요하다고 생각합니다. 전체적으론 훌륭한 신앙인이었지만, 그에게 완전히 소멸되지 않고 남아있는 옛 사람의 부분이 기회를 얻어 다윗을 사로잡았다고 할 수 있습니다.

오늘날 아주 성숙한 신앙인이라도 그럴 수 있는 가능성이 똑같이 상존한다고 하겠습니다. (물론 처음부터 이중적으로 사람을 속여 신앙의 사람처럼 보인 사람들은 이와 같은 고려의 대상이 될 수 없습니다.) 만약 존경하고 사랑하는 신앙의 인물이 다윗과 같은 살인교사죄와 간음죄를 지었다고 생각해보지요. 그런 다음에 그분이 죄를 회개하고 용서를 구할 때, 우리는 어떠할 것 같습니까? 그런 분을 계속 대통령이나 담임목사로 받을 수 있을까요? 아마 그렇지 못할 것입니다. 당장 그 자리에서 쫓아낼 것입니다. 마음 속에서 진정한 용서가 되기가 참으로 어려울 것입니다. 혹 용서했어도 마음에 남아있는 잔상들이 우리를 많이 괴롭힐 것입니다. 하나님 안에서 용서가 되어, 하나님의 법으로는, 그 죄가 흰 눈같이 말갛게 씻겨져 전혀 그 죄를 짓지 않은 사람이 되었다는 것을 머리로는 인정할 수 있을지 모르지만, 아주 성숙한 소수를 제외한 대부분의 사람들의 마음에서는 흔쾌히 받아들여지기가 어려울 것입니다.

그런데 다윗에게 어떤 일이 일어났습니까? 그는 왕좌를 계속 유지해갔습니다. 세상 천하에 어떻게 이러한 일이 일어날 수가 있는지요? 우리의 감정으로는 도대체 받아들일 수 없는 일이 아닌지요? 그런데 그런 일이 일어났습니다. 하나님이셨습니다. 바로 하나님이시기에 그렇게 하실 수 있는 것이지요. 사람들은 당연히 폐위시켰을 것을 하나님은 유지시키신 것입니다. 우리는 여기서 하나님과 인간의 절대적 차이를 보게 됩니다.

첫 번째는, 하나님의 용서는 참으로 완벽한 용서입니다. 물론 이에는 다윗의 철저한 회개가 먼저 있었습니다. 다윗이 비록 엄청난 죄를 범했지만, 그의 회개를 받으시고 용서하신 하나님은 죄를 한 점의 흔적도 없이 완전하게 용서해 주셨습니다. 예를 들어, 어떤 감정적 찌꺼기 등이 남지 않은 것이지요. (물론, 나중에 자기의 죄로 인해 아들을 잃는 벌을 당하기는 합니다.) 하나님의 용서는 그렇게 완벽한 용서였기 때문에 다윗은 다시 하나님과의 관계를 온전하게 복원할 수 있었으며, 왕좌를 계속 이어갈 수 있었던 것입니다.

두 번째는, 하나님께서는 인간을 지으신 창조주시기 때문에 인간을 정확히 아십니다. 그렇기 때문에 인간을 대하실 때 전체 안에서 부분을 다루시지, 부분으로 인해 전체를 놓치지 않으십니다. 잔악한 죄를 지었던 다윗이었지만, 그것은 그의 부분적인 모습이지 전체 모습은 아님을 분명히 알고 계셨던 것이지요.

어떤 사람이, 현재적으로 볼 때, 아무리 경건되고, 신앙심이 깊으며, 성숙했다 해도 상상할 수 없는 추한 모습을 보이며 끝이 보이지 않는 나락으로 빠져들 수 있음을 아시는 것입니다. 그렇기 때문에 인간의 그 어떠한 죄악으로 인해서도 하나님은 놀라지 않으실 것입니다. 심히 마음 아파하시겠지만 말입니다. 그뿐 아니라, 그러한 추락이 있다 해도 인간은 거기서 끝나는 것이 아니라 진정한 회개가 있을 때 하나님의 완벽한 용서로 인해 다시 한 번 더 새로워짐을 입을 수 있다는 것을 아시는 것입니다. 인간을 지으신 분이시기에 인간의 존재성이 어떠함을 정확히 아시는 것이지요. 우리는 진정 하나님으로부터 많은 것을 배워야 합니다.

우선 그리스도인인 우리는 자신들의 옛 사람의 존재를 무시하여 가볍게만 처리해서는 안 될 것입니다. (물론 이에만 과도하게 집착해도 안 되는데, 여기서는 그런 문제를 다루는 것이 주제와 거리가 있어 그냥 넘어감을 이해해 주시기 바랍니다.) 그 존재를 의식하는 가운데, 아무리 신앙적 성숙이 깊다 해도 넘어질 수 있음을 생각하면서 항시 겸허한 자세를 견지할 수 있어야 합니다. 아니, 남들로부터 굉장한 사람으로 여겨져 특별한 존경과 칭찬을 받게 될 때 더 조심해야 합니다. 왜냐하면, 그런 경우 때때로 사람은 스스로 자기 자신을 굉장한 사람으로 여길 위험이 있기 때문입니다.

일반적으로 사람들은 사람을 전체적이고 균형있게 보기보다는 일방적으로 보는 경향이 있습니다. 이는 자신과 타인 모두에 대해 해당됩니다. 한 번 좋게 보면 모든 것이 좋게만 보이게 될 가능성이 높습니다. 특히 어떤 사람이 신앙적으로 굉장한 사람으로 생각하면, 그 사람은 좀 심하게 얘기하면, 화장실도 안 가는 사람같이 느껴질 수 있습니다. 항상 좋고 바른 생각만 하는 그래서 인간적인 부끄러운 욕구나 생각과는 전혀 무관한 아주 특별한 사람으로 느끼게 되기도 합니다. 타인들이 자신을 굉장한 사람으로 생각하는 경우에는, 스스로 그런 사람인 양 보이려 하고 또 자신을 그렇게 여기게 되는 유혹을 받게 될 수 있습니다.

그러는 가운데 그 힘이 아주 적어졌다 해도 자기에게 아직 옛 사람의 모습이 남아 있어 '언제든 추락할 수 있는 존재'임을 잊을 수 있습니다. 그러다가 정말 추락하게 되기도 합니다. 아무리 성숙한 그리스도인이라 할지라도 인간은 인간입니다. 인간은 그 제한적인 존재성을 벗어날 수 없는 것입니다. 하나님 나라에 가서는 모르겠지만, 최소한 이 땅에 있을 때는 말입니다. 성경에서나 기독교 역사상 아니 일반 역사에서도 참 훌륭한 분인데 결정적인 실수를 한 사람들을 숱하게 보지 않습니까? 아니 우리 주위에서 그런 사람들에 대해 듣지 않습니까?

그렇기 때문에 사람은 누구나 언제고 겸허해야 합니다. 사람들에게 떠받침을 받을 때, 타인은 모르나 자신은 자기 안에서 그 힘이 아주 약하다 해도, 부끄럽고 추한 욕구와 그로 인한 충동들이 꿈틀거리고 있음을─옛 사람이 존재하고 있음을─의식하여 더욱 조심하면서 마음의 옷깃을 단단히 여며야 할 것입니다. 그것이 하나님과 자기에게 정직한 것이 됩니다.

인간은 겸허한 마음을 떠날 수 없고 또 떠나서도 아니 되는 존재입니다. 인간 존재의 좌표를 무시하면서 겸허한 마음을 떠나 스스로를 높이는 자고하는 마음을 갖는 사람은, 언젠가 필연코 부끄러운 모습을 드러내게 될 수밖에 없을 것입니다.

이 땅에서는 '이제 완전한 성화에 이르렀다.' 고 선언할 수 있는 그리스도인은 아무도 없습니다. 죽음의 그 순간까지 성숙의 여정 길을 가야 하는 존재입니다. 그리스도인의 성숙은 직선적으로 마냥 올라만 가는 그런 궤적을 그리지 않습니다. 어느 정도 올라간 듯하면 우리의 마음이 높아져 미끄럼을 타게 됩니다. 좋은 일이 일어나면 처음에는 감사의 마음을 갖게 되지만 조금 지나가면 하나님의 은혜와 하나님을 의식하는 마음이 점차 엷어지면서 자기가 높아지게 되어 있습니다. 인간은 그러합니다. 그러다가 이러저러한 모습으로 추락하지요. 그러면 다시 회개하며 하나님을 찾게 됩니다.

그렇게 '올라갔다 내려갔다' (up and down)를 반복하는데, 전체적으로는 상승의 궤적을 그리는 것이 진정한 그리스도인의 성숙의 여정이 됩니다. '올라갔다 내려갔다' 를 '상당 기간' 반복하되 전체적으로 상승이 일어나지 않는다든지 하강의 모습을 보인다면 중생이 진정 일어났는지를 심각하게 생각해보아야 할 것입니다. 성숙이 깊어지면 깊어질수록 하강의 폭은 줄어들면서 상승의 폭은 넓어지게 될 것입니다. 그러나 상당한 성숙을 보이는 사람이라 할지라도 완전히 사라지지 않은 옛 사람의 존재로 인해 예상하지 못한 추락을 할 수 있음을 의식하면서 항시 깨어있도록 해야 할 것입니다.

그러면서, 그렇게 되지 않기를 바라지만, 혹 옛 사람의 활갯짓으로 넘어지게 될 때 그 넘어진 자신을 인정하며 정직하게 대할 수 있는 의식을 미리 준비시켜 놓는 것이 지혜로운 모습입니다. 그래야만 바로 회개하고 하나님께 용서받는 과정이 제대로 진행될 수 있기 때문입니다. 그런 후에는 하나님께서 우리를 전혀 새롭게 대하시듯, 우리도 우리 자신을 전혀 새롭게 대할 수 있어야 할 것입니다. 자신의 과거의 한시적인 부분적 모습에 너무 집착되어 부적절한 죄책감에 계속 사로잡혀서는 안 될 것입니다. 이는 다른 그리스도인을 대할 때도 똑같이 적용되어야 하는 원리가 됩니다.

우리는 자존자도, 완전자도 아닙니다. 전능하신, 창조주이시며 구원자이신 하나님 앞에서 살아가는 제한적인 그러면서 죄의 오염의 영향을 완전히 피할 수 없는 피조물임을 어느 순간에도 잊어서는 안 될 것입니다.

(비록 예수님의 대속의 은혜로 하나님의 법으로는 의인의 신분을 얻게 되었지만 말입니다.)

2. 환원의 오류의 경향에 대한 성찰

'그리스도인은 과정적 존재이다.' 라는 '과정적' 개념에는 불완전한 속성이 당연히 포함되어 있습니다. 그리스도인은 어느 누구라도 이 세상에서는 완전한 성숙에 이를 수 없기 때문입니다. 결국 그리스도인은 언제나 불완전한 존재입니다. 그렇기 때문에 전체를 아우르는 완전하신 존재인 하나님과는 달리, 인간은 불완전한 존재로서 항상 '그 순간'의 제한된 자기로 자기가 알고 있고 그리고 알고 있다고 믿는 것으로 모든 것을 해석하게 되는 환원의 오류를 피할 수가 없게 되어 있다고 하겠습니다. (제가 여기서 말하는 '환원의 오류'는 '범주 오류', '영역 오류', 또는 '차원 오류'로 생각하시면 됩니다. 예를 들면, 사실은 신체적 차원의 문제인데 심리적 또는 영적 차원의 문제로 돌려서 생각하는 오류 등과 같은 것을 말하는 것입니다.) 이 땅에서는 모든 인간이 결국 부분을 알고 있는 것인데, 자기도 모르게 전체를 알고 있는 것으로 생각하게 되어 있기 때문입니다. 이는 인간의 존재적 제한성에서 오는 것인데, 그리스도인 역시 인간 존재성에 갇히기 때문에 거기서 오는 오류를 피할 수 없다고 하겠습니다. 자, 이제 몇 가지 환원의 오류 사례를 살펴보기로 하겠습니다.

1) 심리적 환원의 오류

(1) '신체적 차원 ⇒ 심리적 차원'으로 환원하는 오류

이는 그리스도인이나 비그리스도인 모두에게 동일하게 일어나는 오류입니다. 이러한 환원적 오류는 의학의 영역에서 많이 일어났습니다. 지금은 전문적으로는 '발달장애'라 부르는 자폐증의 원인을 살펴보겠습니다. 제가 일반인을 대상으로 강의할 때 "자폐증의 원인이 무엇이라고 알고 있습니까?"라고 물어봅니다. 그러면 대부분은 엄마 또는 부모의 양육태도가 원인이라고 얘기합니다. 정신의학에서도 과학이 발달되지 못해 뇌에 대한 연구를 제대로 할 수 없을 때는, 원인에 대해 심리적으로만 생각했습니다. 뇌에 대해 알아볼 수 있는 기계가 없었기에 당연히 뇌에 어떤 신체적 이상이 있는지 알 수 없었고, 뇌라는 신체에 이상이 있는 것이라 추측할 수는 있었으나 확정적으로 애기할 수는 없었습니다. 그런 상황에서 할 수 있는 것이란 심리적으로 생각해보는 것이었습니다. 그래서 여러 심리적 원인을 애기하는 가설들이 등장했고, 그것들이 교과서에까지 실리기도 했습니다.

대표적인 것 중 하나가, 고학력자로 직장을 가지면서 정서적으로 차가운 엄마에게서 자라는 아이가 자폐증에 걸릴 가능성이 높다는 가설이었습니다. 그래서 예전에는 자폐증의 아이를 둔 엄마들이 마음의 손가락질을 많이 받았지요. 원인을 다 엄마에게 돌렸기 때문입니다. 자폐증 아이를 둔 것만으로도 마음이 찢어지는데 거기에다 전혀 근거 없는 애기들로 억울한 핍박을 받았던 셈입니다. 그런 가설로 인해 자식이 잘못된 것이 자기로 말미암았다고 생각하여 죄책감으로 시달림을 받는 엄마들이 많

았습니다.

그러나 과학이 발전되어 뇌를 연구할 수 있는 기계들이 발명되었습니다. 그러면서 뇌에 대한 지식이 축적되었고, 자폐증의 원인에 대한 접근도 가능해졌는데, 뇌의 발달 이상임이 밝혀졌습니다. 즉 심리적인 것이 아니라 신체적인 것이 원인이라는 것입니다.

정신분열증의 원인이 대해서도 비슷한 오류의 역사가 있습니다. 정신분열증의 원인 역시 처음에는 심리적인 것이라 주장되었지만, 뇌 연구가 발달되면서 뇌의 이상으로 밝혀졌습니다. (정확한 원인이 완전히 밝혀지는 데는 시간이 더 걸리겠지만요.)

사람들은 자기가 접근할 수 있는 것으로 문제에 접근할 수밖에 없습니다. 자기가 무엇을 모르는지 모르기 때문입니다. 오래 전의 일인데, 한 중년 부인을 진찰하게 되었습니다. 정신분열증을 앓고 있었습니다. 바로 입원시켜 약물치료를 시작해야 한다고 보호자에게 설명했습니다. 그런데 상당기간 동안 입원하지 않았습니다. 나중에 보호자 한 분이 연락을 주셨는데, 목사 부인인 언니가 있는데 한사코 입원을 만류한다는 것입니다. 얘기를 들어보니, 그 분은 학력이 높고 생각이 깊은 분이신데, 동생의 병의 원인에 대해 심리적으로 생각하면서 원인을 알게 되었다는 확신을 갖게 되었기 때문이었습니다.

그 분은 가족관계와 동생의 개인역사에 대해 아주 치밀하게 분석한 것입니다. 생각해보니 자신들이 자란 가정이 그리 건강하지 못하여 부모님에 의한 피해를 많이 받았는데, 그 중에서도 환자분이 제일 어려움이 많았고……결혼 후 남편과의 관계도 좋지 않은 등 심리적으로 분석해보니 지금의 정신적인 문제가 일어날 수밖에 없다는 결론을 내리게 되었던 것입니다. 그렇게 자기 나름의 진단이 내려지니, 동생의 정신적 어려움들을 잘 이해하고 공감하는 가운데 사랑으로 대해주면 좋아질 것이라는 기대로 연결되게 되었습니다. 하도 논리적으로 주장을 펴서 들어보니 그럴 듯하게 느껴지고, 무엇보다도 '사랑'을 얘기하면서 환자를 정말 위한다는 마음이 느껴지니, 다른 보호자들은 감히 반론을 펴지 못하고 그 분의 의견에 따라가고 있었던 것이었습니다. 저도 들어보니 정말 언니 되시는 분은 깊은 사랑의 마음으로 그리했던 것으로 생각됩니다. 예를 들어, 동생에 대한 자기의 그동안의 잘못을 반성하면서 앞으로는 변화된 모습으로 대해주겠다는 것이었습니다.

전문가가 아닌 분으로서 그러한 태도를 발전시킨다는 것은 대단한 일입니다. 그러나 문제는 개인적이고 주관적인 사랑의 마음이 객관적이고 전문적인 지식을 대신할 수는 없다는 데 있습니다. 보호자들이 그런 마음을 가지는 것은 좋습니다. 그러나 전문적인 영역에서는 전문가의 의견을 따라야 합니다. 치료는 전문가가 하는 것이기 때문입니다. 아무리 일반인이 좋은 마음을 가졌다 해도 전문적인 영역에서는 전문가에게 자리를 양보해야 합니다.

언니의 의견을 따라, 얼마 동안 주위 사람들이 참 사랑으로 잘 대해주었습니다. 그러나 상당 기간 시간이 흘렀는데도 불구하고 병세에 차도가 없으니 다른 보호자가 저를 다시 찾아왔습니다. 그때까지도 언니 되시는 분은 자기 주장을 계속한다고 했습니다. 저는 원인이 뇌에 있는 신체적 병이니 약물로 우선 치료가 되어 어느 정도 정상적인 사고가 가능해야, 사랑의 손길이 의미 있을 수 있음을 설명하면서 하루속히 입원치료를 받게 할 것을 강권했습니다. 다행히 얼마 되지 않아 입원하여 치료를 받게 되었고, 일정 기간이 지나면서 환청과 망상 등의 정신병적 증상이 다 없어지게 되어 어느 정도 일상생활을 할 수 있는 상태에서 퇴원하여 통원치료를 받게 되었습니다.

신체적인 문제인데 심리적인 문제로 환원했던 전형적인 사례라 할 수 있습니다. 학문은 계속 발전할 것입니다. 지금 심리적인 원인으로 생각하고 있는 것들 중에서 앞으로 신체적인 것으로 밝혀질 것들이 많을 것입니다

언젠가 대형교회의 담임목사가 그 교회 신문에 '우울증 환자를 위한 말씀'이라는 제목으로 지상설교를 한 것을 보게 되었습니다. 우울증 환자에 대한 접근 자세에 대한 것이었습니다. 10가지 자세를 언급했습니다. 일반 사람들이 듣기에 아주 좋은 내용들이었습니다. 그러나 듣기에 좋다고 꼭 실제적으로 좋은 것은 아닙니다.

우울증은 크게 정신병적 우울증(뇌라는 신체에 이상이 생겨서 일어나는 우울증)과 신경증적 우울증(사랑하는 사람과의 이별, 입시에서의 불합격, 배우자에 대한 실망 등과 같이 심리적 원인으로 인해 일어나는 우울증)으로 나눌 수 있습니다. 전자의 주된 치료는 약물치료이고 보조적으로 정신치료가 병행되며, 후자의 주된 치료는 정신치료이고 약물치료가 보조적으로 사용될 수 있습니다. 증상적으로는 비슷한 점이 많지만, 원인이 전혀 다르기 때문에 치료적 접근방법이 전혀 다르다고 할 수 있습니다.

10가지 지침 내용을 보니 그 분은 정신병적 우울증에 대해 무지한 것으로 판단되었습니다. 10가지 지침들은 주로 신경증적 환자에 적용할 수 있는 것으로, 그 중 5가지는 정신병적 우울증을 앓는 사람에게는 오히려 화가 될 수 있는 것이었습니다. 아마도 그 분은 우울증이 다 같은 우울증이 아님을 몰랐던 것 같습니다. 혹 영적으로 아주 뛰어나다는 것이─그 분이 실제로 그런 분인지는 알 수가 없지만─그 분이 전공하지 않은 다른 전문영역에서도 뛰어나다는 것을 의미하지는 않습니다. 전문적인 영역의 지식을 위해서는 전문적인 공부를 하고 훈련을 받아야 하는 것이지요.

뇌라는 신체에 이상이 있어서 일어난 병을 마음의 병으로만 알아 좋은

마음을 가지고 대하라고 하는 것은 결국 병을 키우고 만성화시키는 불행한 부작용을 낳게 됩니다. 좋은 마음, 사랑의 마음이 필요합니다. 그러나 경우에 따라서는 그런 마음이 앞서는 것을 적절히 통제하면서, 정확한 원인을 찾는 전문적인 접근을 먼저 해야 합니다. 자신이 그런 능력이 없으면 전문가에게 도움을 청해야 할 것입니다.

(2) '영적 차원 ⇒ 심리적 차원'으로 환원하는 오류

이는 그리스도인들에게서도 일어나지만, 주로 비그리스도인들에게서 일어나는 오류라 하겠습니다.

제가 레지던트 과정을 밟고 있었을 때니, 오랜 전의 애기입니다. 중학교를 다니던 남자아이에 대한 사례연구 시간이었습니다. 아버지와의 불화로 어머니가 집을 나간 뒤로 아버지에게 부당한 욕설과 구타를 많이 당했는데, 한 쪽 다리에 마비증상이 생기게 되었습니다. 병원의 다른 과에서 여러 신체적 검사를 받았으나 신체적 원인을 발견할 수 없어서 정신과로 전과된 아이였습니다.

사례연구 시간에 주요한 이슈 중 하나였던 것은, 아이의 아버지에 대한 태도였습니다. 아이는 아버지에 대한 불만을 거의 표현하지 않았습니다. 집에서도 그랬고 병실에서도 아버지에 대해 겉으로 긍정적인 모습을 보였습니다. 이에 대한 심리적 분석이 열기를 더하게 되었습니다. '너무 자기를 억압해서 그러니 아버지에 대한 분노를 표현하게 해야 한다.', '아버지에 대한 적개심의 반동형성이다.' 등등의 분석 의견들이 전부였습니다. 아버지의 부당한 행위에 대해 분노를 느끼는 것이 당연하다고 보는 인간관에 기초한 것이라 하겠습니다.

의견이 모두 일치되어 가고 있었는데, 뜻밖에 모임을 주관하시는 분이, "기독교 신앙을 가진 김 진 선생은 다른 의견을 가지고 있을지 모르겠는

데, 김 진 선생의 의견을 한 번 들어봅시다."라며 저를 지목하는 것이었습니다. 모임에서 그런 식으로 어떤 사람을 지목하는 경우는 아주 드물었습니다. 무엇보다도 당시 저는 레지던트 2년차였기 때문에 저명한 선배들이 얘기하는 것을 듣고간 있었고 감히 나의 의견을 개진하기가 어려웠습니다. 그러나 마음 속으로는 인간을 '이기적이고 자기중심적인 존재'로만 보고 분석하는 것에 대해 저항감이 있었던 것이 사실이었습니다.

그 아이는 기독교 신앙을 가지고 있었습니다. 그렇기 때문에 그의 아버지에 대한 태도는 신앙을 가지지 않은 아이의 경우와 다르게 분석되어야 할는지 모르는 것이었습니다. 그렇기 때문에 회의를 인도하시는 분이 신앙인인 저의 의견을 듣고자 했을 것입니다. 그래서 저는, "정확히 알 수는 없지만, 분노의 감정도 있을 수 있겠지만 그 아이에게 어머니가 도망간 상태에 있는 아버지를 불쌍히 여기고 사랑하는 마음이 있을 수 있음도 생각해야 할 것입니다. 그는 신앙심이 있었습니다. 우선 그의 신앙심의 깊이에 대한 평가를 정확히 하면 할수록 그의 마음을 아는 데 도움이 될 것입니다. 아버지에 대해 불만스러운 표현이 없다는 것을 분노를 억압하는 것으로만 볼 것이 아니라, 분노도 있긴 하겠지만 사랑과 긍휼의 마음이 더 커서 분노가 긍정적으로 통제되는 경우-이 가능성이 더 크지는 않을 것입니다-에 대해서도 생각해보아야 할 것으로 생각합니다."라는 식의 의견을 개진하였던 것 같습니다. 그 아이가 비록 나이는 어리지만 하나님과의 만남을 통해 영적인 성숙이 상당 부분 이루어졌을지 아무도 모르는 일입니다. 그러자, 일순간 분위기가 잠잠해졌습니다. 보통의 정신분석적 접근과는 너무 상이한 접근이었기 때문입니다. 모임 인도자는 "신앙을 가진 사람은 역시 다른 의견을 가지고 있군요."이라고 코멘트하며 모임을 마쳤습니다.

정신분석, 특히 프로이드학파의 정신분석에서는 인간에게 순수한 이타적 마음이 존재한다는 것을 인정하지 않습니다. 이타적으로 보이는 것은, 결국은 이기적인 마음이 모습을 바꾸어 나타나는 것으로 생각합니다. 당연히 영적 세계를 인정하지 않지요. 사실적인 측면에선, 그 아이가 하나님을 믿는 신앙으로 자연적인 인간의 마음을 얼마나 극복하고 있는지를 알려면 더 자세한 면담이 필요하다고 하겠습니다. 그러나 역시 비그리스도인 정신과의사의 대부분은 영적인 세계를 부인하기 때문에 영적인 영역의 요인은 전혀 인정하지 않습니다. 영적인 차원을 심리화시켜 다루는 것이라 말할 수 있습니다.

장애아를 버리는 부모도 있지만 장애자를 양자로 받아들여 지극한 사랑으로 양육하고, 보통의 경우라면 이혼하여 헤어졌을 것 같은데 자신의 세상적인 성취 가능성을 포기하고 정신적 문제가 심각한 배우자를 버리지 않고 사는(그런 분들을 보면 진정 감사한 마음이 듭니다.), 또는 너무 열악한 환경임에도 불구하고 자신을 바르게 발전시켜온 신앙의 사람들을 적지 않게 알고 있습니다. 그 분들에게는 세상의 정신분석으로는 분석될 수 없는 가장 근본적이고 중요한 요소가 있습니다. 그것은 하나님과의 만남에서 오는 영적 생명의 힘입니다. 이 차원의 것을 볼 수 있을 때만이 인간을 전체적으로 올바르게 분석해 들어갈 수 있을 것입니다.

『그리스도인과 함께 나누고 싶은 이야기』(pp. 189-193)에 소개된 사례가 '영적 차원 ⇒ 심리적 차원'으로의 환원의 전형적인 예라 할 수 있습니다. 부인은 그리스도인으로서 '간음죄'를 지은 것인데, 비그리스도인 정신과의사들은 '죄'의 개념을 인정하지 않기 때문에 '죄의 문제'가 아니라, '남들도 많이 하는 행위에 대해 가지는 불필요한 지나친 죄책감'이라는 심리적 문제로 다루었습니다. '남들은 당신보다 더한 일을 하면서도 잘 지내는데, 왜 당신은 그런 일로 그렇게 자신을 괴롭히는가? 그런 행동을 하는 사람들이 얼마나 많은데, 당신은 별거 아닌 것 가지고 그런다.'라는 식이지요. 결국 영적인 것을 심리적으로 간주한 심리적 환원을 한 셈입니다. 결국 영적 측면의 '죄'가 아니라, 죄책감을 느끼는 '심리'만 다루어졌기 때문에, 효과를 보는 여타의 사람들과 달리, 그 분에게서는 치유가 일어나지 않았습니다. 그 분은 그리스도인이었기 때문에 죄에 대해 다뤄주어야 했지, 심리를 다루어서는 실질적인 치유가 일어날 수 없었던 것입니다.

2) 신체적 환원의 오류

'심리적이고 영적인 차원 ⇒ 신체적 차원'으로 환원하는 오류

대형교회에서 부목사로 섬기는 형제를 상담했던 적이 있었습니다. 그는 삶에 대한 즐거움의 상실과 의욕의 감소를 호소했습니다. 사람을 만나는 것이 점차 꺼려지고 말로 꼭 잡아 표현하기 어려운 불안을 겪고 있었습니다. 불면도 그를 괴롭히는 증상 중 하나였습니다. 비교적 전형적인 우울증을 앓고 있었다고 하겠습니다.

그는 복음에 대해 아주 순수한 열정이 있는 사람이었습니다. 또한 인격적으로도 아주 성실하고 맡은 일에 빈틈 없는 사람이었습니다. 목회를 준비하기 위해 존경하는 분 밑에서 배우는 것이 좋으리라 생각하여 부교역자로 섬기고 있었습니다. 담임목사는 그가 무슨 일을 시켜도 깔끔하게 일을 처리하는 것을 보고 거의 비서실장격으로 쓰셨습니다. 당연히 전통적인 목사의 업무에서 벗어난 일을 주로 하게 되었습니다. 처음엔 예상하지 못한 것이라 당황했으나, 현대 목회는 행정적인 일도 잘 알아야 한다는 생각으로 주어진 일에 최선을 다했습니다. 그런데 그렇게 시간을 보낸 지 수년이 흐른 최근에 들어와서 위와 같은 증상이 나타나기 시작했던 것입니다.

점차 불면이 심하게 되면서 가까운 정신과를 찾게 되었습니다. 정신과 전문의는 면담을 통해 우울증이라는 진단을 내리면서 약물 투여를 시작했습니다. 저를 만나기까지 2개월 정도 다니고 있었는데 불면은 많이 호전되었습니다. 다른 증상들도 다소 호전되기는 했으나, 만족할 만한 도움은 되지 못했습니다. 병원에 가면 면담은 거의 하지 않고 약만 주는 식이었습니다.

본인은 뭔가 자기도 모르는 마음 속의 어떤 문제를 다루어주기를 바랐으나, 대화는 거의 없었습니다. 불만이 있었지만, 전문의가 그러니 그런가 하고 지내고 있었습니다. 그러다가 저를 아는 사람을 만나 소개받고 저를 찾아오게 되었습니다.

그는 나이 들어 예수님을 믿게 된 경우인데, 복음을 통해 자기에게 근본적인 변화가 일어났듯이 다른 사람들에게도 그러한 변화가 일어날 수 있도록 하나님께 쓰임을 받고자 하는 마음이 깊었습니다. 그래서 장래가 보장된 직업을 버리고 신학교에 갔고, 복음을 깊이 알아 사람들에게 바로 전하는 일을 하기를 소망해 왔습니다. 그런데 부목사로 부임하면서 실제로는 그런 삶을 살지 못하고 주로 행정적인 일을 맡는 생활을 했습니다. 설교와 신앙교육에 대한 열망이 간절했으나, 담임목사의 총애를 잃게 될까봐 얘기를 꺼내기가 어려웠고, 무엇보다도 그렇게 주장하는 것이 전체 목회적 관점에서 생각하는 것이 아니라, 자기만 생각하는 이기적인 것으로만 느껴져 자기의 바람을 얘기할 수가 없었습니다. 그는 자기통제에 아주 엄격한 성격을 가지고 있었습니다.

핵심적으로 말하면, 그는 복음으로 사람이 변하는 일에 쓰임을 받고 싶어하는 '진정한 내면의 자기'와 실제적으로 현실을 살아가고 있는 '현실의 외면의 자기' 사이에 괴리가 있었고, 시간이 지날수록 그 괴리가 깊어져 왔다고 할 수 있습니다. 신경증적 우울증 중에는 이렇게 이 두 자기가 일치하지 못하고 분리될 때 일어나는 경우의 비중이 결코 적지 않습니다.

저는 그의 내면의 세계에 있는 내용들을 함께 살펴가다가, 자신의 '진정한 내면의 자기'를 만나도록 이끌었습니다. 다행히 면담이 진행되면서 내면의 자기를 마주하게 되고 내면의 소리를 듣게 되었습니다. 자기의 진정한 마음을 비교적 충분하게 보게 되었다고 판단된 시점이 되었을 때, 자기의 마음을 전체적으로 담임목사께 전하고, 자기가 진정 원하는 것도 표현하기를 권했습니다. 그러면서 그렇게 자기에 대해 솔직하게 얘기하는 것이 이기적인 것이 아니라, 자기뿐 아니라 교회와 하나님의 나라 전체를 위하는 것임을 강조했습니다. (아무에게나 그렇게 접근하는 것은 아닙니다. 제가 보기에는 그는 설교와 신앙교육을 담당하는 것이 비교적 적절한 사람으로 판단되었습니다.)

저의 권고를 들은 뒤 바로 얘기하지 않고, 일정 기간 숙고한 뒤 용기를 내어 말씀드렸고, 다행히 담임목사께서 잘 이해하고 받아주어 그가 원하는 방향으로 일할 수 있도록 배려해 주었다는 얘기를 듣게 되었습니다. 그 얘기를 할 때 그의 표정은 이전과는 다르게 아주 밝고 생기에 가득 차 있었습니다. 마음의 상태가 몸으로 표현되는 것이지요. '진정한 자기'가 살아나는 것을 보고 감사했습니다. 우리는 자신의 진실한 내면의 소리에 귀기울일 수 있어야 합니다. 그것은 아마도 성령님께서 불러 일으키시는 내적 소욕에 가까울 것이라 생각합니다.

이 사례에서 약물만 투여했던 (비그리스도인) 정신과의사는 심리적 차원을 신체적 차원으로만 다룬 측면이 있습니다. 엄밀히 말하면 심리적 차원만이 아니라 영적인 차원도 함께 겹쳐져 있다고 해야 할 것입니다. 그래서 '심리적이고 영적인 차원 ⇒ 신체적 차원'으로의 환원이라고도 말할 수 있습니다. (사실 인간은 영적긴 존재 자체이기 때문에 심리적인 영역이든 신체적이든 영역이든 영적인 차원이 늘 관여하고 있다고 해야 할 것입니다.)

3) 영적 환원의 오류

이는 주로 종교인들이 범하는 오류로 그리스도인들도 많이 범하는 것입니다.

(1) '신체적 차원 ⇒ 영적 차원'으로 환원하는 오류

과거 과학이 발전하지 못하여 뇌에 대해 연구할 수 없었을 때는 정신이상을 보이면 영적인 현상으로만 여겼던 시절이 오랫동안 있었습니다. 이는 여타의 종교인들뿐 아니라 일반인들 대부분이 그러했습니다. 기독교 교회사에서도 정신분열증이나 간질을 앓았던 사람들이 귀신들린 것으로 매도되면서 격리되거나 심지어는 화형에까지 처해진 얼룩진 과거가 있었으며, 현재에도 계속적으로 귀신들림으로 판단하는 일들이 결코 적지 않게 일어나고 있음을 경험합니다. 참으로 안타까운 일이 아닐 수 없습니다.

우리 그리스도인들에게는, 뭔가 좋지 않은 것인데 원인을 알 수 없으면, 귀신 또는 사탄과 연관지어 생각하는 경향이 있어 왔습니다. 사람은 자기가 알고 있는 것으로 해답을 내리려고 하기 때문입니다. 사실 무엇을 모르는지를 안다는 것은 쉬운 일이 아닙니다. 그렇기 때문에 모르는 것을 모르는 것으로 처리하지 못하고, 자기가 알고 있는 틀 또는 패러다임으로 해석하여 아는 것으로 처리하는 것이지요. 무엇을 그리고 어디까지 모르는지를 안다는 것은 참 수준 높은 것이라 하겠습니다. 결국 사람이 안다는 것은 모두 제한적인데 말입니다. 여하튼 이런 환원의 오류로 인해 억울한 일을 당한 그리고 당하고 있는 사람들이 너무나 많은 것이 우리의 부끄러운 현실입니다.

이는 문제의 원인을 꼭 영적인 데서 찾으려 하는 사람에게서 많이 볼 수 있는 오류라 할 수 있습니다. 저는 영적인 원인으로 우울증이 올 수 있

다고 믿는 사람입니다. 그러나 우울증 전부가 그런 것은 아닙니다. 그런데 우울증 전체가 마치 영적인 원인, 특히 죄에서 온다고 주장하는 사람들이 있습니다. 겉으로 볼 때는 얼마나 영적이고 신앙적인 것같이 보이는지 모릅니다. 그러나 우울증은 신체적이고 심리적인 원인으로 말미암기도 합니다. 이는 역시 '영적 개념의 남용'이라 할 수 있습니다.

(2) '심리적 차원 ⇒ 영적 차원'으로 환원하는 오류

앞에서 다룬 '진정한 자기'와 '현실적 자기'와의 괴리로 인해 우울증을 앓았던 분을 생각해보지요. 그는 자기 문제에 대해 나름대로 진단을 가지고 있었습니다. '영적 싸움'이라고 생각했다고 합니다. 사탄이 하나님의 일을 방해하기 위해 자기에게 싸움을 걸어왔다는 것입니다. 그래서 새벽기도회에 더욱 힘쓰고 경건의 시간에 더욱 충실하려고 노력했다고 합니다. 그러나 우울증 자체에는 호전이 없었습니다.

물론 그의 문제에는 영적인 차원이 관여되어 있는 것이 사실입니다. 그러나 주된 원인은 심리적인 데 있었습니다. 그가 특별히 죄를 지었다든지 하나님과의 관계가 멀어진 것은 아니었습니다. 신학을 공부한 사람으로 사고가 주로 영적인 영역에 대해 이루어지고 있는 사람이었기 때문에— 자기에게 익숙하기 때문에— 영적인 문제로 생각했던 것입니다.

성경에 대한 이해가 부족하다고 느끼면서 신학 중 특히 성경신학을 공부하기 위해 유학을 준비하던 고등부 담당 전도사 형제가 있었습니다. 그는 열심히 설교를 준비하고 교사 성경공부를 열심히 가르쳤다고 합니다. 자신은 전심을 다했으나, 시간이 상당히 지났는데도 열매는 맺히는 것 같지 않고, 고등부의 전체 신앙 상태가 오히려 위축되는 것을 경험했습니다. 그에겐 상당한 충격이었습니다. 신학을 공부하면서 그에게 좌우명이었던 말씀은 '하나님의 말씀은 날 선 검과 같아서 ……'였습니다. 자기는 최선을

다해 성경을 연구하여 설교했는데, 열매가 거의 나타나지 않으니 자기가 전한 말씀은 날 선 검과 같지 않았던 것으로 생각하게 되었습니다. 그러면서 문제의 원인을 성경에 대한 이해가 부족한 것으로만 분석했습니다.

다른 문제로 저와 상담하게 되면서 그 문제도 다루게 되었습니다. 문제를 요약하면, 그는 인간관계를 맺는 능력이 심하게 결여되어 있었습니다. 외아들이었으나, 부모님의 관계가 원만하지 않아 부모님 양쪽으로부터 적절한 사랑의 양육을 받지 못했습니다. 결과적으로 부모님과 감정적 친밀함을 발전시키지 못한 채 자라났습니다. 부모님을 포함하여 좋은 인간관계를 맺는 훈련의 경험이 거의 없었습니다. 사람을 만나면 즐겁지 못하고 부담되고 긴장되었습니다. 사람을 만나고 돌아온 날이면 몹시 피곤함을 느꼈습니다. 사람을 만나는 것이 더욱 어려워지면서 나중엔 회피하는 쪽으로 발전되었습니다.

사적인 관계(private or informal relationship)가 무척 어려웠습니다. 특히, 감정적으로 어떻게 상대방을 대해야 할지를 잘 몰랐습니다. 분명한 과제나 목적 없이, 사람과 함께 시간을 보내는 것이 힘들고 스트레스였습니다. 차라리 혼자 있는 것이 편했습니다. 그래서 그는 혼자서 하는 일을 좋아했습니다. 공부를 열심히 하여 학교 성적은 좋았습니다. 신학교는 장학생으로 다녔습니다. 공부는 사람을 대하는 것이 아니기 때문에 잘 집중할 수 있었다고 합니다. 전부는 아니지만 비교적 감정적 측면이 배제되는, 공적인 관계(formal relationship)는 그런대로 잘 대처해갈 수 있어서, 업무수행과 같은 영역에서는 뛰어난 성취를 보였고, 주위 사람들로부터 칭찬과 좋은 인정을 받았습니다. 자연히 그런 쪽으로 정신적 에너지가 쏠리게 되면서, 부족한 사적 인간관계 형성능력은 더욱 열악해지는 악순환을 겪어왔던 것입니다.

그렇기 때문에 고등부를 담당하면서, 학생들을 상담하고 심방하는 것이 무척 힘들 수밖에 없었습니다. 우선 학생들을 만나 내면의 얘기를 나누고 공감하여 친밀한 관계를 형성해야 하는데, 그 첫 시작이 그에게는 무척 어려웠습니다. 그래서 그런 경험을 통한 관계형성 능력을 더 더욱 발전시켜야 했으나, 오히려 그런 활동을 줄이고 성경만 파고 들었다고 합니다. 그것은 잘 할 수 있으니까요.

정신분석을 받으면서 자기 전체를 볼 수 있는 능력을 배양해 갔습니다. 그러는 중 "제가 고등부를 잘 이끌지 못했던 원인은, 성경에 대한 이해가 부족해서가 아니라, 제 내면의 문제임을 깨달았습니다."라는 얘기를 듣게 되었습니다. 고등부라는 한 조직체를 인도해 간다는 것은 여러 복합적인 능력이 필요합니다. 단순히 성경에 대한 지식만으로 감당할 수 있는 과제가 아닙니다. 행정적인 능력뿐 아니라, 무엇보다 대인관계의 능력이 요청됩니다. 그는 어떤 조직체를 이끌어 갈 수 있기에는 결여된 것들이 많았습니다. 그런데 처음엔 자기 문제의 원인을, 성경을 잘 모른다는 식으로 영적인 것으로만 파악해 문제를 해결할 수 없었던 것입니다.

또, 심리적 차원을 영적 차원으로 환원시키는 오류의 사례로는 『그리스도인은 인간을 어떻게 이해해야 하는가』(pp. 40-45)에서 소개하고 있는 '중환자실에서 회복실로'의 사례가 전형적인 경우라 하겠습니다. 그 자매님은 어렸을 적부터 아버지에 대한 분노가 있었는데 억압을 하여 닫힌의식 속에 묻어 왔었지요. 그런데 결혼한 남편에게 아버지를 연상시키는 그 무엇인가가 있어서 남편의 그런 부분을 보게 될 때마다, 무의식적으로 닫힌의식 속에 자리잡고 있는 아버지에 대한 분노가 자극되면서 남편을 차갑게 대하게 되었습니다. 남편이 자기에게 아무런 잘못을 하지 않았는데 말입니다. 이는 자기가 의식하지 못하는 닫힌의식의 세계에서 일어나는 정신활동이기 때문에 자매님은 자기가 왜 이유없이 남편에게 차갑게 대하는지를 알 수가 없었습니다. 여하튼 그러한 자기의 부적절한 행동을,

예를 들어 '원수를 사랑하라.' 시는 예수님의 말씀을 제대로 지키지 못하는 영적인 문제로 보았습니다. 그래서 기도 등의 신앙적인 접근을 통해 문제를 해결하려고 했지요. 해결이 안 돼 상당한 어려움을 겪고 있는 중에, 저의 책을 통해 자기의 문제가 아버지에 대한 억압된 분노의 문제라는 것을 깨닫게 되었습니다.

이상으로 결코 완전할 수 없는 인간이 범하게 되는 환원의 오류에 대해 개략적으로 살펴보았습니다. 점차 성숙해짐에 따라 환원의 오류는 줄어들게 되겠지만, 우리 모두는 과정 중에 있는 존재이기 때문에 환원의 오류의 가능성을 얼마든지 가질 수 있음을 깨닫고 인정해야 하겠습니다. 그런 후, 그런 위험성에 대한 의식도를 높이는 가운데 잘 저항하여 극복하는 기쁨을 누리게 되기를 바랍니다. 그리하여 신체적 영역, 심리적 영역 그리고 영적 영역 각각에 대한 지식을 넓혀가 각각을 바른 자리에 위치시키는, 우리의 시각이 더욱 전체적이 되는 일들이 활발하게 일어났으면 좋겠습니다.

환원의 오류에 덧붙여, 그리스도인의 사고와 관련된 몇 가지 중요한 내용을 추가적으로 살펴보도록 하겠습니다.

그리스도인의 신앙 세계에는 절대적인 것에 대한 믿음이 있습니다. 절대적인 것에 대해서는 절대적으로 생각하여야 합니다. 예를 들어, 이에는 '하나님께서 이 세상을 창조하셨고, 인간은 그 분의 피조물이다.', '인간은 스스로 구원을 이룰 수 없다.', '예수님께서 대속적 죽음을 죽으셨고, 유일한 길이요 진리요 생명이다.', '하나님의 나라는 영원하다.' 등등의 내용들이 그러합니다. 그런데 그렇게 믿음의 절대적인 내용을 가지고 있다는 것이 때때로 상대적인 내용을 절대화시키는 잘못된 경향을 갖게 되는 것과 연결되는 경우가 있습니다. 생각하는 주체인 인간이 완전하지 않고 부족하기 때문에 일어나는 것이요, 절대적인 하나님, 하나님의 말씀 그리고 하나님의 뜻과는 달리, 이에 대해 생각하는 인간인 자신은 한계를 가지는 상대적인 존재임을 생각하지 못하기 때문에 일어나는 현상이라 할 수 있습니다. 이는 사고의 능력이 미숙한 사람들에게서 더욱 강하게 나타나게 되어 있습니다. 이러한 경향이 환원의 오류의 경향과 만나게 되면 많은 사람에게 상처를 주는 왜곡이 일어날 수 있습니다. 위에서 언급한 환원의 오류의 예 중에서 신체적이거나 심리적인 것을 영적인 것으로 생각하는 경우들이 해당됩니다.

제가 대학교 다닐 때였습니다. 당시 다니던 교회는 예배당 건축을 위해 교회의 온 역량을 집중했습니다. 그러나 새로 건축하게 될 교회가 상당히 큰 규모로 엄청난 비용이 예상되었기 때문에 여러 차례 헌금 작정 시간을 가졌지만, 목표로 하는 헌금이 쉽게 모아지지 않았습니다. 담임 목사님은 상당히 초조한 모습을 보이곤 하셨습니다. 그런데 어느 주일 대예배 시간에 확신에 넘치는 어조로 "여러분, 다음 번 건축 헌금 작정 주일에는 틀림없이 목표 액수가 다 채워질 것입니다. 하나님께서 그렇게 해 주실 것입니다."라며 너무 확신있게 말씀하시는 것이었습니다.

저는 귀가 번쩍 트였습니다. 혹 목사님에게 일어난 성령님의 직접적인 감화 감동의 사례를 경험하게 될지 모르겠다는 기대감이 들었기 때문이었습니다. 왜냐하면 워낙 규모가 컸기 때문에 성도 대부분도 목표액이 쉽게 작정될 것이라 생각하지 않았고, 더욱이 설교시에 앞 일에 대해 애기한다는 것이, 이미 지나간 것에 어떤 해석을 가하여 '하나님께서 말씀하셨다.' 또는 '하나님께서 보여주셨다.'고 하는 것과는 달리 이것은 앞으로 되어질 것에 대한 예언적(?) 선포로 느껴졌기 때문이었습니다. 저는 목사님의 말씀을 마음에 두고 다음의 건축 헌금 작정 주일을 기다렸습니다. 그런데, 혹시나 하는 마음이 있었는데, 작정액은 목사님의 말씀과는 달리 목표치에 훨씬 미달했습니다. 목사님은 이에 대해 아무런 해명을 하지 않으셨습니다.

저는 목사님의 마음 속에서 어떤 것들이 움직였을까가 궁금했습니다. 왜 그렇게 목사님은 결과적으로 일어나지 않을 일에 대해 절대적인 확신을 가졌고, 또 절대적인 것으로 선포하기에 이르게 된 것일까요? 왜 그런 엄청난 실수를 하시게 되었을까요?

그 선포를 하시기 직전에 미국을 방문하셨습니다. 뉴욕에서 아드님과 함께 테니스를 치시다가 아마도 뇌출혈로 쓰러지셔서 응급실에서 처치를 받으셨다고 합니다. 정확한 상태는 모르지만, 상당히 위험할 수도 있었던 상황이었던 것 같습니다. 다행히 목사님은 아무런 장애 없이 회복하셨습니다. 그러한 경험을 통해 목사님 나름대로는 '하나님의 은혜'를 체험하신 것으로 여겼던 것 같습니다. 그러면서 하나님의 간섭하시는 은혜에 대해 감정적으로 다소 들뜬 분위기에 있지 않으셨나 생각됩니다. 그런 분위기에서 건축헌금에 대해 생각하시면서, '하나님께서 간섭하시면 아무것도 아니다.'라는 생각이 진전되었을 가능성이 높았을 것이고, 개인적으로 죽었다가 하나님의 은혜로 살아난 것으로 여겨지는 경험을 한 터였기 때문에 쉽게 하나님께서 간섭하여 해결해 주실 것이라는 생각으로 이어지지 않았나 추론해 봅니다.

물론 저의 추론이 틀릴 수 있습니다. 그렇지만 많은 그리스도인들에게, 상대적인 자기의 주관적 경험을 절대적인 것으로 해석하는 경향이 적지 않은 것 같습니다. 그러면서 많은 오류를 낳기에 이르지요. 사실은 자기의 감정적 느낌이고 닫힌의식 속에서 일어나는 연상인데, 거기에다 '하나님께서'라는 말을 붙임으로써 절대적으로 만드는 것이지요. '하나님께서 나에게 이렇게 말씀하셨다.'라든지, '하나님께서 이러한 깨달음을 주셨다.'라고 말입니다.

어느 잡지에 우리 스스로를 되돌아보게 하는 아주 유익한 내용이 실려 있어서 소개합니다. (아마도 '샘터' 지에 수록된 것으로 정진홍 서울대 교수의 글인데 약 15년 이상 된 것으로 당시 내용만 복사하고 게재 연도는 적어 놓지 못했습니다.)

슈웨더라는 사람이 멕시코의 지나탄테코족의 샤먼들을 연구한 논문 중에 나오는 것을 인용한 것입니다. 그는 샤먼들이 보통 사람들과 도대체 어디가 어떻게 다른지 굼시 궁금해서 다음과 같은 실험을 했다고 합니다.

먼저 칠면조를 들고 있는 사람의 사진을 찍은 다음, 초점을 흩트려 무엇을 들고 있는지 전혀 알 수 없는 사진으로부터 시작하여 점차 초점을 점진적으로 맞추어 가 나중에는 초점을 완벽하게 맞추어, 들고 있는 것이 칠면조라는 것을 쉽게 알 수 있는 사진 순으로 20여 장의 사진들을 만들었습니다. 그런 다음에 이 사진들 중에서 흐린 것으로부터 시작해서 점차 뚜렷한 것으로 하나하나씩 보여 주는 실험이었습니다. 보통 사람들과 샤먼 집단 각각에 보여 주면서 각기 언제 정답을 맞추는지를 알아보았습니다.

그랬더니, 샤먼들은 몇 장의 사진이 넘겨지지도 않았는데 서둘러 "그만!"이라 소리치면서 정답을 알았다며 답했습니다. 그러나 정답률은 아주 낮았습니다. 사람이 들고 있는 것이 호박이라든가, 꽃이라든가, 아니면 럭비공이라고 대답했습니다. 그러나 보통 사람 집단의 반응은 아주 달랐습니다. 사진들이 꽤 넘어갔는데도 "그만!" 하면서 답을 말하는 사람이 없었습니다. 점차 사진의 그림이 뚜렷해지면서 칠면조의 모습이 점차 드러나자 사람들은 일제히 "칠면조요!"라고 대답했다고 합니다. 사진이 다 넘겨져 이제 한 장쯤 남아 있었고 정답률은 거의 100%에 가까웠다고 합니다.

연구자 슈웨더는 이 결과를 분석하면서 상당히 우려스러운 언급을 했습니다. 샤먼들의 인지 행태가 사실 알고 보면 이처럼 불확실하다는 것입니다. 그들에게는 다분히 사물에 대한 정확한 인식을 차단하는 어떤 기제가 내재해 있다는 것입니다. 그런데 많은 사람들은 그러한 샤먼에게 물어 해답을 얻고 있고, 또 샤먼들은 자신에 대해 해답을 제시하는 자로서의 자의식을 가지고 있다는 것입니다. 그렇기 때문에 이러한 행태는 심히 불안한 문화현상이라는 것이 그의 우려의 내용이었습니다. 참 중요한 것을 생각하게 하고 특히, 자기를 되돌아보게 하는 유익한 논문입니다. 독자분들에게도 여러 중요한 생각을 하게끔 해주리라 생각합니다.

정진홍 교수의, "……(샤먼들은) 궁극적인 인식에의 도달과는 상관없이 지금, 이 자리에서의 앎을 스스로 마련하고, 그것에 터하여 삶의 마디를 나름대로 쭉쭉 펴 가는 삶이 있는 것이다. 때로는 그들에게서 용기라고 채색된 무사려함을 읽을 수도 있고, 지식이라고 이름 지어진 독선을 만날 때도 있으며, 이상이라고 휘날리는 환상의 깃발을 찾아볼 수도 있다. 그럼에도 불구하고 뚜렷한 것은 그들은 꽤 자유로움을 만끽하고 있다는 사실이다. 땅을 스쳐 하늘을 춤추는 덩실거림이 느껴지는 것이다……"라는 말이 인상적이었습니다.

조심해야 하는 데서 조심하는 정직성을 견지한다는 것이 참으로 어려울 수 있습니다. '하나님의 뜻', '하나님의 은혜', '하나님의 말씀', '성령님의 감동', '성령님의 소욕' 등등을 빨리 갖다 붙이고자 하는 유혹을 대부분의 그리스도인들이 받을 수 있습니다. 그러나 먼저는 우리 자신의 느낌과 생각을 냉철하게 따져보는 자기 검증 의식을 잘 발전시켜야 합니다. 사려 깊지 못하게 하나님의 뜻을 갖다 붙인다고 하여 자기의 생각이나 느낌이 하나님의 뜻이 되는 것은 결코 아니며, 오히려 하나님을 욕되게 할 수 있기 때문입니다.

벌써 10년이 넘은 경험입니다. 가까운 사람들이 모였을 때, 함께 참석했던 목사님이 자신의 처형이 유방암에 걸렸는데 수술을 받지 않고 하나님께 의뢰하겠다며 기도원에 들어가셨으니 그 분을 위해 기도하자고 했습니다. 모두들 간절히 기도했습니다. 아마도 기도의 내용은 꼭 같지는 않았을 것입니다. '꼭 낫게 해주세요.', '하나님의 뜻이 이루어지기를 바랍니다.', '우리의 바람은 그 분이 회복되는 것이지만 하나님의 뜻대로 이루어지기를 바랍니다.', '하나님의 뜻이 이루어지기를 바랍니다. 그런데 하나님, 그 분이 회복되기를 바라는 저희의 마음을 기억해 주세요.' '그 분과 그 분의 주위에 있는 사람들이 병의 의미를 잘 깨닫게 되기를 바랍니다.' ……등등 다양하게 기도했을 것입니다.

기도를 마친 뒤, 목사님께서는 "성경에 보면 '기도한 것은 이미 받은 줄로 여기라.'는 말씀이 있습니다. 우리가 이제 기도했으니 하나님께서 고쳐주신 것으로 믿고 감사 기도를 드립시다."라며 암이 나은 것에 대해 감사하는 기도를 인도하셨습니다. 저는 첫 번째 기도에는 참여했지만, 두 번째 기도에는 참여하지 않았습니다. 목사님은 하나님의 말씀인 성경에 기초한 것으로 말씀하였지만, 저에게는 인위적으로 말씀을 인용한 것으로 판단되었습니다. 그 말씀을 그 상황에 적용하는 것이 아니라는 생각이 었습니다. 모두들(?) 감사기도를 드렸지만, 저는 하지 않았습니다. 목사님께서 병을 낫게 해주신 하나님의 은혜에 감사하는 내용으로 기도를 마쳤지만, 저는 "아멘"을 하지 않았습니다.

제가 성경을 불신해서도 아니고, 하나님의 치유의 능력을 믿지 않아서도 아니었습니다. 분위기상 그렇게 매도될 수도 있었겠지만, 사실적으로 그렇지 않았습니다. 어떤 일에 '하나님의 말씀' 또는 '하나님의 뜻' 등을 갖다 붙인다 하여 그 일이 하나님께서 원하시는 것이 되는 것은 결코 아닙니다. 진짜 하나님께서 원하시는 것에 붙여야 하지요. 분위기상, 개인적

희망사항 때문에, 개인적 느낌상……등등으로 갖다 붙이는 것으로 인해 하나님의 성호가 얼마나 빈번하게 망령되이 일컬어지고 있는지 모르겠습니다. (목사님의 처형은 얼마되지 않아 돌아가셨다는 소식을 들었습니다.)

  야외 집회가 있는 날, 날씨가 좋으면 개회기도시 '하나님께서 좋은 날씨를 주셔서……' 라는 말이 꼭 들어가는 것을 우리는 경험합니다. 하나님께서 마치 자기들의 집회를 위해 좋은 날씨를 주신 양 말입니다. 그런데 날씨라는 것이 그 좁은 공간에 있는 사람들에게만 적용되는 것일까요? 같은 날씨를 맞이하는 수많은 사람들이 있습니다. 그런데 정말 극히 작은 소수의 모임을 위해 하나님께서 날씨를 간섭하셨을 것이라고 생각하십니까? (물론, 하나님께서 특별히 생각하시는 모임이라면 그럴 수 있을 가능성은 항존한다고 생각합니다. 그런데 그런 경우는 아주 매우 극히 드물 것이라 생각합니다.) 농부나 우산 장수와 같이 비가 오기를 기다리는 많은 사람들도 있을 텐데, 과연 그런 사람들은 하나님께서 도외시하고 야외 집회를 하는 그 소수의 사람들을 위해 날씨를 좋게 하셨을까요? 야외 집회가 있을 때 간혹 비가 온 날도 경험했을 것입니다. 그때는 어떻게 기도하지요?

  물론 감사해야 할 것들을 놓치지 않고 잘 찾아내어 감사하는 것은 모든 사람들이 노력해야 하는 것입니다. 그러나 어떤 때는 그리스도인들이, 감사 항목을 찾는 데 너무 강박적인 인상을 받습니다. 마치 진정 감사한 마음은 확인하지 않고 감사 항목 찾기 시합을 하듯이 말입니다. 그러면서 정말 마음속으로부터 진정한 동의가 되지 않는 것을 감사하는 경우를 맞이한 적은 없는지요? (물론 깊은 성숙의 사람이 감사하는 것을 성숙이 많이 뒤처진 사람이 이해하지 못해 동의되지 않는 경우는 제외하고요.) 하나님의 크신 뜻을 생각하지 않고 또 전체적으로 사고하지 않고, 개인적이고 주관적인 협소한 사고를 하는 가운데 너무 쉽게 '하나님'이 들어간 어구를 사용하는 오류를 범하는 것 같습니다. 이 역시 '하나님'이란 단어의 남용(abuse)이라 할 것입니다.

그러한 오류에서 100% 벗어나기 위해 진짜 임하신 하나님의 은혜를 간과하는 것과 같은 또 다른 극단으로 가지 않도록 조심하면서(제가 이 극단에 대해 자세히 언급하지 않는 것은 한국에서는 아직 그 경우의 수가 적다고 판단되기 때문입니다.), 주관적이고 상대적인 것에 쉽게 '하나님의 뜻', '성경적', '성령님의 은혜', '사탄 또는 귀신', '불신앙' 등등을 갖다 붙임으로써 절대화시키는 왜곡에 대해 철저한 주의를 기울여야 할 것입니다. 자기에게 '내가 모르는 것 또는 모르는 세계가 있을 수 있다.'든지 '내가 틀릴 수 있다.'는 식의 '마음의 여백'을 자기 마음의 한 곳에 둘 수 있었으면 좋겠습니다. 사람은 자기가 모르는 것은 모르기 때문입니다.

그럴 수 있다면 우리의 언어습관에서 '……(그러할) 가능성이 높습니다. 또는 낮습니다.', '……(그럴지) 모르겠습니다.', '……(그럴) 가능성도 있습니다.', '……제 생각이 틀릴 수도 있을 것입니다.', '……100% 확신하는 것은 아닙니다.', '……그렇다는 것이 아니라, 그런 인상을 받는다는 것입니다.', '……(이런 경우도) 생각해보아야 한다는 것이지요.', '……제 느낌일지 모르겠습니다.' 라는 식의 표현들이 늘게 될 것입니다. (물론 100% 확신하는 것은 그렇게 얘기할 수 있어야 할 것입니다.)

그러는 가운데 자신이 모르는 무지의 세계로 여행을 떠나고자 하는 겸허하고 개척적인 정신을 스스로에게 일깨웠으면 합니다. 이렇게 생각해 볼 때 환원적 오류의 경향에 대해 잘 살펴 바르게 대처한다는 것은, 우리의 전체적 지평을 열어주는 데 크게 도움이 될 것임을 알 수 있습니다. 우리는 모든 것을 상대적으로 보는 사람들과 달리 절대적인 것을 갖고 있고 믿는 자들입니다. 만약 상대적인 것을 절대화시키는 오류를 범하는 횟수를 줄여 갈 수 있다면, 그만큼 그리스도인이 다른 사람들과 차별적으로 가지고 있는 절대적인 내용들에 대한 증인으로 사는 데 도움이 될 것입니다.

자기 여행

(과정성과 연관된 것으로 함께 나누고 싶어 덧붙입니다.)

저는 어려서부터 교회생활을 해 왔습니다. 그러면서 소위 신앙생활에 '익숙'해져 갔습니다. 성경도 많이 읽고 외웠습니다. 멋있고 신나는 말씀들이 많이 있지만, 저에게는 "아무에게도 악을 악으로 갚지 말고 모든 사람 앞에서 선한 일을 도모하라"(롬 12:17), "악에게 지지 말고 선으로 악을 이기라"(롬 12:21)는 유의 말씀들이 특히 멋있어 보였습니다. 머리로, 즉 지적으로 아는 것을 아는 것으로 알아, 그 말씀의 뜻을 알고 있고 그렇게 산다고 간주했던 것 같습니다.

그러다가 의과대학을 졸업하고 사회생활 시작으로 인턴생활을 하게 되었습니다. 5월에 내과에서 근무하게 되었습니다. 한 병동에 두 명의 주치의가 있었고, 그 밑에 다른 인턴 한 명과 제가 근무하게 되었습니다. 당시 인턴의 하루는 검사를 위해 sampling(피를 뽑는 것)을 하는 것으로 시작되었습니다. 검사를 제 때에 받기 위해서는 마감시간 이전에 피를 보내야 합니다. 근무 첫 날, 저는 sampling을 마치고 쉬고 있는데, 간호사에게서 마감시간이 가까워오는데 다른 인턴이 오지 않아 다른 주치의 선생님의 환자들의 sampling이 이루어지지 않고 있다는 말을 들었습니다. 아무 생각 없이 당연히 대신 해주었습니다.

상대 인턴은 그 다음날도 아침 출근이 늦어 대신 해주었습니다. 그런데 그것은 일과성의 문제가 아니었습니다. 계속 아침에 제 때 나타나지 않는 것이었습니다. 일을 대신 해주는 것이 하루하루 지나면서 불편한 마음이 생기게 되었습니다. 그러면서 동시에 저의 머리속에서는 "악에게 지지 말고 선으로 악을 이기라"는 로마서의 말씀이 떠올랐습니다. 말씀에 힘입어 참으며 일주일을 보냈습니다. 처음에는 그렇게 말씀을 의지하여 지냈는데 점차 시간이 흐르면서 선으로 악을 완전히 이기지 못하고 있는 나를 발견하게 되었습니다.

속으로 여러 생각이 오고 갔습니다. '아니, 내가 다 해주니까 저 친구가 당연하게 생각하고 일부러 늦게 오는 것 아냐?', '내가 계속 다해 주면 저 친구의 나쁜 것이 고쳐지기는커녕 더 강화되는 것 아냐?', '아니, 고맙다는 말 한마디도 없잖아' 등등의 생각들이 시간이 지나면서 더욱 뚜렷하게 모습을 드러내게 되었습니다. 선으로 악을 이기기보다는, 분노를 다만 억압하여 겉으로 드러나지 않게 하는 모습이었습니다. (정확히 기억나지 않지만) 저는 결국 10여 일이 지난 다음 그 친구에게 화를 내게 되었습니다. (나중에 알게 된 것이지만, 그는 출퇴근을 제멋대로 하고 자기 의무를 다하지 않으며 선배인 주치의와도 잘 싸우는 악명 높은 인턴으로 알려져 있었습니다.)

어찌보면 당연하다고 할지 모르지만, 당시 저는 분을 품었던 저의 모습을 발견하고 상당한 충격을 받았습니다. 의식하고 있었던 것은 아니지만, 무의식적으로 저는 그 친구 대신 일을 하면서 악을 선으로 이기고 있었던 것으로 그래서 당연히 분을 품지 않았던 것으로 생각하고 있었습니다. 아마도 분을 품는 것을 악을 악으로 대하는 것으로 여겼던 것 같습니다. 그러나 분노는 밖으로만 드러나지 않았을 뿐이지 안으로 차곡차곡 쌓여갔던 것이지요.

저를 다시 보게 되었습니다. 저의 신앙에 대해 다시 생각하게 되었습니다. 말씀을 머리로-지적으로-깨달았다고 하여 그 말씀을 온전히 깨달은 것이 아님을 알게 되었습니다. 자기 것이 되지 않은 것이지요. 인턴 일 년 동안 저의 마음을 내내 떠나지 않은 말씀은 "악에게 지지 말고 선으로 악을 이기라"는 말씀이었습니다. 그 말씀이 멋있기는 하지만, 그대로 지킨다는 것은 너무나 어렵고 고통을 야기한다는 것을 깨닫게 된 일 년이었습니다.

'그럼, 왜 나는 그전에는 말씀을 깨닫고 내 것이 되었다고 잘못 생각하게 되었을까?'에 대해 생각해 보았습니다. 여러 이유를 생각할 수 있겠지만, 그 중 중요한 요인으로 사회생활을 하기 전까지는 관계가 선택적인데 반해 사회생활에서는 비선택적인 측면이 강하다는 것을 발견하게 되었습니다. 학교 다닐 때는 만나고 싶은 사람만 선택하여 만날 수 있습니다. 싫은 사람은 안 만나면 그만이었습니다. 그렇기 때문에 다양한 관계를 경험하는 것이 그만큼 제한되어 있었습니다. "악에게 지지 말고 선으로 악을 이기라"라는 말씀이 있는데, 비교적 선택적 생활을 사는 환경에서는 자기에게 진정으로 악을 행하는 사람을 만나기 어렵습니다. 그런 사람은 이미 선택적으로 제외되기 때문이지요. 그렇기 때문에 그 말씀의 진정한 의미를 충분히 경험할 수 있는 환경을 만나기가 어려웠던 셈입니다. 그렇게 제한된 삶을 살고 있다는 것을 모르고, 그 말씀을 자기가 이미 지키고 있는 것으로 생각하게 되었던 것 같습니다.

그러나 학교를 떠나서 맞이하는 보통의 사회생활에서는 선택적 만남만 할 수 없습니다. 자기가 편하고 좋아하는 사람만 만날 수 없습니다. 조직체에서 원하지 않지만 정해준 사람들과 함께 지내야 합니다. 거기에는 싫고 불편한 사람이 있을 수 있으며, 그런 사람들과도 관계를 맺으며 살아가야 합니다. 어떤 면에선 넓어진 삶의 마당을 살아간다고 할 수 있습니다. 그러면서 우리에게 정말 악을 행하는 사람을 만나게 되어, 그 때서야 비로소 자신이 "악에게 지지 말고 선으로 악을 이기라"는 말씀을 온전히 깨닫고 행하고 있는지를 시험받게 된다고 할 수 있습니다.

인간은, 삶의 제한된 영역을 살아갈 때는 전체 자기 중에서 제한된 만큼의 부분적 자기만 나타나게 됩니다. 자기가 선택적으로 좋아하는 사람만 만날 때는 당연히 자기의 좋은 부분만 나타나게 될 것입니다. 문제는 그러한 자기가 자기 전체인 줄 알게 되는 것이지요. 그러다가 비선택적으로 원하지 않는 사람과도 만나게 되면서 자기 안의 부정적이고 악한 모습이 반응하여 드러나게 됩니다. 그렇게 드러나는 자신의 모습에 놀라는 사람들이 많습니다. 그러면서 자신이 변했다고 생각할 수 있습니다. 그러나 자기가 몰랐던 자기의 그런 부분을 마주하는 초기에는 '변했다'고 하는 것은 맞는 표현이 아니라 하겠습니다. 자기가 변했다기보다는 '아, 나에게도 이러한 부분이 있었구나.'라고 표현하는 것이 정확하고 적절한 표현이 됩니다.

결혼생활을 하면서 자기에게서 전에 보지 못한 부정적인 모습들이 나타나는 것을 경험하면서 자기를 '타락한 천사'라고 하면서, 악한 쪽으로 변해가는 자신에 대해 부모님은 물론 자신도 크게 낙담하게 된 자매를 만난 적이 있습니다. 면담이 어느 정도 진행되어 그녀가 어느 정도 파악된 다음에, 저는 그녀에게, "자매는 천사가 아니었습니다. 그리고 타락한 것도 아닙니다. 다만 전에는 자기에게 편안하고 만족스러운 환경에 있었기 때문에 자기의 좋은 부분이 주로 활성화되어 나타났던 것입니다. 대부분의 주위 사람들이 사랑과 호의를 가지고 대하는데 어떻게 악한 부분이 나타날 수 있겠습니까? 그러나 이제 사정이 변하여 힘들고 어려운 환경에 노출되니, 자기 안에 있었으나 그동안 활성화되지 못해 드러나지 않았던 부정적인 혹은 악한 모습이 나타나게 된 것입니다. 이제 자매는 '자기 여행'을 떠났다고 할 수 있습니다. 앞으로는 부모님이 만들어 주셨던 편안했던 환경이 아니라 여러 어려움이 기다리고 있는 낯선 세계를 개척해가는 가운데, 전에는 보지 못했던 자기를 겪게 되는 '자기 여행'을 해가게 될 것입니다. 자기 안에 있던 것으로 그제야 밖으로 드러나게 되는 이러저러한 부분적 자기들을 마주하게 될 것입니다."라고 얘기해주었습니다.

그렇습니다. 인간은 누구나 '자기 여행'을 떠나게 되어 있습니다. 그리고 떠나야 합니다. 자신의 닫힌의식에는 자신도 알지 못하는 자신의 이러저러한 모습이 무궁무진하게 담겨져 있는 것입니다. 욕구의 측면에서도 그러하고 다양한 자극에 대한 다양한 반응을 보더라도 그러합니다. 사람들과 상황들에 대해 우리는 얼마나 다른 모습들을 가지고 대하게 되는지 조금만 주의해 살펴보면 쉽게 알게 되지 않습니까! 우선 우리는 예상치 못하게 드러나는 자신의 부정적인 모습들을 억압하여 보지 않으려 하지 말고, 정직할 수 있도록 자신을 훈련시켜야 할 것입니다. (물론 많은 경우 자기도 의식하지 못하는 가운데서 억압이 일어나긴 하지만 말입니다.)

이 '자기 여행'을 특히 잘 이해해야 하는 그리스도인들이 있는데, 소위 '모태신앙인'으로 좋은 신앙적 환경에서만 자라온 그리스도인들과 예수님을 믿고 즉각적으로 변해 '지향적 목표'를 당장 다 지킬 수 있는 사람으로 되어 있어야 한다고 생각하는 그리스도인들이 그러합니다. 또 이제 막 학교를 졸업하여 사회에 진출하는 그리고 결혼생활을 이제 막 시작한 젊은이들에게도 꼭 필요한 개념이라 하겠습니다.

말씀대로 온전히 살지 못할 뿐 아니라, 악한 모습으로 나타나는 부분적 자기를 대할 때 자기가 변한 것으로 잘못 이해하여 죄책감을 갖는다든지, 그러한 자기를 인정하지 않고 부정하여 보이지 않는 곳—닫힌의식—에 가두어두는 왜곡된 접근을 최소화시켜야 할 것입니다. 심한 경우는 자기를 그러한 사람으로 단정하여 그냥 그러한 사람으로 살아가는 사람들도 있습니다. 참으로 안타까운 일입니다. 우리 모두, 자기 전체가 아니라 일부분만 알아 일부분의 자기로만 살다가 이 땅을 떠나게 될 것입니다. 그렇지만 정직하게 자기를 들여다 보고자 하는 사람은 노력하는 만큼 자기에 대해 많이 알고 그만큼 전체 자기에 가까운 자기로 살게 될 것입니다. 분별된 자기인식이 분명할수록 긍정적인 자기의 부분—새 사람—은 강화시키고 부정적인 자기의 부분—옛 사람—은 버리는 성숙의 과정을 밟아 가는 데 큰 도움을 받게 될 것입니다.

세상 여행

'자기 여행'과 함께 짝지어 생각할 수 있는 것은 '세상 여행'입니다. 인생이란 평생을 살면서 세상을 더 넓고 깊게 알아가는 여행을 하는 것이라 할 수 있습니다. 선한 부분을 대할 때 그것이 전부인 것처럼 지나치게 낙관적이어서도 안 될 뿐 아니라, 악한 부분을 만날 때 그것이 전부인 것처럼 지나치게 비관적이 되어서도 안 될 것입니다. 세상의 이러저러한 면들을 구경하면서 '아하, 세상이 이러저러하구나.'라고 생각하는 다소 관조적인 마음이 필요하기도 합니다. 물론 이 땅에 선한 부분이 강화되어 하나님 나라가 더욱 온전히 들어서는 쪽으로 기여해야 하는 것은 말할 것도 없습니다.

CHAPTER 3

그리스도인은 지향적 존재이다

인간은 어머니에게서 나온 뒤, 100% 타인에 의존해야 하는 존재로서 인생을 시작하게 되어 있습니다. 태어나기 이전에 자기 나름대로 어떤 뜻을 가져, 태어나서 그 뜻을 이루는 쪽으로 자기를 형성해 살아가는 것이 아니라, 뚜렷한 자기의식을 가지기 전까지 상당 기간 동안 의식적인 지향성 없이 자기를 형성하게 되어 있습니다. 즉, 비지향적으로 자기를 형성하게 된다는 뜻입니다. 여러분 중에 현재의 성격을 어려서부터 의도하여 갖게 된 분이 있으신가요? 그렇지 않을 것입니다. 태어나 만나게 된 가족, 그 중에서도 특히 부모님과의 관계 속에서 이러저러한 일들을 경험하면서 자기 성격을 형성해왔을 것입니다. 그리고 그렇게 형성된 비지향적 자기를 자기의 전부인 줄 알고 살아가는 사람들이 대부분입니다.

특히 유물적이고 진화론적인 관점을 가진 사람은 인간 존재 자체에 지향성이 없다고 생각합니다. 인간은 '우연히' 생겨 어떤 뜻도 의미도 지니지 않은 존재이지, 창조주가 어떤 뜻을 두어 존재하게 된 '뜻을 가진 존재'라 생각하지 않습니다. 그들은 '존재 또는 존재하는 것을 긍정'하는 관점에서 인간을 보게 됩니다. 예를 들어, 오래 전에 그렇게 사고하는, 우리 나라에서 이름 있는 몇 사람이 모여 세미나를 한 뒤 발표한 것 중에 '유부남에게 외도에 대한 욕구는 자연스러운 본능이다.'라는 내용이 들어있는 것을 보았습니다. 거기서 '자연스러운'이란 용어는 '정상적인' 것을 의미하는 것으로 사용된 것으로 판단됩니다. 그러니 그것을 죄악시 한다든지 나쁘다고 할 수 없다는 것이지요.

그들은 그렇게밖에 생각할 수 없을 것입니다. 인간은 아무런 뜻도 없이 무생물에서 진화된 존재라고 생각하기 때문입니다. 그들에게는 인간은 어떻게 되어야 한다는 '지향적 인간관'이 없는 것입니다. 어떤 선재하는 뜻이 있어 태어난 것이 아니기 때문에, 태어난 다음에 갖게 된 것은 어쩔 수 없이 긍정할 수밖에 없지 않느냐는 태도인 것입니다. 태어나 보니 자기도 모르게 자연스럽게 외도에 대한 욕구를 갖게 되었는데 그것을 어떻게 악하다 판단할 수 있냐는 것입니다. 자기가 원해서 가진 것이 아니라, 자연적으로 진화가 되어 태어나 갖게 된 것에 어떻게 선악의 판단을 할 수 있겠냐는 것입니다. 그들의 관점에서는 당연히 그렇게 결론이 나올 수밖에 없습니다.

그렇기 때문에 어떤 주장 밑에 놓여있는 인간관과 세계관이 무엇인가를 아는 것이 중요하다고 하겠습니다. 이 기본적 관점의 차이가 거론되어 극복되지 않으면 그 다음 논쟁은 소모적이기만 하지 의미가 없게 됩니다. 진화론적 무신론자들은 그리스도인들이 믿듯이, 첫 인간인 아담이 죄를 범해 타락한 사건이 있어서 그 이후의 인간들은 타락의 영향이 있게 되었다는 것을 인정하지 않는 것입니다. 단지 타락과는 전혀 무관하게 자연발생적으로 갖게 되었다고 생각하기 때문에 그들은 자신이 갖고 태어났다고 생각하는 모든 것들을 자연스러운 것으로 긍정하는 것입니다. 존재와 존재하는 것을 긍정하는 것입니다.

이와는 대조적으로 그리스도인은 인간에게는 죄로 인한 타락 이전과 이후에 대한 구분이 분명합니다. 인간이 갖고 태어나는 본성에는 '타락 전의 본래적 본성'과 '타락 후의 타락한 본성'이 있는 것이지요. 그렇기 때문에 인간에게 자연스러운 것에도 구분이 있어야 한다는 것입니다. 전자에서 나오는 자연스러움은 선한 것으로 긍정되겠지만, 후자에서 나오는 자연스러움은 긍정될 수 없는 것이지요. 그렇게 그리스도인에게는 '본래적 자연스러움'과 '타락한 자연스러움'이 분별된다고 하겠습니다. 당연히 앞에서 언급된 '유부남의 외도에 대한 욕구'는 타락한 자연스러움에서 나오는 것으로 긍정될 수 없는 것이지요.

그렇게 그리스도인에게는 '본래적 자기' 또는 '회복해야 하는 자기'로서의 지향적 인간관이 있습니다. 인간은 태어나 형성하게 된 자기로서 그냥 살아가면 되는 존재가 아닌 것입니다. 선험적으로 인간은 태어나기 이전에 타락의 영향을 받았기 때문에 회복해야 하는 인간상을 갖게 됩니다. 그리스도의 강림과 죽음을 통한 하나님의 은혜의 간섭은, 타락한 삶의 '자동성'에 본래적 자기를 향한 '의지적 지향성'을 심기 위한 것이라 말할 수 있습니다.

이제 이에 대한 성경의 증거에 대해 살펴보도록 하겠습니다.

1. 성경의 증거 본문

히브리서 6:1-2

"그러므로 우리가 그리스도의 도의 초보를 버리고……완전한 데로 나아갈

지니라."

과정성을 다루는 데에서도 언급된 이 말씀은 그리스도인의 과정성과 지향성을 함께 보여주는 구절입니다. 사실 과정성과 지향성은 따로 나누어지는 개념이 아니라, 하나의 개념의 두 가지 측면이라 할 수 있습니다. 과정성이라는 것은 어디를 향한 과정이라는 것인데, 바로 지향성을 품고 있는 것입니다. 또 지향성은 어디를 향하고 있다는 것으로 아직 다 이루지 않았다는 의미를 내포하고 있는데, 바로 거기에 과정성이 들어 있는 것이지요. 여하튼, 그리스도인은 이제 막 중생한 초보에서 시작하여 완전한 성숙을 향하는 지향성을 갖고 살아가는 존재인 것입니다.

빌립보서 2:12

"그러므로 나의 사랑하는 자들아 너희가 나 있을 때뿐 아니라 더욱 지금 나 없을 때에도 항상 복종하여 두렵고 떨림으로 너희 구원을 이루라."

이 역시 앞서 살펴본 그리스도인의 과정성뿐 아니라, 지향성을 나타내는 말씀이기도 합니다. 그리스도인은 예수님을 영접하여 받게 되는 구원에 머무르는 것이 아닙니다. 그 협의의 구원에서 시작하여 하나님께서 원하시는 온전한 구원인 성화를 지향적 목표로 삼아 나아가는 발걸음을 쉬지 않아야 하는 존재인 것입니다.

베드로전서 1:14-16

"너희가 순종하는 자식처럼 전에 알지 못할 때에 따르던 너희 사욕을 본받지 말고 오직 너희를 부르신 거룩한 이처럼 너희도 모든 행실에 거룩한 자가 되라 기록되었으되 내가 거룩하니 너희도 거룩할지어다 하셨느니라."

거듭 말씀을 통해 확인되는 것이지만, 하나님께서는 사람을 단지 구원하시는 것에만 목표를 두시는 것이 아니라, 실제적 신앙인격이 성숙해지는 것을 바라고 계시다는 것입니다. 하나님께서 거룩하니 우리도 하나님을 닮아 거룩하기를 바라신다고 하지 않습니까? 우리를 향한 하나님의 기대의 마음이 전달되지 않는지요?

베드로후서 1:4

"이로써 그 보배롭고 지극히 큰 약속을 우리에게 주사 이 약속으로 말미암아 너희가 정욕 때문에 세상에서 썩어질 것을 피하여 신성한 성품에 참여하는 자가 되게 하려 하셨느니라."

우리에게는 분명한 지향이 있습니다. 그 지향은 하찮은 것이 아닙니다. 그 지향의 정점은 신(신성한)의 성품에까지 이르는 것이라 하셨습니다. 인간은 아무 뜻 없이 태어나 뜻 없이 죽어 사라지는 존재가 결코 아닙니다.

마태복음 5:48

"그러므로 하늘에 계신 너희 아버지의 온전하심과 같이 너희도 온전하라."

우리에게는 온전하게 되고자 하는 지향이 있습니다. 이는 하나님의 온전하심을 따라 향하는 것입니다.

베드로후서 1:5-7

"그러므로 너희가 더욱 힘써 너희 믿음에 덕을, 덕에 지식을, 지식에 절제를, 절제에 인내를, 인내에 경건을, 경건에 형제 우애를, 형제 우애에 사랑을 더하라."

협의의 구원은 하나님의 은혜 안에서 믿음으로 이루어집니다. 그러나 그리스도인의 성숙은 믿음으로 완전히 이루어져 끝나지 않습니다. 더 갖추어야 하는 인격의 덕목들이 있습니다. 이런 것들이 하나씩 더해지는 성숙이 이어질 때 하나님께서 기뻐하실 것입니다.

에베소서 4:13, 15, 요한일서 3:2

"우리가 다 하나님의 아들을 믿는 것과 아는 일에 하나가 되어 온전한 사람을 이루어 그리스도의 장성한 분량이 충만한 데까지 이르리니" (엡 4:13).

"오직 사랑 안에서 참된 것을 하여 범사에 그에게까지 자랄지라 그는 머리니 곧 그리스도라" (엡 4 15).

"그가 나타나시면 우리가 그와 같을 줄을 아는 것은 그의 참모습 그대로 볼 것이기 때문이니……" (요일 3:2).

우리의 성숙의 궁극적 지향점은 우리 구주 그리스도 예수이십니다.

개인적 지향성

원수를 사랑하는 것, 5리를 가자 하면 10리를 가는 것 등은 그리스도인이면 누구나 가져야 한다는 의미에서 보편적 지향성이라 하겠습니다. 그것과 함께, 다른 사람과 달리 자신 안에서만 추구돼야 하는 개인적 지향성이 있습니다. 즉, '지체성(부분의식), 달란트, 소명(독특성), 분수 ' 등과 관계되는 것이라 하겠습니다. 이 책에서는 보편적 지향성만을 다루고 있는데, 개인적으로 자신의 개인적 지향성에 대해서 자신을 살펴보는 작업을 충실히 할 수 있었으면 합니다.

2. 그리스도인의 지향성의 실제적 적용

1. 기독교 복음을 통한 지향성의 획득

아무도 깨어있지 않은 질흙같이 어둡고 적막한 새벽에 혼자 깨어, 정신없이 분주한 일상적인 삶과, 자극적인 다양한 모습과 소리로 치장하여 우리의 눈과 귀를 사로잡는 낮의 모습으로부터 일탈하여 자신 또는 인간에 대해 근본적인 질문을 해본 적이 있는지 모르겠습니다. 진지하게 생각해보면 인간에 대해 궁금한 것이 많은데도 불구하고 제대로 된 물음도 제기하지 못한 채 생각없이 그냥 살아가는 우리의 모습이 참으로 안타깝습니다. 한 번 그런 시간을 갖게 되었다고 가정해보지요.

인간은 어떤 존재라고 생각합니까? 아마도 인간을 지은 존재라면 바로 답할 수 있겠지만, 바로 그런 질문을 하는 존재라는 것 자체가 인간은 절대적 답을 가질 수 없는 존재임을 드러내 주는 것이라 하겠습니다. '인간이 어떤 존재인가?' 라는 질문에 대해 접근하려는 노력들이 있습니다. 그 중 하나가 다른 존재들과의 차이점을 통해 생각해보는 것입니다. 여러 차이점들이 있겠지만, '인간만이 자기에 대한 물음을 가질 수 있는 존재' 라는 것을 생각해봅니다.

그렇습니다. 인간은 자기에 대해 물음을 가지는 존재입니다. '인간은 어디서 오는가?', '죽음 이후의 세계가 있는가?', '인간이 영원히 살 수 있는가?', '어떻게 하면 영원히 살 수 있는가?', '인간이 얼마나 선하게 될 수 있는가?' '이 세상에서의 인간 존재의 의미는 무엇인가?' 등등의 물음을 갖게 됩니다. 그러한 물음들과 함께 인간은 자기에 대한 탐색을 시작합니다. 진지하게 탐색하면 대개 다음 세 가지 주요 깨달음을 얻게 되리라 생각합니다.

첫째, 인간의 피조성, 즉 인간은 피조된 존재임을 깨닫게 됩니다.

나는 신과 같이 스스로 존재하는 자존자가 아니라, 이 세상에서 시작과 끝을 가지는, 즉 길이가 있는 존재임을 압니다. 나의 존재에 앞서, 수많은 다른 사람들이 살았던, 내가 존재하지 않았던 세계가 있었다는 것과 나의 원함과 상관없이 죽음을 맞이하는 존재라는 것을 인정하게 됩니다. 내가 죽더라도 이 땅은 계속될 것이고, 여전히 새로운 사람들이 태어나 살아갈 것입니다. 나의 죽음을 슬퍼하는 사람은 60억 중 극히 소수에 지나지 않을 것이고, 또 시간이 지나면 잊혀질 것입니다. 내가 죽은 뒤 100년이 지난 뒤에도 나의 존재를 생각하는 사람은 아무도 없을 가능성이 높습니다. 그렇게 인간은 자기의 뜻과는 전혀 관계없이 태어나고 죽어가지요. (그러나 내가 아닌 타자의 뜻에 의해 생명을 받았듯이 죽음 이후에도 그 타자에 의해 생명을 받을 수 있을 것임을 예상하는 것은 그리 어렵지 않을 것입니다.)

나는 나의 존재 이전의 모습에 대해 알지 못합니다. 아니 나의 존재 이전의 '나'가 있지 않습니다. 나는 '나의 비존재'에서 '나의 존재'로의 이행이 있음을 압니다. 그런데 그 이행은 나의 비존재에서 왔기 때문에, 내가 원했던 것이 아님을 압니다. 나는 내가 원해서 존재한 존재가 아닙니다. 왜 내가 존재하게 되었는지, 무엇을 위해 살아야 하는지 알 수가 없습니다. 나는 다만 이 땅에 던져진 존재임을 알 뿐입니다. 누군가 나를 이곳으로 던진 존재가 있을 텐데, 그를 알지 못하니 나의 존재의 의미를 알 수 없음에 답답함을 이루 다 말할 수 없습니다. 결국 스스로 자기 존재의 의미와 운명을 정하고 다룰 수 없는 것은 물론 알지도 못하는 자신에게 절망하게 됩니다. 이를 '존재론적 절망'이라 일컬어 봅니다.

둘째, 인간의 죄성을 깨닫게 됩니다.

초등학교 2학년생인 선영이와 전화통화를 한 내용입니다.

선 영 : 오빠나 언니가 때리기도 해요.
김 진 : 아니, 선영이 같이 착한 아이를 누가 때리지?
선 영 : 저 착한 아이 아닌데요.
김 진 : 그래, 그럼 어떤 아이인데?
선 영 : 평범한 아이예요.
김 진 : 평범하다는 것이 무슨 뜻인데?
선 영 : 착한 것도 하는데요, 착한 것만 하지 않아요. 나쁜 것도 해요.
김 진 : 어떤 나쁜 것을?
선 영 : 화가 나면 욕을 해요.

초등학교 2학년 아이가, 자기는 착한 아이가 아니고 나쁜 것도 하는 아이라는 자기인식을 갖고 있었던 것인데, 참 훌륭한 자기성찰을 하고 있다는 인상을 받았습니다. 그 아이와 같이 자기 자신을 정직히 볼 수 있다면, 세상에 자기 자신이 100% 만족스러운 사람은 아무도 없을 것입니다. 우리 모두는 자신이 타인을 자기와 같이 위하거나 배려하지 못하는, 전반적으로 이기적이고 자기중심적인 쪽으로 많이 기울어진 존재임을 압니다. 우리가 아는 모든 사람들도 정도의 차이는 있지만, 그러함을 압니다. 그런 사람들로 이루어진 이 세상이 그리 선한 세상이라고 생각하지 않을 것입니다. 곰곰이 진지하게 생각해보면, 우리는 나 자신과 이 세상을 그리 만족스러워하지 않음을 알 수 있습니다.

그러나 다른 한편으론, 우리 안을 깊이 들여다보면, 고아와 장애인 등 어렵고 가난한 사람을 위하고 싶고, 좀더 참고 용서하고, 좀더 사랑을 하고, 좀더 선해지고 싶은 자기가 있음을 압니다. (가난은 꼭 물질적인 가난뿐 아니라 지식, 건강, 지능, 인간관계 등등의 다양한 영역의 가난을 의미하고, 당연히 복음을 아직 받지 못하거나 신앙이 어린 '영적 가난'을 포함합니다. 이 책에서 쓰인 '가난'은 이런 포괄적 의미의 가난을 의미한다는 것을 기억하시기 바랍니다.) 이타적이고 나눔적이며 공동체적인 자기이지요. 이 세상을 살아가는 데 주도권을 쥔 것은 이기적이고 자기중심적인 나이긴 하지만, 그러한 모습의 나로만 나를 다 설명하려는 시도는 내면에서 반발을 받습니다. '그렇긴 하지만 그것이 나의 전부는 아니다.'라는 외침이 저 깊은 내면의 세계에서 올라옵니다.

인간은 자기 안에 크게 두 종류의 자기가 있음을 압니다. 두 진영의 자기가 충돌되는 것을 압니다. 이타적이고 공동체적인 것을 추구하는 선한 자기(새 사람)와 이기적이고 자기중심적인 것을 추구하는 악한 자기(옛 사람)이지요. 문제는 자기는 진정 사랑하며 선하게 살고 싶은데, 실제적으로는 그렇게 살지 못하고 주로 이기적이고 자기중심적으로 살게 된다는 것입니다. 그렇게 자기가 진정으로 바라는 대로 살지 못하는 존재가 인간인 것입니다. 그렇게 인간은 '되기를 바라는 자기'와 실제 삶을 영위하는 '실제적 자기'가 분열되어 있는 것입니다. 분열되어 있는 존재!―이것이 자연적 인간의 실존적인 모습입니다. 내 안에서 악한 세력을 스스로 뽑아내 완전히 선한 사람이 될 수 없음을 인정하지 않을 수 없는 것입니다. 그 분열을 스스로 치유하지 못하고 분열된 상태로 살아갈 수밖에 없는 존재임에 두 번째의 절망을 하게 됩니다. 이를 '도덕론적 절망'이라 일컬어 봅니다.

셋째, 인간의 비주연성을 깨닫습니다.

모든 인간은 자기의 삶과 자기가 살아가는 이 세상에서 주인공이고 싶고 주연 배우가 되고자 하는 욕구, 최고이기를 바라는 욕구가 있습니다. 자기가 자기 인생뿐 아니라, 타인의 인생에 대해서도 군주적 통제권을 행사하기 바라는 욕구라 할 수 있습니다. 그러나 실제 인생을 살아보니 그것은 단지 자기의 욕구에 지나지 않는 것으로 절대 이루어질 수 없는 것임을 깨닫게 됩니다. 자기가 실제 통제할 수 있는 것이 지극히 적은 것입니다. 자기 마음 하나도 제대로 간수하기가 참으로 어렵지 않습니까? 기꺼운 마음으로 자기를 섬겨줄 사람을 단 한 명이라도 두고 있나요? 그렇다면 아마도 훌륭한 삶을 살아가고 있다고 할 수 있을 것입니다.

먹고 싶은 것, 듣고 싶은 것, 보고 싶은 것, 가지고 싶은 것, 등등을 100% 만족스럽게 가질 수 없음을 깨닫습니다. 좋은 집, 좋은 차를 갖고 싶습니다. 높은 지위에 오르고 싶습니다. 최고의 인기를 누리고 싶습니다. 좋아하는 이성과 모두 친해지고 싶습니다. ……그러나 자기 인생에서 얻을 수 있는 것은 그리 많지 않음을 깨닫게 됩니다. 나의 인생과 이 세상이라는 무대에서 나는 결코 주연의 자리를 차지할 수 없는 존재임에 절망하게 됩니다. 인간은 자기애(자기중심적이고 이기적인 자기사랑)를 별로 만족시킬 수 없습니다. 이를 '자기애론적 절망'이라 일컬어 봅니다.

자연적 인간은 스스로 자기 존재의 목표, 의미 그리고 좌표를 설정할 수 없는 존재이기에, 그런 것들에 대해 참조할 수 있는 절대적 존재를 알지 못하면, 이런 절망의 늪에서 허우적거릴 수밖에 없게 됩니다. 절대적 절망입니다. 자기 스스로는 자기 존재 좌표를 설정할 수도 없고, 그것이 어디에 있는지도 알 수 없기 때문입니다. 이런 절망에서 인간은 어떻게 시작할 수 있을까요?

어떤 존재이든 존재라면 모두 자신이 스스로 존재하는 신과 같은 존재이기를 바라는 욕구가 있을 것입니다. 자신이 그런 존재라면 얼마나 좋겠습니까! 죽음을 두려워할 것도 없고 누구를 의식할 필요도 없고 그냥 자기존재 양식대로 살아가면 될 것입니다. 그러나 분명히 인간은 그런 자존자가 아닙니다. 그러나 자신이 앞에서와 같이 절망할 수밖에 없는 존재임을 가슴 시리게 깨닫고 인정하는, 최소한의 바른 자리 매김을 하는 데에서 절대적 절망으로부터 구원으로의 서광이 비치게 된다고 할 수 있습니다.

이제 절대적 절망을 통하여 그런 자리 매김을 한 나는, 이 땅에 나를 보낸 창조주의 존재 가능성에 대해 생각하게 됩니다. 만약 창조주가 계시다면, 나는 그 분의 피조물이요, 나의 존재의 의미와 운명이 그 분에게 전적으로 의존되어 있음을 인정하게 될 것입니다. 그 인정은 정말이지 엄숙하고 거룩한 두려움을 낳습니다. 앞에서 다룬 세 가지 절망으로부터, 그 분 앞에서는 인간인 나는 티끌보다도 못한 존재임이 드러나기 때문입니다. '나', '나의 것'을 주장하는 나는 해체되는 경험을 하게 됩니다.

나를 지으신 그 분 앞에 감히 어떤 생각도 가질 수 없고 어떤 말도 할 수 없고, 그 분의 놀라우신 영광 앞에 압도당하여 다만 잠잠히 그 분의 뜻을 기다리게 되는 것이지요. 그 분 앞에서는 고개를 감히 들지 못하며, 저절로 무릎을 꿇지 않을 수가 없습니다. 그리스도인들은 이 과정을 다 통과할 것인데, 그런 의미에서 그리스도인은 '하나님 앞에 (마음의) 무릎을 꿇은 자'라 할 수 있을 것입니다. 결코 그 무엇을 가지고도 자고할 수 없는 존재인 것이지요. 인간의 겸허는 바로 그러한 창조주와의 관계에서 나오는 것이어야 하며, 사실상 겸허는 존재론적인 측면에서 가장 인간적인 것이라 할 수 있습니다.

결국, 자신은 자기의 뜻과 전혀 관계없이, 창조주의 뜻에 의해 존재하게 된 한계적인 피조물이라는 것과 바로 나를 지으신 경외로우신 분이 계시다는 것을 깨닫는 것과 연결되어, '자기와 자기의 것을 주장하는 나'는 존재할 수 없음을 받아들이는 것입니다. 이는 '이기적이고 자기중심적인 자기'에 대해 절망하는 것이요, 그 자기에 대해 죽는 것이라 하겠습니다. 이 세계 속 또 역사 속에 내가 주인이 되고 주인공이 되는 무대는 없기 때문입니다. 영원히 없습니다. '주인공으로서의 나'는 없다는 것을 철저하게 깨닫고 그 나를 철저히 버리는 것입니다. 사실적으로 그런 '나'는 없습니다. 인간은 아무리 애달프게 부르짖어 보아도, 그 어떤 노력을 기울인다 해도 신적인 존재로의 존재적 비약이 일어날 수 없는 것입니다. (이는 스스로 깨달아 절대자에 이를 수 있다며 인간 자신에게 '절대적' 소망을 두는 동양종교와, 무엇보다 구원론적 관점에서는, 같이 할 수 없는 결정적인 차별점이 됩니다. 잠깐 설명을 하자면, 기독교와는 달리, 인간 외의 타자로서의 창조주와 구원자의 존재를 받아들이지 않는 동양종교에서는, 자기 안에서밖에 구원을 모색할 수밖에 없습니다. 그렇기 때문에 구원이 가능하려면 필연적으로 자기가 초월자(부처, 도인 등)가 될 수밖에 없는 외길을 가게 됩니다. 여러 부분에서 귀한 삶의 지혜를 주기도 하지만, 구원의 도에 관해서는 인간을 과대하게 높이는, 결국 인간 존재를 자리 매김하는 데 있어서 돌이킬 수 없는 잘못을 하게 되는 것이지요. 인간이 스스로 초월자가 될 수 있다는 것은 많은 사람들, 특히 생각이 많은 사람들에게는 귀에 솔깃한 내용이 아닐 수 없습니다. 만약 그렇게 될 수 있다면 정말이지 참 좋겠습니다.

그러나 인간은 스스로 존재의 비약을 이끌어낼 수 있는 존재가 아님을 명확하게 깨달아야 할 것입니다. 인간이 그 어떤 것을 깨달았다 해도 깨달음에 그치는 것이지, 깨달음으로 인해 어떤 존재적 비약이 있을 수는 없습니다. 이런 비유가 어떨지 모르겠습니다.

100m 육상선수가 연습을 충실히 하면 기록을 점진적으로 단축시켜 갈

수 있을 것입니다. 9.80초, 9.799초, 9.798초, ……9.79초식으로 말입니다. 그러나 최대한의 노력을 기울이고 가장 효율적인 과학적 훈련을 한다 해도 100m를 5초에 뛴다든지, 심하게 얘기하여 1초에 뛰게 되는 일은 인간에게 결코 일어날 수 없습니다.

그와 같이 내적 성찰을 통한 깨달음이 깊어지면 깊어질수록 그만큼 지혜와 마음의 평정이 깊어질 것입니다. 그러나 그렇다고 하여 한계적 존재가 깨달음으로 인해 초월적 존재로 비약한다는 것은 있을 수 없는 일입니다. 한계적 존재인 인간은 이미 자기 안에 존재적 제약을 가지고 있기 때문입니다.)

위와 같은 과정을 바르게 진행시켜온 나는, 구원의 가능성에 대해 내 안이 아니라 나의 밖으로 눈을 돌리게 됩니다. 나는 도덕론적으로 절망 상태에 있기 때문에, 만약 인간에게 구원이 있다면 나의 밖에서 올 수밖에 없음을 깨달았기 때문입니다. 구원의 길이 어디에 있는지 여러 종교나 철학 등등, 여기저기 기웃거리다가 기독교의 복음을 만나게 됩니다. 기독교는 앞에서 설명한 인간을 한없이 높이는 동양종교와는 전혀 다른 분위기에서 인간의 좌표에 대해 냉혹하게 보일 정도로 분명하게 얘기합니다. 인간의 귀에 달콤하게 들리지 않게, 인간은 죄인된 피조물로 자기 스스로 구원을 이룰 수 없는 존재임을 얘기합니다. 그것이 사실이기 때문입니다. 우리는 존재적 사실 위에 거해야지, 사실과 관계없이 과대하게 치켜세우는 공허한 말들에 마음을 주어서는 안 될 것입니다.

그런 과정을 거쳐, 인간이 어떻게 태어났고 어떻게 타락하게 되었는지에 대해, 그리고 예수 그리스도의 대속의 죽음을 통한 하나님의 전적인 은혜로 구원이 믿음을 통해 주어지게 된다는 것에 대해 성경을 통한 기독교의 설명이 인간에게 적용되어야 하는 사실임을 받아들이고 믿어 구원받게 됩니다. 기독교의 구원은 동양종교에서 주장하는 자력구원과는 아주 분명히 차별적인, 인간은 스스로 구원을 이룰 수 없고 인간 밖의 타자인 하나님의 은혜에 전적으로 의존해야 하는 타력구원인 것입니다.

그리스도인은 한 분이신 하나님은 다른 종교가 아니라 기독교를 통해 당신과 당신의 나라를 계시하신다는 것을 믿는데, 하나님과 나의 관계가 '창조주와 구원자-피조물'의 관계일진대, 자연스럽게 나의 존재의 의미나 목적은 내가 정하는 것이 아니라 창조주 하나님께서 부여하시는 것임을 깨닫게 됩니다. 세계의 주인은 내가 아니라 바로 하나님이심을, 나아가 나의 인생에 있어서도 내가 주연이 아니라 하나님께서 주연이시고, 나는 많은 조연들 중에 하나라는 사실을 겸허하게 받아들이게 됩니다.

그렇게 되면 구원 전후로 그리스도인이 필수적으로 갖게 되는, 피조의식, 죄인의식 그리고 조연의식을 모두 바르게 갖추게 되었다고 할 수 있습니다. 그런 의미에서 구원이란 인간 존재의 바른 자리 매김이라 할 수 있습니다. 그렇게 자기 존재의 좌표를 분명하게 인식한 그리스도인은 자기중심적으로 살아온 삶의 방향에서 창조주시며 구원자이신 하나님 중심적으로 살아가게 되는 중대한 방향전환을 하게 됩니다. 이 방향전환은 중생을 설명하는 중요한 개념 중의 하나라고 할 수 있습니다. 그리하여 이제는 자기를 위해 사는 것이 아니라, 하나님, 하나님의 뜻 그리고 하나님의 나라를 위해 살아야겠다는 의지를 다지게 되는 것이지요. 그리하여 중생 이후, 하나님의 은혜 안에서 변화되어 가려고 노력하는 가운데 점진적으로 영글게 되는 우리의 성화되는 모습을 하나님께서 보시며 기뻐하실 것입니다.

그런 측면에서 성경을 통해 알게 되는 그리스도인의 구체적인 지향적 목표는, 그것에 훨씬 미달되는 현재적 모습으로 인해 절망하게 하는 것이 아니라, 바로 인간이, 자존자는 아니지만, 어떤 모습의 존재까지 이를 수 있는지를 보여주는 한편, 그 모습에 대한 소망을 갖게 하는 의미가 있다고 할 수 있습니다. 지향적 목표는, 지금은 잃어버린 상태이지만, 본래 우리의 모습이 어떠함에 대해 말해준다고 할 수 있는 것입니다. 우리는 '지금은' 100% 지향적 목표대로 살지 못하지만, 그것이 진정 옳고 좋은 것임을 알고, 또 전심으로 그렇게 되기를 바라는 '나'가 내 안에 있음을 느낍니다. 지향적 목표대로 살지 못하는 것은 죄로 말미암은 옛 사람의 존재에서 오는 것이요, 옳고 좋은 것이 무엇인지는 알고 그것에 대한 소망을 품고 행하려 하는 것은 옛 사람에 의해 가려져 있는 (타락 전의) 본래적 자기가 깨어나 반응하는 것이라 설명할 수 있습니다.

알고 그렇게 되기를 소망하면서 노력할 수 있다는 것은 그렇게 될 수 있는 가능성이 살아있음을 말해주는 것이 아니겠습니까! 그렇기 때문에 복음을 깊이 이해하지 못했을 때는 지향적 목표에 대한 구절을 만날 때마다 그대로 살지 못하기 때문에 심한 좌절감을 맛보았지만, 이제는 발견할 때마다 기쁘고 즐겁습니다. 이제 점차 그러한 모습에 한 발자국 한 발자국씩 다가서게 될 것이요, 종국에는 하나님의 은혜 가운데 그러한 모습을 온전히 갖춘 존재에 이르게 될 것이 기대되기 때문입니다. 부끄러운 자기의 현재적 모습만 안다면 우리 모두는 절망적일 수밖에 없지만, 우리에게 지향적 목표가 있다는 것은, 하나님의 은총 아래 절대적인 소망을 갖게 해줍니다. 성경이 말하는 그러한 사람들이 모인 세계에서 살고 싶습니다.

결국 그리스도인의 지향적 목표는, 앞에서 다루었지만, 우리의 현재적 모습을 가리는 위선과 외식의 모습을 띠게 하는 것이 아니라, 본연의 모습을 열어주는 것이 되며 또 되어야 할 것입니다. 이를 우리의 내면이 증거하고 있지 않습니까? 이 세상 원리에 역류하는 가운데 많은 사람들이 찾지 않는 '좁은 문'을 통과하여 가지만 지향적 목표에 점차 가까워지고 있음에 누리게 되는 기쁨이 있지 않나요? 그 발걸음에 바로 나의 마음의 진정한 동의가 일어나지 않는지요? 세상 원리를 따라 살아가는 가운데

때로 세상적인 풍요를 누리는 것도 잠시 기쁨을 주기도 하지만, 모든 이웃이 함께 누리는 것은 아니기 때문에 그 기쁨은 우리 자신의 전적인 동의를 얻지는 못하는 것임을 우리 모두 느끼고 알지 않습니까?

인간은 세속적인 것으로 만족하고 안주하는 그런 가벼운 존재가 아닌 것입니다. 참으로 귀하게 창조되었습니다. 하나님의 형상을 따라 지음을 받은 존재가 아닙니까! 죄로 인해 타락한 후에 그냥 내버려두지 않으시고, 하나님께서 독생자 예수 그리스도를 주시기까지 사랑을 받은 존재이지요! 창조주 하나님께서 그렇게 존중함으로 우리를 대하시는데, 진정 그에 걸맞은 모습에 가까이 가려는, 전심을 다하는 노력이 우리 안에 있어야 할 것입니다.

존재하게 된 것에 대한 감사가 있습니다. 무엇보다도 다른 피조물이 아니라, 인간 존재로 존재하게 된 것에 대해 감사하지 않을 수 없습니다. 신기하지 않습니까? 돌과 같은 무생물이 아니고, 태어나 아무런 생각 없이 목적 없이 살다가는 짐승과 같지 않고, 생각할 수 있고 꽃을 감상할 수 있고 아름다움을 알고 의미를 추구하고 영원을 그리워하고 사랑을 주고 받고 느끼고……등등의 것들이 가능한 존재로 태어났다는 것이 감사하지 않습니까? 놀라운 일이 아닌가요? 정말 놀랍도록 감사한 일이고 다행한 일입니다. 만약 돼지로 태어나 살다 죽어 영원히 비존재가 될 운명의 존재로 태어났다면 어떠했을까요? 돼지로 태어난 것을 감사할 수 있을까요? 사람으로 태어났다는 것이 생각하면 생각할수록 경이롭고 감사할 따름입니다. 시편의 기자도, "내가 주께 감사하오음은 나를 지으심이 심히 기묘하심이라 주께서 하시는 일이 기이함을 내 영혼이 잘 아나이다"(시 139:14)라고 하지 않습니까!

구원받은 우리는 이제 온전한 성화를 향해 출발했습니다. 지금은 아직 가야 될 거리가 먼-많이 부족한 수준이지만-지향적 목표는 아마도 결국 하나님의 나라에서는 우리 안에서 이루어지게 될 것입니다. 지향적 목표는 우리의 미래의 모습인 것입니다. 그것을 통해 미리 보는 우리의 궁극적인 모습을 그려보십시오. 가슴이 설렐 것입니다. '원수를 사랑하고 5리를 가자 하면 (기꺼운 마음으로) 10를 가고……' 등등의 인격을 갖추게 될 우리의 모습을 상상할 때 그렇지 않겠습니까? 이 모든 것이 값없이 주신 하나님의 가 없는 은혜로 말미암게 되었습니다. 늘 그 은혜에 감격할 수 있어야 할 것입니다.

본래적으로 그러한 존재로 부름을 받아 창조되었고, 이제 예수님께서 나를 위해 죽으셨음을 믿음으로 받게 되는 구원으로 말미암아 미래적으로 그러한 존재로 변화해 갈 것에 대한 감사가 저절로 우러나오지 않는지요? 내가 그러하지만 ㅂ-로 옆의 형제자매들이 그러합니다. 우리는 서로를 그렇게 보아야 할 것입니다. 그것이 사실이기 때문입니다. 지향적 목표가, 하나님께서 우리에게 담아두신 궁극적인 모습을 열어 보게 해주는 가운데, 감사와 소망을 싹트게 하고 기쁨으로 지향적 발걸음을 내딛게 해주는 것이 되기를 심히 소원합니다.

(아마도 거의 모든 그리스도인들은 이 땅에서는 지향적 목표를 온전히 이루지 못할 것입니다. 특히 마태복음 5장의 "……왼편도 돌려대며, ……겉옷까지도 가지게 하며, ……십 리를 동행하고, ……원수를 사랑하며……" 말씀을 예를 들면서 이 내용대로 100% 사는 그리스도인을 알고 있느냐고 많은 그리스도인들에게 물어보았습니다. 알고 있다고 대답하는 사람은 저를 포함해서 아무도 없었습니다. 그래서 예수님께서는 인간에게 불가능한 말씀을 주신 허구적 이상주의자이셨다고 비난하는 사람들도 있습니다. 그리스도인들 중에서도 불가능한 목표로 지킬 수 없는 것으로 치부하여 처음부터 지향적 목표로 삼지 않는 사람들이 있음을 때때로 보기도 합니다.

아마도 이 땅을 사는 모든 그리스도인들은 지향적 목표를 100% 이루어 살지 못할 것이라는 것에는 동의를 합니다. 그러나 예수님의 말씀을 '불가능한 이상적이기만 한 내용'이라서 따를 필요가 없다고 보는 데에는 의견을 달리합니다. 우리도 우리의 현실 속에서 지향적 목표를 100% 이루며 사는 사람을 전혀 발견할 수 없다는 것을 그리 어렵지 않게 확인할 수 있는데, 예수님께서는 우리 인간의 현실을 그렇게 모르실 수가 있을까요?

그렇게 생각하는 사람들은 아마도 예수님의 말씀을 문자적으로만 이해하려고 할 때 일어나는 문제에 걸려있기 때문일 것입니다. 인간이, 최소한 이 땅에서는, 그럴 수 없는 존재임을 누구보다도 정확히 아시는 예수님께서 그 말씀을 문자적으로 이루어가라는 의미로 주시지 않으셨을 것입니다. 예수님의 말씀의 의미는 문자적인 의미가 아니라, 우리의 현재의 모습이 원래 하나님께서 의도하신 우리의 본래적 모습이 아니기 때문에 현재의 모습에 안주하지 말고 본래적 모습의 회복을 향해 자기 개혁을 시도하라는 의미일 것으로 생각합니다. 그리스도인은 현재의 모습에서 변화를 시도해야 하는 존재라는 것입니다. 변화를 시도하는 데 중요한 것은 방향성인데, 이 방향성을 위해 지향적 목표를 주신 것이지, 문자 그대로 그런 사람이 되어야 한다는 것은 아닐 것입니다. 물론 변화하여 점차 거기에 가깝게 되는 실제적 성숙이 일어나야 할 것입니다. 하나님의 나라에서는 그런 모습을 이룰 수 있게 될 것이라는 소망을 견지하면서 말입니다.)

2. 지향성은 영적 건강성의 지표인 영적 긴장을 낳는다

그리스도인의 과정성이 그리스도인의 인간됨으로부터 나오는 것이라 한다면, 지향성은 당연히 그리스도인됨에서 나오는 것이라 할 수 있습니다. 이 둘 중 그리스도인적인 것이 어떤 것인가 묻는다면 단연코 지향성이 답이 됩니다. 그리스도인이라면 모두가 지향적 목표에 온전히 도달하지 못하는 자신의 모습에 안타까워할 것입니다. 그러나 그리스도인은, '인간이니까 어쩔 수 없다.' 또는 '내가 이런데 또는 이렇게 생겨먹었는데 어찌하란 말이냐?' 라는 것으로 끝맺지 아니합니다. 그리스도인에게는 심기어진 지향성이 있기 때문입니다. 이 지향성은 바로 영적 생명에서 나오는 것입니다. 만약 이 지향성이 없다면 앞에서 설명한 과정성은 인간의 연약함에 대한 합리화의 좋은 근거를 제공하는 데 지나지 않을 것입니다. 지향적 목표가 없으니 부끄럽고 연약한 모습을 극복하려고 하지 않고, '그리스도인은 원래 과정적인 존재이지 않는가?' 하며, 있는 자리에 주저앉아버리게 될 것이기 때문입니다.

그러나 진정 중생한 그리스도인은 완전하지 않은 현재의 자기를 어쩔 수 없다 하면서 부끄러운 상태에 마냥 머물러 있지만은 않을 것입니다. 아니 그럴 수 없으며, 지향적 목표를 향해 현재적으로 가능한 목표를 설정하면서 끊임없이 앞으로 나아가게 될 것입니다. 하나님과의 사귐이 현재형으로 진행되고 그 사귐에서 하나님 나라에 대한 열망이 더욱 깊어질 수밖에 없는데, 정체되어 있을 수 없는 것이지요. 그에게는 하나님께서 심어주신 영적 생명이 늘 숨쉬고 있기 때문입니다. 그 생명이 그를 그냥 내버려두지 않습니다. 그래서 지향적 목표와 거리가 있는 자기 모습을 보며, 한편으로는 있는 그대로 받아주시는 하나님의 은혜로 인해 안전함과 평안함을 누리면서도, 다른 한편으로는 좀더 온전한 모습에 가까워지고자 하는 바람으로 현재의 자기 모습에 안주할 수만은 없는 불편함을 갖게 됩니다. 좋은 불편함이지요.

그렇게 하나님 안에서 현재적 자기 모습으로 자유하고 편안할 수 있으나, 목표에 미달되어 있는 모습으로 인해 갖게 되는 긴장, 즉 '목표와 실제 사이의 긴장'이 그리스도인의 영적 건강성을 나타내 주는 중요한 지표가 된다고 하겠습니다. 왜냐하면 그 어떤 그리스도인이라 해도 이 땅에서는 실제적으로 지향적 목표에 온전히 이르게 되었다고 할 수 있는 사람은 없는데, 바로 이 긴장이 지향적 목표를 향해 지속적으로 발전해 가야 하는 그리스도인으로 하여금 성숙하게 하는 동인으로 작용하기 때문입니다. 온전한 성화에 이르기까지는 불편하게 하는 측면이 있더라도 진정 우리를 위하는 것으로 알아 기꺼운 마음으로 이 긴장을 받아들여야 할 것입니다.

그리스도인이 갖게 되는 불편한 마음은 다음과 같이 주위의 이웃을 의식하게 되기 때문에 생기는 것으로 설명할 수 있습니다. 전에는 자기에게 재물이 생기면 그 자체로 기쁨이 되고 자기나 자기 가족을 위해 사용했는데, 신앙이 자라면서 점차 이웃이 보이기 시작하는 것입니다. 특별히 가난한 이웃들이 보이는 것입니다. 그러면서 자기가 번 돈이지만 자기나 자기 가족만을 위해 쓰는 것이 불편해집니다. 마음이 불편하긴 하지만 가난한 이웃과 조금이라도 나누는 것이 옳고 자기가 가야 할 길이라는 것을 알기에, 나누기 시작합니다. 그것은 이기적인 이익이 주는 것과는 다른 기쁨을 느끼게 합니다. 그런 식으로 많은 단계를 거치면서 더 많은 것으로 이웃과 나누는 삶이 발전될 것인데, 그 다음 단계로 올라설 때마다 좋은 불편함을 잠시 느끼게 될 것입니다.

만약 현재의 자기 모습을 마냥 기뻐하여 거기에 안주하는 사람이 있다면, 진정한 중생이 일어나지 않은 사람이든지 무엇인가 신앙생활에 문제가 생긴 사람이라 할 수 있습니다. 영적 긴장이 없는 그리스도인은 자신이 과연 바른 신앙의 여정 중에 있는지 반성해보아야 할 것입니다. 물론 긴장이 과도한 짐이 되어서는 안 될 것이지만, 불편하고 힘들다고 그 자체가 부인되어서도 안 됩니다. 지속적인 성숙이 일어나야 하는 이 땅의 그리스도인들에게 적절한 긴장은 우리의 지향적 발걸음에 좋은 약이 되기 때문입니다.

우리에게 위안이 되는 것은, 우리가 성숙을 지속하여 지향적 목표에 가까워지면 가까워질수록 현재적 자신에 대해 느끼는 불편함은 줄어들면서 목표에 가까워진 자신의 모습으로 인해 감사와 기쁨이 커지게 된다는 것입니다. 당연히 긴장의 정도도 낮아지게 되어, 긴장이 우리를 성가시게 하는 것으로부터 점차 자유롭게 될 것입니다. 우리가 3-4살일 때는 1kg을 드는 것도 힘들어 낑낑댔을 것입니다. 형이 3kg짜리를 드는 것을 보면 부럽기만 했고, 아버지가 50-60kg짜리를 드는 것을 보면 '아, 나는 언제나 저렇게 되나.' 하는 생각을 가졌을 것입니다. 성장이 멈춘 장애가 있는 경우라면 발전이 없겠지만, 정상적으로 자라간다면 부럽기만 했던 3kg짜리도 드는 자신을 보고 대견스러워할 것이고, 나중에는 불가능하게만 보였던 50-60kg짜리를 들게도 될 것입니다. 성장이 없는 사람에게는 1kg짜리가 평생 짐스러울 것입니다. 그러나 성장하는 사람은 성인이 되어서는 1kg짜리는 전혀 힘들지 않을 것입니다. 3kg짜리도 거의 힘들다는 것을 느끼지 못할 것입니다. 10kg 정도도 특별히 의지를 의식적으로 발휘하지 않고서도 자연스럽게 들 수 있게 될 것입니다.

이웃의 짐을 함께 나누어지는 것에 있어서도 똑같은 원리가 적용될 것입니다. 전에는 낑낑대며 하던 일이 영적 성숙이 깊어지면 별 힘을 들이지 않아도 할 수 있게 될 것입니다. 전에는 1-2kg 정도도 '그래 이웃을 내 몸과 같이 사랑하라 하셨는데 사랑해야지.' 라는 마음을 의식적으로 상기시키면서 힘들게 들었는데, 많이 성숙하면 특별히 그런 말씀을 의식적으로 기억하지 않아도 자연스럽게 10kg짜리도 들게 되고 20kg짜리도 들 수 있게 될 것입니다. 그러하듯 우리의 성숙이 깊어지면 깊어질수록 지향적 목표를 따라 사는 것이 그만큼 자연스러워지게 될 것입니다. 그리고 그렇게 성숙한 자신이 기쁘고, 하나님께 감사하게 됩니다. 우리 그리스도인은 그러한 소망 가운데 영적 건강함에서 나오는, 사람에 따라 각기 불편한 정도가 다른, 영적 긴장을 기꺼운 마음으로 받아들이게 될 것입니다.

(영적 긴장에 대한 설명이 많이 불만스러울지 모르겠습니다. 그렇다면 정확하게 느낀 것입니다. 영적 긴장은 사실 글로 설명하기엔 한계가 있습니다. 실제로 지향적 목표를 향해 성숙의 길을 가면서 '……긴장을 느끼고 그리고 그 긴장을 통과하여 한 단계 더 높은 성숙으로 올라서고, 다시 긴장을 느끼고 그리고 그 긴장을 통과하여 또 한 단계 더 높은 성숙으로 올라서고……그러다가 어떤 사람은 한두 단계 추락하고 다시 한 단계 올라서고 어떤 사람은 연속적으로 서너 단계를 올라서고……' 하는 각 사람들의 성숙의 곡선이 다 다르기 때문에 글로 어느 정도 일반화하여 얘기한다는 것이 참 어렵습니다. 그리고 건강한 영적 긴장은 성숙의 과정을 비교적 적절하게 밟아가는 경험과 그럼으로써 자기에게 찾아온 더 성숙된 모습에서 기쁨을 느끼는 경험을 해보야만 알게 되는 체험적 내용이기 때문입니다.

책의 맨 앞부분에서, 이 책에서 다루는 과정성과 지향성은 '중생 없이 교회출석만 하는 자칭 그리스도인'에게는 해당되지 않음을 전제했는데, 당연히 위에서 다룬 영적 긴장도 마찬가지입니다. 그에게는 진정한 의미의 기독교적 지향성이 없기 때문에 앞에서 다룬 긴장에 대한 내용들이 마음에 와닿지 않고 이해되지 못할 것입니다. 혹 이 책을 가지고 그룹에서 공부한다면 이 점을 감안해야 합니다.)

동생처럼 가깝게 지내는 후배가 있습니다. 그는 어느 지방의 대학교수로 있습니다. 한 번은 그에게 서울에 있는 대학에 근무하는 선배로부터 전화가 왔습니다. 자기 대학으로 와서 함께 일을 하자는 제의였습니다. 교수를 포함한 한국사람들에게는 '서울 지향'이 아주 강하기 때문에 그런 제의를 받는 경우에는 거의 대부분 일생 일대의 기회로 알고 서울로 자리를 옮기게 됩니다. 그의 전임자들이 그러했습니다. 지방의 대학은 잠시 거쳐 가는 자리로 생각하는 것이지요. 그러나 후배는 다른 사람들과 달리 쉽게 결정을 내리지 못하고 고민하기 시작했습니다. 한편으로는 가고 싶은 마음이 강하게 일어났습니다. 근무지가 부모님이 사시는 곳과 가까워 장남인 그에게는 상당한 매력이 되었고, 학자로서 활동하는 데도 당연히 서울이라는 무대가 유리하기 때문이었습니다. 또 친한 사람들이 거의 서울에 있으니, 신앙공동체를 이루는 것도 훨씬 유리했습니다. 주위의 아는 사람들에게 물어보았는데, 모두 한결같이 '올라가라.'는 것이었습니다. 그런 기회가 자주 있는 것이 아니고, 더욱이 나이가 들면 가능성은 훨씬 줄어들기 때문입니다. 보통 사람이라면, 남들이 다 그렇게 생각하고 행동하니, 자기가 간다고 해도 도덕적으로 큰 문제가 될 것 같지 않게 느껴졌을 것입니다.

이모저모로 생각해볼 때 가고 싶은 마음이 굴뚝 같았을 것입니다. 그런데 그는 고민했습니다. 서울로 가자고 자기의 마음이 강하게 흘러가고 있는데, 그 흐름에 저항하는 힘이 있었습니다. 그것은 다름 아닌 자기를 지금 있는 학교로 불러 준 선배(주임교수)와의 관계였습니다. 그 선배는 신실한 그리스도인으로서 좋은 기독공동체로 교실을 운영하고자 하여 신앙이 독실하고 성실한 그 후배를 마음에 두고 초청했습니다. 그 선배가 마음에 걸렸습니다. 같은 신앙의 사람으로, 좋은 자리가 나오면 훌쩍 떠나는 다른 사람들과는 같은 모습을 보여서는 안 되는데 하는 마음이 있었을 것입니다. 그런 제의를 받았을 때, 마침 그 선배는 외국연수 중이었습니다.

빨리 결정해달라는 요청을 미루는 가운데 자기를 청한 서울에 있는 선배에게 "주임교수로 있는 선배가 허락하지 않으면 가기가 어렵습니다."라고 말한 후, 먼저 선배의 의견을 묻기 위해 외국에 나가있는 선배에게 전화를 걸어 사정을 설명했습니다. 선배는 강제할 수 있는 성질의 것이 아님을 잘 알고 있었습니다. 그러나 동시에 같이 일하기 원하는 자기의 마음을 밝혔습니다. 갈등이 계속되었습니다. 서울의 선배는 서울로 올라오라 하면 쉽게 올라올 것으로 예상했는데, 후배가 세상적인 이익을 따르지 않고 원칙적인 가치를 중시하면서 고민하는 것을 보고 붙잡아야 할 사람으로 알고 결정을 내릴 때까지 기다려주겠다는 호의를 보였습니다.

기도하고 생각하고 고민한 끝에 그대로 남아있기를 선택했습니다. 물론 제가 남기로 결정한 후배의 마음을 전부 다 알 수는 없습니다. 그러나 분명한 것은 그는 고민과 갈등이 있었지만 세상적인 것에 끌려가지 않았고 하나님 나라의 원리를 따라 살려 하는 마음으로 최종 결론을 내렸다는 것입니다. 저는 그의 고민의 처음부터 마지막 흔쾌한 결정에 이르는 거의 전 과정을 함께 하면서 그와 함께 고민하고 함께 기도했던 사람이었기 때문에 이 일에 증인이 될 수 있다고 생각합니다.

그의 전임자들과 같이 사람들의 대부분은 후배와 같은 제의를 받을 때 별 고민이 없이 세상적으로 자기 이익이 되는 쪽으로 쉽게 선택을 합니다. 그러나 후배와 같이 심한 긴장과 갈등을 겪을 정도로 고민하는 사람은 그리 많지 않습니다. 혹 고민하는 사람들도 있기는 하겠지만, 결국 대부분의 사람들이 가는 '넓은 길'을 가지 않고 우직하게 '좁은 길'을 선택하는 사람들은 더 더욱 적을 것입니다. 그는 무엇을 많이 하는 것(doing)보다 어떤 사람이 되는 것(being)이 더 중요함을 알고 실천하고자 하는 사람입니다. 잠깐의 인생을 살면서 무엇보다 중요한 것은, 세상적으로 크게 보이거나 작게 보이는 그 어떤 관계나, 세상적으로 중요하게 보이거나 작게 보이는 그 어떤 상황보다도, 하나님 나라의 원칙을 지키며 살아가는 것이라 생각하고 그렇게 살고자 노력해 왔습니다. 다른 사람들이 고민하지 않는 것으로 고민하고 결국 다른 결정을 내리게 되는 데에는, 그에게는 세상 사람들이 가지지 않은 하나님께서 주신 영적 생명이 숨쉬고 있기 때문일 것입니다.

다른 후배와 있었던 일화를 하나 더 소개하고자 합니다. 아마도 그녀가 레지던트 3년차였던 것 같습니다. 모임을 마치고 가는데 상담을 청했습니다. 그녀는 아버지가 일찍 돌아가셨기 때문에 경제적으로 어렵게 살아왔습니다. 대학을 졸업하고 인턴을 하면서 처음으로 자기 손으로 돈을 벌게 되었습니다. 자기가 번 것이지만 자기 것이 아니라 하나님의 것이므로 자기보다 어려운 사람들을 위해 나누어야 한다는 공동체정신에서 나오는 절약정신이 투철하여 아주 검소하게 살면서 열심히 저축했습니다. 그런데 만나는 환자들 중에는 경제적으로 아주 힘들어 치료비를 제대로 조달하기 어려운 사람들이 많았습니다. 그래서 자기를 위하는 일에 쓰지 않고 어렵게 살며 모은 돈을 어려운 환자들을 위해 쓰기로 했습니다. 후배는 그리 어렵지 않게 기꺼운 마음으로 그리했습니다.

레지던트가 되어서도 저축하여 모든 돈을 어려운 환자들을 위해 쓰기로 다짐했다고 합니다. 저를 만났을 때는 400-500만 원에 가까운 돈을 저축했다고 했습니다. 그런데 홀로 어렵게 사시는 어머니에게 돈이 필요한 상황이 발생했다고 합니다. 한 200만 원(제 기억이 정확하지 않아 수치가 다소 틀릴 수도 있습니다.) 정도가 필요하다고 했습니다. 그런데 환자들을 위해 모은 돈을 '나의' 어머니에게 드린다는 것이 꼭 자기를 위한 이기적인 행위로 생각되었던 것이었습니다. 그러면서 갈등을 겪게 되었고, 아마도 스스로도 얼마든지 지혜롭게 해결했겠지만, 선배인 저에게 상담을 청했던 것입니다.

어떻게 느끼셨습니까? 아마도 어떤 분은 참 별거 다 가지고 고민한다고 할지 모르겠습니다. 그녀는 참 순전한 마음의 소유자였습니다. 그렇습니다. 하나님의 사람들은 그런 것으로도 고민하는 것입니다. 우리의 고민은 세상이 알지 못하는 고민입니다. 우리에게는 분명한 지향이 있기 때문입니다. 그리스도인의 마음은 나와 '확장된 나' – '작은 우리' –를 넘어 '전체 우리'를 향하기 때문입니다. 그리스도인에게는 이러한 건강한 긴장이 있습니다. 긴장이 있어 다소 고통스러울 수도 있지만, 진정 가치있는 목표가 무엇인지를 알기에 그리스도인은 그 긴장을 마다하지 않는 것이요, 또 계속하여 반기는 것입니다. 그녀에게 참된 영적 생명이 살아 움직이기 때문에 가능한 일입니다. 함께 대화를 나눈 뒤, 헤어지면서 저는 그 후배에게 "네가 참 아름답다."라고 말해 주었습니다.

:: **독자의 반응**

"신앙인으로서 책임 부분에 대한 이해와 노력이 절실합니다. 뜬 구름 잡는 기도로 현실을 바로 직시하지 않는 안일함에 빠져 살아온 지가 얼마나 되는지 모릅니다. 정직하게 나를 만나고 가까이 지내는 것이 얼마나 힘든지요. 전에는 '나 자신을 잘 모르겠다.'는 말을 많이 했습니다. 이제는 나 자신과 가까워짐과 동시에 하나님께 가까이 나아갈 수 있었습니다. 과거에는 자신의 모습과 지향적 목표 사이에 있는 간격을 보며 얼마나 절망적이고 부정적으로 나를 거부했는지요. 이젠 이런 부분을 하나님께 인정하고, 나 자신을 받아들이는 것이 편해졌고, 그 갈등이 소망적으로 보입니다."

3. 이중 국적자인 그리스도인이 가지는 양가적 세계

바로 앞 장의 '영적 긴장'과 관계 깊은 것으로 그리스도인의 이중 국적

성에 대해 살펴보도록 하겠습니다.

외국에 나가 있다 우리나라 공항에 도착하면 움츠러들었던 정신세계가 확 열려지는 경험을 하곤 합니다. 비슷하고 익숙한 얼굴에 같은 말을 사용하는 사람들과 같이 산다는 것이 얼마나 좋은지요! 돌아갈 나라가 없는 백성의 서러움이란 말할 수 없을 것입니다. 이민을 가는 경우라면 다르겠지만, 여행을 하는 경우엔 여행길이 고되더라도 '이제 잠시 후면 내 집으로 돌아가서 편히 쉬리라.'는 기대가 있어 여행을 즐길 수 있습니다. 돌아가 편히 쉴 집 없이, 여행을 하듯 평생을 살아가라 하면 그처럼 참기 어려운 고역도 없을 것이며 선택하라면 그 삶을 선택할 사람은 거의 없을 것입니다. 아무리 여행을 좋아하는 사람이라도 선택하지 않을 것입니다.

여러분은 지금 사는 세계가 참 좋은지요? 얼마나 만족스럽습니까? 남과 비교해서 생각하는 상대적인 의미에서가 아니라, 절대적인 의미에서 묻습니다. 많은 사람들이 상대적인 만족감을 진정한 만족감으로 여기며 살아가기도 합니다. 그것은 어떤 의미에선 자신에게 속는 것이라 할 수 있습니다. '대기업의 최고위직에도 있어봤고 내 회사도 운영하고 있고, 먹고 싶은 것, 보고 싶은 것, 갖고 싶은 것 등등 남들이 해보고 싶어하는 것 다 해봤다.'라는 식으로 얘기하며 자기는 세상에서 해볼 것은 다 해봐서 세상에 미련이 없다고 얘기하는 사람을 만난 적도 있습니다. 그런 만족이 진정한 만족이라 할 수 있을까요? 주위에 어려움을 겪는 사람들이 얼마나 많은지요! 정신적이고 신체적인 장애를 앓는 분들, 소년소녀 가장들, 버려지는 아이들과 어르신들, 극한 가난에 풀칠도 제대로 하지 못하고 살아가는 사람들······전쟁 중인 나라의 사람들 등등 너무나 많은 사람들이 어려움을 당하고 있는데, 자기는 남과 비교해서 괜찮으니 감사하고 만족하는 것으로 끝날 수 있는 것일까요? 자기만, 자기 가족만 사는 세상이 아닌데, 이웃의 처지를 그려하지 않고 말하는 감사와 만족이 진정한 감사와 만족이라 할 수 있을까요?

여러분은 이 세상에서 영원히 살라 하면 어떻게 하시겠습니까? 기꺼운 마음으로 받아들일까요, 사양할까요? 언젠가 삼십 초반의 한 후배로부터 "나는 이 세상에 대한 미련이 없으니, 언제 죽음이 와도 아쉽지 않습니다."라는 얘기를 들은 적이 있습니다. (실제로 그에게 이르게 죽음이 찾아와도 그런 태도를 견지할지는 모르겠습니다.) 그는 청소년기부터 오랫동안 무척 사랑했던 첫 사랑의 여자와 맺어지지 못했습니다. 첫 사랑의 여인을 다른 남자에게 떠나보낸 후, 얼마 후 자기는 특별히 좋아하는 마음은 없었으나, 자기를 많이 좋아한 여자와 결혼했습니다. 결혼은 했지만, 아내에게 마음이 가지 않았습니다. 사랑 없이 퉁명스럽게 아내를 대합니다. 자기의 인생도 그러하고 비교적 사람들이 알아주는 전문직업인으로 사회생활을 하면서 보니, 자기를 포함하여 거의 대부분의 사람들이 부정과 부패 속에서 살아가는 것을 경험하는데, 이런 세상에 미련이 없다는 것이었습니다. 여러분은 어떻습니까? '여기가 좋사오니'입니까? 그런 사람들도 꽤 있을지 모릅니다. 그런데 혹 '여기가 좋사오니'라 하더라도, 본질적으로 우리는 이 땅에 영원히 머무를 수 있는 존재가 되지 못합니다.

이중 국적자에 대한 논란이 있습니다. 특히, 미국 시민권과 관련된 논란입니다. 미국은 속지주의를 채택하고 있기 때문에 어느 나라 국민이든 미국 땅에서 태어나면 미국 시민권을 선택할 수 있습니다. 그래서 어떤 엄마들은 출산일이 가까워오면 미국 여행을 하는데, 거기서 아이를 낳고자 하기 때문입니다. 자식에게는 더 좋은 나라의 시민권을 얻게 하고자 하는 마음에서입니다. 그러면 이 세상에서는 더 좋은 것을 향유할 수 있을 것이라는 기대 때문이지요.

여러분은 어디에 속해 있습니까? 가족, 가문, 교회, 동창회, 국가, 모임, 지역사회, 동호회, 사적 클럽 등등 다양한 소속이 있을 것입니다. 여러분의 삶에 가장 영향을 미치는 소속감은 어디에 속한 것인지요? 어디에 속한 것을 제일 자랑스럽게 생각하십니까? 또 어디에 속하려고 애쓰고 계신지요? (소속감은 정체성과 아주 긴밀하게 연결되어 있습니다)

하나님과 하나님 나라에 대한 소속감은 어떠한지요? 이에 대해 얼마나 의식하는지요? 그 의식이 자기 삶에 얼마나 영향을 미치는지요? 이에 대한 의식이 엷거나 거의 없어서, 교회를 가거나 믿는 공동체에 가서는 의식이 되는데 그곳을 떠나면 곧 잊혀져 일상생활에는 별 영향을 미치지 않는다면 자신의 영적 정체성에 대해 진지하게 생각해보아야 할 것입니다. 여러분이 제일 중요하게 생각하고 실제 삶에 가장 영향을 주는 소속감은 바로 하나님과 하나님 나라에 속한 것이었으면 좋겠습니다. 하나님의 자녀요, 하나님 나라의 시민인 것으로 말입니다.

이제 곧 성경 본문을 살펴볼 텐데, 성경은 그리스도인을 이 세상에서는 타국인이요 나그네(낯선 자)라 칭하고 있습니다. 즉 그리스도인의 이중 국적성을 말하는 것입니다. 이중의 시민권을 갖고 살아가는 존재라는 것입니다. 비록 지금은 이 땅을 살고 있지만, 그것은 한시적인 것이요, 우리의 진정한 시민권은 이 땅이 아니라 영원한 하나님 나라에 속해 있다는 것입니다.

"그러나 우리의 시민권은 하늘에 있는지라 거기로부터 구원하는 자 곧 주 예수 그리스도를 기다리노니" (빌 3:20).

"이들은 모두 믿음 안에서 죽었으나 모두가 그 약속들을 받은 것은 아니로되 멀리서 그것들을 보았고 확신하여 소중히 간직하였으며, 또 이 땅 위에서 타국인이요 순례자라고 고백하였느니라" (히 11:13, 한글 킹제임스).

우리의 나그네 의식 그리고 본향 의식은 어떠한지 돌아봐야겠습니다. 얼마나 건강하게 우리 마음 속에 자리잡고 있는지요? 혹 무의식적으로 이 세상이 영영 내가 살 곳이라는 의식을 갖고 사는 것은 아닌지요? 이 세상의 것들에 마음이 얼마나 묻어 있는지 살펴보아야 할 것입니다. 만약 이 세계에 취해 있다면, 아니 취해 있을 정도는 아니라 해도, 이 세상의 것들로 마음이 너무 분주해 있다면, 잊지 않아야 할 것들이 우리의 마음에서 밀려나 있을 가능성이 그만큼 높을 것입니다. 그렇다면, 비본질적인 것들로 인해 본질적인 것들을 잃어버린 상태라 할 수 있습니다.

이 세상의 것은 영원하지 않고 잠시적임은 너무나 분명한 사실인데도, 얼마든지 잊을 수 있습니다. 인간에게 의외로 현명하지 못한 측면이 있습니다. '눈에 보이지 않으면 마음으로부터 멀어진다.' (Out of sight, out of mind) 는 말이 있지 않습니까? 이것은 영적인 세계에도 바로 적용되는 원리입니다. '이 세상의 것은 잠깐이다.', '나는 이 세상에서 나그네이고 시민권은 하나님의 나라에 있다.', '나는 하나님 앞에서 살아가는 존재이다.' 등등의 우리의 정체성과 존재 좌표에 대한 의식을 제대로 가동시키지 않고 살아간다면, 자기의 본질과는 전혀 무관한 삶을 얼마든지 살아갈 수 있는 것입니다. 안다는 것으론 충분하지 않습니다. 의식은 날마다 새롭게 해야 합니다. 그렇지 않으면 무디어지게 되어 있습니다. 잊어버리는 것이지요.

그렇기 때문에 베드로 사도는 다음과 같이 권하고 있습니다. "외모로 보시지 않고 각 사람의 행위대로 심판하시는 이를 너희가 아버지라 부른즉 너희가 나그네로 있을 때를 두려움으로 지내라"(벧전 1:17). 우리는 나그네 의식을 하면서 충분히 두려워하는 마음으로 지내고 있는지요? 두려워하는 마음으로 지내라는 것은, 우리의 온 마음이 두려움으로 가득 차 현실 세계에서는 기쁨과 즐거움이 전혀 없이 지내야 한다는 것을 의미하지 않습니다. 그것은 우리 마음 공간의 한 자리에 거룩한 두려움을 두어, 이 땅을 살아갈 때 자신의 진정한 신분을 잊고 이 땅에 취해 살아가는 것을 감시하게 하라는 의미일 것입니다. 인간은 감시시스템이 필요하지 않은,

스스로 적절하게 균형을 이루어 성숙의 길을 마냥 걸어갈 수 있는 그 자체로 온전한 존재가 아니기 때문입니다.

다음 말씀에서는 그리스도인의 이중 국적성의 모습이 잘 그려져 있습니다. "사랑하는 자들아 너희를 연단하려고 오는 불 시험을 이상한 일 당하는 것같이 이상히 여기지 말고 오히려 너희가 그리스도의 고난에 참여하는 것을 즐거워하라 이는 그의 영광을 나타내실 때에 너희로 즐거워하고 기뻐하게 하려 함이라 너희가 그리스도의 이름으로 치욕을 당하면 복 있는 자로다 영광의 영 곧 하나님의 영이 너희 위에 계심이라"(벧전 4:12-14). 여기서 보면, '고난-즐거워함, 영광, 기쁨', '욕-복'이 조합을 이루어 나타나고 있습니다. 성경에 구체적으로 표현되어 있지 않지만, 내용적으로 '현재-미래', '잠깐-영원', '이 세상-하나님 나라'라는 조합이 함께 나타난 것이라 할 수 있습니다.

이러한 대조적인 조합은 그리스도인의 이중 국적성의 특징을 잘 나타내준다고 할 수 있습니다. 물론 당시 초대교회 성도들은 로마제국하에서 엄청난 핍박을 받았기 때문에, 조합의 전자가 살벌했습니다. 극단적인 경우 콜로세움에서 사자에게 죽임을 당하는 순교를 감수해야만 했었습니다. 그래서 조합의 양자의 차이가 그만큼 더 뚜렷하게 나타나는 측면이 있었다고 할 수 있습니다.

반면, 오늘날의 한국의 성도들은 기독 신앙을 가졌다는 것으로 인해 핍박받지 않기 때문에, 외면적으로 볼 때는 초대교회 성도들의 조합보다는 덜 뚜렷한 조합을 가진다고 하겠습니다. 그렇듯 시대별로 그리스도인의 이중 국적성의 조합의 외면적 모습은 다르게 나타날 수 있습니다. 또 같은 시대라도 지역별로 차이가 있을 수 있는데, 일본에서는 기독신앙을 가졌다는 것으로 인해 아이들이 왕따를 당하는 등 고난이 있다고 합니다. 북한은 말할 것이 없지요. (그러나 하나님께서 원하시는 대로 살려고 노력하는 것은 어느 시대 그리고 어느 지역과 관계없이 좁은 문을 통과하는 것이 되기 때문에, 참된 그리스도인이 내면적으로 겪는 어려움은 그리 큰 차이는 없으리라 생각합니다.)

이중 국적성의 조합은, 그리스도인은 이 땅을 살면서 양쪽의 모습, 즉 '양가적인 모습'을 가질 수밖에 없음을 잘 말해주고 있습니다. 이런 모습은 기복주의 신앙을 가진 사람들은 받아들일 수 없을 것입니다. 그들은 '신앙, 믿음=세속적 성공'이라는 공식을 갖기 때문에 '잘되는' 하나의 모습만이 있어야 한다고 생각합니다. 앞에서도 언급했지만, 성경을 보면 베드로 사도나 바울 사도 등 성경의 기자들은 믿음으로 인해 고난당하는 성도들을 보고 참 마음 아파했지만, '조금만 지나면 하나님께서 보상해주셔서 잘 살게 될 것이다.'라는 식의 위로를 하지 않았음을 잊지 않아야 할 것입니다. 물론 고난을 받지 않게 되기를 바라고 간구하지만, 그것은 '그렇게 된다.'는 것을 의미하는 것이 아니라 단지 하나님께 자신들의 마음을 아뢰는 것일 뿐입니다. 하나님께서 고난을 제거해주실 것이라든지 욕받는 것을 막아주실 것이라 얘기하지 않고, 그런 것들을 다른 관점으로 받아들일 것을 권하고 있지 않습니까? "만일 그리스도인으로 고난을 받으면 부끄러워하지 말고 도리어 그 이름으로 하나님께 영광을 돌리라"(벧전 4:16).

여러분, 참된 그리스도인의 행로에는 양가적인 모습이 있음을 예상할 수 있어야 합니다. 한편으로는 감사, 평안, 자유, 기쁨 등등이 있지만, 다른 한편으로는 고난, 불편, 아픔, 슬픔 등등이 얼마든지 있을 수 있음(물론, '있어야 하는 것'은 아닙니다.)을 기억하십시오. 그런데 이 양자는 다른 차원의 것들이라는 것을 적절하게 의식할 수 있어야 합니다. 같은 차원의 것들로 생각하여 양자를 다 가진 자기를 혼란스러워하고 자신을 위선적인 의미의 이중적인 사람으로 잘못 정죄해서는 안 되는 것입니다. 한편으로 이 땅에서는 타국인 또는 나그네로서 겪게 되는 것들이 있고, 다른 한편으로는 하나님 나라의 시민으로서 겪게 되는 것들이 있는데, 성격이 다른 이 양쪽의 것들을 동일한 사람인 내가 겪는다는 것을 잘 깨달아야 합니다. 이 땅을 살면서 그리스도인으로서 겪는 고난으로 인해 많이 힘들고 슬프고 아프고 지쳐, 심하면 우울과 탈진에 이를 수도 있습니다. 그렇지만 그리스도인은 어느 기간 동안 그런 상태에 있다가도 자기에게 임한 영적 축복을 상기하며 감사하면서 그 상태를 극복하게 될 것입니다. (그 과정 가운데 필요한 경우 적절하게 전문가의 도움-정신치료와 상담 그리고 약물치료-을 받아야 할 것입니다.) 그리스도인은 일정 기간 슬픔의 시기를 지내게 되기도 하지만, 결국은 감사의 마음을 회복하게 됩니다. 그리스도인은 이 땅만을 사는 존재가 아니기 때문입니다.

신앙이 많이 성숙한 사람은, 아주 극단적인 어려움에 처한다 하더라도, 경우에 따라 어떤 부분에서는 자기보다 더 어려운 사람을 사랑할 수 있다는 것으로 인해 감사의 마음을 견지해가기도 합니다. 어떤 상황이라도 사랑할 수 없는 경우는 없습니다. 창조해주시고 구원해주신 하나님의 은혜에 대한 기본적인 감사와 더불어, 언제든 우리를 사랑할 수 있는 존재로 불러주심에 대한 감사가 그리스도인의 삶을 받쳐주는 굳건한 기둥이 되는 것입니다. (이를 강요하는 식으로 전하여 사람을 변화시키려는 노력은 안 됩니다. 그리스도인의 성숙은 각 사람 안에서 그 사람에 맞게 자연스럽게 이루어지는 것이지, '좋다고 생각하는 것'을 집어 넣으려 한다고 해서 되는 것이 아니기 때문입니다.)

그리스도인의 양가성은 특히 감정적 세계에 잘 적용해야 합니다. '외식과 위선'의 장에서 다루었지만, 그리스도인의 감정은 기쁨과 즐거움 등으로만 이루어지는 한 빛깔의 감정세계여야만 한다는 생각은 잘못된 것입니다. 그럴 때도 있지만, 그리스도인의 이중 국적성으로 인해 양가적인 감정세계를 얼마든지 정상적으로 가질 수 있음을 잊지 않아야겠습니다.

물론 성숙해가면 갈수록 하나님 나라에 속한 소속감의 비중이 더욱 커져서 내면적이고 영적인 기쁨과 즐거움의 분위기가 우세하게 되겠지만요.

그리스도인의 지향성은 양가적인 모습의 짐을 견뎌내게 해줍니다. 이 세상에서 편하고 잘되는 하나의 모습만을 고집하지 않고 포기하며, 자기에게 오는 불시험, 고난, 욕 등등을 아파하면서도 받아냅니다. 그리스도인은 무엇이 잠깐이고 무엇이 영원한 것인지를 알며, '영원'과 '잠시'를 분별하는 가운데 '영원'을 위해 '잠시'를 넘어서는 존재이기 때문입니다. 양가적인 조합 중 영원과 하나님 쪽을 지향하여 살아가는 것입니다. 어느 쪽을 향하고 누구에게 붙어 있는 것이 인간 존재에게 참 생명이 되고 바른 길이 되는지를 알기 때문입니다.

우리의 삶에 그리스도인의 이러한 이중적 모습이 얼마나 분명하게 나타나고 있는지 살펴보아야 할 것입니다. 하나님께서 그리스도 안에서 우리를 부르신 그 놀라운 영원한 영광(에의 참여)에 대한 기대가 과연 우리를 얼마나 가슴저리게 하는지, 그리고 그 소망이 잠깐의 고난을 넘어 지향적 목표를 향해 얼마나 즐겁게 살아가게 하는지, 얼마나 차별적인 삶을 살아가게 하는지 물어야 할 것입니다. 이 땅의 그 어떤 것에 비할 수 없을, 하나님 나라에서 누릴 삶에 대한 믿음과 소망이 이 땅의 삶을 살아가게 하는 원동력이 얼마나 되고 있는지요?

믿음의 선조들은 본향을 찾았다고 성경은 증거합니다. "이같이 말하는 것은 자기들이 본향 찾는 자임을 나타냄이라"(히 11:14). 본향!—우리에게 본향에 대한 그리움이 있는지요? 그 그리움의 강도는 어느 정도인지요? 그리움의 강도가 강하면 강할수록 그만큼 이 땅에서 사랑의 삶, 나눔의 삶을 더욱 깊이 있게 살아가는 지향적 발걸음을 더욱 힘차게 내딛게 될 것으로 생각합니다. 그리스도인은, 이 땅에서의 모습이 그 어떠함에도 불구하고 영원하고 복된 하나님 나라에 속한 자로서, 자기 신분에 걸맞는 모습을 갖추려고 노력하는 가운데 하나님의 은혜 가운데서 이 땅을 통과하는 자라 할 것입니다.

4. 지향적일 수 있는 근원적 힘은 '하나님 되심'에 있다

여러분은 그리스도인으로서 이 세상을 사는 것에 대해 어떻게 느끼며 생각하시는지요? 이 세상은 한 번 살아볼 만한 곳이라 생각하시는지요? 비교적 밝고 힘차고 기쁘게 살아가시는지요? 아니면 비교적 어둡고 힘들고 슬프게 살아가시는지요? 인생을 살아가는 기쁨과 소망을 가져야 적극적이고 능동적으로 살아갈 수 있을 것입니다. 여러분들은 이 세상을 살아가는 것이 얼마나 기쁜지요? 기쁘게 살아가는지요? 소망은 있습니까? 그냥 주어진 인생이니 할 수 없이 그냥 살아가고 있는 것은 아닌지요? 만약 여러분들에게 기쁨과 소망이 있다면 그 근원을 어디서 찾을 수 있을까요? 이제 이 땅을 사는 그리스도인들이 가져야 하는 기쁨과 소망의 근원에 대해 생각해보겠습니다.

마태복음 25장 31-46절에 보면, 예수님께서 영광 중에 재림하셔서 왕으로서 사람들을 심판하실 때의 모습을 그리면서 사람들이, 왕에게서 상을 받을 오른편의 양과 벌을 받을 왼편의 염소 두 편으로 나누어질 것을 비유적으로 얘기하고 있습니다. 왕이, 상받을 사람들에게 "내가 주릴 때에 너희가 먹을 것을 주었고 목마를 때에 마시게 하였고 나그네 되었을 때에 영접하였고 헐벗었을 때에 옷을 입혔고 병들었을 때에 돌보았고 옥에 갇혔을 때에 와서 보았느니라"고 하고, 벌받을 사람들에게는 "내가 주릴 때에 너희가 먹을 것을 주지 아니하였고 목마를 때에 마시게 하지 아니하였고 나그네 되었을 때에 영접하지 아니하였고 헐벗었을 때에 옷 입히지 아니하였고 병들었을 때와 옥에 갇혔을 때에 돌보지 아니하였느니라"고 했습니다.

우리는 이 세상을 살면서 '주린 자', '목마른 자', '나그네 된 자', '벗은 자', '병든 자', '옥에 갇힌 자' 등등과 같은 사람들을 보면, '참 안 됐다.'고 느낍니다. 여러분 중에는, 실제로 돕는 일에 나서는 사람들도 있을 것입니다. 여하튼 살아가다 그런 (여러 차원의) 가난한 사람들을 실제로 돕는 사람들을 만나면 참 기분이 좋고 감사합니다. 자기는 그렇게 하지 못하는데 실제로 돕는 사람들을 보면 부럽습니다. 그런데 그 부러움은 기분이 좋은 부러움입니다. 그러면서 경쟁과 시기심에 의해서가 아니라, 좋은 마음에서 '나도 그렇게 되고 싶다.'는 마음을 발전시키게 되기도 합니다.

반면, 힘 있는 사람 그리고 힘 있는 사람들과 교제하는 사람들을 보면 한편으로는 부럽지만, 그리 기분좋은 부러움은 아닙니다. 그 부러움은 뭔가 씁쓸함을 낳는 부러움입니다. 그 부러움으로 인해 촉발된 욕심이 경쟁심과 시기심을 통해 그들과 같이 되거나 그들보다 더욱 힘이 있는 사람이 되려고 노력하게 합니다. 훨씬 더 많은 사람들이 이 부류에 속하는 것 같습니다.

우리는 압니다. 어떤 사람들이 좋은 사람들인지를! 그런데 세상에서는 좋은 사람들이 가끔씩 적절하게 인정받기도 하지만, 훨씬 더 많은 경우는 그렇지 않은 것을 보며 뭔가 잘못되어 있음을 느낍니다. 좋지 않다고 생각되는 사람들이 이러저러한 술수를 써서 세상에서 힘을 가지는 것을 보면 마음이 참으로 슬퍼집니다.

그러나 성경을 통해 우리가 듣는 것은, 바로 예수님께서 '주린 자', '목마른 자', '나그네 된 자', '벗은 자', '병든 자', '옥에 갇힌 자' 들과 같이 힘없고 가난한 사람들과 동일시하신다는 것입니다. 또 그들을 위하는 사람들을 알아주신다는 것입니다. 이 얼마나 즐겁고 기쁘고 신명나는 복된 소식인지요! 그들에게 한 것을 예수님께 한 것과 동일시하신다니! 인간의 몸을 입고 오신 성자 하나님을 통해 삼위일체 하나님을 보게 되는 것인데, 우리의 창조주 하나님이 그런 분이라니 이보다 다행스럽고 감사한 일이 또 어디에 있겠습니까!

만약 그런 분이 아니고 사장, 교수, 박사, 대통령, 장관, 판검사, 국회의원, 부자 등등과 같이 힘 있는 자들과 자신을 동일시하는 분이라면 피조물인 우리의 운명은 어떻게 되겠습니까? (물론, 그런 지위에 있다는 것 자체로 그런 분들을 부정적으로 얘기하는 것은 아닙니다. 그런 사람들 중에도 주위의 가난한 이웃들과 힘껏 나누며 살아가는 좋은 그리스도인들이 있음을 압니다.) 이 세상에서 많은 사람들이 힘 있는 사람들과 관계를 가지려고 애를 씁니다. 어떻게든 그들 눈에 들고 그들 곁에 있으려고 갖은 노력을 다합니다. 그 일이 얼마나 힘이 듭니까? 그들의 환심을 사기 위해 싫어도 비위를 맞추기 위해 아첨을 떨고 뇌물을 주고 고분고분 머리를 조아려야 할 것입니다. 그들이 원한다면 경우에 따라서 부정한 일을 하는 것도 서슴지 않아야 합니다. (물론 힘 있는 자리에 있는 사람들이 다 그렇다는 것은 아닙니다만, 그런 경향이 강한 측면이 있습니다. 권력의 자리에 오래 앉아있던 사람들 중 자기를 부당하게 높이지 않고 다른 사람들과 똑같음을 실생활에서 실천했던 사람들을 인류 역사상 찾아보기가 그리 쉽지는 않지 않습니까?) 힘 있는 자에게 붙어 있으려 하는 데에는 경쟁이 있을 수밖에 없습니다. 왜냐하면 힘 있는 사람들은 소수이고 힘없는 사람들은 다수이기 때문입니다. 창조주가 힘 있는 자들과 자기를 동일시하여 다수의 힘없는 자들에게 힘 있는 소수를 향해 경쟁을 붙인다면, 이 땅의 삶이 얼마나 삭막해지겠습니까! 아마도 그 경쟁에서는 사랑과 선악의 개념이 없는 약삭빠른 자들이 승리할 가능성이 높을 것입니다. 그런데도 불구하고 우리는 피조물이니 창조주가 그렇다는 것에 대해 달리 어떻게 해볼 수 있는 것이 무엇이겠습니까? 싫더라도 어쩔 수 없이 그런 창조주 밑에서 영원히 살아갈 수밖에 없는 것이 아니겠습니까? 그러나 창조주가 강한 자와 자기를 동일시하는 것에 대해, 우리 모두는 본성적으로 좋은 것으로 동의 되지 않고 옳지 않은 것임을 느끼고 압니다.

그렇기 때문에 성경을 통해 알게 된, 힘없고 가난한 자들과 당신을 동일시하시는 그 '하나님 되심'은, 힘 있는 자들의 이기적이고 자기중심적 원리에 의해 주로 질서잡힌 이 슬프고 어두운 세속의 세상을 살아가는 우리들에게 깊은 안도감과 평안을 가져다 주는 기쁜 소식이 아닐 수 없습니다. 힘없고 가난한 자들을 위하는 것은 누구나 할 수 있습니다. 왜냐하면 여러 측면에서 자기보다 가난한 사람은 늘 있기 때문입니다. 그 일을 하는 데에는 아부를 할 필요도 없고 비위를 맞출 필요도 없고 뇌물을 주고 부정한 일을 할 필요도 전혀 없습니다. 기꺼운 마음을 가지고 하게 됩니다. (다른 목적을 위해 가난한 사람들을 위하는 척하는 경우는 다르겠지만요.) 그 일은 경쟁적이지도 않습니다. 그리 못하는 것은 이기적이고 자기중심적인 자기 마음 때문입니다. 성경을 통해 하나님께서 자신을 힘없고 가난한 사람들과 동일시하신다는 것을 깨달으면서, 그 일이 참으로 옳고 기꺼이 따라야 하는 것임에 대해 마음 저 깊은 곳에서부터 울려나오는 동의의 공명을 느끼게 되지 않는지요?

저는 하나님의 그런 마음을 '평균케 하기를 바라시는 마음'이라 부릅니다. 이는 기독교 복음을 이해하는 데 참 중요한 내용이므로 조금 더 들어가 보도록 하겠습니다. 이 세상에는 잘 사는 사람들에 비해 가난한 사람들이 너무 많습니다. 그런 불평등한 이 세상의 모습을 보고 창조주 하나님께서는 어떤 마음을 가지고 계실까요? 먼저 다음의 성경구절에 대해 생각함으로 시작해보겠습니다.

"가난한 자를 조롱하는 자는 그를 지으신 주를 멸시하는 자요"(잠 17:5).

왜 가난한 자를 조롱하는 것은 그 창조주를 멸시하는 것이 될까요?

첫째로, 이 땅의 모든 자들이 하나님의 피조물이기 때문일 것입니다. 그런 의미에서 어느 누구를 조롱하든 창조주를 멸시하는 것이 될 것이나, 보통의 경우, 전부는 아니지만, 사람들은 힘있고 부자인 사람들은 조롱하지 못하고 힘없고 가난한 사람들은 조롱하는 경향이 있기 때문입니다. 하나님에게는 모든 사람들이 똑같은 당신의 피조물임을 우리는 잊지 않아야 하겠습니다.

아마도 둘째로는, 가난하게 되는 데에는 개인의 게으름과 불성실함 등이 개입되기도 하지만, 큰 틀에서 보면 많은 경우 가난은 자기가 원하지 않는 조건에 결정적으로 의존되기 때문일 것입니다. 선천적으로든 후천적으로든 눈 멀고 귀 먹게 된다든지 뇌성마비, 정신분열증, 중풍 등의 여러 종류의 신체적 그리고 정신적 장애를 앓게 되는 사람들, 극빈국인 아프리카나 네팔이나 방글라데시 같은 나라에서 태어난 사람들, 정신지체 등 신체적, 정신적 장아를 가진 부모 밑에서 자라는 사람들, 소년소녀 가장 등등은 가난하게 될 가능성이 아주 높다고 하겠습니다. 그들 자신과 그들이 놓이게 된 환경은 자신들이 선택한 것이 아닌 것으로 본질적으로 그들의 책임과는 상관이 없습니다. 다만 그들은 그런 환경에 놓이게 된 것이지요. (물론 그런 환경에 놓인 사람들 중 극소수는 불굴의 의지로 가난을 극복하지만, 그런 경우를 일반화할 수는 없습니다.) 그렇기 때문에 그들의 가난은, 우리가 구체적으로는 알 수 없지만, 창조주의 그 무엇과 관련 있을 가능성이 높습니다. (그렇게 태어나도록 하신 직접적 관련인지, 인간 세상에 두신 원리에 의해 태어난 간접적 관련인지 또는 우리의 생각을 넘는 그 어떤 유형의 관련인지 정확히 지적할 수는 없지만 말입니다. 저의 수준에서는 말입니다.) 창조주와 창조자의 그 어떤 뜻과 관련 있는 것이기에 가난한 자를 조롱하는 것은 창조주를 멸시하는 것이 될 것입니다.

열 명의 자녀를 둔 엄마가 있다고 해보지요. 자녀 양육을 훌륭하게 하여 9명의 자녀들이 아주 잘되었습니다. 사장, 장관, 교수, 장군, 판사, 변호사, 의사 등등 9명은 소위 세상적으로 높은 지위를 갖게 되었습니다. 그런데 한 명이 정신적 장애를 앓아 결혼도 하지 못하고 사회에 적응도 잘 못해 정부에서 나오는 보조금으로 근근히 살아가게 되었다고 해보지요. 이런 경우에 엄마의 마음은 어떠할까요?

엄마의 마음이 이럴까요? '자 봐라. 10명 중 거의 대다수인 9명이 훌륭하지 않은가! 겨우 한 명이 좀 문제인데, 평균적으로 다른 어떤 집의 자녀들보다 나으니 나는 참 행복한 엄마이다.'라고 생각하면서 잘된 9명으로 인해 마음 편하게 살아 갈 수 있을까요? 그런 엄마가 있다면 사람들은 어떻게 생각할까요? 아마도 좋은 엄마라 보기는 어려울 것입니다. 실제로 그런 엄마는 거의 없을 것입니다. 아주 드물게 그런 유의 엄마를 보게 되긴 하지만요.

대부분의 좋은 보통의 엄마들은 잘된 9명이 아니라, 어렵게 살아가는 한 명의 자녀로 인하여 마음이 편하지 않을 것입니다. 마음이 주로 그 한 명에게 가게 됩니다. 차라리 9명의 자녀같이 세상적으로 뛰어나게 잘 살지 않더라도, 10명 모두가 어렵지 않게 평균 이상에서 비슷비슷하게 사는 것을 원할 것입니다.

창조주의 마음이 그럴 것이라 생각합니다. 모두가 다 당신이 지으신 피조물인데, 기본적으로 그 사이에 어떤 불평등이 있기를 원하시겠습니까? 아마도 서로 나누어 가지면서 비교적 평균적으로 살아가기를 원하실 것으로 확신합니다. 우리의 창조주는 사랑과 공의의 하나님이시기 때문입니다. 그러하기에 하나님께서는 신구약 여기저기서 '평균케 하기를 바라는 마음'을 반복하여 나타내시는 것입니다.

"너희 땅의 곡물을 벨 때에 밭 모퉁이까지 다 베지 말며 떨어진 것을 줍지 말고 그것을 가난한 자와 거류민을 위하여 남겨두라 나는 너희의 하나님 여호와이니라"(레 23:22).

"가난한 사람을 학대하는 자는 그를 지으신 이를 멸시하는 자요 궁핍한 사람을 불쌍히 여기는 자는 주를 존경하는 자니라"(잠 14:31).

"하나님 아버지 앞에서 정결하고 더러움이 없는 경건은 곧 고아와 과부를 그 환난 중에 돌아보고 또 자기를 지켜 세속에 물들지 아니하는 그것이니라"(약 1:27).

신구약을 통해 가난한 자를 돌보기를 바라시는 그 부모와 같은 마음을 볼 때 성경의 하나님은 참으로 인류의 창조주이심을 알 수 있습니다. 직접적인 증거는 아니지단 인격적인 측면에서 볼 때 성경의 하나님은 창조주의 마음을 가지셨으므로, 창조주이실 수밖에 없는 것입니다. 그 분께서 친히 인간을 지으셨기 때문에, 모든 인간이 그 분의 자식이기 때문에 가난한 사람들을 돌보기를 바라시는 것입니다. 어디에도 부자를 돌보라는 말씀은 없습니다. 전혀 없습니다. 이것은 당연히 가난한 자를 가까이하시고 부자를 멀리하시는 차별의 이데올로기적 마음이 아니라, 평균케 하기를 원하시는 창조주의 마음인 것입니다.

전체적인 평등 사회를 바라시는 하나님의 마음에서, 우리 자신을 하나님 나라라는 '전체' 안에서 생각하여 삶을 대하기를 촉구하시는 마음을 읽을 수 있습니다. 자기만을 독립적으로 떼어놓고 사고하는 것은 기독교적인 것이라 할 수 없습니다. 인간은 자기 개인으로 홀로 설 수 있는 존재가 되지 못합니다. 각 개인은 '우리', '우리'라는 '전체'를 이루는 지체입니다. 인간은 바로 그 자기 자리에 있어야 합니다. 바로 하나님께서 이를 원하시고 계심을 성경을 통해 분명하게 확인할 수 있습니다. 인간은 자기 혼자 독립할 수 있는 존재가 결코 아님을 잊지 않아야 할 것입니다. 혼자만 행복한 것은 있을 수 없습니다. 하나님의 신앙공동체 안에 속해 있는 것이지요.

그런 면에서 자기—자기 개인, 또는 자기가 속한 공동체인 '확장된 자기'(가족 등)를 포함—만을 위해 세속적 성공을 바라는 것은, 자기를 독립적 존재로 여기며 위하는 자기중심적이고 이기적인 마음에서 나오는 것이라 하겠습니다. ('확장된 자기'는 '전체 우리'와 대조되는 '작은 우리'라 할 수 있습니다.) 이는 결단코 하나님을 떠나 있는 마음입니다. 물론 이기적이고 자기중심적인 자기를 극복하여 이타적이고 함께 나누는 공동체적 자기를 발전시킨다는 것은 쉬운 일이 아님을 우리 모두는 잘 알고 있습니다. 좋고 옳은 길인 줄 알면서도 쉽게 나서게 되는 길이 아닌 것이지요. 그런 길을 나서면서 의식해야 하는 것이 있습니다. '평균케 하기를 바라시는 하나님의 마음'입니다. 바로 이런 하나님의 마음이 우리의 지향적인 목표가 되는 것이 아니겠습니까? 그러함에 저절로 감사가 나오지 않는지요? 우리는 하나님의 마음으로 인해 세상의 그 어떤 것도 줄 수 없는 위로와 격려를 받고 무한한 평안을 느낍니다.

> "또 자기를 청한 자에게 이르시되 네가 점심이나 저녁이나 베풀거든 벗이나 형제나 친척이나 부한 이웃을 청하지 말라 두렵건대 그 사람들이 너를 도로 청하여 네게 갚음이 될까 하노라 잔치를 베풀거든 차라리 가난한 자들과 몸 불편한 자들과 저는 자들과 맹인들을 청하라 그리하면 그들이 갚을 것이 없으므로 네게 복이 되리니 이는 의인들의 부활시에 네가 갚음을 받겠음이라 하시더라"(눅 14:12-14).

어느 누가 감히 사람들에게 이런 말을 할 수 있겠습니까?' 아마도 거의 대부분의 사람들은 '지금이 어떤 세상인데……참 순진하다.'며 비웃을지 모르겠습니다. 여러분은 이 말씀을 들을 때 기분이 어떠한지요? 세상은 자기의 성공을 위해 도움이 되는 사람과 관계를 맺어가라 하는데, 전혀 다른 방향에서 말씀을 주시는 분, 예수님! 그 예수님 안에서 평안을 느끼게 되지 않는지요? 예수님의 마음은 바로 '평균케 하기를 바라시는 마음' 이지 않나요? 그렇습니다. '평균케 하기를 바라시는 마음'은 다름이 아니라 창조주의 마음인데, 예수님께서 그 마음을 가지셨다는 것은, 예수님께서 창조주이심을 보여주는 것이라 하겠습니다. (우리가 당연하게 믿고 있는 내용이지만, 인격 또는 마음의 측면에서 간접적으로 증명되는 것에 대해 강조하고 싶었습니다.)

하나님께서 그러한 마음을 가지고 계실진대, 그리스도인은 당연히 그런 하나님의 마음에 드는 삶의 열매를 맺게 되어 있습니다. 자녀가 아버지의 마음을 닮지 않을 수 없는 것이지요. 그래서 그리스도인의 궁극적인 삶의 열매는 '가난한 이웃과의 사랑의 나눔'으로 나타나게끔 되어 있는 것입니다. ("온 율법은 네 이웃 사랑하기를 네 자신같이 하라 하신 한 말씀에서 이루어졌나니", 갈 5:14) 그리스도인의 성숙은 깨달음을 마냥 더해가는 것이 아니고, 삶 속에서의 구체적인 사랑의 나눔으로 나타나는 인격의 성숙인 것이지요. 깨달음 자체가 목적일 수 없고 삶의 열매를 동반하지 않는 깨달음은 기독교에서 추구하는 것이 아닌 것입니다. 깨달음의 목적은 성숙된 구체적 삶에 있어야 합니다.

가난한 자를 위하시는 하나님의 '평균케 하기를 바라시는 마음'은 우리로 하여금 깊은 안도감을 갖게 합니다. 하나님의 사랑의 마음인 것입니다. 우리의 창조주가 그렇게 좋으신 분이라는 것이 얼마나 좋은지요! 그리스도인들이 고되지만 이 땅의 삶을 힘차게 살아가는 힘의 근원이 바로 그 '하나님 되심'에 있다고 확신합니다. 그런 사랑의 하나님을 닮아 나도 사랑의 사람이 되고 싶은 마음이 솟아납니다. 바로 '그 하나님 되심'이, 주위에 어려운 이웃들이 너무 많아 즐거울 수만은 없는 이 세상을 살아가는 그리스도인들에게 기쁨과 소망의 궁극적인 근원이 된다고 믿습니다. 그런 하나님이 다스리시는 그 나라를 손꼽아 그리워하게 되지 않으시는지요? 우리 모두 그런 분을 우리의 하나님으로 섬겨 살아가는 존재임을 분명히 하면서, 약해진 무릎을 세워 세상 한복판으로 들어가, 하나님의 사람으로 힘차게 지향적인 발걸음을 내딛도록 합시다. 우리는 잠시 잠깐 이 땅을 살다가 그 하나님과 함께 영원한 하나님 나라에서 영원히 살게 될 존재이지 않습니까!

5. 지향성은, 자기와 사회 안에 실재하는 선과 악 또는 목표와 실제 사이의 긴장을 견디어내는 지혜와 능력의 배양을 요청한다

지향적 목표가 있다는 것은, '우리가 아직 온전하지 못하다.'는 것을 의미하기도 합니다. 사실 신앙생활을 하면서 목표와 실제 사이의 괴리에서 오는 어려움이 만만치 않습니다. 왜냐하면 늘상 어느 정도의 악과 부족함이 자신에게 있는 것을 보고 느끼게 되기 때문입니다. 이것을 보려 하지 않고 인정하려 하지 않고 덮어두는 것으로 대처하는 자들은 그리스도인의 지향성의 참된 의미를 외면하는 것이라 할 수 있습니다. 우리에게 지향이 있어야 한다는 것은 우리의 현재의 모습이 불완전하고, 어느 정도는, 악하다는 것을 인정하는 것이 아니겠습니까?

우리는 그 괴리에서 나오는 정상적인 긴장을 예상하여 지혜롭게 견디어 나가야 할 것입니다. 기드온이 하나님의 말씀을 처음부터 순종하지 못했던 죄와 미성숙에만 집중하여, 죄책감과 우울에 빠져 살아갔다면, 그러한 기드온을 하나님께서 기뻐하셨을까요? 자기의 현재가 부끄럽지만 하나님의 은혜 가운데 지향적 발걸음을 내디뎌야 하는 것이지요. 우리의 악함과 부족함에도 불구하고 절망에 빠지지 않는 것은 우리 자신 때문이 아닙니다. 그것은 '그럼에도 불구하고' 우리가 자라기를 기다려 주시고 또 자라게 하시는 하나님을 신뢰하기 때문입니다.

실제적인 적용을 하나 다루어 보겠습니다. 때때로 우리는 어떤 사람에 대해 자신이 감당할 수 없는 분노를 가질 때가 있습니다. 그 당시 자신의 수준으로서는 어떻게 할 수 없는 분노 말입니다. 예수님을 믿는 자이기 때문에 예수님께서 '원수를 사랑하라.'고 하셨으니, 어느 때고 미움과 분노를 넘어 사랑하게 되는 것은 아닙니다. 그것이 우리의 실제 모습입니다. 사실 자기가 감당할 수 없는 분노가 있는데 그것을 정확히 보지 않고, 원수를 사랑하는 사랑으로 사랑하려고 하는 가운데서 그 분노를 어떻게든 해결하려고 하면 더 큰 문제를 안게 될 수 있습니다. 많은 경우 분노는 억압되면서 닫힌의식의 어딘가에 숨게 될 것입니다. 그러면서 보기에는 아무렇지 않은 양 보이게 되는 외식과 위선의 모습을 띠게 될 수 있습니다. 그러나 억압된 분노는 닫힌의식에서 언젠가 폭발할 힘을 축적해 갈 가능성이 높습니다. 그것은 분노를 해결하는 것이 아닙니다. 또 한편으론 분노를 자기 마음의 눈에 보이지 않도록 억압하지는 않지만, 분노를 당장 해결하지 못하는 자신을 가혹하게 정죄 '만' 하는 사람들이 있습니다.

'원수를 사랑하라.'는 말씀은, 분노와 미움이 있는 모든 그리스도인들에게 즉각적인 만병통치약이 되어 원수를 포함한 모든 사람을 사랑하게 되는 것이 아닙니다. 예수님께서 그런 의미로 그 말씀을 주셨다고 생각하지 않습니다. 나의 연약함으로 인해 분노를 극복할 만한 사랑을 보이지 못할 때가 있는 것이 우리의 실제 모습입니다. 그럴 때 우리는 분노를 억압한다든지 자신을 가혹하게 정죄하는 것이 아니라, 있는 그대로 연약한 자신을 직시하는 정직과 용기가 필요합니다. 그 다음에 그러한 자기를 인정하고 회개한 후, 하나님의 은총 가운데서 자라가기를 기다리는 지혜를 발휘해야 할 것입니다.

우리의 지향성은 거기서 빛을 발합니다. 지금의 미성숙한 모습에 좌절하여 그 자리에 주저앉게 하는 것이 아니라, 하나님의 은총 가운데서 지향적 발걸음을 한 걸음 한 걸음 내딛는 가운데 점차적으로 자신의 모습이 하나님께서 기대하시는 모습으로 변화하여 갈 것이라는 소망을 갖게 하기 때문입니다. 그렇게 그리스도인의 지향성은 소망으로 연결됩니다. 원수를 사랑하라시는 말씀에, 현재는, 멀리 떨어져 있다는 것으로 실망하고 절망에 이르는 것이 아니라, 내 안에 있는 영적 생명이 자라가면서 점차 또는 미래적으로 원수를 사랑하게 될 것이라는 소망을 갖게 됩니다. 이 지향적 소망으로 인해 그리스도인은, '아직은' 원수까지는 사랑하지 못하는 상태에서, '원수를 사랑하지 못하는 사람' 의 쪽으로 서게 되는 것이 아니라, '원수를 사랑하게 될 사람' 의 쪽을 향해 서게 되는 것입니다.

어느 정도의 연약함 그리고 악과 함께 지내야 하는 이러한 긴장은 개인적인 차원에서만 존재하는 것은 아닙니다. 사회에서도 마찬가지입니다. 어느 시대이고 선하기만 하고 정의롭기만 한 사회는 있을 수 없습니다. 인간사회에는 항시 악과 부족함이 존재하고 있는 것입니다. 그렇기 때문에 전혀 악이 배제된 사회를 찾아 그 안에서 살려 한다면 이 세상을 떠나야만 할 것입니다.

1991년에 미국에서 공부할 때 의미있는 신문기사를 읽은 적이 있습니다. 제가 다닌 Calvin 신학교는 Michigan 주의 Grand Rapids라는 도시에 있었습니다. 그 도시는 기독교인의 비중이 아주 높았습니다. 기독교적인 분위기가 물씬 풍기는 곳으로, 성도(聖都)라고 불릴 정도라는 애기를 듣기도 했던 것 같습니다. 교회도 많았지만, 기독교 계통의 학교들도 많았습니다.

한 번은 그 도시의 유명한 신문에 그리스도인의 교육에 대해 생각하게 하는 내용이 1면 기사(제 기억으로는)로 실린 적이 있었습니다. 그 도시에서는 센세이션을 일으켰던 것으로 기억됩니다. 신앙적 교육을 잘 받은 7명(?)의 Grand Rapids 출신의 젊은 그리스도인들이 기독교의 원리로 세상을 변화시키겠다는 꿈을 가지고 그들의 눈에는 사악한 도시로 비쳐진 Los Angeles로 떠났습니다. 그런데 얼마 후 모두 본향으로 돌아오게 되었는데, 돌아와서 기자회견했던 것이 기사화되었던 것이었습니다.

젊은이들은 세상을 변화시키겠다는 원대한 꿈을 가지고 떠났지만, Los Angeles를 변화시키기는커녕 제대로 적응도 하지 못한 채 무력하게 돌아오게 되었습니다. 자신들에 대한 진단이 인상적이었습니다. 자신들을 온실에서 자란 꽃이라 했습니다. 자기네들이 자란 환경은 신앙적으로 아주 좋은 곳이었습니다. 주위의 이웃들은 대개 선량한 사람들이었습니다. 그런 사람들로 이루어진 환경 속에서 자라면서 자기네들도 좋은 사람이 되었습니다. 그런데 더 넓은 세상은 전혀 그렇지 않았다는 것이었습니다. 자기들은 좋은 환경에서 좋은 이웃들 사이에서 자라서 좋은 품성을 발전시키기는 했지만, 그만큼 세상의 악에 대해 노출이 적어 결과적으로 악의 실체에 대해 제대로 알지도 못했을 뿐 아니라, 악에 대한 저항력을 제대로 키우지 못했다는 것이었습니다. 자기들로서는 고향과는 전혀 다른 분위기의 Los Angeles에서 적응한다는 것이 거의 불가능했다고 정직하게 고백했습니다.

자기들의 패배를 인정했습니다. 그러면서 자기들 다음 세대에게는 자기들과 같이 온실 속의 교육만 시키는 것이 아니라, 어느 세상에서도 적응하면서 세상을 변화시킬 수 있는 교육을 시켜야 한다고 주장했습니다. 자기들끼리만 산다면, 자기들끼리만 사는 세상이라면 Grand Rapids가 아주 좋은 곳이지만, 그리스도인들의 사명이 세상의 빛과 소금으로 세상을 변화시키는 것일진대 그럴 수 있는 교육이 이루어져야 한다는 것이었습니다.

그렇습니다. 우리는 어느 정도의 악과 연약함이 있는 사회를 살아가게 되어 있습니다. 이를 피할 수 있는 사람은 아무도 없습니다. 한국적 상황 역시 마찬가지입니다. 개인적으로는 어떠 하다 해도 구조악을 피할 방법이 없습니다. 100% 순도의 선한 곳을 찾을 수도 없겠지만, 찾아서도 안 될 것입니다. 없는 세계를 찾는 허공을 치는 몸짓에 그치게 될 것이기 때문입니다. 그렇기 때문에 그리스도인이 이 세상에서 해야 하는 사명이 있는 것입니다. 그런데 그런 세상을 살 때, 사회적으로도 어느 정도의 악 그리고 부족함과 더불어 살아가야 하는 지혜를 구해야 할 것입니다.

제가 여기서 구체적으로 다룰 수는 없지만, 그러한 이 세상을 살아갈 때 권할 수 있는 하나의 원리는, 어느 단체, 직장, 교회 등등이든 나의 존재로 인해 그곳의 악이 더 강화되지 않고 점차적으로 줄어들게 하는 것입니다. 우리가 편안하게 일할 수 있도록 모든 악을 다 치워놓고 우리를 기다리는 일터는 있을 수 없습니다. 또 우리가 가자마자 모든 악을 당장 없앨 수 없는 경우가 대부분일 것입니다. 그것은 비그리스도인뿐 아니라 그리스도인의 모임에서도 마찬가지입니다. 개인의 이익에 도움되기 때문에 구조악에 편승하는 것을 취하지 않는 것은 당연한 것이고, 우리는 어느 정도 악의 존재를 견디어 내면서 그 악에 대응할 수 있는 지혜를 강구해야 할 것입니다. 우리는 악의 실체를 인정하지 않을 수 없습니다. 있는 것이 없다고 하여 없어지지 않습니다. 첫 번째 과제가 악을 당장 완전히 없애 버리는 것이 아닙니다. (그럴 수 있으면 그래야겠지만, 그런 경우는 거의 없을 것입니다.) 우리의 할 일은 존재하는 악의 크기를 줄여가면서 점차적으로 완전히 극복하는 데까지 나아가도록 수고하는 것이 됩니다. (물론 악 중에는 점진적으로 대처해 가야 하는 구조악과 같은 것과 현재적으로 어느 때라도 거부하며 싸워야 하는 살인, 도둑질, 거짓말 등과 같은 악이 있으니, 이를 잘 분별하여 접근해야 할 것입니다.)

6. 세속적 복 지향에서 인격 지향으로!
- 한국 기독교가 극복해야 할 가장 시급한 과제

(앞으로 '기복주의' 또는 '기복주의적'이라는 용어를 많이 쓸 텐데, 이는 '기복적'과 다른 의미로 사용하는 것임을 밝힙니다. 전자는 '결국 복을 받게 되어 있다.' 또는 '복을 받기 위한 것이다.'라는 식으로 하나의 세계관을 이루고 있는 것을 말하고, 후자는 아직 세계관을 형성하지 않은 상태에서 단순히 복을 바라는 것을 말하는 것입니다. 그리고 여기서 '복'은 '세속적으로 잘되는 세속적 복'을 의미하는 것으로 사용할 텐데, 영적 복을 얘기할 때는 '영적 복'으로 쓰겠습니다.)

앞에서 다루었듯이, 자기에 대해 절대적 절망을 경험한 사람들이 예수님을 만나 그 분께서 자기를 위해 대신하여 죽으셨다는 것을 믿게 됨으로 구원의 문에 들어서게 됩니다. 그런데 기독교가 한 사람에게 들어가 그를 변화시키는 측면이 있지만, 기독교는 기독교를 받아들이는 사람의 틀에 의해 제한을 받고 왜곡되는 측면도 있습니다. 그리스도인이 되었다고 하여 자기가 자라온 환경의 영향에서 완전히 자유롭게 되는 것은 결코 아니라는 것입니다. 예를 들어, 한국의 그리스도인들은 자기도 의식하지 못하는 가운데, 부분적으로, '한국적' 풍토 안에서 복음을 이해하고 받아들이게 된다는 것입니다. 그런 현상이 극단적으로 일어나면, 어느 나라의 그리스도인인가와 관계없이 모든 그리스도인에게서 발견되어야 하는 '(보편적) 기독교'가 아니라, '한국적'이라는 형용사의 수식을 받아야 하는

'한국적 기독교'가 형성될 수 있습니다. 기독교의 본질이 기독교를 받아들이는 사람들의 내면세계에 의해 왜곡되는 것이지요. 그런 면에서 오늘날 한국 기독교가 극복하여야 하는, 제가 생각하기에, 가장 부정적인 '한국적 기독교'의 모습 하나에 대해 함께 생각하고자 합니다.

예수님께서 복음을 설명하실 때 많은 부분 '유대교 또는 율법에 대하여(비교하여)' 설명하셨습니다. 특히, 바리새인들의 가르침에 대하여 그러하셨습니다. 그것은 그 당시 유대사회의 종교 세계를 주관하던 것이 유대교, 율법 그리고 바리새인들의 가르침 등의 인간적 유전들이었기 때문입니다. 사람들의 마음 속에 아무것도 새겨져 있지 않다면 복음을 그냥 전하면 되었겠지만, 이미 무엇인가 새겨져 있는 유대인들을 향해 전혀 새로운 복음을 전하셔야 하는 예수님은 그 당시 종교적으로 가장 영향력 있는 것을 극복해야 하셨던 셈입니다. 그렇게 복음 전파는 그 지역과 그 당시의 사정을 고려하여 전해져야 하는 필요성이 있는 것이지요.

그럼, 오늘날 한국에 복음을 전할 때 우리가 가장 경계해야 하고 극복해야 하는 현대 한국인 또는 한국의 그리스도인의 마음을 주관하는 것은 무엇이라고 생각하십니까? 우리는 무엇을 의식하면서 무엇에 대하여 복음을 설명할 필요성이 있을까요? 한 번 생각해보시기 바랍니다. 예수님 당시의 유대 사회처럼 율법주의에 대하여 복음을 설명하는 것이 긴급히 요청되는 것일까요? 한국에는 그 당시와 같은 율법주의의 세력은 그리 강하다고 볼 수 없을 텐데요.

저와 함께 교제하는 가까운 형제자매들에게 물어봤습니다. 여러 가지를 얘기했지만, 가장 많이 그리고 강하게 지적된 것은 '기복주의'였습니다. 여러분은 어떻게 생각하는지요? 여러 가지를 들 수 있겠지만, 저 역시 가장 힘을 기울여 극복해야 하는 것은 기복주의라고 생각합니다.

교회 감사헌금의 사유에는 어떤 것들이 있습니까? (헌금을 드린 사람의 이름과 감사 사유를 전혀 밝히지 않는 교회도 있고, 이름은 밝히지 않고 사유만 밝히는 교회가 있습니다. 그런 모습이 아름답게 느껴집니다.) 물론 다른 것들도 있지간 상대적으로 '승진', '더 넓은 아파트로의 이사', '합격', '사업 번창 내지 확장', '병의 회복', ……등등이 많지 않습니까? 이에 비해 '승진 누락', '작은 아파트로의 이사', '불합격', '사업실패 내지 축소', '죽음(을 받아들임)'……등등이 감사 헌금의 사유로 등장하는 경우는 아주 드물지 않습니까? 무엇을 감사하는가를 살펴봄으로써 신앙의 일단을 엿볼 수 있습니다. 또 우리 자신들의 기도제목을 살펴봐도 그렇고, 다른 사람들에게 부탁하는 기도제목들을 생각해봐도 그렇습니다. (물론 그런 것들 모두가 감사와 간구의 제목이 되지 못한다는 것을 얘기하는 것은 아닙니다. 문제는 주로 그런 것 일색이라는 것입니다.)

믿음을 어떤 식으로 가르치고 받아들이냐 하는 것을 통해 신앙의 지향성이 어디로 향해 있는가를 알아보는 데 많은 도움을 받을 수 있습니다. 고린도전서 13장을 '사랑의 장'이라 하듯, 많은 그리스도인들이 히브리서 11장을 '믿음의 장'이라 부릅니다. 사실 믿음의 중요한 한 측면에 대해 잘 설명해 주고 있기 때문에 그 내용을 가지고 생각해보도록 하겠습니다.

히브리서 11장에 대해 여러분들이 알고 있는 내용들은 어떤 것인지에 대해 생각해보시기 바랍니다. 설교자들이 즐겨 설교하는 본문 중에 하나이기 때문에 대부분의 그리스도인들이 익숙하게 알고 있을 것입니다. "믿음은 바라는 것들의 실상이요 보이지 않는 것들의 증거니……"라고 시작한 다음 어떤 내용들로 이어지는지 잘 아실 것입니다. 어떤 내용들이 기억나는지요?

크게 보아 앞부분의 내용에는 '믿음으로' 좋은 신앙인격적 모습을 보였다는 내용과, 다소 '신나는(?) 사건'들을 경험했다는 내용(이 부분을 따로 떼어 나누어 보는 것은, 많은 사람들이 이 부분에 상당한 관심을 보이기 때문입니다.)들이 기록되어 있습니다. 전자의 경우는, 4절 '믿음으로 아벨은 가인보다 더 나은 제사를 하나님께 드림으로 의로운 자라 하시는 증거를 얻었으니' 그리고 8절 '믿음으로 아브라함은 부르심을 받았을 때에 순종하여 장래의 유업으로 받을 땅에 나갈새 갈 바를 알지 못하고 나아갔으며' 등과 같은 내용이고, 후자의 경우는 5절 '믿음으로 에녹은 죽음을 보지 않고 옮겨졌으니', 29절 '믿음으로 그들은 홍해를 육지같이 건넜으나', 30절 '믿음으로 칠 일 동안 여리고를 도니 성이 무너졌으며' 등과 같습니다.

그런데 그 이후의 뒷부분에는 앞의 내용들과는 분위기가 전혀 다르게 반전되는 내용이 나옵니다. 어떤 내용인지 아시는지요? 강연이나 수업을 하면서 많은 사람들에게 물어보았습니다. 뒷부분의 내용에 대해 알고 있는 사람들은 대략 10-20% 정도였습니다. (제가 만난 그룹들은 비교적 신앙의 연륜이 깊은 사람들의 모임이 많았는데, 아마도 일반 그리스도인들 중에서는 그 비율이 더 낮을 것이라 생각합니다.) 즉 80-90%의 그리스도인들은 그 유명한 히브리서 11장의 뒷부분의 내용에 대해서는 전혀 모르고 있다는 것입니다. 물론 100%는 아니지만 앞부분에 대해서는 대부분 알고 있다는 것을 고려할 때 놀라운 일이 아닐 수 없습니다.

뒷부분의 내용은 과연 어떤 것일까요?

"또 어떤 이들은 고문을 당하면서도, 더 좋은 부활의 삶을 얻고자 하여, 구태여 놓여나기를 바라지 않았습니다. 또 어떤 이들은 조롱을 받기도 하고, 채찍으로 맞기도 하고, 심지어는 결박을 당하기도 하고, 감옥에 갇히기까지 하면서, 시련을 겪었습니다. 또 그들은 돌로 맞기도 하고, 톱으로 켜이기도 하고, 칼에 맞아 죽기도 하였습니다. 그들은 궁핍을 당하며, 고난을 겪으며, 학대를 받으면서, 양과 염소의 가죽을 입고 떠돌았습니다. 세상은 이런 사람들을 받아들일 만한 곳이 못 되었습니다. 그래서, 그들은 광야와 산과 동굴과 땅굴을 헤매며 다녔습니다"(표준새번역, 히 11:35-38).

어떻습니까? 사뭇 다른 결연한 분위기가 느껴지지 않는지요? 여러분의 경험은 어떠한지요? 뒷부분 내용을 본문으로 한 설교를 들어본 경험이 얼마나 되나요? 저의 경험을 통해 보면 히브리서 11장을 가지고 믿음에 대해 설명하는 설교를 들은 경험을 돌아보면 거의 앞부분의 신나는 내용의 설교만 기억에 있지, 뒷부분까지 포함한 경우는 기억에 없습니다. (있었는데 기억하지 못할 가능성도 희박하지만 있을 수 있습니다.) 제가 물어본 거의 대부분의 그리스도인들도 저와 비슷하게 경험했음을 확인할 수 있었습니다. 이 책을 읽는 여러분들의 경험도 그리 다르지 않을 것이라 생각합니다. 정말이지 아주 드물게 뒷부분을 본문으로 설교한 것을 들은 적이 있다고 하는 분들이 있는데, 참 좋은 설교자를 모신 경우일 것입니다.

왜 많은 설교자들이 후반부를 본문 삼아 설교하지 않는 것일까요? 아니 못하는 것은 아닌지 모르겠습니다. 다른 나라에서는 어떤지 잘 모르지만, 왜 우리나라에서 이러한 현상이 일어난다고 생각하십니까? 대체 기독교를 믿는다는 것이 무엇을 의미한다고 생각하기에 그럴까요? 여러분의 의견은 어떻습니까?

그리 어려운 질문은 아닐 것입니다. 쉽게 얘기해서, '세상적으로 잘된다.'는 그래서 청중들이 듣기에 좋은 얘기를 해야 사람들이 좋아하여 많이 모이기 때문이겠지요. 하나님과 하나님의 마음을 의식해서 하나님의 말씀을 있는 그대로 전하고자 하는 마음이 아니라, 사람들이 듣고 싶어하는 내용에 맞추어 하나님의 말씀을 재단하여 해석하여 들려주고자 하는 마음에서 그런 현상이 나타나는 것이라 할 것입니다. 믿음을 세속적 복-성공과 성취-을 가져다 주는 것으로 상품화하는 것이지요. 자기도 모르게 선택적으로 말씀을 읽고 듣는 현상이 일어나는 것입니다. 결과적으로 세속적으로 잘되고 싶은 마음이 세속적으로 잘 된다고 하는 말씀만 듣게 하고, 세속적으로 잘되게 할 것 같은 믿음을 발전시키게 되어 있습니다. 얼마나 안타까운 현상인지 모르겠습니다.

그런데 이런 현상은 인간의 본성—타락한 본성—에서 기원하는 것으로 단지 현대를 사는 우리들만의 문제가 아니라, 수천 년 전의 유대인들에게도 동일하게 나타났던 것으로 자연적 인간으로는 피할 수 없는 현상이라 할 수 있습니다. 앞서서 인용한 본문인데 한 번 더 참조하겠습니다.

> "대저 이는 패역한 백성이요 거짓말하는 자식들이요 여호와의 법을 듣기 싫어하는 자식들이라 그들이 선견자들에게 이르기를 선견하지 말라 선지자들에게 이르기를 우리에게 바른 것을 보이지 말라 우리에게 부드러운 말을 하라 거짓된 것을 보이라"(사 30:9-10).

하나님께서 선지자를 통해 말씀을 전하신다 해도 사람들은 듣기 좋은 내용만 듣게 되는 병폐를 지적한 말씀이라 할 수 있습니다. 겉으로는 어떤 경건의 모습을 띠고 있을지 몰라도, 그들의 내면에서는, 무엇이든 정직하게 있는 그대로 얘기하지 말고 듣기 좋은 부드러운 내용을 얘기하고, 거짓된 것이라 해도 좀 듣기에 그리고 보기에 그럴듯한 것을 보여달라는 마음이 자리잡고 있음을 드러내신 것입니다. 사람들 마음에는 일종의 정신적 필터(filter)가 있어서 무의식적이고 자동적으로 자기가 원하는 것은 듣고 원하지 않는 것은 듣지 않도록 걸러서 받아들이는 경향이 있습니다. 같은 내용을 들어도 사람들이 자기 마음 속으로 받아들이는 것은 각기 다르다고 할 수 있습니다.

이 거르는 작용(filtering)의 주체는 세계관이라 할 수 있습니다. 모든 사람들은 의식하든 의식하지 못하든 나름의 세계관을 갖고 있어서 그것에 어울리는 것은 받아들이고 그렇지 않은 것은 버리는 작용을 자기도 모르게 자동적으로 하게 되어 있습니다. 그런데 세속적 이익과 관계없이 진리를 따라 살겠다는 의식 없이, 세속주의와 (세속적) 성공주의의 세계관을 갖고 있는 그리스도인들은 자기의 세계관을 따라 성경을 읽고 해석하고 기독교를 그렇게 만들게 되어 있습니다.

하나님에 대해서도 똑같은 현상이 일어납니다. '살아계셔서 (객관적으로) 거기 계시는 실제적 하나님'을 알아서 그분을 섬기는 것이 아니라, '자신의 마음에 드는 하나님'을 섬기는 일이 얼마든지 일어나는 것이지요. 사실적 하나님이 아니라, 자기가 믿고 싶은 그래서 자기 마음이 만든 하나님을 말입니다. 이를 '투사적 하나님'이라 할 수 있습니다. 본문은 인간의 그러한 속성을 아주 정확히 그리고 적나라하게 지적하는 말씀이라 할 수 있습니다.

그렇습니다. 인간의 본성은 변하지 않습니다. 먼 옛날이나 지금이나 '자신이 잘못 하고 있다는 것과 (의롭게 살아갈 때) 고난을 당할 수 있다.'는 얘기를 기꺼이 듣고 싶어하는 사람은 많지 않을 것입니다. 사람들이 듣기 싫어하는 얘기를 하는 것은 설교자뿐 아니라 사람이라면 모두 우선 피하고 싶은 유혹을 받게 될 것입니다. 자연적으로는 그렇게 될 것입니다. 사람을 의식하기 때문에 그렇게 될 것입니다. 하나님을 의식하면 의식할수록 그 본성의 자연적 경향을 넘어서 바른 말을 할 수 있게 될 것인데 말입니다.

확언하건대, 히브리서 11장의 앞부분만을 본문 삼아 '믿음으로 세상적으로 잘된다.'는 메시지를 전하고, 뒷부분의 내용을 전혀 전하지 않는 것은 기독교를 왜곡하는 것이요, 내용적으로 볼 때 반(反)기독교적이라 하겠습니다. 여러분, 반(半)진리, 1/2진리가 있을 수 있습니까? '반(半)진리'라는 단어는 성립할 수 없습니다. 그것은 이미 진리가 아닙니다. 전반부만을 다루어 기독교를 기복주의적이고 성공주의적으로 가르치는 설교는 이미 기독교의 내용이 아닌 것이요, 반(反)기독교적인 것입니다. (아직 복음에 대한 전체적 이해가 부족한 낮은 수준의 신앙 단계에 있을 때, 일시적으로 그렇게 설교하는 설교자—즉 사람—까지 반기독교적이라 하는 것은 아닙니다. 물론 내용적으로 반기독교적임을 분명히 알면서도 성도를 많이 모으기 위해, 자신의 어떤 세속적 목적을 위해, 성도를 조종하기 위해 의도적으로 하는 설교자가 있다면 반기독교적인 거짓 선지자라 할 수 있을 것입니다. 그렇기 때문에 성경을 읽을 때는 자기의 마음에 닿는 부분만 읽는 것이 아니라, 자기의 마음의 끌림과 관계없이 전체를 읽고 전체를 본 뒤 논리적이고 합리적으로 추론할 수 있을 때만 하나님의 뜻을 적절하게 읽을 수 있게 되는 경우가 있습니다. 적절하게 이성을 잘 활용할 수 있어야 한다는 것입니다.)

성경은, "이 세상이나 세상에 있는 것들을 사랑하지 말라 누구든지 세상을 사랑하면 아버지의 사랑이 그 안에 있지 아니하니 이는 세상에 있는 모든 것이 육신의 정욕과 안목의 정욕과 이생의 자랑이니 다 아버지께로부터 온 것이 아니요 세상으로부터 온 것이라"(요일 2:15-16)고 말씀하고 있습니다. 마음을 세상으로부터 떼어내라는 것입니다. 그런데 기복주의는 마음을 세상에 오히려 갖다 붙이는 것이요, 세상에서 떨어지지 못하게 하는 것입니다. 마음을 세상으로 향하게 하는 그 모든 것들을 주의하고 경계해야 하는 그리스도인들에게는 특별히 경계해야 할 대상입니다. 한국적 현실에서는 특히 기복주의적 언행을 주의해야 합니다. 기복주의적인 것을 신앙의 이름으로 감추어 전하는 사람들을 잘 분별해야 할 것입니다. 기복주의적인 것은 세상적인 것이요, 그것은 인간의 이기적이고 자기중심적인 마음이 만들어낸 것이요, 필연코 자기중심적이고 이기적인 마음을 부추기는 것입니다. 내가 하나님을 위해 있어야 하는데, 하나님이 나를 위해 있는 것으로 잘못 생각하게 하는 것입니다. 결국 기복주의는 신본주의와 대치되는 '가장 극단적인 형태의 인본주의적인 것'이라 할 수 있습니다.

그렇다고 믿음으로 살면 고난만을 당한다고 주장하는 것은 물론 아닙니다. 그리스도인이 믿음으로 살아갈 때, 세상적으로 히브리서 11장의 앞부분처럼 잘되는 사람 또는 잘되는 때가 있기도 하고, 뒷부분처럼 잘 안 된('잘 안 된'으로 표현하자니 다음이 불편합니다. 엄밀한 의미에서는 '세속적 관점에서 볼 때, 잘 안 된 것같이 보이는'이라는 표현이 적절하다 하겠습니다. 그러나 강조를 위해 '잘 안 된'으로 합니다.) 사람 또는 때도 있다는 것입니다. 그렇다면 믿음에 대한 히브리서 11장의 결론은 무엇이라 할 수 있을까요?

결론은, '믿음은 기본적으로, 세상적으로 잘되고 잘 안 되는 것과는 본질적인 관계가 없다.'는 것입니다. 믿음으로 살 때 세상적으로 잘되는 사람이 있고 잘 안 되는 사람이 있을 수 있다는 것은, '믿음으로 산다.'는 것이 어떤 세상적인 모습을 띠게 되든 관계하지 않고 하나님의 뜻을 따라 살아가는 것임을 분명하게 말해 주는 것이 아니겠습니까? 믿음은 세상적인 것과 관계없는 것으로 그것으로부터 자유하고 의연하게 해준다는 것을 말해주는 것입니다.

어떤 분은 직장에서 정의와 선에 대한 소신을 굽히지 않기 때문에(항상 그런 것은 아니지만) 승진이 안 되고 실직을 당할 수 있습니다. 정직하게 장사하려는 가운데, 돈을 많이 모으지 못할 수도 있습니다. 남들 다하는 왜곡된 관행을 거부하는 가운데서 이러저러한 불이익을 당할 수 있습니다. 남은 다 챙기는 정당하지 않은 이익을 얻지 못하는 것을 기꺼이 선택하기도 합니다. 때로는 개인적으로 정당하게 느껴지는 보상이라 해도 대부분의 사람들이 그것을 악이용하여 사회 구조적인 악을 강화시키는 쪽으로 나아가고 있다면, 초연하게 포기합니다. 자신의 삶을 개인적인 관점에서만 보지 않고 사회적인 관점을 더하여 보기 때문입니다. 부분적인 데서 전체성을 지향하는 성숙한 사람들의 모습이지요. 암에 걸려 사형선고를 받은 후, 꼭 살려 달라며 하나님께 매달리지 아니하고 죽음을 준비하면서 의연하게 맞이하는 분도 계십니다. (물론 삶에 대한 애착을 꼭 나쁘게 보는 것은 아닙니다. 또 사정이 다 다르기 때문에 그런 식으로 하나님께 매달리는 것을 부정적으로만 얘기하는 것은 아닙니다.)

　세상적으로 잘 된 사람은 '하나님의 복을 받아서 그렇다.' 또는 '신앙이 좋아서 그렇다.' 라고 대우(?)를 받는 상황 속에서, 예배당 안에 세상적으로 잘 된 사람들만 모여들고, 믿음으로 바르게 살려다가 세상적으로 불이익과 희생을 당하여 세상적으로 잘 안 돼 보이는 사람들은 발을 붙이지 못하고 떠나는 현상이 일어나고 또 지속될까봐 걱정이 이만 저만이 아닙니다.

　기복주의적인 사람들은 무엇인가 세상적으로 잘되는 일이 있으면 얼른 '하나님', '하나님의 축복 또는 은혜'를 갖다 붙이지요. 심한 경우에는 아주 세상적인 방법으로 부당하게 세속적인 부를 차지하게 된 경우인데도 말입니다. 그런 사람들에게는 동기와 과정은 잘 보이지 않고 결과만 주로 보이게 되지요. 그런 후 하나님께 감사(?)하고 헌금도 하고 때로 간증도 하고……주위의 사람들은 정말 하나님께서 함께 하시고 축복하셔서 그런 줄로 알게 되고, 그러면서 은연 중에 세상적인 복이 신앙의 척도로 자리잡게 됩니다. 그렇게 되니 세상적인 복을 얻어 자신도 하나님의 축복을 받는 사람인 것을 증명하려는 왜곡된 욕구가 형성되게 됩니다. 그러면서 우선 세상적인 것을 획득하고 보려는 경우가 적지 않을 것입니다. 악순환의 반복이지요.

　기독교가 겨우 세속적 복이나 가져다 주는 종교이겠습니까? 기독교가 그렇게 하찮은 종교에 지나지 않는 것일까요? 그리스도인들은 경우에 따라서 세상적으로 잘되는 생활을 살아갈 수도 있습니다. 그러나 그렇지 않고 35-38절과 같은 삶을 맞이한다 해도 믿음을 지켜나가는 사람들입니다. 동굴과 땅굴을 헤매며 다니고 톱으로 켬을 당하는 죽음을 맞이한다 해도 믿음을 변개하지 않는, 바로 이런 모습에서 기독교의 진리성이 드러나는 것이 아니겠습니까! 세상적으로 잘되기 때문에 믿는 종교라면 과연 그 종교의 진리성을 어떻게 검증받을 수 있을까요? 그런 종교를 믿는 것은 너무 쉬운 일 아닌가요? 아마도 믿지 않을 사람이 아무도 없을 것입니다. 만약 기독교가 그렇다면 세상 모든 사람들이 기독교를 믿을 것입니다. 그런 종교는 자기를 섬기는 종교로, 사람들의 이기성과 자기중심성이 만들어낸 투사적 종교라 하겠습니다. 하나님의 사람은 진리, 사랑, 선 등등의 하나님 나라의 가치를 따라 나선 사람입니다. 그 과정에 세상적으로 어떤 일이 일어나든 그 길을 가는 사람입니다. 세상적으로 잘되고 잘 못됨은 조금 관심은 가지만 그리 중요하지 않습니다. 길이기에 길을 가는 것이지, 세상적인 성공을 주기에 가는 것이 아니지 않습니까? 우리를 유혹하는 옛 사람의 죄성을 잘 극복하여, 세상의 잘되고 못 되어 보이는 외면의 모습에 초연하여, 성경이 얘기하는 복음의 진리 안에 확실히 거하는 우리 모두가 되기를 바라는 마음 간절합니다.

기복주의와 관련하여 그리스도인들이 꼭 기억해야 하는 내용이 있는데, 그것은 하나님께서는 말씀을 주실 때 대상을 분명히 하셨다는 것입니다. 성경에 "⋯⋯네 입을 크게 열라 내가 채우리라"(시 81:10) 하셨다며 입을 크게 벌리는 사람들이 있습니다. 그러면 채워주실 것이라 믿으며 말입니다. 그러나 아무에게나 그렇게 말씀하신 것이 아닙니다. 그렇기 때문에 아무나 입을 크게 벌린다고 하나님께서 채워주시는 것이 아닙니다. 입을 크게 벌리면 채워주실 사람에게 '입을 크게 열라.' 하시는 것입니다. 그 앞에, "너희 중에 다른 신을 두지 말며 이방 신에게 절하지 말지어다"(시 81:9)의 말씀이 조건절이 되는 것입니다.

하나님 나라의 원칙에 근거하여 바르게 살려는 마음은 별로 없이, 세속적인 복만을 열망하는 사람이 세속적인 복을 위해 입을 크게 벌린다고 하여 하나님께서 채워주시겠습니까? 자기중심적인 욕구에서 하나님의 나라를 위해 큰 비전을 위한다며 자의적으로 입을 크게 벌린다고 하여 하나님께서 채워주시겠습니까? 그러시지 않을 것입니다. 그런 사람들에게 채워주시기는커녕, 세상에 붙어있는 마음을 책망하실 것입니다. 그런 비전은 사실상 하나님께서 아주 싫어하시는 이기적인 세속적 야망일 것입니다. ("무슨 일에나 이기적인 야심이나 허영을 버리고 다만 겸손한 마음으로 서로 남을 자기보다 낫게 여기십시오." 빌 2:3, 공동번역) ("여러분은 마음 속에 고약한 시기심과 이기적인 야심을 품고 있으니 공연히 잘난 체 마십시오." 약 3:14, 공동번역)

그런데 그런 자기중심적이고 이기적인 마음에서 나오는 기복적인 욕구를 부추기는 사람들이 있습니다. 성도들의 마음상태를 확인하지 않은 상태에서 또는 의를 위해 살기를 힘쓰는 것이 아니라 세상적인 복만을 바라는 줄 알면서도 '축원합니다.'를 연발하는 교역자들을 조심해야 할 것입니다. 그러한 엉터리 교역자들의 허망한 소리에, 세상적인 복을 받기를 원하는 마음으로, 몇 십 번이고 '아멘'으로 화답하는 성도들은······참으로 안타깝습니다.

물론 자기를 돌아볼 때 자기 힘으로는 하나님께서 원하시는 일을 온전하게 행하기에 부족함을 알아 하나님께서 은혜로 함께 해 주시기를 원하는 의미의 영적인 복을 간구하는 분들의 모습은 아름답습니다. 그런 측면에서 각 사람이 바라는 복이 어떤 의미인가를 알면, 그 사람의 지향성의 방향을 알아내는 데 도움이 될 것입니다.

앞에서 그리스도인의 지향성을 증거해주는 성경구절들을 살펴보았습니다. 그 말씀을 통해 하나님께서 그리스도인들에게 원하는 것이 무엇인지를 분명히 알 수 있습니다. 하나님께서 과연 그리스도인들이 어떤 모습으로 자라나기를 원하신다고 할 수 있을까요? 그리스도인들이 사장, 대통령, 박사, 부자……등등이 되기를 바란다는 암시를 조금이라도 찾아낼 수 있을까요? 세상적인 복을 많이 받는 쪽으로 자라가라는 말씀을 성경에서 한 구절이라도 찾아낼 수 있나요? 하나님께서 구원을 주시는 목적이 무엇인가요? 세상적인 복을 주시기 위해 구원을 주시는 것일까요? 그래서 예수님을 보내셨을까요? 우리는 어떤 마음으로 구원을 바라는 것일까요? 세상적 복을 위해서인가요?

가까이 지내는 목사님이 독일에서 목회할 때, 한국에서 오신 목사님이 집회를 하셨다고 합니다. 그 분은 vision에 대해 많이 강조하셨는데, 결론적으론 '예수님을 믿으면 세상에서 성공할 수 있다.'는 메시지를 전했다고 합니다. 집회에 참석한 한 자매가 목사님에게, "다시는 그런 목사님은 데려오지 마세요."라고 했다고 합니다. 자기는 세속적인 성공을 위해 예수님을 믿는 것이 아니라는 것이었습니다. 우리는 왜 예수님을 믿는 것일까요? 예수님께서 과연 세속적인 성공을 주시기 위해 십자가에 돌아가셨을까요? 당연히 예수님은 그것에는 전혀 관심이 없으십니다. 세속적인 성공에 대해서는 예수님으로부터 아무런 애기도 듣지 못할 뿐더러, 예수님의 삶 속에서도 아주 조그만한 실마리도 찾을 수 없을 것입니다.

'그럼, 그리스도인은 세상적 성취(그리스도인에게는 '성공'이란 용어보다는 '성취'를 사용하는 것이 적절해 보입니다. 제가 보기엔 말입니다.)에 대해 어떻게 생각해야 하는가?'라는 물음이 생겨납니다. 세상적 성취가 목적이 아닌 가운데, 당연히 더 나은 성취를 위해 열심히 노력해야 합니다. 그래서 갖게 된 힘과 실력을 하나님과 이웃을 위해 사용하는 것입니다. 특히, 여러 의미의 가난한 사람들과 더 좋은 것으로 나누기 위해 남보다 더 많이 공부하고 연구하고 일해야 합니다. 힘과 실력을 갖기 위해서는 열심히 노력해야 합니다. 그것은 믿는 사람이나 안 믿는 사람이나 이 땅을 살아가는 사람들 모두에게 적용되는, 하나님께서 이 땅에 두신 원리라 생각합니다. 모두에게 적용되는 원리에 대해서는 그리스도인들은 그것에 따라 열심히 살도록 노력해야 할 것입니다. 그런 보편적 원리가 적용되는 세상적 성취에 하나님의 은혜나 간섭 등을 갖다 붙여서는 안 될 것입니다. 거기에는 믿는 사람이나 안 믿는 사람 모두가 똑같은 출발점에서 출발하여 똑같은 조건에서 노력하는 것이지, 기본적으로, 하나님의 간섭이나 은혜가 관여되는 영역이 아니라고 생각합니다. (하나님의 특별한 간섭이 개입되는 극히 드문 특별한 경우 외에는 말입니다. 사실 참 어려운 부분입니다. 제가 확실히 아는 부분이라기보다는 모호하게 아는 부분이라 할 수 있습니다. 저는 세상적 성취—수학공부, 영어공부, 전문적 지식, 의술, 변호능력, 요리실력, 영업실적, 보디빌딩, 운동실력 등등—자체가 잘되게 하는 데에는 하나님께서 '기본적으로는' 관여하지 않을 것으로 생각합니다. 관여하신다면 그 일을 해나가는 마음에 대해서라고 생각합니다.)

하나님의 은혜, 사랑 그리고 마음을 생각하면서 더욱더 열심히 노력하여 좋은 결과를 낳을 수는 있겠지만, 나의 노력과 관계없이 하나님께서 간섭해서 좋은 결과가 나타나는 것은 아니라 생각합니다. (구구단을 외울 때 잘 외우게 해달라고 간구하면 잘 외우게 해주시는 것이 아니라, 구구단을 외우는 것 등 열심히 공부하여 실력있는 사람이 되어 가난한 이웃들과 좋은 것을 나누는 삶을 살아야겠다는 마음으로 열심히 노력하여 잘 외우게 되는 식으로 말입니다.

제가 처음 미국에 갔을 때, 어느 교회 청년부에서 한 강연에서 "여러분, 미국 올 때 영어공부 잘 하게 해달라고 기도했을 텐데, 기도해서 영어 실력이 쑥 늘어난 사람이 있습니까?"라고 물었을 때, 많은 사람들은 "기도

했는데 그렇다고 영어실력이 늘지는 않았다."라고 얘기하는데, 한 자매가 유일하게 그런 기도는 하지 않는다고 대답했습니다. 자기가 알아서 노력해야 하는 것이기 때문에, 기도 제목이 될 수 없다는 것이었습니다. 누구에게서 그런 신앙을 배웠는지 궁금해 물어보았습니다. 지금도 한국에서 목회하시는 존경받는 목사님이셨습니다. '그런 분이니까 그렇게 가르치셨구나.'라며 무릎을 쳤습니다. 참 깊은 인상을 준 자매였습니다.) 그 자체가 목적이 되지 않게 하면서, 세상적인 더 나은 성취를 위해서 남보다 더 많은 땀을 흘려야 합니다.

우리가 하나님을 믿는 것이 세속적 복을 받기 위한 신분을 얻기 위함인가요? ……아니지 않습니까? 아무리 해도 선을 온전히 행하지 못하는 자신에게 절망하면서 하나님께 무릎 꿇은 것이 아닌가요? 이제 하나님의 은혜로 선(하나님의 뜻)을 향하는 지향을 가지는 영적 생명을 얻게 되었으니, 하나님께서 원하시는 지향적 목표를 향해 나아가고자 함이 아닌가요?

우리는 성경을 통해 하나님께서 그리스도인들을 향해 바라시는 것은 인격의 성숙이요, 선한 마음의 성숙임을 분명히 확인할 수 있습니다. 또는 내면적 성숙이라고 할 수 있습니다. 하나님과 같이 온전해지고 거룩해지고, 예수님같이 되고, 신의 성품에 참여하고……. 어디에서 믿는 자에게 세속적 성공을 주시기 의해 구원의 은혜를 주셨다는 구절을 하나라도 찾을 수 있을까요? 우리를 향하신 하나님의 그러한 일편단심에 우리의 마음을 비춰 보아야 할 것입니다.

중생 이후를 살아가는 그리스도인의, 자기에 대한 궁극적인 목적은 하나입니다. 그것은 하나님과 예수님을 본받는 인격의 성숙입니다. (이 성숙은 타인을 향해서는, 사랑, 전도, 구제, 봉사, 나눔, 교육 등등으로 나타날 것입니다.) 그것이 모든 그리스도인에게 보편적인 목표요 목적입니다. 물론 신앙이 초보일 때 한시적으로 하나님께 세상적인 성공을 구할 수는 있습니다. 그러나 그것은 극복되어야 하는 것이지, 기독 신앙에 본질적인 것이나 궁극적인 것이 절대로 될 수 없습니다. 모든 그리스도인은 이를 분명히 해야 할 것이고, 모든 교회는 이를 돕기 위해 설교나 상담 그리고 신앙훈련을 준비해야 할 것입니다.

저는 그리스도인의 이 땅에서의 삶을 생각할 때, 예수님께서 말씀하신 '좁은 문'을 떠올립니다. 개인적 경험으로 볼 때도 이 세상은 하나님 나라의 원리보다는 세상의 원리가 주도권을 갖고 있음을 잘 알 수 있습니다. 왜곡된 세상의 원리가 정착되어 있는 세상을, 하나님 나라의 원리로 바르게 살아가려 하는 사람들에게는 고난이 따라오지 않을 수 없다고 생각합니다. 어느 누구도 항시 100% 하나님 나라의 원리로 살아갈 수는 없을 것이지만, 그 원리에 충실하게 살려 하면 할수록 그만큼 더 고난이 수반될 것입니다. (물론 의로움에서 오는 고난이 항상 고난으로 끝나지는 않습니다. 때로 어떤 사람 또는 어떤 상황에서는 바른 인정을 받기도 하나, 대략적으로 볼 때 그 방향성이 그러하다는 것입니다.) 좁은 문을 통과해 가는 것이지요. 그 길은 의롭지만 고난의 길이기 때문에 가는 이들이 많지 않을 것입니다.

그리스도인은 과연 어떤 마음으로 살아야 할지 많이 생각해오고 있습니다. 저는 여러 마음 중에서도 가장 앞서야 하는 것은 감사의 마음이라 생각합니다. 또 감사하되 무엇을 감사할 수 있을까에 대해서 생각하게 됩니다. 가장 기본적이고 중요한 감사의 제목 중 하나는, 하나님의 은혜로 영적으로 거듭난 이후 고난이 예상됨에도 불구하고, 아직은 많이 부족하지만, 하나님 나라의 원리를 따라 살려고 하는 생명이 있다는 것이라고 생각합니다. 자기중심적이고 이기적인 경향에서 방향을 전환하여 점차 하나님 중심적이고 이타적인 쪽을 향해 가고 있다는 것입니다. 다른 무엇보다도 우리 자신에게서 그런 생명이 자라고 있다는 것이 참으로 감사한 일이 아니겠습니까! 아직 갈 길이 멀지만, 제가 그럴 수 있다는 것이 얼마나 다행스럽게 느껴지는지 모르겠습니다. 고난의 길이지만 애써 좁은 문을 통과해 가려는 지향성이 제 안에 있다는 것이, 생각해보면 그 길에 들어서 있다는 것이 놀랍기만 하고 참으로 은혜요 축복으로 느껴집니다. 생각하면 할수록, 세상적인 복을 구하기보다 이미 우리 안에 있는 영적인 복을 감사하며 누리는 가운데 은혜를 베풀어주신 하나님께서 원하시는 쪽으로 날마다 변화하여 가기를 다짐하게 됩니다.

그리스도인은, 다른 피조물이 아니라 인간 존재로 생명을 갖게 된 것과 죄인의 신분에서 하나님의 자녀의 신분으로 전환하게 한 구원의 은혜에 감격하는 마음 하나만으로도, 이 땅에서 그 어떠한 상황에 처하더라도 감사하는 마음을 잃지 않고 성화로의 발걸음을 힘있게 내디딜 수 있으리라 생각합니다. 이미 그 놀라운 하나님의 은혜와 축복의 길에 들어섰는데, 하나님 나라와 이웃들을 위한 것이라면 몰라도, 자기 자신의 안락을 위해 무언가를 간구한다는 것이 하나님 앞에서 낯간지럽게 느껴지곤 합니다. (그런데도 낯간지러운 것을 또 구하게 되기도 하지만 말입니다.) 우리는 하나님 나라에서 영원히 살게 될 존재인데, 이 땅에서부터 하나님 나라의 원리로 살면서, 정말로 영원을 사는 존재에 걸맞게 그리고 자연스럽게 살아가는 존재로 날마다 더욱 온전히 변화해 갈 수 있게 되기를 바라는 마음 간절합니다. 그 자체가 진정한 영적 복이라 생각합니다.

복에 대한 구약 읽기와 신약 읽기의 다른 점

앞의 '(세속적) 복 지향에서 인격 지향으로!' 와 '지향성은 책임적 주체로서의 그리스도인관이 전제되어 있는 것이다.' 의 제목 아래 쓰여진 글들에서 '신약성경에서는'이라는 식의 표현을 사용했는데, 이는 다음과 같은 생각으로 사용했음을 밝히고자 합니다.

인간은 자존자가 아니기 때문에 자기 마음이 가는 대로 살면 되는 존재가 아닙니다. 피조물이기 때문에 창조주의 뜻에 절대적으로 의존 또는 종속되어야 합니다. 의존이 싫다고 하여 의존을 떠날 수 없는 것입니다. 만약 창조주를 벗어나 스스로 독립하려 한다면, 처음에는 혹 자유스럽게 느낄지 모르지만, 필시 역리의 길을 가게 될 것이며 길을 잃고 깊은 방황의 늪에서 빠져나오지 못하게 될 것입니다. 특히, 첫 사람 아담의 범죄로 인한 영향으로 인해 자연적인 인간은, 창조주 하나님과 관계가 끊어져 하나님과의 관계 안에서 받고 누릴 수 있는 것들을 받지 못하게 되었기 때문에 범죄 이전의 아담보다도 죄에 더 취약한 상태에 있을 것입니다. 그렇기 때문에 피조물인 인간은 원칙적으로 자기 존재의 본질을 정확히 알아 스스로 창조주 하나님께 붙어 있으려 더욱 힘써야 합니다. 이것이 마땅한데 인간은 스스로는 그렇게 하지 못하게 되어 버렸습니다.

다음 말씀을 생각해보겠습니다.

"이 율법책을 네 입에서 떠나지 말게 하며 주야로 그것을 묵상하여 그 안에 기록된 대로 다 지켜 행하라 그리하면 네 길이 평탄하게 될 것이며 네가 형통하리라" (수 1:8).

하나님께서 왜 이 말씀을 주시는 것일까요? 원칙적으로는 피조물인 인간이 창조주의 뜻을 알기 위해 노력하는 가운데, 그 뜻이 담긴 율법책을 찾아 그대로 행하려고 노력해야 하는 것이 아니겠습니까? 한 발자국 물러서 이미 하나님으로부터 떨어진 상태에 있었으니, 창조주 하나님께서 말씀을 주셨다고 해보지요. 그러면 인간으로서는 자기 갈 길을 비춰주는 말씀을 받았으면 지키려 애쓰는 것이 당연할 것입니다. 굳이 창조주께서 "네 입에서 떠나지 말게 하며 주야로 그것을 묵상하여 그 안에 기록된 대로 다 지켜 행하라"고 말씀하실 필요도 없어야 하겠지요.

그런데 굳이 하실 필요가 없는 말씀을 주신 것에 더해서, 그 다음으로 '그리하면' 이후의 말씀까지 주시는 것은 정말 왜일까요? 창조주이신 하나님은 당신께서 지은 인간에게 '이것이 너희에게 주는 나의 뜻인데, 이것을 지켜 행하도록 하라.'고만 해도 되실 것 같은데 말입니다. 인간에게는 창조주의 뜻을 알아 지키며 사는 것 자체가 자신에게 필수불가결한 것이며 생명길이고 복된 것이므로 당연히 거기서 그치셔도 되실 텐데, 왜 굳이 평탄하게 해주시고 형통하게 해주실 것이라는 약속을 주시는 것일까요? 여기서의 평탄과 형통은, 출애굽한 이스라엘 민족으로서 가나안 땅을 향해 나아갈 때 현실적으로 상당한 어려움을 맞이할 때 주시겠다는 '세상적인' 평탄과 형통을 말합니다.

그것은 부모가 아직 많이 어린 자녀에게 좋은 품성을 길러 주기 위해 좋은 일을 하면 상을 주는 것과 같은 맥락으로 이해해야 할 것입니다. 그런데 좋은 품성이 길러지면 누구에게 좋은 것이죠? 당연히 아이 자신에게죠. 그러나 아이는 아직 미숙하기 때문에 그렇게 생각할 수 없습니다. 아이는 부모가 주는 상을 받기 위해 부모가 하라는 대로 하지요. 마치 부모를 위해 하는 것처럼 말입니다. 그렇듯 당시 유대인의 수준이 눈에 보이는 상이 있어야 마음이 움직여지는 상태이기 때문에, 그렇게 상 또는 대가를 바라는 연약한 유대인들에게 주시는 하나님의 격려물이 아니겠습니까? 이런 류의 말씀은 아직 복음의 진정한 빛에 비추임을 받지 못한 구약의 유대인들에게 자주 주셨던 내용이라 할 수 있습니다.

하나님과 인간의 관계에서 피조물인 인간에게는 창조주이신 하나님을 섬기는 것이 가장 기본적인 자세여야 하고, 하나님의 전체 세계 안에서 바른 질서인 것입니다. 그런데 그 마땅한 자세를 가지는 것에 대해 좋은 것으로 상 주시겠다는 말씀은, 그 마땅한 자세를 인간은 자연적으로는 갖출 수 없는 상태에 있기 때문입니다. 인간은 그만큼 존재의 정도(正道)에서 많이 벗어나 있어, 순전하게 하나님의 말씀을 따를 수 없음을 보여주는 것이지요. 다른 한편으로는 낮아지셔서 인간에게 맞추어 주시는 하나님의 사랑의 깊이를 느끼게 됩니다. '달래시는 사랑'을 보이시는 하나님! 굳이 하나님께서 그렇게 낮아지실 필요 없이, "너희는 내 말을 들어야 한다. 그것이 너희의 본분이 아니냐!"라고 말씀하시면서 순종을 강요하실 수도 있을 텐데 말입니다. 그 '달래시는 사랑' 앞에 인간의 모습이 부끄럽게 느껴집니다. 그런데 결국 그런 사랑까지 받았음에도 불구하고 이스라엘 민족은 끝내 하나님의 말씀을 지키지 못하고 하나님으로부터 떨어지게 되지 않았습니까!

그러면서 저에게는 "내게 능력 주시는 자 안에서 내가 모든 것을 할 수 있느니라"(빌 4:13)고 말한 바울 사도의 모습이 연상되어 겹쳐집니다.

(빌립보서 4장 13절 말씀은 전에는 많은 오해를 받았는데 지금은 많이 회복된 것 같습니다. 그래도 계속 왜곡된 의미로 알고 있는 분들이 있을 경우, 저의 인용을 제대로 이해하지 못해 전체적인 뜻을 놓칠 수 있으니 이미 알고 있는 분들에게는 죄송하지만 설명하고 넘어가려 합니다. 이 말씀은 기본적으로 문맥 안에서 읽어야 합니다.)

본문의 '모든 것을 할 수 있다.'는 긍정적이고 적극적 사고를 강조하는 사람들이 흔히 사용하는 의미가 아닙니다. '하나님께서 함께 하시면' 또는 '하나님의 은혜가 임하면' 세상적인 좋은 어떤 것—대통령, 박사, 판검사, 교수, 장관, 국회의원, 대형교회 목사, 대기업의 회장 등등—도 가능하다라는 의미가 아닙니다. 결단코 아닙니다.

바로 앞 절에 "나는 비천에 처할 줄도 알고 풍부에 처할 줄도 알아 모든 일, 곧 배부름과 배고픔과 풍부와 궁핍에도 처할 줄 아는 일체의 비결을 배웠노라"고 나와 있지 않습니까? 즉 이 말씀은 '하나님의 뜻을 따라 살아가는 가운데, 비천함과 궁핍한 상황에 처하기도 하고 풍부에 처하기도 했는데 나는 그것이 비천이든 궁핍이든 풍부이든, 하나님의 뜻을 좇아 살아가는 가운데 오는 것이라면 모두 받아낼 수 있다.'라는 의미입니다. 하나님의 뜻을 따라 길을 나설 때 세상적으로 그 어떤 일이 오더라도 나는 길을 갈 것이라는 것이지요.

실제로 바울 사도가 겪은 인간적 고초는 일반인의 예상을 훨씬 넘어섭니다. 빌립보서에는 사도가 받아낸 것에 대해 아주 간단하게 얘기하지만, 고린도후서에는 비교적 자세하게 나와 있습니다.

"······내가 수고를 넘치도록 하고 옥에 갇히기도 더 많이 하고 매도 수없이 맞고 여러 번 죽을 뻔하였으니 유대인들에게 사십에서 하나 감한 매를 다섯 번 맞았으며 세 번 태장으로 맞고 한 번 돌로 맞고 세 번 파선하고 일주야를 깊은 바다에서 지냈으며 여러 번 여행하면서 강의 위험과 강도의 위험과 동족의 위험과 이방인의 위험과 시내의 위험과 광야의 위험과 바다의 위험과 거짓 형제 중의 위험을 당하고 또 수고하며 애쓰고 여러 번 자지 못하고 주리며 목마르고 여러 번 굶고 춥고 헐벗었노라"(고후 11:23-27).

사도는 이와 같은 일들이 자기에게 올 때 주님의 뜻을 받들어 사는 것을 포기하여 회피하는 것이 아니라, 그런 것들도 받아 견디어냈고 자족하기를 배웠다는 것입니다. "어떠한 형편에든지 나는 자족하기를 배웠노니"(빌 4:11).

빌립보서 4장 13절의 의미가 이런 것인 줄 안다면 본문을 애송할 사람들이 앞으로는 그리 많지 않을지 모릅니다. 오히려 회피하는 성경 구절 중 하나가 될까요? 그런 불행한 일은 일어나지 않아야지요. 이 본문은 많은 사람들이 자기 마음을 성경에 집어 넣어(투사시켜) 읽은 대표적 말씀 중 하나입니다. 그런 의미에서 이 구절을 우리의 상황에서 생각해보면 '내가 할 수 있다.'로 번역한 것은 부적절해보입니다. 전체 맥락을 감안하여 "(하나님의 뜻을 좇아 살아갈 때) 내게 능력 주시는 자 안에서 내게 오는 그 어떤 상황도 받아낼 수 있느니라."고 '나는 받아낼 수 있다.'고 번역되는 것이 적절하다고 생각합니다.

그런 바울의 모습에서 그리스도인의 바르고 성숙한 자세를 봅니다. 여호수아 1장 8절의 말씀과는 분위기가 사뭇 다르지 않습니까? 여호수아서에 나오는 세상적 평탄과 형통과는 관계없이 그 어떤 상황에도 자족하며 하나님의 뜻을 따라 정도를 걸어가는 모습을 묘사하고 있지 않습니까? 바울은 여호수아 1장 8절의 '그리하면' 이후의 것에 관계없이 길을 가겠다는 것입니다. 여호수아 1장 8절 말씀을 붙잡고 하나님께 '세속적 평탄과 형통'을 달라고 하는 어린 아이의 수준에 머무르는 것이 아니라, 하나님께서 평탄함과 형통함을 주시겠다고 하신다 해도 '아닙니다. 하나님, 저는 그런 것과 관계없이—평탄과 형통을 주시지 않으시더라도— 하나님의 자녀로서 정도의 길을 걸어가겠습니다.'라는 성숙인 것입니다. 그리스도인인 우리 모두가 지향해야 하는 모습이지요.

성숙한 그리스도인은 '그리하면' 이전에서 마음이 그칠 것입니다. 왜냐하면 '그리하면' 이후의 것은 본질적인 것이 아님을 알기 때문입니다. 그것은 비본질적이고 부차적인 것입니다. 그러므로 비본질적인 것을 본질적인 것으로 간주하여, '하나님의 말씀을 잘 지켜 신앙생활을 잘 하면, 성도의 앞길은 (세상적으로) 평탄하게 되고 형통하게 되는 것이 기독교 신앙이다.'라고 정언적으로 얘기하는 것은 기독교 복음을 왜곡하는 반기독교적인 내용이 되는 것입니다. (이는 간구문인 "사랑하는 자여 네 영혼이 잘 됨같이 네가 범사에 잘되고 강건하기를 내가 간구하노라"(요삼 2절)를 정언적으로 간주하는 것과 같은 오류입니다.) 나아가 '형통'이라는 비본질적인 후자를 위해 '하나님 말씀의 순종'이라는 본질인 전자를 조건부로 생각하는 오류 – '세상적으로 평탄과 형통을 위해 하나님의 말씀을 순종해야겠구나' – 를 범하지 않아야 할 것입니다. 우리는 다시금 '왜 하나님을 섬기는가?'를 생각해보아야 할 것입니다.

그래서 저는 구약 읽기와 신약 읽기가, 어떤 면에서는 연결되어야 하지만, 어떤 면에서는 달라야 한다고 생각합니다. 특히, 바로 앞에서 다룬, 하나님 말씀을 순종한 다음에 예상할 수 있는 하나님의 반응에 대해서는 달라야 한다고 생각합니다. 구약에서는 세상적인 형통을 주셨는데, 그것은 구약의 사람들이 영적 상태가 그렇게 해야 어느 정도 반응할 수 있는, 많이 미숙한 수준에 있었기 때문이라고 생각합니다. 그러나 신약의 그리스도인들은 하나님의 구원의 온전한 빛을 받아 구약의 사람들보다는 나은 수준에 있기 때문에 좀더 본질적인 질서에 합당한 것을 요청받는다고 생각합니다. 그래서 신약의 그리스도인들은 기본적으로 영적인 복을 구해야지 세상적인 복을 구해서는 안 된다고 생각합니다. 저는 신약에서 신앙생활을 잘하는 그리스도인에게 세상적인 형통과 평탄을 약속하는 말씀을 전혀 찾아볼 수 없습니다.

황제를 신으로 추앙하여 섬기기를 강요하면서, 기독교를 이단종교화시켜 그리스도인들을 죽음에까지 이르게 하는 핍박을 하였던 로마제국 시대를 살았던 초대 그리스도인들에게 사도들이 주었던 말씀이 어떤 내용인지에 대해서는 신약성경을 통해 우리가 잘 알고 있지 않습니까? 앞에서 언급하였지만, '이제 조금 참으면 하나님께서 은혜로 간섭하여 주셔서 그동안 받았던 고난과 역경보다 훨씬 더 좋은 것을 누리게 해주실 것입니다.'라는 식의 내용은 전혀 없습니다. 바로 다음과 같은 내용들만 있습니다.

"여러분은 빛을 받은 뒤에, 고난의 싸움을 많이 견디어 낸 그 처음 시절을 되새기십시오. 여러분은 때로는 모욕과 환난을 당하여, 구경거리가 되기도 하고, 그런 처지에 놓인 사람들의 동반자가 되기도 하였습니다. 여러분은 실상 감옥에 갇힌 사람들과 고통을 함께 나누었고, 또한 자기 소유를 빼앗기는 일이 있어도, 그보다 더 좋고 더 영구한 재산이 있다는 것을 알고, 그런 일을 기쁘게 당하였습니다. 그러므로 여러분의 확신을 버리지 마십시오. 그 확신에는 큰 상이 달려 있습니다. 여러분이 하나님의 뜻을 행하고 나서, 그 약속해 주신 것을 받으려면, 인내가 필요합니다. 이제 '아주 조금만 있으면, 오실 분이 오실 것이요, 지체하지 않으실 것이다. 나의 의인은 믿음으로 살 것이다. 그가 뒤로 물러서면, 나의 마음이 그를 기뻐하지 않을 것이다.' 우리는 뒤로 물러나서 멸망할 사람들이 아니라, 믿음을 가져서 생명을 얻을 사람들입니다"(히 10:32-39, 표준새번역).

"사랑하는 여러분, 여러분을 시험하려고 시련의 불길이 여러분 가운데 일어나더라도, 무슨 이상한 일이나 생긴 것처럼 놀라지 마십시오. 오히려 여러분이 그리스도의 고난에 참여하는 것이니, 기뻐하십시오. 그러면 그의 영광이 나타날 때에, 여러분이 기뻐 뛰면서 즐거워하게 될 것입니다. 여러분이 그리스도의 이름 때문에 모욕을 당하면, 복이 있습니다. 영광의 영 곧 하나님의 영이 여러분 위에 머물러 계시기 때문입니다. 여러분 가운데서 아무도, 살인자나, 도둑이나, 악을 행하는 자나, 남의 일을 간섭하는 자로서, 고난을 당하는 일이 없도록 하십시오. 그러나 그리스도를 믿는 사람으로서 고난을 당하면, 부끄러워하지 말고, 도리어 그 이름으로 하나님께 영광을 돌리십시오. 하나님의 집에서부터 심판을 시작할 때가 되었기 때문입니다. 심판이 우리에게서 먼저 시작되면, 하나님의 복음에 순종하지 않는 자들의 마지막이 어떠하겠습니까? '의인도 겨우 구원을 받는다면, 경건하지 않은 자와 죄인은 어떻게 되겠습니까?' 그러므로 하나님의 뜻을 따라 고난을 받는 사람은 선한 일을 하면서 자기의 영혼을, 신실하신 창조주께

맡기십시오"(벧전 4:12-ˇ9, 표준새번역).

    그리스도인은 무엇으로 산다고 생각하십니까? 여러분은 어떻고, 여러분이 아시는 그리스도인들은 무엇으로 사는 것 같은지요? 하나님께서 병도 고쳐주시고, 좋은 대학에 입학하게 해주시고, 하는 사업이 번창하게 해주시고, 더 좋은 집과 차를 가지게 하여 주시는 등의 세속적인 복을 주시기에 사는 것일까요? 그렇게 생각하는 사람들이 적지 않습니다.

    저랑같이 공부하시던 40대 중반의 한 형제님은 작지 않은 사업을 하시는 분이었습니다. 그런데 저와 같이 공부하시는 도중에 자신이 하던 사업을 정리하고, 일 년 동안 모든 일을 쉬면서 자신을 성찰하며 가족들과의 관계 회복을 위해 살겠다는 결단을 내렸습니다. 저도 그 결단에 관련이 있을 것 같아, 초대에 응하여 대화의 시간을 가졌습니다. 제가 80% 정도의 영향을 주었다고 하였습니다.

    그분은 세계적인 사업체를 일으키고자 하는 목표를 세웠으나, 신앙적으로 바르게 운영하고자 노력하였습니다. 옆에서 같이 사업을 하는, 다소간 부정한 방법을 사용하여 자신보다 돈을 잘 버는 기독사업가가 있었습니다. 아주 가까이 아는 사람이었기에 자기와 비교되기도 하였지만, '신앙적으로 바르게 살면 결국 하나님께서 은혜로 간섭하여 주셔서 큰 성공을 이루게 될 것이다.'라는 믿음을 가지고 있었기에 부정한 방법을 쓰지 않는 자기를 견지해 올 수 있었습니다. 시간이 지나면, 모든 것을 아시는 하나님께서 바르게 사업을 하는 자신을 들어 써 주셔서 그 사람보다 훨씬 잘 될 것이라는 믿음이 있었던 것입니다. 그러면서 시간이 꽤 흐르게 되었습니다.

    최근에 저와 같이 공부를 하면서 자기를 많이 돌아보게 되었습니다. 그분은 자신이 전형적인 '일-중심적' 또는 '성취-중심적' 사람이라는 것을 보게 되었습니다. 아침 7시에 출근하여 12시 가까이 되어 귀가하는 생활을 거의 쉬지 않고 해왔다고 합니다. 아마도 '믿음=세속적 성공'이라는 마음의 공식이 그 생활에 불을 지펴왔을 것입니다. 그런데 기독교 신앙은 세속적 성공과는 본질적으로 아무런 관련이 없으며, 하나님께서 중요하게 보시는 것은 신앙인격이라는 공부내용에 상당한 도전을 받은 것 같습니다. 그러면서 여지껏 자기를 지켜왔던, '신앙적으로 바르게 살면 결국 하나님께서 은혜로 간섭하여 주셔서 큰 성공을 이루게 될 것이다.'라는 믿음이 성경적 또는 하나님께서 원하시는 믿음이 아니라, 자기-더 정확히는 자신의 소망-가 만든 믿음이라는 것을 깨닫게 되었습니다. 아마도 많이 아픈 깨달음이었을 것입니다. 그 깨달음을 기초로 하여 '인격-중심적' 또는 '관계-중심적' 사람에 대해서 깊이 생각해보지 못한 자기를 돌아보게 되었습니다.

그렇습니다. 그분은 자신의 미몽에서 깨어났는데, 기독신앙을 세상적 잘됨과 연결짓는 사람들이 적지 않습니다. 그러나 그리스도인은 믿음이 세속적인 번영과 성공을 가져다 줄 것이기 때문에 살지 않습니다. 히브리서 10장 38절에 명확히 나와 있는데, 그리스도인은 믿음으로 사는 존재입니다. 당연히 그 믿음은 자신의 마음이 만든 것이 아니라, '하나님과 하나님의 나라에 대해 하나님께서 우리에게 약속하신 것에 대한 믿음'을 일컸습니다. 그리스도인은 그 믿음으로 길이기에 길을 가는 것이지, 그것이 세상적인 잘됨을 낳는 것이기에 길을 가는 것이 아닌 것이지요. 그렇기 때문에 앞의 야고보서와 베드로전서의 말씀을 받아낼 수 있는 것입니다.'

이런 설명이 도움이 될는지요. 구약에서 부정한 것이라 하여 먹지 못하고 접촉하지 못하게 한 것들이 있습니다. 예를 들어, 새김질을 못하는 돼지, 나병 환자, 월경 중인 여성 등등 많이 있습니다. 그러나 신약시대를 사는 올바른 그리스도인들은 먹지 않아야 하고 접촉하지 않아야 하는 부정적인 대상들로 생각하지 않습니다. (나병 환자들을 대하시는 예수님의 모습에 대한 본문들과 행 10:1-2 등등이 도움을 줄 것입니다. 롬 14:14, 고전 10:26 참조) 왜냐하면 본질적으로 그런 것들이 부정한 것이 아니기 때문입니다. 그럼 구약에서는 왜 본질적으로 부정하지 않은 것들을 부정한 것이라 했을까요? 그것은 '거룩한 것과 거룩하지 않음', 즉 성속의 개념을 가르쳐주시기 위해 수단적으로, 임시적으로 이용했던 것입니다. '몽학선생'과 같이 말입니다(갈 3:24-25).

그런 식으로 신앙적으로 바르게 살아갈 때, 구약에서 세상적인 평탄과 형통을 주신 것은 그것이 본질적인 것이어서가 아니라, 하나님께서 궁극적으로 영적인 좋은 것으로 반응하실 것이라는 본질적인 메시지를 가르쳐 주시기 위해 수단적으로 사용하셨을 것이라 생각합니다. 그렇기 때문에 신약시대를 사는 그리스도인들은 원리적인 측면에서 볼 때, 기본적으로는 세상적인 구체적인 평탄과 형통을 하나님으로부터 기대하지 않는 것이 바람직한 태도일 것입니다. 물론 하나님의 긍휼의 은혜에 의해 세상적으로 좋은 일을 경험하는 사람들도 드물지만 있습니다. 그러나 그런 예는 아주 드물기 때문에 그런 일을 보편화시켜 원리로 삼을 수는 없습니다.

그렇다고 그리스도인들은 세상에서 늘 어렵고 힘들게 살아야 한다는 것을 의미하지는 않습니다. 남들보다 더 열심히, 성실히 그리고 실력을 닦으면 그만큼 평탄하게 살 가능성이 높고, 그러하도록 노력하여야 할 것입니다. 제가 강조하고자 하는 것은, 일반적으로 볼 때 세상적인 것에 대해서, 하나님의 은혜 또는 신앙에 의해, 그리스도인은 비그리스도인보다 더 우월한 위치에 있지 않다는 것입니다. 하나님의 은혜를 세상적인 것에 연결시키는 태도는, 신앙이 미숙할 때는 뭘 모르기 때문에 그럴 수도 있겠지만, 그리스도인이 취할 것이 아니라 버려야 할 것이기 때문입니다. 그리스도인의 삶의 목표는 세상적 평탄과 형통이 아니라, 바르게, 의롭게 나누고 사랑스럽게 살아가면서 하나님과 하나님의 나라에 대해 증인으로 살아가는 것이 아니겠습니까?

굳이 그리스도인에게 있어서 평탄과 형통에 대해 얘기한다면, 세상적으로는 어떤 모습을 띠고 있다 하더라도 하나님의 무한한 은혜로 말미암아 하나님의 자녀가 되어 가지게 된 영적 조망으로 인해 세상적인 것으로부터 초연해지는 가운데 가지게 되는 마음의 평탄과 형통이라 할 수 있습니다. 아마도 하나님께서는 평탄과 형통에 대해서 그리스도인들이 우선 이런 자세를 가지고 살아가기를 원하신다고 생각합니다.

다음의 성경 말씀에서 사도 바울이 얘기하는 것이 바로 그런 자세라 할 수 있을 것입니다.

"우리가 사방으로 우겨쌈을 당하여도 싸이지 아니하며 답답한 일을 당하여도 낙심하지 아니하며 박해를 받아도 버린 바 되지 아니하며 거꾸러뜨림을 당하여도 망하지 아니하고"(고후 4:8-9).

"무명한 자 같으나 유명한 자요 죽은 자 같으나 보라 우리가 살아 있고 징계를 받는 자 같으나 죽임을 당하지 아니하고 근심하는 자 같으나 항상 기뻐하고 가난한 자 같으나 많은 사람을 부요하게 하고 아무것도 없는 자 같으나 모든 것을 가진 자로다"(고후 6:9-10).

'신나는 사건'을 일으키는 개인적 믿음?

히브리서 11장을 다루는 김에 중요한 내용 하나를 더 생각해보고자 합니다. '히브리서 11장 앞부분에 나오는 세상적으로 신나는 일을 경험하게 되는 것은 그 사람들의 믿음 때문이 아닙니까? 우리도 믿음이 있으면 그렇게 될 수 있다는 것이 아닌가요?'라고 묻는 분들이 있습니다. 그냥 넘어갈 수 없는 중요한 내용과 관련된 물음입니다. 여러분들은 이 질문에 대해 어떻게 답하시겠습니까?

그 물음은, '성경에 나오는 신나는 사건들이 과연 각 인물의 개인적인 믿음과 관련있나요?'라고 되물어야 합니다. 그렇다면 여러분의 대답은 어떻습니까? 바로 각 인물의 개인적인 믿음이 그 사건들을 일으키게 한 것일까요? 개인적인 믿음이 사건 발생에 필요충분조건일까요? 예를 들어, '홍해를 가르는 믿음'이 있고, '여리고성을 무너뜨리는 믿음'이 있는 것일까? 그런 믿음은 없습니다. 인간은 단독으로 그런 믿음을 만들어 가질 수 없습니다.

그럼 성경에서 애기하는 '믿음으로'에서 믿음은 어떤 것일까요? 히브리서 11장의, 특별히, 신나는 사건에 관련된 믿음을 생각해보지요. 그 사건들은 아무것도 없는 가운데 성경의 인물들의 개인적 믿음에 의해 일어나게 되었을까요? 그렇지 않습니다. 성경을 보면 각 사건들 앞에 사람들의 개인적 믿음 이전에 있었던 것이 있습니다. 그것이 무엇일까요? 네, 하나님의 말씀 또는 약속이 있었습니다. 성경의 인물들은 하나님의 말씀 또는 약속과 관계없이 자기들이 가진 믿음으로 그 신나는 사건들을 일으킬 수 있었던 것이 아닙니다. 하나님께서 인간 역사를 섭리해 가시는 데 '필요한 시기'에 살았던 성경의 인물들(또는 성경의 인물들의 믿음)을 통해 각 사건들을 일으키신 것이지, 성경의 인물들 또는 성경 인물들의 개인적 믿음에 의해 일어난 것이 결코 아닌 것입니다.

다음의 예로 잠시 생각해보도록 하겠습니다. 여러분들이 아프리카 여행에 나섰다고 해보지요. 밀림을 탐험하는 중이었는데, 그만 실수로 수십 마리의 사자들이 있는 깊이가 10미터가 넘는 사자굴로 빠지게 되었습니다. 사자굴에 빠져 사자밥이 될 위험에 처해있을 때 여러분들의 반응은 어떠할 것 같습니까? 그래도 그리스도인이니 하나님께 기도를 한다면 어떤 기도를 하게 될 것 같습니까? 아마도 성경을 잘 아는 분들 중에는 사자굴에서 살아난 다니엘을 기억하여, '다니엘을 살리신 전능하신 하나님, 하나님은 어제나 오늘이나 영원토록 동일하신 분이심을 믿습니다. 다니엘을 사자굴에서 살리셨듯이 이 시간 저를 살려주실 수 있을 것을 믿습니다. 저를 살려 주시옵소서.' 라고 기도하실 분들도 있을 것입니다. 만약 그렇게 기도했다면, 하나님께서 살려주실 가능성이 얼마나 될까요? 저와 같이 공부했던 많은 분들에게 물어보았습니다. 거의 대부분 죽을 것이라 대답했습니다. 여러분의 생각과는 차이가 있을는지요?

아니 영원히 동일하신 하나님을 믿을진데 왜 그런 대답을 했을까요? 저도 그 분들과 같은 의견입니다. 왜냐하면 다니엘이 사자굴에서 살아난 것에는 다니엘의 개인적인 믿음이 필요충분조건이 되지 못하기 때문입니다. 다니엘 개인의 믿음이 그를 살린 것이 아니라는 것입니다. 그가 살아난 것은 그를 살려서 그를 통해 느부갓네살왕의 꿈을 해석하여 그에게 영향을 끼쳐 전체 인류역사를 섭리해 가고자 하시는 '하나님의 주권적 뜻'이 있었기 때문인 것입니다. 그렇게 하나님의 주권적인 뜻에 의해 일어난 섭리적 사건을 개인적인 사건으로 해석하여 받아들인다면 성경을 잘못 읽는 왜곡이 일어나게 됩니다.

다니엘에 대한 이야기에서 읽어야 하는 것은, 먼저는 인류역사에 간섭하시는 하나님의 주권적 뜻에 대한 부분이며, 그 다음으로 아주 어려운 환경에도 불구하고 신앙을 견지한 다니엘 개인의 믿음의 모습입니다. 그렇게 성경 인물에게 일어난 사건들의 많은 경우는 각 인물의 개인성보다는 하나님의 주권적 역사하심이 주제가 되기 때문에, 부차적으로 고려할 수 있는 인물의 개인성에 대한 것을 우선적으로 강조하는 것을 그리고 그렇게 한 후 일반화시켜 설교하는 것을 조심해야 할 것입니다. 그렇게 되면 성도들이 그런 부분들을 읽을 때, 하나님의 주권적 일하심에 대해 주의하지 못하고 개인적인 것으로만 읽어 각 인물에게 일어난 사건들이 자기 개인에게도 얼마든지 일어날 수 있다는 식으로 적용하는 오류를 범하게 될 것이기 때문입니다(그렇다고 그런 상황에서 구해 주시기를 바라는 개인적 간구 자체를 부정하는 것은 아닙니다).

그러한 관점에서 생각할 때, 신나는 사건이 필요한 시기에 히브리서 11장 뒷부분에 나오는 믿음으로 순교 등의 역경을 겪다가 이름 없이 무명으로 죽어간 인물들이 살았다면 그 분들의 믿음을 통해 하나님께서 똑같은 사건을 일으키셨을 것입니다. 신나는 사건 때문에 그 사건 속에 있었던 인물들이 신앙적으로 무명으로 죽어간 사람들보다 개인적으로 더 뛰어나고 훌륭하다고 할 수 없음을 분명히 해야 할 것입니다.

무명으로 어려움 속에서 살다간 인물들 역시 그들과 똑같이 하나님께서 인정해주시는 사람들입니다. (혹 어쩌면 무명으로 '믿음으로' 살다간 사람들이 하나님께 더 깊은 환영을 받는지도 모르겠습니다. 신나는 사건을 경험했던 사람들과 달리 그런 사건을 경험하기는커녕 혹독한 역경을 겪는데도 불구하고 믿음을 지켰기 때문입니다. 또 그들이 이 세상에서 신나고 좋은 것보다 힘든 것을 더 많이 겪은 삶을 산 것을 고려해주실지도 모르겠습니다.)

히브리서 11장을 읽을 때, 신나는 사건을 경험한 인물들과 역경 중에 무명으로 죽어간 인물들이 나오는데 사람들은 자기를 누구와 동일시하게 될까요? 성경을 읽을 때, 훈련을 잘 받지 못해 자기의 마음을 잘 지키지 못하는 경우, 자기의 마음을 성경에 집어 넣어(투사시켜) 성경을 읽게 되는 오류를 범할 수 있습니다.

아마도 대부분의 독자들은, 자기를 신나는 사건을 경험하는 인물과 동일시하고 싶은 유혹을 무의식적으로 받게 될 것입니다. 뒷부분의 '톱으로 잘려 죽임을 당하는' 인물과 동일시하고자 하는 사람은 거의 없을 것입니다. 사람들은 의식적이든 무의식적이든(보통 사람의 경우 주로 무의식적입니다.), 각자 자기 나름의 동일시 욕구를 가지고 있는데, 그 욕구를 성경에 무의식적으로 집어 넣어 읽게 되는 것입니다. 자기성찰을 잘 하지 않는 사람의 경우는 그런 욕구는 거의 자기중심적이고 이기적인 것이 됩니다. 그럼 그런 식으로 자기 욕구를 성경에 투사시켜 읽고 믿는다면 어떻게 될까요? 자기 믿음대로 되는 것일까요?

그렇지 않습니다. 히브리서 11장의 메시지는 '개인의 믿음에 따라' 누구는 신나는 사건을 경험하고 누구는 역경 중에 무명으로 죽어가게끔 정해진다는 것이 아닙니다. '믿음대로' 살아갈 때 전자나 후자를 경험할 가능성이 누구에게나 똑같습니다. 그런데 신나는 사건을 경험하게 하는 동인은 사람에게 있는 것이 아니라, 하나님에게 또는 하나님의 주권하에 있다는 것입니다. 그것은 내가 결정할 수 있는 것이 아니고 내가 바란다고 내게 일어나는 것도 아닙니다. 우리의 자세는 단지 '믿음으로' 살아가는 것입니다. 인간의 책임은 거기서 끝납니다. 그 다음에 신나는 일이 일어나든 모진 고난을 당하게 되든 그것은 나의 책임에 속한 것이 아니기 때문에 각 사람의 신앙생활의 평가와는 전혀 무관한 것으로, 오는 대로 받는 것입니다.

성경 말씀을 바로 듣고자 하는 마음을 잘 준비해야 합니다. 성경이 애기하고자 하는 것을 애기하게 해야 합니다. 이것은 하나님으로 하여금 자유롭게 말씀하시게 하는 것과 바로 연결됩니다. 내가 그리고 나의 욕구가 이 과정에 무의식적으로 개입하여 성경 말씀을 왜곡시키는 불행한 일을 줄여가고자 하는 노력이 절실히 요청됩니다. 여기서 다룰 수 없지만, 이를 위한 교육과 훈련을 받고자 하는 마음들이 많이 일어났으면 좋겠습니다.

개인적 신념과 기독교 믿음

성경이 무엇을 얘기하고자 하는지에 대해 진지하게 관심을 두지 못하고 자기 관심의 눈으로 성경을 읽으면—이는 무의식적으로 일어나는 현상으로 자기 마음을 성경에 집어 넣어 읽는 것이라 할 수 있습니다—성경은 얼마든지 자기의 욕구 또는 개인적 소망을 이루기 위한 수단으로 읽힐 수 있습니다. 그러면 자기 욕구와 소망의 '믿음의 대상화' 현상이 일어나게 됩니다. 예를 들면, 자기가 바라는 것이 이루어질 것이라고 긍정적으로 믿고 기도하면 이루어진다는 식의 믿음 말입니다. 믿음을, 자기가 바라는 소망이 이루어질 것을 믿는 하나의 의지적 신념과 같은 것으로 생각하는 것이지요. 그러나 그것은 사람이 만들어낸 신념 이상의 아무것도 아닙니다. 기독교 믿음과는 전혀 상관이 없습니다. 그런 인공적 신념은 대상을 가지지 않습니다. 자기 욕구가, 자기 밖의 객관적 어떤 대상과 관계없이, 자기 밖으로 튀쳐 나온 것으로, 어떤 대상을 향하지 않습니다. 대상을 구태여 찾아본다면, 자기 또는 자기가 되고 싶은 자기라 할 것입니다. 자기 안에서 밖으로 나갔다가 결국 자기를 향하는 것이라 할 수 있습니다.

그러나 성경의 믿음은 그렇게 대상이 없다거나 자기를 대상으로 삼는 것이 결코 아닙니다. '하나님의 말씀 또는 약속을 믿고 따르는 믿음'을 의미합니다. 자기가 바라는 소망에 대한 믿음이 아니라, 앞서 있는 하나님의 말씀 또는 약속에 대한 믿음인 것입니다. "믿음은 바라는 것들의 실상이요 보이지 않는 것들의 증거니"(히 11:1)라는 말씀을 보면 믿음은 보이지 않으나 바라는, 하나님께서 약속하시고 결국 이루실 영원한 하나님 나라에 대한 증거임을 보여줍니다. 히브리서 11장의 신앙 인물들이 바로 그러했음을 잘 나타내줍니다.

그렇습니다. 기독교 믿음은, 자기가 스스로 초월자가 될 수 있다고 가르치는 동양종교들과 달리 자기 밖에 있으며 자기보다 큰 존재를 대상으로 가집니다. 바로 하나님이라는 대상을 가지며, 하나님을 향한 것이라 할 수 있습니다. '믿음'이라는 용어를 쓴다고 하여 다 같은 믿음이 아니며, 성경 또는 기독교와는 전혀 상관없는 의미를 지닐 수 있음을 잊지 않아야 하겠습니다. 성경적 믿음이란, 하나님의 뜻(약속)과 하나님의 나라가 이루어지기를 바라며 믿는 것이지 자기의 뜻 또는 소망이 이루어지기를 의지적으로 믿는 인위적 신념이 결코 아님을 의식하여 주의해야 할 것입니다. 이는 앞서 다룬 그리스도인의 지향적 목표와 바로 연결됩니다.

확인되지 않은 들은 얘기입니다. 자녀의 대학입시를 위해 기도하는 어머니가 자녀가 들어가기 원하는 대학의 교정을 육 일 동안은 하루에 한 번씩 돌다가 칠 일째에는 일곱 바퀴를 돌면서 "여호와 하나님께서 이 학교를 내 딸(또는 아들)에게 주셨다."라고 크게 외쳤다고 합니다. 다음과 같이 설교하는 설교자들이 있지 않습니까? "여러분 앞에 어떤 종류의 여리고성이 있습니까? 자녀의 대학입시의 여리고성입니까? 남편의 승진의 여리고성입니까?······사업 성공의 여리고성입니까? 히브리서 11장 30절과 같이 우리는 믿음으로 그 어떤 여리고성들일지라도 다 무너뜨릴 수 있습니다······." 그런 설교자들은 믿음을 실어야 할 하나님의 말씀 또는 약속의 존재 여부를 따지지 않고 그리고 전혀 관계없이, 각 개인의 소망에 대한 의지적 신념이 세상적 성취를 이끌어오는 것인 양 얘기하는 것입니다. 개인적 소망에 대한 의지적 신념을 마치 하나님께 대한 믿음인 것처럼 전환시키는 것입니다. 그런 목회자로부터 듣고 배운 그 어머니는 여호수아 6장 1-16절을 자세히 읽는 수고 후에 성경의 내용대로 대학교 교정을 '믿음으로' 돌았던 것입니다. (물론, 그 분이 "네가 A 대학교를 하루에 한 번씩 육 일을 돌고 칠 일째에는 일곱 번을 돌아라. 그리하면 네 자녀가 그 대학에 입학하게 될 것이니라."는 객관적인 하나님의 약속을 분명히 받았다면, 바른 믿음의 행위가 될 것입니다.) 그 분은 자기 개인에 대한 하나님의 약속을 받지 못했습니다. 그렇기에 그 분의 믿음은 기독교의 믿음과는 전혀 상관없는, 자기가 만든 믿음, 즉 신념일 뿐입니다.

그렇게 기독교 믿음과는 전혀 상관없는 믿음인데도 자신은 기독교 믿음을 갖고 있다고 생각하는 사람들이 참 많은 것 같습니다. 그런 믿음의 기원 또는 대상을 끝까지 추적하면 사람의 이기적 욕구 결국 사람일 것입니다. 반면 기독교 믿음의 기원 또는 대상은 하나님의 말씀과 약속, 결국 하나님이 될 것입니다. 우리 모두는 기독교 믿음은 인간 스스로 만들어 내는 의지적 신념과 같은 인간 고유의 활동이 아니라, 자기를 떠나 자기보다 더 크신 하나님(객관적인 하나님의 말씀과 약속)을 대상으로 하는 활동임을 늘 의식해야 할 것입니다.

7. 지향성은 책임적 주체로서의 그리스도인관이 전제되어 있다

(이 장 안에서 앞으로 다루게 될 내용은, 유명하나 참 어려운 소위 '하나님의 은혜와 인간의 자유(의지) 또는 책임'에 대한 이슈와 아주 밀접하게 관련되어 있습니다. 인간의 변화와 직접 관련 있는 전문영역에 종사하는 사람으로서 오랫동안 관심을 갖고 생각을 진전시키고 있으나, 인간의 수준에서는 기본적으로 정확히 알 수 없는 신비의 영역이라 생각됩니다. 왜냐하면 극히 부분적으로밖에 알 수 없는 하나님의 영역이 관계되어 있기 때문입니다. 하나님에 대해서는 스스로 밝혀주신 부분적인 부분과 피조세계를 통해 창조주이신 하나님에 대해 알 수 있는 부분적 부분을 통해서는, 하나님에 대해 그 크기를 정확히 알 수 없는 아주 적은 부분만 알고 있다고 할 수 있습니다. 그렇기 때문에 '하나님의 은혜'에 대해서도 그 크기를 제대로 알 수 없는 아주 제한된 부분만 알 뿐이라고 할 수 있습니다.

또한 인간은 자기가 자신에게 스스로 자유를 준 존재가 아니고, 자유를 창조주 하나님으로부터 받았기 때문에 자기가 받은 자유의 정도가 어느 정도인지 정확히 알 수 없습니다. 그렇게 기본적으로는 양쪽에 대해 정확히 알 수 없음을 전제하는 가운데 양자의 관계에 접근할 수 있는 범위 내에서 접근하고자 하는, 한계가 있는 시도임을 의식하면서 다음의 글을 읽어주시기 바랍니다.)

'믿음으로' 만으로 안 되는 것이 있습니다. 이 말에 혹 놀라는 분도 있으실지 모르겠습니다. 베드로후서 1장 5-9절 말씀에 보면, "그러므로 너희가 더욱 힘써 너희 믿음에 덕을, 덕에 지식을, 지식에 절제를, 절제에 인내를, 인내에 경건을, 경건에 형제 우애를, 형제 우애에 사랑을 더하라 이런 것이 너희에게 있어 흡족한즉 너희로 우리 주 예수 그리스도를 알기에 게으르지 않고 열매 없는 자가 되지 않게 하려니와 이런 것이 없는 자는 맹인이라 멀리 보지 못하고 그의 옛 죄가 깨끗하게 된 것을 잊었느니라"고 되어있습니다. 믿음에 더할 것이 있다고 합니다. 성숙을 위해서입니다. 우리의 궁극적인 목표는 협의의 구원이 아니라, 광의의 구원으로서의 성화이기 때문입니다.

바로 4절에는 "이로써 그 보배롭고 지극히 큰 약속을 우리에게 주사 이 약속으로 말미암아 너희가 정욕 때문에 세상에서 썩어질 것을 피하여 신성한 성품에 참여하는 자가 되게 하려 하셨느니라"고 되어 있습니다. 우리는 중생한 이후 바로 이 신성한 성품에 참여하기 위해 여러 가지 선한 덕목들을 쌓아가야 하는 것입니다. 그래서 5절 첫머리에 '그러므로'라는 접속사를 사용하고 있습니다. 또 5절은 '……더하라'로 끝나고 있지 않습니까? 우리에게 '하라' 하시는 것입니다. 성화를 지향적 목표로 삼아 나아가는 데에 우리가 참여하는 부분이 있는 것입니다. 성화는 은혜로 단번에 이루어지는 것이 아닙니다. 덕, 지식, 절제, 인내, 경건, 형제 우애, 사랑―이런 것들이 은혜로 한꺼번에 이루어지는 것일 수 있겠습니까? 은혜로 그냥 받는 것이라면 어찌 그것이 절제요 인내가 될 수 있겠습니까?

지나가는 길에 너무 당연한 질문을 해보겠습니다. 성화는 무엇일까요? 성화는 무엇의 변화일까요? 무엇이 성화되는 것일까요? 앞의 지향성에 대한 증거 본문들을 통해 알 수 있지만, 하나님과 같이 거룩해지고 온전해지고 신성한 성품에 참여하고 그리스도의 장성한 분량이 충만한 데까지 이르게 되는 것입니다. 우리에게 익숙한 쉬운 말로 얘기하면, 바로 앞장에서 다룬 것으로, 인격의 변화입니다. 점차 원수를 사랑하고 5리를 가자면 10리를 가고 겉옷을 달라면 속옷까지 주는 식의 인격으로 변화해가는 것입니다. 내면의 인격 변화를 얘기하는 것이지, 얼굴에 화사한 웃음을 머금고, 입을 열면 '은혜', '감사', '하나님', '하나님께서……말씀하셨다.' '하나님께서 (이렇게) 하셨다.' 등등의 말을 하는 외면적 변화를 말하는 것이 아닙니다. 또 병 고침, 방언, 대형교회의 담임목사가 되는 것, 사업이 잘되는 것 등등의 인격과는 상관없는 일을 했다는 것을 의미하는 것도 당연히 아닙니다.

이렇게 성화가 인격의 변화일진대, 성화가 하나님의 전적인 은혜만으로 이루어지는 것이라면 그것은 이미 성화라 할 수 없을 것이고, 하나님께서 영광받으실 일도 전혀 아닐 것입니다. 왜냐하면 하나님께서 단독으로 하신 일에 대해 하나님께서 영광을 받으신다는 것은 모순되기 때문입니다. 협의의 구원과 같이 인간의 참여가 근본적으로 불가능한 경우에는 모르지만 말입니다. 성화되어질 존재 자신의 노력이 있어야만 성화라 불릴 수 있지 않겠습니까? 그렇기 때문에 그리스도인이 지향적 목표를 향하는 지향성을 갖는다는 것은, 자기 책임 영역을 가지는 책임적 주체임을 전제하고 있다고 얘기할 수 있습니다. 그렇기 때문에 '성화되게 해주세요.'라는 기도는 '저는 성화되도록 최선을 다해 노력하겠습니다. 그 위에 하나님께서 은혜로 함께 하셔서 그 발걸음이 온전해지도록 해주세요.'라는 식으로 바뀌어야 할 것입니다.

이렇게 그리스도인이 지향성을 갖는다는 것은 성화로 향하는 여정에 우리가 책임져야 하는 영역이 있음을 말해 주는 것입니다. 우리는 로봇같이 아무런 의지와 책임도 없이 그냥 조종하는 자의 손에 따라 움직이는 그런 낮은 차원의 존재가 아닌 것입니다. (협의의) 구원은 인간의 참여 없이 하나님의 전적인 은혜로 말미암는 것이지만, 성화는 계속적으로 '하나님의 은혜에 의해서만' 이루어져 가는 것이 아닙니다. 그 과정에는 '하나님의 은혜 안'에서 끊임없이 성숙을 시도하는 노력을 해야 하는 인간의 책임이 있는 것입니다. 다름이 아니라 하나님께서, 우리를 그런 존재로 만드신 것이고 기대하시는 것입니다. 그 온전한 구원을 향해 좁은 문을 통과하기를 마다하지 않는 그리스도인들의 발걸음을 하나님께서 보고 싶어하시는 것입니다.

우리는 선택할 수 있고 자기의 선택에 책임질 수 있는, 제한적이지만, 자유로운 존재로 지음받은 것을 기뻐하고 감사해야 할 것입니다. 그리고 이제 하나님의 전적인 은혜로 구원의 문에 들어선 자들로서, 하나님의 사랑과 은혜에 감격하여 기꺼운 마음으로 하나님께서 진정 우리에게 원하시는 것을, 하나님의 은혜 안에서, 이루어가도록 책임있는 노력을 기울여야 할 것을 다짐해야 할 것입니다.

🪴 인격의 변화와 성령님의 간섭

'성화가 전적인 하나님의 은혜로 말미암지 않는다는 것은 인정하지만, 그러면 인격이 변화하는 데 성령님께서 전혀 관계하지 않으신다는 것인가?' 라고 질문할 수 있을 것입니다. 솔직히 저는 이 영역이 참 어렵습니다. 안다고 생각되는 것보다는 모르는 것이 더 많게 느껴집니다. 아니 얼마나 모르는지 그 경계를 알 수 없어 답답합니다. 이 영역에 있어서는 신학적으로 많이 공부했다고 많이 아는 것 같지 않고, 개인적인 체험을 많이 했다고 많이 안다고 할 수도 없는 것 같습니다. 성령님의 일하심이 인간에게는 명백하게 알 수 있는 형태로 나타나기보다는 명백하게 알 수 없는 신비하고 비밀스러운 형태로 나타나는 경우가 훨씬 많다고, 저는 생각합니다. 저는 이 영역에 대해 얼마만큼 알고 얼마만큼 모르는지 잘 모르겠습니다. 저의 한계 또는 수준에서 희미하게 안다고 할 수 있을는지요.

그러한 저의 지식의 제한됨을 전제하고 얘기한다면, 저의 의견은 하나님께서는 '기본적으로' 인간의 인격에 직접 간섭하지 않으시리라는 것입니다. 본래적으로 그런 존재로 인간을 지으셨고, 그렇기 때문에 아담이 죄를 짓게 되었다고 생각합니다. 만약 하나님께서 일일이 인간의 인격에 간섭하시는 존재로 인간을 창조하셨다면 아담은 죄를 지을 수 없었을 것이라 생각합니다. 인간은 죄를 지을 수도, 짓지 않을 수도 있는 자유로운 의지를 가지고 태어난 것이지, 죄를 지을 수밖에 없는 존재나 죄를 지을 수 없는 존재로 창조되지 않은 것입니다. 앞에서 살펴본, "……순종이 제사보다 낫고 듣는 것이 숫양의 기름보다 나으니"(삼상 15:22)와 "……내가 보는 것은 사람과 같지 아니하니 사람은 외모를 보거니와 나 여호와는 중심을 보느니라 하시더라"(삼상 16:7)는 말씀에서 순종과 중심을 보신다는 것은 하나님께서 인간의 인격에 간섭하지 않으시고 자유의지를 두셨다는 것을 의미하지 않겠습니까? 인간은 하나님을 기쁘시게 할 수도 있고, 화나게 할 수도 있고, 하나님과 교제할 수도 있는, 이 세상에 있는 여타의 피조물과는 달리, 제한적이지만, 인격적 자유 영역을 가진 고차원적 존재로 지음받은 것이지요.

그러면 '모세나 사도 바울 등등에게 나타나신 것들은 어떻게 보아야 하는가?'라는 물음이 생깁니다. 그 나타나심이 인격에 직접 간섭하신 것일까요? 쉽지 않은 물음인데, 본인들도 모르게 하나님의 간섭에 의해 갑자기 좋은 사람으로 변한다는 의미에서 직접적 간섭이 있었다고 할 수는 없을 것이라 생각합니다. 왜냐하면 비슷한 하나님의 부르심을 받았지만, 처음엔 주저했던 기드온, 하나님의 부르심과는 전혀 반대 방향으로 행했던 요나 등등의 사례를 감안해보면, 하나님께서 인격에 직접 간섭하셔서 그들의 인격이 바뀌게 되었다 하기는 어렵다고 생각합니다. 하나님의 부르심에 어떻게 반응하느냐 하는 것은 개인적 인간에게 달려있기 때문입니다. 하나님께서 각 사람의 신앙 인격을 변화시키는 것이 아니라, 각 사람의 신앙 인격이 하나님의 부르심에 개인적으로 반응하는 것이라 하는 것이 더 적절한 표현이라 생각합니다.

인격에의 직접적인 간섭은 아니지만, 하나님의 간섭을 '통해' 또는 '간섭에 적절하게 반응함으로써' 자기 인격의 성숙의 계기로 삼을 수는 있을 것입니다. 그것은 인간의 책임영역일 것입니다. 물론 하나님께서 선택적으로 특별히 간섭하신다면 하시는 만큼 사람은 그에 따른 변화를 할 가능성이 높다고 할 것입니다. 하나님께서 뜻을 두시고 간섭하고자 하시는데 그에 따른 변화를 하지 않을 피조물이 누가 있겠습니까? 그러나 그런 경우는 일어난다 해도 통계적으로 보아 극히 드물 것입니다.

혹 그런 드문 신앙의 인물들을 들어, 결과적으로라도 하나님께서 인간의 인격에 간섭하셨다고 주장한다 해도, '하나님의 인격에의 간섭'에 대한 우리의 일반적인 질문에는 큰 영향이 없다고 생각합니다. 왜냐하면 하나님의 직접적 간섭은 전체 인류역사를 섭리해 가시는 하나님의 특별한 뜻에 의해 극히 예외적으로 일어나는 것이기 때문입니다. 즉, 신앙 인물들의 인격에 대한 하나님의 간섭이 있었다 해도 보통의 성도들에게 적용할 수 있도록 일반화할 수는 없다는 것입니다. '하나님께서 원하신다면 간섭은 언제고 일어날 수 있다.'고 믿습니다. 그러나 성경과 교회사를 볼 때 그런 일이 마냥 일어나지는 않음을 알 수 있습니다. 일반적인 성도들에게는 일어나지 않는, 극히 드문 사건인 것입니다. '(극히 드물게) 그러할 수 있음을 믿는 믿음'과 '일반 그리스도인들이 자기 자신에게 적용하여 살아가는 믿음'에 대한 바른 분별심을 가지는 것이 필요하다 하겠습니다.

하나님의 주권적인 뜻에 의해 아주 드물게 일어나는 것이지, 거의 대부분의 성도들에게는 그런 일이 일어나지 않는 것이기에, 위에서 '기본적으로'를 강조했던 것입니다. 보통의 그리스도인들에게는 인격에 대한 하나님의 간섭이 없을 것이라는 것이 저의 기본적인 생각입니다. 더욱이 신앙의 인물들에게 하나님께서 나타나신 것은, 그들이 하나님께 열심히 간구해서가 아니라 하나님의 주권적인 뜻에 의해 그들이 선택된 것입니다. 그런 일은 누군가 열심히 소망하는 가운데 간구한다고 하여 일어나는 일이 아닙니다. 우리의 뜻과 열심, 즉 인간의 개인성과는 관계없이 인류 역사의 진행에 대한 하나님의 전적인 주권적 뜻에 의해 일어나는 것입니다.

신앙인의 인격의 변화는 경배, 묵상, 찬양, 기도, 전도, 구제 등등의 신앙활동 안에서 이루어지는 하나님과의 상호교제를 통한 것이기 때문에 일방적인 의미의 '간섭'이라 할 수는 없습니다. 예를 들어, 영적인 것을 심으면 영적인 것을 거두고, 육적인 것을 심으면 육적인 것을 거두게 되는 영적 원리 등을 경험하면서(갈 6:7-8) 인격의 성숙이 더해지는데, 이 역시 (하나님의 일방적인) 간섭 때문이라 할 수 없습니다. 그런 것들은 인격체인 인간이 인격체인 하나님과의 관계에서 경험하여 깨닫게 되는 것으로 인한 변화이기 때문에 인간의 참여가 필수입니다. 이렇게 신앙인의 인격의 성화는 기본적으로 하나님의 일방적인 간섭이 없는 가운데서, 하나님과의 관계에서 상호적인 교통에 의해 일어나는 것이라 할 수 있겠습니다.

저는 중생 이후의 삶을 사는 그리스도인들을 인도하며 도우시는 성령 하나님께서 일방적이지 않고 상호적인 가운데 역사하실 것이라 믿습니다. (여기서 '상호적'이라는 것은, 당연히, 동등하다는 것을 의미하는 것이 아닙니다. 하나님과 인간의 관계가 어떻다는 것은 이미 앞의 '기독교 복음을 통한 지향성의 획득'에서 분명하게 다루었습니다.) 물론 상호성 가운데 성령님께서 기선(機先, initiative)을 취하기도 하실 것입니다. 그런 경우 성령님의 기선에 적절하게 반응하는 것은 인간의 책임이지요. (인간이 기선을 취한 대표적인 예로는, 예수님을 긍정적으로 기이히 여기게 한 백부장이 될 것입니다. 눅 7:1-10, 마 8:5-13) 결국, 우리가 성화의 길을 잘 걸어갈 수 있도록 보호해주시고 인도해주시는 성령 하나님께 바르게 의지하고 은혜를 간구하는 가운데, 더 성숙하게 반응할 수 있도록 우리의 책임을 다하여 사는 것이 그리스도인의 바른 모습일 것이라 생각합니다.

> 여섯마당

**과정적이고 지향적인
그리스도인관을
기초로 하는 권면**

1. 지향적 목표를 사람을 대하는
실제적인 원리로 삼지 마십시오

성숙한 신앙생활을 해나가는 데에는 예수님에 대한 통합된 모습을 가지는 것이 필수라 할 수 있는데, 성경에 나타난 예수님의 모습들이 서로 다르게 보여 신앙생활에 어려움을 보이는 그리스도인들을 적지 않게 만나게 됩니다. 다음의 본문을 보시기 바랍니다.

"옛 사람에게 말한 바 살인하지 말라 누구든지 살인하면 심판을 받게 되리라 하였다는 것을 너희가 들었으나 나는 너희에게 이르노니 형제에게 노하는 자마다 심판을 받게 되고 형제를 대하여 라가라 하는 자는 공회에 잡혀가게 되고 미련한 놈이라 하는 자는 지옥 불에 들어가게 되리라 그러므로 예물을 제단에 드리려다가 거기서 네 형제에게 원망들을 만한 일이 있는 것이 생각나거든 예물을 제단 앞에 두고 먼저 가서 형제와 화목하고 그 후에 와서 예물을 드리라 너를 고발하는 자와 함께 길에 있을 때에 급히 사화하라 그 고발하는 자가 너를 재판관에게 내어 주고 재판관이 옥리에게 내어 주어 옥에 가둘까 염려하라 진실로 네게 이르노니 네가 한 푼이라도 남김이 없이 다 갚기 전에는 결코 거기서 나오지 못하리라 또 간음하지 말라 하였다는 것을 너희가 들었으나 나는 너희에게 이르노니 음욕을 품고 여자를 보는 자마다 마음에 이미 간음하였느니라 만일 네 오른눈이 너로 실족하게 하거든 빼어 내버리라 네 백체 중 하나가 없어지고 온 몸이 지옥에 던져지지 않는 것이 유익하며 또한 만일 네 오른손이 너로 실족하게 하거든 찍어 내버리라 네 백체 중 하나가 없어지고 온 몸이 지옥에 던져지지 않는 것이 유익하니라"(마 5:21-32).

본문에서 그려지는 예수님의 모습은 아주 엄격해 보입니다. 엄격하다 못해 조그마한 잘못을 해도 가차없이 되돌릴 수 없는 심판을 내리실 것 같아, 두려움을 느끼는 그리스도인들이 적지 않은 것 같습니다. 실제로 예수님을 엄격하고 두려운 분으로 대하는 사람들이 있습니다.

반면에, 간음한 여인, 우물가의 여인, 삭개오, 당신을 세 차례나 부인한 베드로 등을 대하시는 예수님의 모습에서는 그 어떤 잘못과 죄를 범했어도 인정하고 용서를 빌면 한없이 관대하게 받아주실 것 같은 예수님의 모습이 그려집니다. 그 분의 품 안에서는 그 어떤 사람도 마냥 평안할 수 있을 것 같습니다.

예수님은 한 분이신데, 어떻게 이런 대조적인 모습들이 있을 수 있을까요? 여러분들은 어떻게 통합하여 신앙생활을 하고 있는지요? 잘 이해되고 통합이 되는지요? 사람에 따라, 어떤 사람들은 전자의 모습을 강조하는 믿음의 성격을 띠고, 어떤 사람들은 후자의 모습을 강조하는 믿음의 성격을 띠는 것 같습니다. 아마도 잘 통합하여 성숙되게 신앙생활을 해가는 사람은 많지 않을 것이고, 많은 사람들은 그 둘 사이에서 혼동스러워 할 것으로 생각됩니다. 여러분은 어떤지요?

물론, 예수님을 어느 한 쪽 모습으로만 풀어내서는 안 될 것입니다. 무엇보다도 성경이 이 둘을 예수님의 모습으로 묘사하고 있기 때문입니다. 두 모습 모두 예수님의 모습입니다. 그러기에 예수님의 이 대조적인 모습을 어떻게 통합하느냐 하는 것이 그리스도인들에게 중요한 과제가 된다고 하겠습니다.

여러분은 어떻게 통합하고 있는지요? 이 둘에 대한 분별과 통합이 참으로 중요합니다. 적절함에서 벗어나면 벗어날수록 신앙은 왜곡된 모습을 띠게 될 것이기 때문입니다.

우선 '지향적 말씀을 주시는 예수님 대 사람들을 실제적으로 대하시는 예수님'으로 나누어 생각해보는 것이 필요합니다. 중요한 것은 전자의 예수님은 지향적 목표를 가르쳐 주시는 모습'이지, '실생활에서 사람을 대하시는 모습'이 아님을 분별하는 것입니다. 예수님은 지향적 목표를 가르치시기는 하셨지만, 사람들을 실제적으로 대하시는 데 지향적 목표를 사용하지는 않으셨습니다. 그것으로 사람을 판단하고 정죄하시는 구체적인 모습은 찾아보기 어렵습니다. 지향적 목표를 가르치시는 예수님을 통해 인격의 궁극적인 목표를 깨닫게 되는 반면, 사람들 속에서 실제적이고 구체적으로 살아가시는 예수님을 통해 실제적으로 어떻게 살아가야 하는지를 배워야 할 것입니다.

결국 지향적 목표를, 사람을 대하는 실제적인 원리로 삼아서는 아니됨을 분명히 해야 할 것입니다. 목표는 사람을 대하는 실제적인 원리가 될 수 없습니다. 목표는 우리에게 지향성을 가르쳐주는 방향타로 삼되, 사람을 대하여 살아가는 원리는 예수님께서 실제로 사람을 대하시는 모습에서 찾아내야 합니다. 이러할 때 목표와 현실이 바르게 자리를 잡게 될 것입니다.

그런데 구체적으로 사람을 대하는 경우의 수가 얼마나 많겠습니까! 각 사람의 수준과 상황이 다 다르니 말입니다. 지향적 목표는 하나로 표현될 수 있으나, 그에 이르는 실제 과정의 수는 무한하다 할 것입니다. 무한하기 때문에 성경에 기록될 수 없고 우리가 풀어가야 하는 과제인 것입니다. 그것은 성경을 통해 지향성을 바로 알아 하나님의 마음을, 제한적이지만, 헤아려 하나씩 하나씩 풀어가야 하는 인생 전 기간에 걸친 과제라 할 수 있습니다. 이런 측면에서 기독교의 역사가 진행되어감에 따라 하나님의 사람들에 의해 실제를 풀어가는 지혜가 갱신되고 누적되어지고 있다고 생각합니다.

지향적 목표를 사람을 대하는 실제적인 원리로 삼지 않아야 하는 것은, 바로 우리 자신을 대할 때도 당연히 적용되어야 하는 원리입니다. 지향적인 목표를 가지고 현재의 나를 치는 것이 아니라, 현재의 나를 만나주시는 예수님의 실제적인 모습을 생각하는 가운데 나를 대해야 할 것입니다. 그러할 때 부적절한 죄책감과 자기 정죄, 그리고 부적절한 자기 절망에서 벗어날 수 있을 것입니다.

목표와 실제의 분별이 참으로 중요함을, 베드로 사도를 대하시는 예수님의 모습에서 찾아볼 수 있습니다(요 21:15-19). 예수님을 세 번씩이나 부인한 베드로 사도에게 '내 양을 치라.' 시는 예수님에게서 실제적인 그래서 현실적인 베드로를 안아 주시면서 목표를 주시는 모습을 보게 됩니다. 용서를 통해 새로운 현재를 맞이한 사람에게, 예수님께서는 과거를 가지고 사람을 치시지도, 목표를 가지고 사람을 치시지도 않으심을 봅니다. 사람을 실제적으로 대하시는 예수님은 그의 과거에 그리 관심이 있지 않으시고, 현재적으로 이룰 수 없는 지향적 목표를 가지고 현재의 사람을 대하지도 않으십니다. 있는 그대로의 베드로 사도를 실제적으로 받아주시면서 미래에 대해 목표를 주시는 예수님을 볼 수 있습니다.

2. 지향적 목표와 현재적(또는 실제적) 목표를 잘 분별하여 현재적 목표를 설정한다

그리스도인은 진화론적 유물론자들과 달리 자신이 이 땅에 태어날 때 지니게 된 모습을 모두 본질적으로 긍정해야 하는 것으로 생각하지 않습니다. 대신 자신이 존재하기 이전에 선험적으로 죄의 영향이 가해져, 창조주께서 인간에게 두신 본래적 모습에 변형이 가해져 왜곡된 모습을 갖고 태어나게 되었음을 깨닫게 된 자입니다. 이제 예수 그리스도로 인해 구원의 길에 들어선 후, 그 본래적 모습을 회복해야 하는 지향적 목표를 갖게 된 존재라 하겠습니다.

그렇기 때문에 그리스도인에게는 자기가 회복해야 하는 본래적 모습으로서의 지향적 목표에 대해 잘 아는 것이 우선되는 것이라 하겠습니다. 하나님의 구원으로의 부르심이 과연 어떠한 지향적 목표를 갖게 하는지 잘 이해해야 하는 것이지요. 이를 위해서는 성경을 전체적으로 이해해야만 바른 지향적 목표를 알 수 있습니다. 혼자서 연구하는 것이 꼭 필요하지만, 이는 대부분의 성도들에게는 벅찬 일이기 때문에 교역자들을 통해 성경에 대해 잘 배우는 것이 필수적일 것입니다. 그렇기 때문에 좋은 영적인 인도자를 만나는 것은 그리스도인의 삶에 아주 결정적인 요인이 된다고 하겠습니다.

그 다음에는 앞에서도 언급되었지만, 신앙의 세계는 성숙의 여러 단계를 가지고 있음을 기억해야 합니다. 구원은 모두가 똑같이 하나님의 은혜로 받게 되지만, 그 다음으로 맞게 되는 성숙은 단일한 단계가 아니라 수없이 많은 단계를 가지고 있다는 것입니다.

그러면서 중요한 것이 자기의 현재적 수준을 바로 알고 인정하는 것입니다. 그래야만 현재적(실제적) 목표를 정할 수 있기 때문입니다. 그러나 사실 이 현재적 수준을 바로 안다는 것은 그리 쉽지 않은 과제가 됩니다. 이 중요한 과제를 풀기 위해서는 우선 정직함이 강력히 요청됩니다. 하나님, 다른 사람 그리고 자기에게, '있는 그대로의 자기'로 정직하게 선다는 것은 결코 용이한 일이 아닙니다. 이에는, 부끄럽고 수치스럽고 모자라고 죄스럽고 그래서 들여다 보고 싶지 않은 '닫힌의식의 자기'를 정직히 그리고 겸허히 들여다 보려고 하는 용기가 필요합니다. 사실 이 용기는 '용기를 가져라.'든가 '용기를 내라.' 해서 생기는 것이 아니라, 상당한 기간을 진지하게 훈련받아 생기는 용기입니다. 훈련이 전제된 용기이니 글로 전달하는 데에는 한계가 있을 수밖에 없음을 염두에 두어야 하겠습니다.

(전문가의 도움을 받으면 비교적 정확한 분석적 평가가 가능하겠지만, 대부분의 독자들은 혼자서 해야 할 것이기 때문에 이런 식으로밖에 전달하지 못함을 안타깝게 생각합니다. 그러나 성실히 작업에 나서는 분들은 많은 경우 상당한 성과를 거둘 수 있으리라 생각합니다. 상담자의 경우에는 내담자의 현재적 수준을 잘 평가해야 할 텐데, 우선 내담자의 역사-개인적, 가족적 그리고 영적-를 충분히 알아야 할 것입니다.)

현재적 수준이 대략적으로 손에 잡히면, 다음으로는 현재적 목표가 정해집니다. 거리 개념으로 생각을 해본다면, 누가 5리를 가자고 할 때 나의 현재적 목표는 기꺼운 마음으로 갈 수 있는 거리라고 할 수 있습니다. 기꺼움을 넘어서는 것은 현재적 목표라 할 수 없습니다. 여기에서 '기꺼움'의 개념이 아주 중요한데, 외식과 위선의 유혹을 많이 받을 수 있는 그리스도인들이 이것들을 극복하기 위해 필요한 중요 개념이라 할 수 있습니다. 잠깐 설명하면, 분수와 같이 기꺼움도 지대(地帶, a zone)의 개념으로 생각하는 것이 도움이 됩니다. 위로 최대의 기꺼움과 아래로 최소의 기꺼움이 있는 지대로 생각하는 것입니다. 최대의 기꺼움은 좀 억지 부담이 느꺼지려고 하지만 그래도 억지는 아니고 기꺼움이 발휘될 수 있는 경우이고, 최소의 기꺼움은 부담이 거의 느껴지지 않는 가운데 평안하게 발휘되는 경우라 할 수 있습니다. 기꺼움은 '자원하는 마음 또는 즐겨하는 마음'과 동일개념이고 '억지 또는 인색함' 과는 반대개념이라 하겠습니다. ("각각 그 마음에 정한 대로 할 것이요 인색함으로나 억지로 하지 말지니 하나님은 즐겨 내는 자를 사랑하시느니라"고후 9:7)

다시 거리 개념으로 돌아와 생각하면, 5리 가자고 요청을 받을 때, 이 최대와 최소의 기꺼움을 생각하면서 그 안에서 결정되어야 하는 것이 현재적 목표가 된다고 할 수 있습니다. 현재적 수준은 바로 전자와 후자 사이에 놓이는 것이라고 할 수 있습니다. 전자는 기꺼운 마음으로 최소로 갈 수 있는 거리이고, 후자는 최대로 갈 수 있는 거리라 하겠습니다.

현재적 목표란 지금의 수준에서, 기꺼운 마음으로, 다음 번의 발걸음을 내디딜 지점을 의미한다고 할 수 있습니다. 좀 구체적으로 예를 가지고 생각한다면, 어떤 분이 5리를 가자고 할 때 3리를 가는 수준이라 한다면, 그 분에게 현재적 목표는 어떻게 될까요? 강의시에 물어보니, 4리라 대답하는 분이 많았습니다. 그런데 제가 볼 때는 3.1리, 아니 3.01리가 더 적절하게 보입니다. 거리로 얘기하는 것이야 비유적인 것이니 어떤 것이 정답이라 할 수 없지요. 다만 현재적 목표를 세울 때 남들이 말하는 대로 무비판적으로 따라 가서는 안 될 것이며, 자기의 걸음의 폭을 잘 평가하여 결정해야 할 것입니다. 너무 먼 거리를 현재적 목표로 삼으면 계속 성숙해 갈 수 없게 될지 모르니, 목표 설정에 신중하게 그러면서 적절하게 임해야 할 것입니다.

보통의 경우 현재적 목표 설정을 보면 과도하게 정해지는 경우가 압도적으로 많습니다. 그러나 인격성숙이 터벅터벅 일어나는 경우는 거의 경험할 수 없습니다. 일반인들은 인격의 변화가 조금이라도 일어나기 위해서는 얼마만한 시간, 어떤 방식 그리고 얼마만한 노력이 필요한지를 알기 어렵습니다. 전문적인 경험이 없기 때문입니다. 그냥 자기 나름대로 계획을 세우고 자기 나름대로 노력해본 후에 '아, 사람은 안 변하는구나.'라는 결론에 도달하는 경우가 대부분이라 하겠습니다. 정신치료자로서 경험상, 인격의 변화는 상당히 오랜 시간을 적절한 방법으로 꾸준하게 노력할 때 조금씩 일어난다고 할 수 있습니다. 실제로는 그런 사람이 참 드물기 때문에 나이를 먹으면서 인격의 조그만한 성숙이라도 보이는 사람은 별로 없다고 하겠습니다.

현재적 목표를 너무 무리하게 세우지 않도록 주의하십시오. 보통의 경우엔, 자기가 비교적 기꺼운 마음으로 발을 내디딜 수 있는 거리를 현재적 목표로 세우시기 바랍니다. 그리스도인은 과정적인 존재라 하여 자기의 부족함을 마냥 껴안고 있어서도 안 될 뿐더러, 지향적인 존재라 하여 자기 수준에 지나는 과도한 짐을 져서도 안 됩니다. 자기의 수준에서 자기가 감당할 수 있는 건강한 긴장을 느끼는 가운데, 기꺼운 마음으로 도전해볼 수 있는 현재적 목표를 향할 수 있어야 합니다. 더디어 변화가 일어나는 것 같지 않게 느껴지기도 하겠지만, 그렇게 길을 가야 자그마한 변화가 지속적으로 가능하여 일정 시간이 지나면 상당한 인격의 성숙을 경험하게 될 것입니다.

'현재적 목표'와 관련하여 '실제'(reality)를 강조하고자

대부분의 그리스도인들은 지향적 목표로 인한 당위적 사고에 익숙해져 있는데, 사실상, 실제적 측면에서는, 지향적 목표보다 현재적 목표를 아는 것이 그리스도인들에게는 더 중요한 과제라 할 수 있습니다. 왜냐하면 우선 '현재'를 살아내야 하기 때문입니다. 목표 또는 목적을 향해 가는 과정인 현재를 건너뛰어서는 갈 수 없습니다. 신앙인격적 성숙에 그런 비약은 없을 것입니다. 현재를 딛고 가야 합니다.

'지금의 현재'에서 적절한 현재적 목표가 설정되어 완수되면 자연스럽게 '다음의 현재'에 이르고, 이제 이전의 '다음의 현재'가 지금의 현재가 되면 다시 현재적 목표가 설정되어 완수되어 자연스럽게 다음의 현재에 이르고 …… 그렇게 하여 무한대의 '현재들'이 잘 이어지게 살아가는 가운데서 점차 지향적 목표에 이르게 되는 것입니다.

그런데 저의 경험으로 보면 그리스도인들 중에 이 '현재적 목표'라는 개념을 가지고 신앙생활을 하는 사람은 극히 소수에 지나지 않은 것 같습니다. 그리하여 앞에서 다루었듯이 '지향적 목표'에 조기에 지나치게 노출이 되어 '지향적 목표를 이루어야 한다.'는 당위적 사고가 너무 우세해진 가운데, 자신의 현실 또는 실제(reality)를 보지 못하게 되는 경향이 강하게 됩니다. 지향적 목표에 훨씬 미달되는 현재 모습을 있는 그대로 마주하는 것이 어려워 억압을 하여 닫힌의식 속에 자리잡게 함으로써, 열린의식의 자기는 그 모습을 모르는 채 살아가는 사람들이 대부분이라 할 수 있습니다. 그렇게 살아가는 사람들은 진정한 자기로 살아가지 못한다고 하거나 진정한 자기 실제를 살아가지 못하는 것이라 할 수 있습니다.

실제를 살아가지 않고서는 성숙은 있을 수 없습니다. 진정한 자기가 빠진 그래서 자기의 진정한 실제를 살아가지 않는 삶에 생명이 있을 수 있겠습니까? 진정한 자기가 아닌 허구적—대부분 자신도 의식하지 못하는 가운데 인위적으로 조작된—자기에는 생명이 있을 수 없고, 생명이 없이는 성숙은 있을 수 없습니다. 저는 한국의 대다수의 그리스도인들의 마음에 이 '실제'(reality) 또는 '실제에 대한 의식'을 불러내는 일이 아주 긴급하고 막중한 과제라 생각하고 있습니다. '지향적 목표'에 대해서는 잘 알고 있는데, 현재를 적절하게 살게 해주는 '현재적 목표'에 대한 의식을 가지고 있는 사람은 상당히 드문 것이 우리의 현실이 되어 있기 때문입니다.

지향적 목표만을 가지고 자기 삶을 살아내려는 수많은 그리스도인들을 봅니다. 그런데 대부분에게서 삶이 적절하게 살아지지 않는 경우들을 목격합니다. 지향적인 목표만을 가지고는 '현재'를 적절하게 살아낼 수 없기 때문입니다. 현재를 적절하게 살아내지 못하면 삶이 제대로 살아질 수 없고, 결국 지향적 목표로의 발걸음은 거의 불가능하다 하겠습니다. 그렇기에 현재를 살아내야 하는데, 이를 위해서는 '현재적 목표', 적절한 현재적 목표가 설정될 수 있어야 합니다. 당연히 현재적 목표에 대한 의식이 먼저 분명하게 세워져야 함이 우선되어야 합니다. 사실 지금의 글도, '현재적 목표'라는 말, 개념 그리고 의식이 독자 여러분들에게 조금씩이라도 자리잡게 되기를 바라는 마음에서, 다소 장황하게 이어가고 있습니다.

지향적 목표에 지나치게 마음을 두게 되어 당위적 사고가 강하여 실제 또는 현실을 제대로 보지 못하는 어떤 그리스도인들에게, 성경읽기의 문제가 관여할 수 있다고 생각합니다. '성경에 나와 있는 것만 중요하고, 나와 있지 않은 것은 중요하지 않다.'는 의식이 적지 않은 그리스도인들에게 강하게 자리잡고 있는 것을 보게 됩니다.

자, 그럼 같이 생각해보도록 하겠습니다. 앞에서 다룬 것으로, 하나인 것은 문자로 표시하는 것이 가능하나 무한대의 경우는 문자로 나타낼 수가 없습니다. 성경은 문자로 기록된 것이기 때문에, 문자로 기록될 수 있는 것만 기록되는 제한을 받습니다. 그리스도인이 가지는 지향적 목표는 몇 개이겠습니까? 하나입니다. 그 사람의 현재 상황과 분수가 어떻든 하나님께서 모든 그리스도인들에게 바라는 지향적 목표는 하나입니다. 그렇기 때문에 지향적 목표는 문자적 기록인 성경에 기록될 수 있습니다. 그리스도인들의 상황과 수준은 몇 개이겠습니까? 무한대입니다. 그럼, 그들의 상황과 수준에서 결정되어야 하는, 그래서 사람마다 다 다를 수밖에 없는 현재적 목표는 몇 개이겠습니까? 역시 무한대입니다. 모든 그리스도인들의 현재적 목표가 성경에 기록될 수 있겠습니까? 기록될 수 없습니다. 그것은 책에서 다룰 수 있는 것이 아니라, 각 개인 스스로가 신앙공동체 안에서 삶을 적절하게 공유하는 가운데 찾아 설정해야 하는 과제입니다. (요한복음 21장 25절이 문자로 기록된 성경의 제한성을 잘 보여주고 있습니다. "예수께서 행하신 일이 이 외에도 많으니 만일 낱낱이 기록된다면 이 세상이라도 이 기록된 책을 두기에 부족할 줄 아노라.")

이런 이해가 있다면, 성경에 나와 있는 것만 중요하고 나와 있지 않은 것은 중요하지 않은 것으로 여기는 태도는 극복될 수 있을 것입니다. (문자적으로 기록될 수 없어 성경에 실리지 않은 중요한 내용들을 읽어낼 수 있는 능력이, 최소한, 지도자에게 요구된다고 하겠습니다.) 성경에 나와 있지는 않지만, 실제적으로 아주 중요한 현재적 목표의 필요성에 대해 가르치고 이에 대한 의식을 적절하게 지닐 수 있도록 훈련시키는 것이 그리스도인의 신앙교육의 필수적인 목표가 된다고 할 수 있습니다.

3. 교회 공동체에 개인별 돌봄(Individual care)이 요청된다

한 목사님이 기독 교수 모임에서 고린도전서 1장 26-31절을 본문으로 설교했다고 합니다. 본문에 따르면 고린도교회의 성도들 중에는 육체를 따라 지혜 있는 자나, 능한 자나, 문벌 좋은 자가 많지 않았나 봅니다. 그런데 그 목사님께서 설교 도중, 본문의 내용과 비슷하게 "······여러분 중에 지혜가 많고, 많이 배운 자가 누가 있습니까?······"라며, 인간적 조건이 열악함에도 불구하고 베풀어 주신 하나님의 은혜에 대해 강조하셨다고 합니다.

결론은 훌륭할지 모르지만, 과정이 문제였습니다. 아마도 설교를 듣던

교수들은 무언가 '아니다.' 라는 느낌 또는 생각이 들었을 것입니다. 이 정도에 이르면, 설교가 제대로 들리지 않게 될 것입니다. 고린도교회 성도들같이 대부분이 사회적으로 열악한 신분에 있는 사람들에게는 그러한 전개가 적절하지만, 교수들을 대할 때는 그러한 신분의 사람들에게 적용할 수 있는 적절한 논거에 근거하여 하나님 앞에서 살아가는 자로 겸손해야 함을 강조해야 할 것입니다. 예를 들어, 야고보서 1장 9-11절은 다음과 같이 되어 있습니다.

"낮은 형제는 자기의 높음을 자랑하고 부한 자는 자기의 낮아짐을 자랑할지니 이는 그가 풀의 꽃과 같이 지나감이라 해가 돋고 뜨거운 바람이 불어 풀을 말리면 꽃이 떨어져 그 모양의 아름다움이 없어지나니 부한 자도 그 행하는 일에 이와 같이 쇠잔하리라."

야고보 사도는 낮은 형제에게 주는 말씀과 부한 형제에게 주는 말씀을 분별하여 전하는 지혜를 보여줍니다. 낮은 형제에게 '자기의 낮아짐을 자랑하라'고 하지 않고, 부한 형제에게 '자기의 높음을 자랑하라.' 고 하지 않았습니다. 낮은 형제에게 그리고 부한 형제에게 말할 내용이 다른 것입니다. 각각에게 말하는 목표는 같다 할지라도 받는 사람에 따라 전하는 내용은 달라야 할 때가 있는 것입니다.

앞의 목사님께서 실수하신 것과 같이 대부분의 그리스도인들에게는, '하나님의 말씀은, 어제나 오늘이나 영원토록 동일하며, 일 점 일 획이라도 변하지 않기 때문에 어느 때나 어느 누구에게나 똑같이 전할 수 있다.' 는 의식이 자리 잡고 있어, 말씀을 받는 대상이 어떤 사람인가를 생각해 보지 않고 말씀을 함부로 휘두르는 잘못을 범할 가능성이 있습니다. 그것은 성경을 남용(abuse)하는 것이라 할 수 있습니다.

데살로니가전서 5장 14-15절은 이렇게 말합니다.

"또 형제들아 너희를 권면하노니 게으른 자들을 권계하며 마음이 약한 자들을 격려하고 힘이 없는 자들을 붙들어주며 모든 사람에게 오래 참으라" ("warn those who are idle, encourage the timid, help the weak, be patient with everyone", NIV).

본문에서 보듯이 권계할 자가 따로 있고, 안위할 자가 따로 있고, 붙들어줄 자가 따로 있는 것입니다. 그뿐이겠습니까? 우리 중에는 부모를 일찍 여의어 부모 사랑을 모르고 자란 사람, 거부당할지 모른다는 두려움이 강한 사람, 배우자와 사별한 사람, 억압적인 부모 밑에서 자기 표현을 제대로 하지 못하고 자란 사람, 정신적으로나 신체적으로 장애를 가진 사람 등등 다양한 도움을 필요로 하는 사람들이 얼마나 많은지요! 성경이 말하는 지향적 목표를 열심히 가르치기도 해야 하겠지만, 현실적으로 모든 사람들은 지향적 목표를 향하여 가고 있는 도상의 존재일진대, 각각의 사람을 각각의 분수와 처지에 적절하게 대해주는 것이 실제적으로 얼마나 중요하게 요청되는 과제인지요!

모든 그리스도인들이 동일하게 받아야 하고 받을 수 있는 내용이 있지만, 때로 각 개인에게 맞추어져야 하는 내용도 있는 것입니다. 이는 교회생활에 있어서 설교와 상담이 연결되는 측면입니다. 설교는 청중 전체를 대상으로 전해집니다. 설교자는 가능한 한 청중 전체가 공통적으로 받을 수 있는 내용을 설교하려고 노력합니다. 그렇기 때문에 청중들 모두의 개인적, 구체적 사정에 맞는 설교란 있을 수 없습니다. 신앙의 수준과 개인적 상황이 다 다르기 때문입니다. 따라서 공통적으로 다룰 수 있는 것은 설교로 가능하다고 해도, 각기 다른 개인적 수준과 상황에 있는 사람들을 위해서는 개인적 접근이 필수불가결하다고 하겠습니다. 이러한 개인별 돌봄이 없다면, 개인적 문제가 적절하게 다루어질 수가 없어서 각 성도들의 개인적 성숙이 일어나기는 쉽지 않을 것입니다.

그렇기 때문에 설교에서는 가능하면 그리스도인에게 공통적인 지향적 목표를, 개인적, 상담적 접근에 있어서는 각 개인의 실제 또는 현실을 다루어 주는 것이 바람직한 조합이라 할 수 있습니다. 성도들의 실제 또는 현실을 적절하게 다루어 주는 손길들이 얼마나 필요한지요! 기존의 심방이 개인적 접근을 위한 노력의 일환이라고 할 수 있습니다. 바로 이 심방이 이제는 더욱 전문적인 상담의 영역으로까지 확대되어야 할 것입니다. 그리고 구역모임도 어느 정도 이런 목적을 위해 쓰일 수 있을 것입니다. 앞에서도 여러 차례 언급했지만, 그리스도인은 각기 다른 수준의 성숙의 단계에 있습니다. 그렇기 때문에 각 개인을 개인적으로 만나 줄 수 있는 사람들이 교회에 필요합니다. 그런데 이 일이 그저 평범하게 다루어질 수 있는 영역에 속한 것이 아닙니다. 이 부분을 다루는 것은 지향적 목표를 다루는 것보다 훨씬 더 복잡하고 다양하기 때문에 참 사려깊은 접근들이 필요합니다. 그러한 접근은 이론적이기만 해서는 안 되고, 이론과 함께 경험에서 나오는 실제적 지혜가 요구됩니다. 또 집단적인 것이 아니라, 개인적인 것이기 때문에 몇 명의 교역자가 할 수 없는 것으로 많은 기독전문상담가들이 필요합니다.

특히, 현대 사회는 빠른 변화로 다양하고 새로운 문제들을 야기하게 되므로, 교회마다 앞으로는 전문적인 상담훈련을 받은 전문요원이 더욱 필요하게 될 것입니다. 대중을 대상으로 하는 설교와 함께, 개인을 돌보아 주는 상담이 연합적으로 두 바퀴의 역할을 해준다면 목회라는 수레는 잘 굴러갈 수 있을 것이라고 생각합니다. 신앙생활에 있어서 이 영역에 관심을 기울이는 사람들이 많이 나올 수 있었으면 하는 마음 간절합니다.

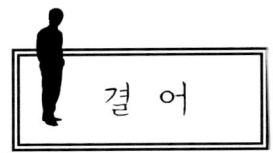

결 어

　　　　　　이 책은 영적으로 분명히 거듭난, 즉 진정으로 구원받은 그리스도인들을 대상으로 하고 있습니다. 아마도 그 분들은 지향성을 다루면서 언급한 내용들에 대체적으로 동의하리라 생각합니다. 지향성이 결여된 가운데서는, 이 책에서 다루는 모든 내용들이 아무런 의미를 가지지 못할 것입니다. 먼저 성경이 제시하는 지향적 그리스도인상을 분명히 지향적 자기상으로 갖는 것이 엄밀하게 확인되어야 할 것입니다. 확인되면, 우리는 중생 이후 온전한 구원인 성화로의 여행길에 나선 그리스도인에 대해 논의를 진행시킬 수 있습니다.

　중생이 된 그리스도인은 법적으로는 하나님의 자녀 또는 하나님의 나라의 시민권을 갖게 되었는데, 사람마다 다소 차이가 있지만, 인격적으로 중생 이전과 크게 다르지 않아 많이 미숙하고 부족한 모습을 계속 가지고 있게 됩니다. 겉으로는 하나님 나라의 시민권이라는 옷을 입었지만, 안으로는 그것에 충분히 걸맞는 인격의 몸을 갖추고 있지 못하고 있기 때문에 옷이 몸에 맞지 않아 무언가 불편해하는 가운데 여러 영역에서 부조화의 모습을 보이게 됩니다. 우선 우리는 자신이 그러한 문제를 가질 수밖에 없는 존재라는 자기 정체성을 알고 인정할 수 있어야 합니다. 그리고 몸이 옷에 온전히 맞는 데에는 상당히 긴 여정이 필요함을 알아야 합니다. 인격이라는 몸은, 우리 몸이 자라가듯 많은 시간이 소요되면서 자연스럽게 자라가야 합니다. 거기에 비약은 없습니다. 본인이나 타자가 인위적으로 자라게 할 수도 없습니다. 적절한 자극은 필요하지만, 스스로 자원하고 기꺼워하는 내적 반응이 있어야 합니다.

신앙 성숙에 대한 이해를 올바로 하여, 자기의 인격의 문제를 인위적으로 '지금 당장 한꺼번에' 해결하려 한다든지, 지향적 목표를 '지금 당장' 이루려는 마음을 잘 다스려야 할 것입니다. 그 일은 '지금 당장 한꺼번'에 일어나는 것이 결코 아니기 때문입니다. 무슨 비인격적인 일을 밤낮을 자지 않고 이루어내듯 할 수 있는 것이 아닙니다. 만약 그런 것으로 알고 행한다면, '시도하다 주저앉고, 시도하다 주저앉고……' 라는 식의 끝없는 지루한 반복을 계속하다 지치게 될 것입니다. 인격에는 자라가는 자연스러운 과정이 필요하기 때문입니다.

그리스도인의 변화는 결코 '전부가 아니면 아무것도 아니다.' 라는 식으로 접근되는 것이 아닙니다. 그것은 인격체인 인간에게 적용되는 원리가 아닙니다. 인간은 조금씩 점진적으로 변해가는 과정을 밟아 성숙하여 가게 되어 있는 것이지요. 이 과정성을 자기 삶에 적절히 적용하지 못한다면, 우리에게서 나올 수 있는 것이라곤 위선, 외식 그리고 거짓밖에는 없을 것입니다. 결국 진정한 성숙이 일어나는 것은 불가능하게 될 것입니다.

그렇기에 지향적이고 과정적인 그리스도인의 정체성을 바로 확인한 후, 하나님의 은혜를 바라보는 가운데 바른 지향적 목표를 향해 의지적으로 노력하는 모습이 그리스도인들에게 있어야 합니다. 그렇게 하여 최종 성화로의 여정을 한 걸음 한 걸음 나아가기를 쉬지 않을 때, 점차적으로 변하여 가는 자신의 모습을 마주하게 될 것입니다.

구체적 적용을 단계적으로 다음과 같이 나누어 볼 수 있을 것입니다.

첫째, 무엇보다 성경적 지향성이 먼저 확인되어야 합니다. 그리고 성화로의 과정 중에 항상 의식하고 할 수 있으면 더 강화되어야 합니다. 여행길에 그리스도인은 지향적 목표에서 힘을 얻게 될 것입니다.

둘째, 부끄럽고 미숙한 현재적 자기를 정직히 확인한 후에, 하나님께서 받으신 현재적 자기를 비판적으로 포용해야 합니다. ('비판적으로'라는 말을 덧붙인 것은, 현재의 모습은 우리가 되어야 하는 궁극적인 모습이 아니기 때문입니다.)

셋째, 자기의 현재적 수준을 정확히 평가하여 성경의 지향적 목표를 정점으로 향하는 현재적 목표가 항상 설정되어 있어야 합니다. 그리고 성취되면 또 새로운 현재적 목표를 기쁘게 설정합니다.

넷째, 하나님의 은혜를 의지하고 기대하며 기다리는 마음으로 꾸준히 지향적 목표를 향하여 나아가게 되면 하나님의 은혜 가운데 그 목표에 당장은 아니지만 점점 다가서게 되리라는 미래적 소망을 가지고, 목표와 실제 사이의 긴장을 마다하지 않고 견디어 내면서 한 걸음 한 걸음 지향적 목표를 향한 발걸음을 내딛습니다.

이상은 기본적으로 '중생-(최종) 성화'의 여정을 걸어가는 그리스도인이 하나님, 하나님 나라 그리고 하나님의 은혜로운 간섭을 간절히 소망하는 가운데서 견지해야 할 바람직하고 책임있는 자세가 될 것입니다.

> 덧붙이는 글

성화를 위해 정신세계를 다루는
전문인으로부터 오는 소리

성화를 위한 정신세계의 지평 넓히기

1. 예수님께서 촉구하시는 자기성찰

성화를 위해 노력해야 할 인간의 책임 영역에 있는 것들 중 하나로, 닫힌의식을 포함한 정신세계의 지평을 넓히는 것의 필요성을 '자기성찰'을 가지고 소개하고자 합니다.

여러분은 타인을 판단 또는 비판하는 것에 대해 어떤 태도를 취하고 있습니까? 많은 그리스도인들은 남을 판단하는 것 자체를 피하는 경향이 있습니다. 경우에 따라선 적절한 평가도 판단으로 여겨져 회피하는 모습들도 많이 보게 됩니다. 최소한 외면적으로는 그러려고 노력하는 것 같습니다. 거기에는 "비판(판단)을 받지 아니하려거든 비판(판단)하지 말라"(마 7:1)는 말씀이 깊이 관여되어 있다고 할 수 있습니다. 그런데 과연 이 말씀은 판단 자체를 부정적으로 보고 하지 말라는 의미일까요? 세상을 살다 보면 판단해야 하는 경우가 참 많지 않습니까? 결론을 미리 말한다면, 판단 자체를 금하는 말씀은 전혀 아닙니다.

역시 본문은 앞뒤 맥락 속에서 읽을 때 제 뜻을 읽을 수 있습니다. 본문이 속한 문단을 살펴보겠습니다.

"비판을 받지 아니하려거든 비판하지 말라 너희가 비판하는 그 비판으로 너희가 비판을 받을 것이요 너희가 헤아리는 그 헤아림으로 너희가 헤아림을 받을 것이니라 어찌하여 형제의 눈 속에 있는 티는 보고 네 눈 속에 있는 들보는 깨닫지 못하느냐 보라 네 눈 속에 들보가 있는데 어찌하여 형제에게 말하기를 나로 네 눈 속에 있는 티를 빼게 하라 하겠느냐 외식하는 자여 먼저 네 눈 속에서 들보를 빼어라 그 후에야 밝히 보고 형제의 눈 속에서 티를 빼리라"(마 7:1-5).

이 말씀의 대상은 누구일까요? 5절에 나와 있습니다. 외식하는 사람입니다. 예수님께서는 이 말씀을 외식하는 자에게 주셨고, 외식하는 자는 비판하는 것을 조심해야 한다는 말씀입니다. 그럼 본문에서 얘기하는 외식은 무엇을 얘기하는 것이겠습니까? 그것은 자기 눈에는 들보가 있는데 들보가 있음은 보지 못하여 모르는 가운데, 다른 사람 눈에 있는 티를 보고 그에게 '당신의 눈에 티가 있으니 내가 빼 주겠다.' 라는 식으로 얘기하는 것을 말합니다. '똥 묻은 개가 겨 묻은 개를 나무란다.' 라는 우리의 속담과 일맥상통합니다.

결국 예수님 말씀의 뜻은 무엇이겠습니까? 외식하는 자들은 기본적으로 비판을 하지 말라는 것입니다. 그렇지 않으면, 결국에는 자기가 비판한 것보다 더 많은 허물로 인하여 더 심각한 비판을 받게 될 것이기 때문입니다. 더 깊은 뜻은 그들은 기본적으로 판단할 자격이 없다는 것입니다. 자기 눈에 들보가 들어있으니 어떻게 다른 사람들을 제대로 볼 수 있겠습니까? 대상을 이미 제대로 볼 수 없는 상태로, 예를 들어 A라는 글자를 A로 볼 수 없고 B 등 다른 글자로 읽게 되어 있는 것입니다. 그럼 자기 눈에 보이는 대로 B라고 하니 그 사람이 판단하는 것은 틀릴 수밖에 없다는 것이지요. 그런 상태로는 어떤 판단을 내리든 올바른 판단이 될 수 없다는 것입니다. 그렇기에 5절에서 먼저 들보를 빼내야 밝히 볼 수 있게 된다는 것을 지적하고 있습니다.

그런데 정신세계를 전문적으로 다루는 사람의 입장에서 볼 때, 본문에서 대상으로 언급되는 '외식하는 자'는 어떤 그룹을 지칭하는 것이라기보다는 인간 전체를 가리키는 것이 될 수 있다고 생각합니다. 왜냐하면 본문에서 얘기하는 그런 의미의 외식이라면, 사람들 중 어떤 그룹만 그런 경향을 가진 것이 아니라, 인간 모두 어느 정도 그러한 속성을 가지고 있기 때문입니다. 아마도 외식적 모습이 전혀 없는 사람은 없을 것입니다. (물론 외식의 문제가 특별히 심각한 사람은 더욱 각별히 이 말씀을 대해야 할 것입니다.) 그렇게 본다면, 본문은 타락한 자연적 인간 전체의 본성에 대한 것으로, 예수님께서는 인간은 자연적으로는 사람을 포함하여 자기 밖에 있는 것을 제대로 볼 수 없는 상태에 있음을 지적하신 것으로 볼 수 있습니다. 그렇기 때문에 제대로 된 인간이 되려면 먼저 자기에게 문제가 있음을 볼 수 있어야 합니다. 즉, 자기 반성의식 또는 자기성찰 의식이 필수입니다.

이제 본문을 다시 읽는다면, 본문은 '사랑하라.' '살인하지 말라.' 의 말씀과는 다른 영역에 서 있음을 알 수 있습니다. 즉 자기도 모르게 일어나는 정신현상에 대한 이해를 촉구하시는 말씀입니다. 외식은, 조금 의식하는 사람도 있겠지만 대부분은 의식하지 못하는 가운데서 행해지는 것이라 하겠습니다. 당사자는 자기가 외식을 하고 있다는 것을 모르는 가운데 행한다는 것입니다. 그렇게 우리 정신은 나도 모르게 나의 통제를 받지 않으면서 스스로 움직이고 작용하면서 무언가를 만들어 내는 속성이 있습니다. 특히, 선악에 대해 중립적이지 못하고, 인간의 죄성이나 연약함으로 인해 영향을 받아서 그냥 내버려 두면 본문에 나오는 외식 등과 같은 많은 왜곡들을 일으키게 되어 있습니다. 그렇기 때문에 예수님께서 '외식'이라는 한 예를 들어 인간의 정신세계에서 자기도 모르게 일어나는 문제를 지적하여, 정신이 자기 멋대로 길을 가게끔 내버려 두지 말고, 그런 현상을 잘 이해하여 적절하게 통제할 수 있기를 촉구하신 것이라 할 수 있습니다.

저도 신학교에서 공부해보았고, 많은 목회자와 신학자들과 대화를 나누어 보았지만, 기독 신앙과 신학은 아직 이런 영역에 대해 잘 모르고 관심도 많이 부족하다는 인상을 받습니다. 특히 '은혜'가 강조되는 분위기 속에서, 인간이 무엇인가를 해야 한다는 것과 그리고 무언가를 함으로써 하나님께서 원하시는 어떤 좋은 결과를 얻을 수 있다는 것을 주장하는 것이 버겁게 느껴지기도 합니다. 때로는 기독 신앙을 제대로 이해하지 못하는 사람으로 취급받는 일을 겪기도 합니다. 그러나 한 영역의 전문가로서 기독 신앙을 이해하려고 할 때 다른 영역의 사람들이 잘 보지 못하는 부분을 보는 측면이 있어서, 제가 본 것을 소개하고 전해야 하는 책임을 느껴 그 내용을 전하고자 하는 전도자의 심정을 갖게 됩니다. 저는 정신세계에 대한 이해와 훈련을 성화의 길을 가는 과정에 필수과목으로 채택해야 한다고 생각하는 바입니다.

이러한 관심을 가지고 사복음서를 잘 읽으면, 예수님께서 이런 내용을 언급하신 것을 상당히 많이 만나게 됩니다. 다음 역시 많은 그리스도인들에게 익숙한 내용입니다.

"예수는 감람산으로 가시니라 아침에 다시 성전으로 들어오시니 백성이 다 나아오는지라 앉으사 그들을 가르치시더니 서기관들과 바리새인들이

음행중에 잡힌 여자를 끌고 와서 가운데 세우고 예수께 말하되 선생이여 이 여자가 간음하다가 현장에서 잡혔나이다 모세는 율법에 이러한 여자를 돌로 치라 명하였거니와 선생은 어떻게 말하겠나이까 그들이 이렇게 말함은 고발할 조건을 얻고자 하여 예수를 시험함이러라 예수께서 몸을 굽히사 손가락으로 땅에 쓰시니 그들이 묻기를 마지 아니하는지라 이에 일어나 이르시되 너희 중에 죄 없는 자가 먼저 돌로 치라 하시고 다시 몸을 굽혀 손가락으로 땅에 쓰시니 그들이 이 말씀을 듣고 양심에 가책을 느껴 어른으로 시작하여 젊은이까지 하나씩 하나씩 나가고 오직 예수와 그 가운데 섰는 여자만 남았더라 예수께서 일어나사 여자 외에 아무도 없는 것을 보시고 이르시되 여자여 너를 고발하던 그들이 어디 있느냐 너를 정죄한 자가 없느냐 대답하되 주여 없나이다 예수께서 이르시되 나도 너를 정죄하지 아니하노니 가서 다시는 죄를 범하지 말라 하시니라"(요 8:1-11).

예수님께서 사람들로 하여금 '죄 없는 자가 먼저 돌로 치라.' 하셨습니다. 그랬더니 어른으로 시작하여 젊은이까지 모두 그 자리를 떠났다고 되어 있습니다. 여러분 '죄 없는 자가 먼저 돌로 치라.'는 이 말씀은 어떤 의미이겠습니까? 여러 가지를 생각해볼 수 있을 텐데, 제 생각엔 '이 여인을 판단하기 전에 먼저 자신들이 어떤 사람인지를 생각해보십시오.' 라는 의미를 가질 수 있다고 생각합니다. 사람들이 여인이 간음했다고 율법을 들어 돌로 쳐죽이려 했을 때, 자신들이 진정 그런 심판을 할 수 있는 사람인지 살펴보게 하시는 것이지요. 결국 자기성찰을 촉구하신 것입니다.

예수님의 말씀에 사람들은 모두 자리를 떠났습니다. 어떻게 해서 이런 일이 일어날 수 있을까요? 상당히 기세 등등 했는데 말입니다. 그것은 예수님의 말씀을 들은 후 자기성찰이 진행되어 자신의 내면을 살펴보았더니, 자신들이 그 여인을 정죄할 수 있는 존재가 되지 못함을 깨달았기 때문이었을 것입니다. 자기를 돌아보니 자기도 이러저러한 죄를 지으면서 살고 있고, 혹 외면적으로는 간음죄를 짓지 않았지만 내면적으로 간음죄를 짓고 있는 자신들의 모습을 본 사람들도 많았을 것입니다. 또는 비록 마음의 간음죄까지 짓지는 않았어도 그럴 수 있는 유혹을 당했던 자기를 기억한 사람도 있었을지 모르겠습니다. 그런 면에서 '죄 없는 자가 먼저 돌로 치라.'는 말씀은 가장 간단하게 말해 '당신 자신을 알라.'는 의미라 할 수 있습니다.

인간은 그렇게 자기-내면적 자기를 포함하는 전체 자기-를 잘 알지 못하면 그만큼 쉽게 남을 판단하게 되어 있다고 할 수 있습니다. 그래서 예수님께서는 간음한 여인을 어떻게 처리할 것인가에 가 있는 마음을 돌려, 먼저 자기 자신들을 돌아보게 하신 것입니다. 그들 눈에 있는 들보를 보게 하신 것이지요. 그렇게 되니 자기를 정확히 볼 수 있게 되었고, 여인에 대한 판단을 중지하게 되었다고 할 수 있습니다. 이는 앞에서 다룬 마태복은 7장 말씀과 정확히 일치함을 알 수 있습니다.

하나 더 주목할 것은, 예수님께서는 '사랑', '용서', '긍휼히 여김' 등등을 들어 사람들에게 호소하지 않았다는 것입니다. 자기성찰을 하게 함으로써 문제를 해결하셨던 것입니다. 그렇습니다. 그리스도인들에게는 '사랑', '용서'와 같은 좋은 품성으로 문제를 해결해야 한다는 강박관념이 다소간 있어 보입니다. 다른 사람들에게 조언할 때도 그런 경향이 있습니다. 물론 그렇게 해야 할 때가 있기도 하지요. 그러나 그것만이 전부는 아닌 것입니다. 예수님처럼 상대방으로 하여금 자기성찰을 유도함으로써 문제를 해결할 수도 있어야 합니다. 자기 문제에 있어서도 자기성찰을 통해 풀 수 있는 문제가 참 많습니다.

다음은 베드로 사도의 예를 가지고 생각해보도록 하겠습니다.

"예수께서 제자들에게 이르시되 너희가 다 나를 버리리라 이는 기록된 바 내가 목자를 치리니 양들이 흩어지리라 하였음이니라 그러나 내가 살아난 후에 너희보다 먼저 갈릴리로 가리라 베드로가 여짜오되 다 버릴지라도 나는 그리하지 않겠나이다 예수께서 이르시되 내가 진실로 네게 이르노니 오늘 이 밤 닭이 두 번 울기 전에 네가 세 번 나를 부인하리라 베드로가 힘있게 말하되 내가 주와 함께 죽을지언정 주를 부인하지 않겠나이다 하고 모든 제자도 이와 같이 말하니라"(막 14:27-31; 마 26:31-35, 요 13:36-38).

예수님께서는 베드로 사도가 주님을 부인할 것을 말씀하십니다. 그러나 베드로 사도는 절대 그런 일이 없을 것이라고 장담합니다. 두 번씩이나 말입니다. 무언가 대화가 겉도는 듯한 인상을 줍니다. 3년 반 동안이나 동고동락했다면 대화가 톱니 바퀴 돌아가듯 이루어져야 할 것 같은데, 서로 다른 방향에서 달려와 부딪히는 기관차들이 연상됩니다. 왜 마치 동문서답하는 것과 같은 대화가 된 것일까요? 그것은 예수님께서 보시는 것과 베드로 사도가 보는 것이 다른 세계이기 때문입니다. 서로 다른 세계의 모습에 대해 얘기하고 있었던 것입니다. 베드로 사도는, 자기와 다른 수준의 예수님의 말씀을 자기 수준에서 안다고 생각하여 대답했던 것입니다.

예수님께서 "오늘 이 밤 닭이 두 번 울기 전에 네가 세 번 나를 부인하리라"라고 말씀하셨습니다. 이 말씀은 당연히 액면 그대로의 의미를 지니고 있지만, 이중적으로 다른 의미가 있다고 할 수 있습니다. 어떤 의미일까요? 생각해보시기 바랍니다. 예수님은 이 말씀을, "다 버릴지라도 나는 그러하지 않겠나이다"라는 베드로 사도의 말 바로 다음에 하셨습니다. 베드로 사도가 '버리지 않겠다.' 고 하는데, 거기에 대고 '나를 부인할 것이다.' 라고 말씀하신 것입니다. 제 생각에는 '베드로여, 당신은 아직 당신 자신도 모르고 있군요. 라는 의미라고 생각합니다. 직설적으로 표현하면 '베드로여, 당신 자신을 아십시오.'가 될 것입니다.

베드로 사도는 이후에 예수님의 말씀대로 예수님을 부인하게 됩니다. 그것을 보면, 예수님께서는 당시 베드로 또는 베드로의 정신세계에서 당신을 부인할 베드로의 모습을 보셨던 것입니다. 그런데 베드로 자신은 보지 못했던 것이지요. 베드로 사도는 자기가 알고 있는 자기(열린의식의 자기)가 자기 전부인 줄 알았습니다. 그렇기 때문에 자기가 모르는 자기(닫힌의식의 자기)를 예수님께서 지적하셨을 때 제대로 이해할 수 없었던 것입니다.

만약 베드로 사도가 닫힌의식 세계에 대한 지식이 어느 정도 있어서, 예수님께서 처음에 "너희가 다 나를 버리리라"라고 하셨을 때, 본문같이 즉각적으로 "다 버릴지라도 나는 그리하지 않겠나이다"라고 답하지 않고, 열린의식의 자기로서는 절대 버릴 것 같지 않지만 예수님께서 말씀하셨으니까 자기가 모르는 닫힌의식의 자기 내에 혹시라도 예수님을 버리는 자기가 있나를 돌아보는 계기로 삼았다면 예수님을 부인하는 일이 혹 생기지 않았을지 모르겠습니다. "주님, 주님이 그렇게 말씀하시니 제가 모르는 주님을 부인할 제가 제 안에 있는지 모르겠습니다. 그렇다면 저를 불쌍히 여기셔서 그런 죄를 범하지 않도록 저의 연약함을 도우소서."라고 간구하면서 스스로를 주의시키는 가운데 말입니다. 그러나 당시의 사도에게는 그런 정도의 자기성찰의 태도가 없었습니다. 결국 자기를 모르니 예수님 앞에서 얼마나 허풍의 호언장담을 한 셈이 되었는지요! 자기를 알았다면 겸손할 수 있었을 텐데 말입니다. 아무튼 베드로 사도와의 대화에서도 예수님께서는 베드로 사도 안에 있는 자기 모습을 보지 못하는 것을 안타깝게 여기시고 자기성찰을 촉구하시는 모습을 찾아볼 수 있습니다.

이상의 세 사례만 보더라도 예수님께서 우리에게 자기성찰을 촉구하시는 음성을 생생히 들을 수 있으리라 생각합니다. 이를 통해 정신세계에 대해 배우고 훈련받고자 하는 마음이 얼마나 일어났는지 모르겠습니다. 정신세계의 지평을 넓혀 가면 자기성찰뿐 아니라, 이 땅의 삶을 훨씬 더 지혜롭고 자유롭고 평안하게 살아가게 하여 성화를 이루어가는 데 긴요한 도움을 주는 많은 내용들을 만나게 될 것입니다. 물론 정신세계의 지평을 넓혀가는 것이 그리스도인의 성화의 핵심이라 주장하는 것은 결코 아닙니다. 핵심은 당연히 (실천적) 사랑으로, 먼저는 하나님을 사랑하고 이웃을 사랑하는 것입니다. 사랑을 우선순위 일 번에 두고 노력해나가되, 정신세계에 대한 지평을 넓혀가는 것도 성화를 위해, 우선순위 일 번은 아니더라도, 필수적인 것 중 하나에 속한다는 것을 잊지 않았으면 합니다. 사랑을 위해서도 꽤 도움이 될 것입니다. 그런데 자기성찰과 같은 것은 단순히 지식적으로 아는 것은 전혀 의미가 없고, 실제적인 자기성찰 훈련을 통해 자기성찰 능력이 실제적으로 획득되어야만 의미가 있음을 분명히 해야겠습니다. 그래서 단순히 강의나 책이 아니라, 구체적으로 훈련을 받고자 하는 마음을 잘 준비시켜 훈련을 적절하게 시키는 개인이나 단체를 만나 훈련받게 되는 일들이 일어나기를 바라는 마음 간절합니다.

2. 순수한 신앙을 위한 투사(投射)적 신앙의 극복

'인간 마음의 투사가 도대체 어떤 일들을 일으키는가?' 하는 것을 제대로 아는 것이 얼마나 중요한지 모릅니다. 여기서는 그중에서도 가장 중요한 '투사적 신앙'에 대해 다루어보도록 하겠습니다.

입시철이 다가오면 대한민국은 많이 바빠집니다. 특히, 어머니들이 많이 바빠지지요. 각종 종교 그리고 유사 종교단체들에서 여는 입시생을 위한 기도회에 참석하기 때문입니다. 첩첩산중 상당한 고지에 있는 암자를 찾는 것을 마다하지 않는 어머니들도 꽤 있습니다. 기독교는 어떠하지요? 입시생들을 위한 기도회가 없는 교회도 간혹 있지만, 대부분의 교회에는 기도회가 있습니다. 다른 종교들도 대단하지만 한국교회들도 만만하지 않습니다. '고3 또는 입시생을 위한 축복 성회나 축복 기도회'가 얼마나 범람하는지요! 그런 집회에 참석하면 입시 문제는 다 해결될 것 같은 인상을 받습니다.

　기도회들이 효과가 있을까요? 효과는 잘 모르겠는데, 남들이 다 하니 나만 안 하면 불안하고 '에라, 밑져야 본전이다.'라는 마음으로들 할까요? 정말 믿고 하는 걸까요? 기독교 외의 종교나 단체들이 하는 것은 전혀 효과가 없는데 기독교가 하는 기도회에서만 효험이 있는 것일까요? 여러분들의 생각은 어떻습니까? 만약 효험이 있다면 어떻게 발생하는 것일까요? 하나님께 뭘 해달라고 간구하면 해주시기 때문인가요?

　도대체 입시생을 위한 기도회에서는 무슨 기도를 드리는 걸까요? 아이들이 입시를 준비하는 과정에서 최선을 다하고 그에 따른 결과를 의연하게 받아들이기를 위하여 기도할까요? 그렇게 기도하는 분들도 극소수 있는 것 같습니다. 건강을 위해 기도하는 분들도 있다고 하고요. 제가 많은 분들에게 물어볼 때, 이 두 경우를 얘기하니까 고개를 가로 젓는 분들이 대부분이었습니다. 본인도 그렇지 않지만 기도회에 참석해보니 다른 사람들도 대부분 다른 기도를 드린다는 것입니다. 그럼 압도적으로 많이 드려지는 기도 내용은 무엇일까요?

　그것은 어떻게 해서든 좋은 대학교에 입학시켜 달라는 것이었습니다. '우리 딸이 최선을 다하면 8위권의 대학에 들어갈 수 있는데, 최선을 다해 8위권의 대학에 들어가게 해주시기 바랍니다.'라는 식으로 기도하는 사람은 거의 없다는 것입니다. 그럼, 그런 분이 '하나님, 어떻게 좀 7위권의 대학은 안 될까요?'라고 한 단계만 높여 기도하는 식의 경우가 많은지를 물어보았습니다. 그런 경우도 많지 않다는 것입니다. 쩨쩨하게 한 단계 높은 대학이 아니라, 하나님께서 좀 알아서 여러 단계 높은 대학에 올려달라는 식의 내용이 훨씬 많다는 것입니다. 심지어는 1위권의 대학에 보내달라고 막무가내로 떼를 쓰듯 기도하는 분들도 적지 않다는 것이었습니다.

여러분, 그런 식의 기도를 한다는 것은 무엇을 의미하는 것일까요? 최소한 기도하는 분은 그런 식의 기도를 들어주실 것 같은 하나님이 있다고 믿으니까 기도하지 않을까요? 물론, 남들 다 하는 것 안 하니 불안하니까 아무것도 모르는 가운데서 친구 따라 강남 가듯 기도하는 분들도 있을 것입니다만, 그런 기도에 응답해주실 것이라 믿는 분들이 한국교회에는 훨씬 더 많은 것 같습니다. 그럼, 그런 기도에 응답해주는 하나님이 있는 것일까요? 여러분은 어떻게 생각하시나요? 우리에게 참 중요한 주제입니다.

이 주제에 대해 바로 접근하기 전에, 이해를 돕기 위해 우리가 잘 아는 다른 얘기로 생각해보겠습니다. 먼 과거에는 가뭄이 오래 되면 기우제를 드리곤 했습니다. 대상 중에는 용왕도 있어서 용왕에게 기우제를 드렸던 것입니다. (심청전에서는 넓은 바다를 무사히 지나가게 해달라고 용왕에게 심청이를 제물로 바치는 내용이 나오지요.) 혹시 지금도 그런 사람들이 있을지 모르겠지만, 오늘날은 가뭄이 심하다고 하여 용왕에게 기우제를 드리는 사람은 아마도 없을 것입니다. 그런데 왜 예전에는 용왕에게 제사를 드렸을까요? 거의 대부분의 현대인은 용왕이 있다고 믿지 않습니다. 없습니다. 그런데 존재하지 않는 용왕에게 옛날 사람들은 어떻게 하여 제사를 드리게 되었을까요? 실존하지 않는 용왕이 어떻게 제사의 구체적인 대상이 되었을까요?

가뭄 때문에 목이 타는 상황에 대해 미개한 옛날 사람들은 자신들이 할 수 있는 것이 거의 없었을 것입니다. 자신들의 한계를 절감하는 가운데 그들의 마음 속에서는 자기들이 해결할 수 없는 가뭄이라는 문제가 해결되기를 바라는 내면적 소망이 점차 강해져 갔을 것입니다. 그렇게 진행이 되다가, 마음 속에서 인간으로서는 풀 수 없는 문제를 풀어주는, 인간의 한계를 뛰어넘는 '초월자-초자연적 존재'가 있었으면 하는 바람이 생겼을 것입니다. 초월자를 바라는 마음이 커지면서 그 마음이 사람들 밖으로 튀어나와 자신들의 문제를 해결해줄 초월자로 용왕을 만들어냈던 것입니다. 그러면서 용왕은 초월자로 탄생하게 됩니다.

그렇게 용왕은 인간 마음이 만들어낸 가상의 존재입니다. 진정한 초월자가 아니라, 인간 마음의 소원으로 인해 만들어진 것으로 '인간 정신세계 안의 것'(소원이 만들어낸 초월자)이 정신세계 밖으로 튀어나와 초월적인 존재가 된 것이지요. 정확히 말하자면, 초월자로 삼아졌다고 해야겠지요. 결국 초월자로 자리매김된 용왕과 같은 것들은 인간 마음이 만들어낸 투사적인 존재입니다. 그렇게 인간 보편적 한계로 인해 생기게 되는 투사적 현상들이 있습니다. 특히, 종교적인 영역에서 많이 찾아볼 수 있는 모습이라 할 수 있습니다(『마음의 구리거울』, pp. 193-194).

그렇습니다. 입시생을 위한 기도회에서 압도적으로 많은 기도의 대상이 되는 '은혜로 간섭하셔서 자기 실력으로 들어갈 대학보다 훨씬 더 좋은 대학에 들어가게 해주는 하나님'은 실제로 없다고 생각합니다. 아니 없습니다. 그것은 앞에서 설명했듯이 전적으로 사람들의 마음이 자기도 모르게 만들어 낸 투사물에 불과합니다. 실제의 하나님과는 전혀 상관이 없는 것입니다.

곰곰이 생각을 해보지요. 만약 자기 자녀가 하나님의 기도의 빽으로 실력으로는 갈 수 없는 대학에 들어갔다고 해보지요. 그러면 자기 자녀가 좋은 대학에 들어간 것으로 끝난 것일까요? 그렇지 않습니다. 자기 자녀가 부정한 방법으로 들어갔기 때문에 원래 실력으로 들어갈 한 학생이 들어가지 못하는 불행한 일을 맞게 되는 것입니다. 그렇기 때문에 그런 기도를 드리는 것은, 하나님께 '공평하지 않은 부정한 일을 행해 주시기 바랍니다.' 라고 요청하는 것과 다름이 없는 것입니다. 공의로우시고 공평하신 하나님께 말입니다. 하나님 보고 "하나님이시기를 포기하십시오."라고 요청하는 것이나 진배없습니다. 자기—'확장된 자기'를 포함한—를 위해서 말입니다. 거꾸로 가도 한참 간 것이지요.

이것은 앞에서 다루었던 날씨에 대한 문제와 연관되는 측면이 있습니다. 하나님의 은혜를 자기중심적이고 이기적으로만 생각하는 것입니다. 자기 또는 '확장된 자기'인 가족 내에서만 생각하는 것입니다. 다른 사람들이 어떻게 되는지에 대해서는 관심이 없습니다. 하나님을 '자기가 관련된 범위 내의 하나님'으로 축소시키고 그런 하나님으로 만드는 것입니다. 하나님은 자기와 자기 가족을 넘어 전체 집단을 대상으로 섭리해 가시는 분이신데 말입니다. 결국 자기가 만든 하나님이요, 자기 마음의 투사물로서의 하나님입니다. '객관적으로 거기 계시는 하나님'은 아닌 것이죠.

그런 식으로 사람들이 가지고 있는 전체 하나님상(God's Image)에는 순수한 하나님상과 개인이 만든 투사물로서의 하나님상(개인 투사적 하나님상)이 포함되어 있는 것입니다. 신앙세계에도 똑같이 적용이 됩니다. 공식으로 표현하면, 다음과 같습니다.

하나님상 = 순수한 하나님상 + 개인 투사적 하나님상
신앙 = 순수한 신앙 + 개인 투사적 신앙

"투사를 정의하면 다음과 같습니다. '자기 안의 정신적 내용물을, 자기 것인 줄 모르고, 자기 밖으로 내던지는 정신적 현상 또는 정신의 길'을 가리키는 것으로, '자기 안'이란 거의 대부분 닫힌의식의 세계를 가리킵니다. 그렇기 때문에 자기 것인 줄 모르고 자기 밖으로 내던져 마치 자기 것이 아닌 것으로 여기게 된다고 할 수 있습니다"(『마음의 구리거울』, p. 189).

그렇습니다. 인간의 정신(마음)은 본인도 모르게 움직이는 가운데 끊임없이 무엇인가를 만들어 낸다고 할 수 있습니다. 지금 다루고 있는 투사물과 같이요. 이런 정신세계에 대해 잘 알지 못하여 적절하게 통제하지 못한다면 우리의 신앙생활에 적지 않은 심각한 해를 미칠 수 있는 것입니다. 자기도 모르게 '만들어진 하나님'과 '자기 취향에 맞는 하나님'을 섬길 수 있는 것이지요. 성경의 사실적인 하나님과는 전혀 다르게 말입니다. (같은 원리로 '만들어진 사탄과 귀신'들도 있음을 함께 생각할 수 있어야 하겠습니다. 중세기의 마녀사냥과 같이 정신병을 앓는 사람들에게 있지도 않은 귀신이 들렸다고 하는 것을 예로 들 수 있습니다.)

성경에서도 이러한 현상들에 대해 여러 곳에서 언급하며 주의를 주고 있습니다.

> "그 날에 많은 사람이 나더러 이르되 주여 주여 우리가 주의 이름으로 선지자 노릇하며 주의 이름으로 귀신을 쫓아내며 주의 이름으로 많은 권능을 행하지 아니하였나이까 하리니 그때에 내가 그들에게 밝히 말하되 내가 너희를 도무지 알지 못하니 불법을 행하는 자들아 내게서 떠나가라 하리라"
> (마 7:22-23).

자기들은 나름대로는 주를 위해 했다고 생각하는데, 예수님께서는 다르게 생각하신다는 것입니다. 이는 그들이 위했다고 생각하는 '주'와 '실제의 주'는 다르다는 것을 알 수 있습니다. 역시 그들이 위했다고 생각하는 '주'는 실제 주님과는 상관없는 그들이 생각하는, 결국 그들이 자기의 생각을 투사하여 만든 '주'인 것입니다. 그러기에 예수님께서 "내가 너희를 도무지 알지 못한다."라고 하시는 것이 아니겠습니까?

앞에서 두 번이나 언급한 이사야 30장 9-10절의 말씀도 그렇습니다. 있는 그대로의 하나님이 아니라, 자기들의 선호에 맞는 하나님을 만들어 섬기는 것이지요.

아마도 투사적인 신앙 내용을 가지지 않는 그리스도인은 아무도 없을 것입니다. 정신은 본인이 모르게 스스로 움직여 많은 정신 현상들을 일으키는데, 인간은 자기 정신에서 어떤 일들이 일어나는지를 전부는 물론, 주요 현상들에 대해서도 잘 알지 못하고, 결국 적절하게 통제할 수 없기 때문입니다. 인간이 선한 존재이기만 하다면 정신이 스스로 움직여 무엇인가를 만들어 내더라도 선한 것일 테니까 문제 되지 않을 것이지만, 죄성의 영향을 받고 있기 때문에 선하지 않은 것들을 야기한다는 데 문제가 있습니다. 그래서 사실은 객관적으로 믿음, 소망 또는 기도의 대상이 될 수 없는 내용들을 우리의 마음이 많이 만들어 갖게 될 수밖에 없습니다. 결국 성화의 과정을 잘 밟아가려면, 자기 신앙 안에 있는 순수한 신앙내용과 개인 투사적인 것과 같이 인간의 마음이 만들어낸 신앙내용을 분별하여 후자를 걸러내는 작업을 잘 해야 할 것입니다. 이 작업을 얼마나 성실하게 수행하느냐가 우리의 신앙에 적지 않은 영향을 미치는 것입니다.

저는 신앙의 성숙 단계를 다음과 같이 대략적으로 세 단계로 나누어 볼 수 있다고 생각합니다.

첫 번째 단계는, 자기가 원하고 바라는 대로 하나님을 믿는다고 하겠습니다. 하나님에 대한 진정한 관심보다는, 믿고 싶은 하나님을 믿는 것이죠. 즉 하나님의 뜻과 마음보다 자기 욕구가 앞선 수준에 그친 경우라 하겠습니다.

두 번째 단계는, 자기 또는 자기 욕구를 벗어나 신앙의 지도자들로부터

'들은 하나님', '가르쳐진 하나님'을 믿는 신앙생활을 한다고 할 수 있습니다. 다소간 위협을 당하고 느끼면서 말입니다.

세 번째 단계는, 신앙이 깊어지면서 점차 스스로 '객관적으로 거기 계신 하나님'을 찾게 됩니다. 자기의 욕구의 영향을 받는 것을 극복하고 다른 사람들로부터 주입된 신앙내용을 통과하여 또는 통과하면서 극복하여 '자기가 진정으로 깨닫고 경험한 창조주시고 구원자이신 하나님'을 믿게 되고, 그 분이 무엇을 원하시는지를 알아 행하고자 애쓰는 수준에 이른 경우라 하겠습니다. (이런 단계가 모든 사람에게 일률적으로 적용되는 것이 아니라, 사람에 따라 단계가 바뀔 수도 있고 두 단계 이상의 내용이 한 시점에 함께 나타날 수도 있고, 상위단계에서 잠시 하위단계로 내려갈 수도 있듯이, 사람들에게 있어서 각 단계들의 비율이 각기 다르게 나타난다고도 할 수 있겠습니다.)

신앙의 투사적 문제는 기본적으로는 신앙의 모든 단계에 들어있지만, 이를 극복하는 것은 특히 첫 단계에서 둘째 단계로 들어서는 데 중요한 기여를 하게 될 것입니다. 이 투사적 문제를 진지하게 생각하는 데, 다음의 내용이 도움이 되리라 생각합니다.

저는 전문 기독정신치료자를 위한 훈련 프로그램을 이끌고 있는데, 거기에는 일반 선교단체와 대학생을 위한 선교단체에 관련된 사람들이 있습니다. 얘기를 들어보면, 선교사 지원자들과 선교단체 간사 지원자들 중에는 부모가 이혼하거나 별거 중인 가정 출신들의 비율이 일반인구 비율보다 훨씬 높다는 것입니다. 한 단체에서는 50%가 넘어선다는 얘기를 들었습니다. 저와 같이 공부하는 가운데 이런 현상이 무엇을 의미하는지 진지하게 생각하고 이를 어떻게 다루어야 할지에 대해 저에게 묻기도 합니다. 저는 이런 현상이 선고사 지원자와 간사 지원자의 경우에만 해당하지 않고, 그 비율은 다소 떨어지긴 하겠지만, 전체 교회가 경험하는 현상일 것이라 생각합니다. 그리고 다른 종교 단체들에게도 비슷한 현상들이 있으리라 생각합니다.

이런 현상을 어떻게 이해해야 할까요? 왜 불우한 가족환경(부모가 이혼하거나 별거한 가정을 말하는 것으로 제한하겠습니다.)에서 자란 사람들의 비율이 그렇게 높을까요? 실제적으로 저는 그런 사례들을 정신치료하면서 직접 경험하기도 하고, 정신치료 사례를 지도하면서 간접적으로 경험하는 등 비교적 많은 경험을 해오고 있습니다. 전체적으로 분석할 자리는 아니므로, 가장 근원적인 요인이라 할 수 있는 것을 가지고 접근해보겠습니다.

사람들은 이 세상에 태어나 정신적 발달의 여러 단계를 거치면서 독립적인 성인에 이르는 과정을 밟게 됩니다. 각 단계에서 필요한 욕구가 채워지고 바른 품성들이 훈련되어져야 합니다. 필요한 욕구들 중에는 사랑에의 욕구가 가장 중요합니다. 부모로부터 적절하고 충분한 사랑을 받고 자란 아이들은 기본적으로 사람과 세상에 대해 긍정적인 태도를 발전시키게 되고, 부모로부터 수용받음을 경험한 것이 도움이 되어 자기 수용도 이루어지면서 건강한 안전감을 가지고 삶을 대하게 됩니다. 어렸을 적에, 부모와의 관계에서 경험한 감정적 친밀감은 이후의 모든 인간관계에서 깊은 관계를 발전시킬 수 있는 중요한 역할을 하게 됩니다.

불우한 가족환경에서 자란 사람들이 다 그런 것은 절대 아니지만, 상대적으로 부모로부터 건강하고 긍정적으로 만족되고 경험되고 훈련되어야 하는 것들이 제대로 될 수 없는 경향이 있다고 하겠습니다. 감정적 친밀감을 동반하는 사랑에의 욕구는, 만족되지 않는다고 저절로 소멸되거나 잠잠히 가만 있지 않습니다. 대개는 본인도 모르는 가운데 닫힌의식에서 자기를 사랑해줄 존재를 찾습니다. 그러다가 어느 정도 만족시켜 줄 수 있는 사람을 만나면 그나마 행복한 경우라 할 수 있겠는데, 부모로부터 받아야 하는 사랑을 다른 사람을 통해 어느 정도라도 받을 수 있는 경우는 그리 많지 않습니다.

실제적인 인물을 통해 사랑받지 못하는 사람은 자기의 상상과 환상의 세계 속에서 자기를 사랑해줄 존재를 만들어 내는 경향이 있습니다. 이 작업은 경우에 따라 차이가 있지만 대부분 의식적으로보다는 무의식적으로 진행됩니다. 상상과 환상의 세계 속에 자기를 사랑해줄 존재를 만들어 살아가는 사람들은, 실제 세계 속에서 그런 존재를 만나게 되기를 의식적으로 주로는 무의식적으로 소망하며 찾게 됩니다.

그러는 중, 예를 들어, 대학교에 입학했는데 어느 대학생 선교단체의 사람으로부터 전도를 받게 되었습니다. 선교단체 사람들이 전도대상자에게 쏟는 열정은 보통의 경우 어떻습니까? 굉장하지요! 엄청난 관심과 돌봄을 보이면서 접근합니다. 태어나서 자기 개인에게 그러한 관심을 보여준 사람을 경험한 것이 처음인 사람들이 대부분일 것입니다. 감격해 하면서 그동안 자기가 발전시켜온 사랑의 사람에 대한 기대를 그 전도자에게 옮겨 놓으면서 그 사람과 깊은 친밀감을 느끼게 되고, 그 다음에는 그 전도자가 전하는 기독교의 하나님께서 독생자까지 주시면서 자기를 사랑했다는 사랑에 또 한 번 감격하면서, 무의식적으로 자기가 가지는 하나님상에 자기의 '상상과 환상의 세계 속의 사랑의 존재'의 이미지를 투사시키게(집어 넣게) 됩니다. 만약 이런 정신적 과정 중에 참된 신앙의 세계로의 진입이 이루어지지 않는다면, 결국 그가 믿게 되는 하나님은, 복음에서 얘기하는 하나님이 아니라 그 사람의 '상상과 환상의 세계 속의 사랑의 존재'를 대치하는 존재로서의 하나님이 될 가능성이 높습니다. 복음을 통해 바르게 알게 된 하나님이 아니라, 자기의 마음에 의해 만들어진 하나님이라는 것입니다. 정신분석학적으로 보면 그렇기 때문에 불우한 가정환경에서 자란 사람들이 종교에 심취할 가능성이 높은 측면이 있다고 하겠습니다. 물론 그것이 전부는 아니고요.

그들 중에는 복음에 처음 노출되었을 때, 복음을 바르게 이해하고 받아들여 진정으로 거듭난 사람들이 있을 것입니다. 그 비율이 얼마나 될지 궁금합니다. 또한 처음에는 자신의 죄성에 대해서 깨달음을 얻지 못하고 참된 구원의 의미도 모르는 가운데 순전히 투사적 내용으로만 신앙을 구성한 사람들 중에서도, 계속 신앙의 그룹 안에 거하는 가운데 복음을 제대로 이해하고 구원의 길로 바르게 들어서게 된 사람들도 있을 것입니다. 끝까지 투사적 신앙을 견지하는 사람은 얼마나 될까요? 어려운 물음입니다. 이러한 측면을 고려하면서, 선교사나 간사 지원자를 적절하게 평가할 수 있었으면 좋겠습니다.

기독 신앙이란, 인간이 자신의 죄인됨을 깨닫고 인정한 후 예수 그리스도께서 자기를 위해 대속의 죽음을 죽으셨다는 것을 믿어 하나님의 전적인 은혜로 말미암아 구원을 얻게 됨으로써 시작되는 것인데, 앞부분이 결여된 상태에서 '하나님께서 독생자를 주시기까지 나를 사랑하셨다.' 라는 것으로 인해 감격하여 가진 신앙은 투사적 신앙일 가능성이 높다고 해야 할 것입니다. 적절한 사랑을 받지 못하고 자란 사람에게, 복음은 '나를 굉장히 사랑하는 존재' 가 있다는 것을 알려주는 것이 됩니다. 다름이 아닌 '나' 를 사랑한 것에 감격하는 것입니다. 여지껏 적절한 사랑을 받아본 적이 없는 사람에게 독생자를 주시기까지 자기를 사랑한다는 소식은 정말 놀라운 것이라 하겠습니다. 엄밀한 의미에서 그가 기대하는 사랑은 복음이 얘기하는 사랑과는 거리가 있는 사랑인 셈이죠. 자기만을 위해 주는 자기중심적이고 이기적인 사랑이기 때문입니다. 죽을 수밖에 없는 죄인을 위한 가없는 사랑이 아닌 것입니다. 경우에 따라서는 복음에서 얘기하는 사랑이 자기가 생각한 사랑이 아님을 뒤늦게 깨닫고 신앙을 떠나는 사람들을 보게 되기도 합니다.

물론 보통의 그리스도인들에게서도 처음부터 분명하게 복음이 얘기하는 사랑을 100% 정확히 알아 신앙생활을 시작한 사람은 드물 것입니다. 혹 지적으로는 그렇게 알았다 해도 자기중심적이고 이기적인 옛 사람에 의해 실제적인 신앙생활에서는 자기중심적이고 이기적인 사랑을 기대하는 부분이 있을 수밖에 없다고 하겠습니다. 자기 존재의 본질이 그러하기 때문입니다. 본질적인 부분은 투사될 수밖에 없는 것입니다. 여하튼 그렇게 보통의 그리스도인의 신앙에는 다소간 투사적 신앙의 부분이 있음을 잊지 않기를 바랍니다. 이를 피할 수 없습니다. 인간은 죄성과 연약성의 제한을 받지 않을 수 없는 것입니다.

다만 우리에게 과제가 되는 것은, 그 투사적 부분을 제대로 분별하여 솎아내어, 신앙을 점차적으로 순수한 내용만으로 채워가는 것입니다. 이런 부분에 대해 목회자들도 어느 정도 이해하여 접근하고 있으나, 정신세계에 대해 전문가로부터 좀더 전문적으로 배우고 훈련받는다면, 성도들을 올바른 신앙성숙의 길로 인도하는 데 상당한 도움을 받을 수 있을 것이라 생각합니다.

(두 번째 단계에서 세 번째 단계로 들어서는 데에는, 신앙의 자기화(동일화, Identification)가 꼭 일어나야 하는데, 자기화에도 정신세계의 이해가 적지 않은 도움을 줄 수 있을 것입니다. 이에 대해 설명을 시도하면 마치 정신세계에 대한 글이 될 것 같아 생략하기로 합니다. 적절한 기회가 오면 이런 내용들만 모아 책으로 출간해도 좋겠다는 생각을 하고 있습니다.)

신앙에는 두 존재가 관련되어 있습니다. 믿음의 대상인 하나님과 믿는 인간인데, 하나님께서 아무리 당신의 뜻을 가르쳐 주셔서 옳은 길로 인도하시려 해도, 그것을 받아들이는 인간은 죄성과 연약성의 영향을 받을 수밖에 없기 때문에 왜곡이 일어날 수밖에 없습니다. 이 왜곡을 전체적으로 풀어가는 데는 많은 영역의 전문가들의 참여가 필요한데, 정신세계를 다루는 전문가의 관점에서 볼 때 인간 정신세계에 대한 이해가 왜곡을 풀어 가는 데 부분적으로 도움을 줄 수 있음에 대해 '자기성찰'과 '투사적 신앙내용'을 가지고 설명해보았습니다. 아마도 정신세계 안에서 일어나는 여러 현상들에 대해 배우고 통제하는 능력을 잘 훈련받아 키울 수만 있다면, 투사적 신앙내용을 극복하여 순수한 신앙의 비율을 높임으로써 성화로의 발전이 좀더 깊이 일어나게 될 것이라 생각합니다. 모쪼록 저의 글을 통해 정신세계의 지평을 넓혀 가고자 하는 동기가 강하게 일어나 훈련받는 분들이 많이 생겨, 최종 성화로의 여정에 분명한 진척이 일어나는 기쁨을 맛보고, 자기의 경험을 자기가 속한 공동체와 나누어 공동체와 함께 성숙해가는 일들이 많이 일어나기를 바라는 마음 간절합니다.

후 기

        글을 쓰면서 내내 마음에 걸린 것이 있었습니다. 전부는 아니지만, 주로 부정적인 것을 통해 그리스도인됨에 대해 얘기한다는 것입니다. 좋은 경우들을 통해 교훈을 얻는 식으로 글을 쓸 수 있다면 전체적인 분위기가 훨씬 밝을 텐데 말입니다. 그것이 의사들의 한계인 것 같습니다. 의사들은 직업적으로는 건강하고 잘 지내는 사람들은 만날 수 없습니다. 그리고 부정적인 요인들을 가지고 있었지만, 스스로 훌륭하게 극복하여 잘 살아가고 있는 사람들 역시 의사를 찾지 않습니다. 의사는 항상 문제를 가지고 있는 사람들을 만나게 되지요. 그래서 대개의 경우 어떻게 해서든 문제를 일으킨 부정적인 요소를 찾아내야 합니다. 그렇기 때문에 인간 내에 있는 부정적인 모습을 많이 마주하게 되어 있습니다. 그러면서 인간에 대해 병리적인 일반화(pathological generalization)를 발전시킬 위험이 높다고 하겠습니다. 특히, 정신과의사는 인간의 신체와 함께 정신을 다루는 전문의들이기 때문에 병리적인 일반화의 경향에 철저한 주의를 기울여야 함을 절실히 느낍니다.

   가능한 한 긍정적인 사례들을 많이 소개하려고 노력했지만, 그래도 수적으로 보면 부정적인 사례가 더 많아 읽으시는 분들이 책의 전반적인 분위기가 어두워 계속 읽어가는 것을 기피하게 되면 어떻하나 염려하게 됩니다. 그러나 궁극적으로 지향하는 것은 긍정적이고 전체적이고 성숙된 것이니, 저와 이 책의 그러한 한계를 잘 이해하는 가운데 읽어 가면서 좋은 나눔이 있었으면 하는 마음입니다.

또 하나 생각하게 되는 것은 이 책은 저의 한계 안에서 쓰여졌다는 것입니다. 그리스도인 각각은 그리스도의 몸을 이루는 지체입니다. 전체를 이루는 부분이지요. 결국 이 책을 쓴 저는 부분입니다. 우리는 각각 자기 나름의 신앙 색깔이 있습니다. 물론 그리스도인이라면 모두가 공통적으로 고백할 수 있는 같은 면이 기본적으로 있지만 그것과 함께 서로 다른 면들을 가지고 있습니다. (예를 들면, 사도신경과 같은 믿음의 내용은 모두가 똑같이 고백해야 할 것입니다.)

어려서부터 신앙생활을 해왔지만, 당연히 저는 신앙의 전 영역에 대해 모두 알고 경험했다고 할 수 없습니다. 남과 다르게 주로 많이 경험하고 깨달은 부분이 있고, 그렇지 못한 부분이 있을 것입니다. 특히, 저는 정신과의사로서의 경험이 많은 사람입니다. 이 말을 거꾸로 얘기하면, 제가 그 영역에 전문적이면 전문적인 만큼 다른 영역들에 대한 경험이 상대적으로 적어질 수밖에 없다는 의미가 될 것입니다. 또한 과정적인 존재의 측면에서 볼 때 저는 저의 현재적 수준에 있습니다. 결코 완전한 성숙의 수준에 있는 자가 아니지요. 이 책의 내용은, 저의 수준에서 보고 느끼고 생각하고 믿는 것으로부터 나온 것입니다. 위와 같은 측면에서 이 책은 완성된 내용을 가지는 것이 아니라, 여러 한계와 부족함을 가지는 과정 중에 있는 것임을 기억하시기 바랍니다. 의도하지는 않았지만, 명백하게 오류로 드러날 내용도 있을 수 있다고 생각합니다.

저는 '한 사람에게라도 진실로 도움이 될 수 있는 내용을 내가 가지고 있다면 나누도록 하자.'라는 마음으로 책을 써오고 있습니다. 최소한 책에 소개된 사례의 주인공들에게는 도움이 되었던 내용이니, 아마도 비슷한 문제로 고민하는 사람들이 조금은 있지 않겠나 하는 마음입니다. 물론 제가 가지고 있는 것들 중 가능하면 많은 사람들에게 도움이 될 만한 내용들을 선별하는 작업을 하지만요.

제가 관심을 가지는 것 중 하나는 한 영역, 특히 인간의 정신세계를 다루는 전문가로서 지내지 되면서 깨닫게 되는 좋은 내용들을 어떻게 하면 전문가가 아닌 사람들과 나눌 수 있느냐 하는 것입니다. 정말 유익하여 나누고 싶은 내용들이 많습니다. 같은 전문가들끼리야 전문적인 용어와 개념을 사용하면서 얘기하면 별다른 설명 없이도 얼마든지 나눔이 가능하지만, 일반인들의 경우는 그럴 수 없으니 나눈다는 것이 그리 만만한 작업은 아닙니다. 저로서는 전문적인 색채를 많이 탈색시켰다고 생각하는데, '역시 전문적이어서 어렵다.'라는 얘기를 듣기도 합니다. 어렵지만 일반인들과 나눔의 장을 쉽게 계속 넓혀 가는 책임은 전문가에게 있다고 생각합니다. 그러려고 애쓰는 가운데 이 책을 준비했습니다.

위와 같이 저의 책은 이 모양 저 모양의 한계를 가지고 있음을 기억하면서 대해 주시기를 바랍니다. 제가 더욱 성숙해감에 따라 더욱 깊이 있고 전체적인 글을 쓸 수 있게 될 것입니다. 그럴 수 있도록 기도해 주시면 감사하겠습니다. 여러 부끄러움을 가지고 있는 내용이지만 책으로 내도록 용기를 내는 데에는, 앞서 출간한 세 책이 도움되었다며 여러 방법으로 고맙다는 마음을 전달해 주신 분들의 격려가 큰 힘이 되었습니다.

그리스도인의 과정성에 대해 언급했지만, 이제 책을 닫아야 하는 저의 마음은 많이 무겁습니다. 왜냐하면 '과정성을 언급한다면, 성화로의 과정을 어느 정도 단계적으로 나누어 설명할 수 있어야 하지 않느냐?' 하는 생각이 계속 저의 마음 속에 남아있기 때문입니다. 몇 사람들이 신앙의 단계를 나누어보는 일에 개척자적인 시도를 하고 있지만, 아직 초보적 수준으로 마음에 만족스럽지가 않습니다.

과연 그러한 접근이 가능할지? 가능하다면 어느 정도나 가능할지? 괜스레 불가능한 것을 마음에 두는 것은 아닌지? 그러한 것이 과연 성도들의 신앙에 유익할 수 있을는지……등등 여러 마음으로 번잡한 것이 사실입니다. 물론 신앙이란 개인성과 보편성이라는 요인으로 구성되기 때문에 그 개인성에 의해 어떤 보편적 단계의 설정이 많이 장애를 받을 수 있습니다. 그러나 그럼에도 불구하고 보편성이 분명 있기 때문에 그 보편성에 기대어 대략적인 단계들을 나누어 볼 수 있으리라 생각합니다.

만약 비교적 적절한 신앙 발달단계가 그려질 수 있다면, 우리의 신앙생활에 구체적으로 도움되고 또 공동체 생활에 질서가 자리잡는 데 어느 정도 도움이 될 것입니다. 무엇보다 자기 수준을 자리매김하는 데에 도움을 주어 분수를 지키는 아름다움이 잘 정착될 것이라 생각합니다. 저도 지속적인 관심을 갖고 노력하겠지만, 이 과제에 관심을 가지는 그리스도인들이 많이 나타나 유익한 열매들이 구체적으로 맺히는 모습을 볼 수 있었으면 좋겠습니다.

앞서 소개했지만, 다시 한 번 시를 음미해봅니다.

If I can stop one Heart from breaking,
I shall not live in vain.

If I can ease one Life the aching,
or cool one pain,
or help one fainting Robin unto his nest again,
I shall not live in vain.

이 시는, 저에게 깊은 격려가 됨과 동시에, 제가 어떤 분들을 만나고 또 저와의 만남이 어떠한 크기의 의미를 지닐 수 있음에 대해 생각하게 함으로 '직업적으로' 되려는 저의 약한 마음에 큰 경성함을 주는 시입니다. 마지막에, '······까무러치는 울새 한 마리를 도와 그의 보금자리로 찾아가게 해준다면, 나는 인생을 헛되게 살았다고 할 수 없으리라.' 는 싯귀가 부족한 저에게 큰 위로와 격려가 됩니다. '그렇다. 많은 사람에게 도움이 되는 훌륭한 의사만이 의미있는 것은 아니다. 단 한 사람에게라도, 아주 작게 보이는 한 사람에게라도 진정 도움이 될 수 있다면 그것으로도 의미 있는 생을 살았다고 할 수 있으리라. 아니, 시인은 죽어가는 새 한 마리를 그의 둥지로 인도해 주는 도움만 주었더라도 인생을 헛되이 살지 않았다고 하지 않는가!' 라는 생각과 함께 말입니다. 이 책을 쓰는 심정도 비슷합니다.
'단 한 분에게라도 도움이 된다면…….'

한 사람에게라도 진정 도움이 되는 사람들이 사는 세상이 된다면 세상은 달라지리라 생각합니다. 저를 포함하여 우리는 얼마나 사람을 이용하며 살아오고 있는지요! 그런데 남을 이용하지 않고 한 사람이 한 사람에게만이라도 도움이 되는 삶을 우리 모두가 살아간다면, 이 세상은 아름다운, 한 번 살아볼 만한 곳으로 변하지 않을까요?

하나님 아버지,
저의 부족함과 부끄러움을 아시는 하나님 아버지,
저는 저 나름대로 더욱 저의 문제를 극복해가려고 노력하겠습니다.
그 위에 아버지의 가없는 은혜로 함께 하여 주시옵소서.
이 땅에 하나님의 복음이 온전히 세워지는 데,
그리고 형제자매들에게 전체적이고 깊은 신앙의 세계를 나누는 데,
이 작은 책이 조금이라도 쓰임받기를 소망합니다.
홀로 영원히 영광받으시옵소서!

사명선언문

너희가 흠이 없고 순전하여……세상에서 그들 가운데 빛들로
나타내며 생명의 말씀을 밝혀 _ 빌 2:15-16

1. 생명을 담겠습니다
만드는 책에 주님 주신 생명을 담겠습니다.
그 책으로 복음을 선포하겠습니다.

2. 말씀을 밝히겠습니다
생명의 근본은 말씀입니다.
말씀을 밝혀 성도와 교회의 성장을 돕겠습니다.

3. 빛이 되겠습니다
시대와 영혼의 어두움을 밝혀 주님 앞으로 이끄는
빛이 되는 책을 만들겠습니다.

4. 순전히 행하겠습니다
책을 만들고 전하는 일과 경영하는 일에 부끄러움이 없는
정직함으로 행하겠습니다.

5. 끝까지 전파하겠습니다
모든 사람에게, 땅 끝까지, 주님 오시는 그날까지
복음을 전하는 사명을 다하겠습니다.

서점 안내

광화문점	서울시 종로구 새문안로 69 구세군회관 1층 02)737-2288 / 02)737-4623(F)
강남점	서울시 서초구 신반포로 177 반포쇼핑타운 3동 2층 02)595-1211 / 02)595-3549(F)
구로점	서울시 동작구 시흥대로 602, 3층 302호 02)858-8744 / 02)838-0653(F)
노원점	서울시 노원구 동일로 1366 삼봉빌딩 지하 1층 02)938-7979 / 02)3391-6169(F)
일산점	경기도 고양시 일산서구 중앙로 1391 레이크타운 지하 1층 031)916-8787 / 031)916-8788(F)
의정부점	경기도 의정부시 청사로47번길 12 성산타워 3층 031)845-0600 / 031)852-6930(F)
인터넷서점	www.lifebook.co.kr